lonely planet

PORTUGAL

ÉDITION ÉCRITE ET ACTUALISÉE PAR
Regis St Louis, Gregor Clark, Marc Di Duca, Duncan Garwood, Catherine Le Nevez, Kevin Raub et Kerry Walker

Sommaire

Bienvenue au Portugal

Châteaux médiévaux et villages historiques, cités envoûtantes et plages de sable doré, montagnes boisées et plaines brûlantes : le Portugal ne manque pas d'atouts. Son histoire mouvementée, son poisson tout frais pêché et ses paysages enchanteurs ne sont qu'un avant-goût des innombrables plaisirs qui vous attendent.

Celtes, Romains, Wisigoths, Maures et chrétiens ont marqué de leur empreinte cette nation ibérique, et le Portugal a tout du palimpseste vivant. Un excellent moyen de découvrir le pays consiste à participer à un circuit combinant cités médiévales préservées et forteresses haut perchées.

Du bon pain, des olives, des fromages et des charcuteries, du poisson grillé ou une *cataplana* (cassolette de fruits de mer), à arroser de vin rouge ou de *vinho verde* – les Portugais sont passés maîtres dans l'art de cuisiner des plats à la fois simples et savoureux. Dans certaines régions, la cuisine justifie à elle seule le voyage ! La bonne chère occupe d'ailleurs une place de choix dans l'agenda des fêtes, qui sont autant d'occasions, un peu partout dans le pays, de faire le plein de réjouissances, de saveurs et d'authenticité.

En dehors des grandes villes, le Portugal déroule aussi un festival de beautés naturelles. Partez marcher dans les superbes paysages et les villages historiques de la région méconnue des Beiras, ou choisissez votre coin de littoral parmi les 800 km de côtes, sans faire l'impasse sur les plages de la douce Algarve. Scrutez l'horizon du haut des falaises qui marquaient jadis le bout du monde connu, surfez des vagues légendaires ou bien lézardez sur des îles sablonneuses entourées d'une eau azur.

> *Celtes, Romains, Wisigoths, Maures et chrétiens ont marqué de leur empreinte cette nation ibérique.*

Pont Dom Luís I, Porto (p. 111)
LEONID ANDRONOV/SHUTTERSTOCK ©

Valença do Minho
Ponte de Lima
BRAGA (p. 215)
Guimarães
Villa do Conde
Vila Re
PORTO (p. 103)
Rio Douro
São Pedro do Sul
AVEIRO (p. 249)
Mira
Luso
OCÉAN ATLANTIQUE
COIMBRA (p. 231)
PORTU
Lousã
BATALHA (p. 271)
Nazaré
Belv
Rio Tejo (Tage)
ÓBIDOS (p. 261)
Santarém
Vila Franca de Xira
Coruche
Mafra
Mora
SINTRA (p. 89)
LISBONNE (p. 35)
Arraiolos
Cascais
Barreiro
ÉVORA (p. 181)
Péninsule de Setúbal
Setúbal
Rio Sado
Aljustrel
Vila Nova de Milfontes
Ourique
Odemira
Odeceixe
Aljezur
ALGARVE (p. 13
SAGRES et CABO DE SÃO VICENTE (p. 167)
Sagres
Faro

Azulejos, Tavira (p. 146)

ANDREI NEKRASSOV/SHUTTERSTOCK ©

Avant le départ
12 expériences incontournables

CHRISTOBOLO/GETTY IMAGES ©

Lisbonne

Histoire, culture et vie nocturne trépidante

Lisbonne (p. 35), capitale du Portugal, réunit une architecture unique, des tramways hors du temps et une scène culturelle animée. Véritable dédale de ruelles ombragées et sinueuses, le quartier de l'Alfama (photo ; p. 44) est un endroit magique où se perdre et ressentir l'âme de la ville. C'est probablement là que vous entendrez du fado, la musique mélancolique des anciens quartiers ouvriers de la ville.

S4SVISUALS/SHUTTERSTOCK ©

1

SEANPAVONEPHOTO/GETTY IMAGES ©

ERIKA BISBOCCI/SHUTTERSTOCK ©

Porto

Ville romantique

Sillonnée d'étroites rues piétonnes, Porto (p. 103) s'enorgueillit d'églises baroques, de théâtres prestigieux et de vastes places. Inscrit au patrimoine mondial de l'Unesco, le superbe quartier de la Ribeira est à deux pas des anciens chais à porto, de l'autre côté du fleuve Douro. La deuxième ville du pays connaît une belle renaissance, comme en témoignent ses édifices contemporains, ses restaurants cosmopolites et sa scène artistique animée.

2

CAIO PEDERNEIRAS/SHUTTERSTOCK ©

Algarve

Plages éblouissantes, îles isolées

Le littoral de l'Algarve (p. 137), tout au sud du Portugal, est aussi splendide que varié. Vous y trouverez des îles sablonneuses accessibles uniquement en bateau, de petites criques adossées à des falaises, des plages de sable désertes, et d'autres plages bondées à proximité de l'animation nocturne. Vous passerez la journée à vous baigner et à lézarder sur le sable, à vous promener le long de l'océan ou à surfer de grosses vagues. Praia Camilo, Lagos (p. 152)

3

4

Évora

Reine de l'Alentejo

Évora (p. 181), la perle de l'Alentejo, est l'une des cités médiévales les mieux préservées du Portugal. Elle protège ses merveilles architecturales derrière des remparts du XIVe siècle : une grande et majestueuse cathédrale médiévale que jouxtent un cloître, des vestiges romains, des églises et une grand-place pittoresque. Vous aurez également plaisir à séjourner dans cette ville universitaire dynamique où nombre de bons restaurants mettent à l'honneur la cuisine alentéjane.

5

Vallée du Douro

Sublime route des vins dans la vallée

Détentrices de l'appellation viticole la plus ancienne du monde, les terres de l'Alto Douro (Haut-Douro, p. 199) produisent depuis des siècles des vins doux goûteux sur des terrasses abruptes qui s'étendent de part et d'autre du fleuve Douro. Que vous veniez en voiture par de petites routes panoramiques, ou par bateau ou en train depuis Porto, prenez le temps d'explorer la région et de goûter ses crus. D'innombrables vignerons proposent visites, dégustations et nuits sur place, et si vous trouvez un vignoble encore géré en famille, vous pourrez peut-être goûter un vin ancien et très particulier.

IAKOV FILIMONOV/SHUTTERSTOCK ©

HANS GEORG EIBEN/GETTY IMAGES ©

JOSE FUSTE RAGA/GETTY IMAGES ©

Braga

Une ville animée et un splendide centre historique

Si Braga (p. 215), troisième ville du Portugal, se distingue par d'excellents restaurants, une université dynamique et des festivités endiablées, elle concentre aussi des sites et monuments exceptionnels. Citons une cathédrale du XIIe siècle, des vestiges romains, plusieurs places du XVIIe siècle et un palais du XVIIIe siècle, transformé en musée. Sans oublier l'impressionnant escalier baroque de Bom Jesus (photo).

6

Coimbra

La ville universitaire la plus célèbre du pays

Cité de la culture et du savoir, Coimbra (p. 231) grimpe du Rio Mondego jusqu'au quartier médiéval, abritant l'une des plus anciennes universités d'Europe. Les étudiants en cape noire arpentent les rues, tandis que des musiciens jouent du fado. Les enfants apprécieront le Portugal dos Pequenitos, un parc à thème affichant des monuments du pays en miniature ; les adultes profiteront de la vie nocturne dans la ville haute. Biblioteca Joanina, Universidade de Coimbra (p. 234)

7

8

Aveiro

La Venise du Portugal

Si vous visitez cette ville côtière (p. 249), vous vous retrouverez tous tôt ou tard à bord d'un *moliceiro*, un bateau traditionnel qui servait autrefois à ramasser les algues au fond des canaux de la ville. Abandonnés il y a de nombreuses années, ils sont aujourd'hui surtout destinés au transport des touristes. En s'écartant des berges, on découvre une ville animée qui regroupe musées, excellents restaurants de produits de la mer ainsi que cafés, où goûter des douceurs appelées *ovos moles*.

DALIU/SHUTTERSTOCK ©

AWP76/SHUTTERSTOCK ©

9

Sintra

Palais et châteaux de contes de fées

À moins d'une heure de train de la capitale, Sintra (p. 89) semble appartenir à un autre monde. Comme sorti d'un conte de fées, son centre historique est dominé par un palais blanchi à la chaux et jalonné de bars-restaurants aux murs de pierre. Alentour, des collines boisées recèlent d'imposants châteaux, des jardins exotiques, des demeures pittoresques et des monastères séculaires. La brume qui apparaît en soirée ajoute à la magie de l'endroit. De gauche à droite : Palácio et Parque de Monserrate (p. 94) ; Palácio Nacional da Pena (p. 93)

DANITA DELIMONT/GETTY IMAGES ©

MIGUEL ALMEIDA/SHUTTERSTOCK ©

SHAUN EGAN/GETTY IMAGES ©

Óbidos

Ville fortifiée pleine de charme

Flâner dans le labyrinthe des petites rues bordées de maisons chaulées d'Óbidos (p. 261) est un enchantement, mais encore plus lorsque la ville est à la fête. On ne peut rêver meilleur cadre pour escalader les murs du château (photo p. 264) ou assister à une joute lors de la fête médiévale (p. 267), ou encore pour plonger dans l'univers de l'écriture à l'occasion du Fólio – un festival international de littérature.

10

KELIFAMILY/SHUTTERSTOCK ©

Cabo do São Vicente

Limite de l'ancien monde

Qu'il est exaltant de se tenir à la pointe sud-ouest de l'Europe (p. 167), un promontoire de falaises brutes que les marins portugais saluaient au moment de leur départ vers des destinations lointaines ! Le cap balayé par les vents reste très évocateur – on imaginerait presque le fantôme de Vasco de Gama naviguer. Aujourd'hui, une forteresse et un phare s'y dressent et un nouveau musée retrace l'histoire maritime du Portugal.

11

MRYBSKI/GETTY IMAGES ©

Batalha

Merveilleux monastère

Ce monastère chrétien du Moyen Âge (p. 271) – classé au Patrimoine mondial depuis 1983 – est un somptueux trésor national et l'un des plus beaux exemples d'architecture gothique d'Ibérie. Les exubérants ornements manuélins et les fameuses Capelas Imperfeitas, des chapelles inachevées (sans toit) qui confèrent une certaine magie au lieu, enchantent chaque année les milliers de touristes qui s'y rendent.

12

Avant le départ
Ce qu'il faut savoir

Quand partir

Haute saison (juil-août)

- Le prix des hébergements augmente de 30%.
- Forte fréquentation dans l'Algarve et les autres stations balnéaires.
- Les températures élevées sont habituelles.
- La température de l'Atlantique monte de quelques degrés.

Saison intermédiaire (avr-juin et sept-nov)

- La douceur du climat favorise les activités de plein air.
- Des fêtes animées se déroulent en juin.
- Fréquentation et prix raisonnables.

Basse saison (déc-mars)

- Les jours sont plus courts, plus pluvieux et il peut faire très froid en altitude.
- Des prix bas et peu de touristes.
- Les sites touristiques ferment plus tôt.
- La température de l'eau décourage toute velléité de baignade.

Monnaie

Euro (€)

Langue

Portugais

Visas

Pas de visa requis pour les ressortissants de l'UE. Les Suisses et les Canadiens n'ont pas besoin de visa pour un séjour inférieur à 3 mois.

Argent

Les distributeurs automatiques de billets (DAB) sont largement répandus, sauf dans les villages. Les cartes bancaires sont acceptées dans la plupart des établissements de catégories moyenne et supérieure.

Téléphone portable

Les voyageurs européens détenant un forfait pourront utiliser leur téléphone au Portugal, sans surcoût. Les autres voyageurs doivent se renseigner sur les frais d'itinérance.

Heure locale

GMT/UTC en hiver, GMT/UTC plus une heure en été. Quand il est midi à Paris, il est 11h à Lisbonne.

Budget quotidien

Moins de 50 €

- Lit en dortoir : 15-22 €
- Chambre économique pour deux : à partir de 35 €
- Déjeuner dans un restaurant familial : 8-10 €
- Billet de train Lisbonne-Faro en 2e classe : à partir de 23 €

50-120 €

- Chambre double en catégorie moyenne : 50-100 €
- Repas dans un restaurant de catégorie moyenne : 22-40 €
- Musées : 3-8 €

Plus de 120 €

- Chambre en boutique-hôtel : à partir de 120 €
- Dîner pour deux dans un restaurant haut de gamme : à partir de 80 €
- Stage de surf de 3 jours : 150 €

Sites Web

Lonely Planet (www.lonelyplanet.fr). Des informations sur le pays et un forum de voyageurs.
La Revue du vin de France (larvf.com). Une page sur les vins du Portugal.
Portugal Vivo (portugalvivo.com). Revue de presse, culture, sports, etc. En français.
Turismo de Portugal (visitportugal.com). Le site officiel de l'agence de tourisme portugaise. En français.
ViniPortugal (www.viniportugal.pt). Un excellent portail consacré au breuvage favori des Portugais, détaillant régions viticoles, cépages et routes des vins.

Heures d'ouverture

Nous indiquons les heures d'ouverture de la haute saison ; elles sont généralement réduites durant les autres périodes.

Banques 8h30-15h (lundi-vendredi)
Bars 19h-2h
Cafés 9h-19h
Clubs 23h-4h/6h (jeudi-samedi)
Commerces 9h30-12h et 14h-19h (lundi-vendredi), 10h-13h (samedi)
Galeries marchandes 10h-22h
Restaurants 12h-15h et 19h-22h

À l'arrivée

Aeroporto de Lisboa (Lisbonne) Le métro simplifie l'accès au centre-ville (1,50 €, 1,33 € avec la carte Zapping, 20 min, départs fréquents 6h30-1h). L'AeroBus (3,60 €) circule toutes les 20 minutes de 7h à 23h. En taxi, le trajet de 15 minutes coûte environ 16 € (plus 1,60 € pour les bagages).
Aeroporto Francisco Sá Carneiro (Porto) La ligne E (violette) du métro (direction Estádio do Dragão) rejoint le centre-ville de Porto (aller simple 2 €, environ 45 minutes). Sinon, comptez 1 heure et 20-25 € en taxi (de jour).
Aeroporto de Faro (Faro) Les bus Proximo 14 et 16 rallient la gare routière (2,25 €), proche du centre, toutes les 30 minutes de juin à août, un peu moins fréquemment en basse saison. En taxi, le trajet de 20 minutes coûte environ 20 €.

Comment circuler

Les transports sont plutôt rapides et efficaces, et à des prix raisonnables.
Train Très abordable, avec un réseau correct entre les grandes villes du pays, du nord au sud. Horaires et tarifs sur le site Comboios de Portugal (p. 325).
Voiture Utile pour visiter les villages et les parcs nationaux, ainsi que certaines régions peu desservies par les transports en commun. On peut louer des voitures dans les grandes villes.
Bus Moins cher et plus lent que le train. Utile pour les villages isolés non desservis par le train. Services réduits le week-end.

Pour en savoir plus sur comment circuler, voir p. 324 ➡

Avant le départ

Envie de...

ANNA_PUSTYNNIKOVA/SHUTTERSTOCK ©

Saveurs locales

Renommé pour ses poissons et fruits de mer ainsi que pour ses nombreuses spécialités régionales, le Portugal ravit les amateurs de bonne chère.

Lisbonne La capitale offre la plus grande diversité en matière culinaire, grâce à d'excellents chefs particulièrement inspirés (p. 71).

Alma Cuisine créative dans l'un des meilleurs restaurants de Lisbonne (p. 74).

Vallée du Douro Classée au Patrimoine mondial, la vallée du Douro (p. 199), où sont produits les meilleurs vins portugais, se visite en voiture ou en train.

Quinta do Crasto Visite et séance de dégustation d'excellents crus (p. 203).

Algarve Tout le long de la côte (p. 137), les gourmets pourront se régaler d'une belle variété de poissons et de fruits de mer.

O Paulo Pour une *cataplana* (cocotte de fruits de mer) avec vue sur l'océan (p. 165).

WESTEND61/GETTY IMAGES ©

Aventures aquatiques

Que ce soit sur une planche de surf, avec des palmes ou à bord d'un bateau, le littoral portugais est particulièrement prisé des amateurs de sports nautiques.

Algarve La côte sud est la destination par excellence en matière d'activités nautiques, y compris pour les sorties en bateaux écologiques (p. 137).

Parque Natural da Ria Formosa Nature sauvage à découvrir en bateau (p. 144).

Cabo de São Vicente À l'extrême sud-ouest du pays, les énormes vagues de l'Atlantique et le surf sont au rendez-vous. (p. 171).

Sagres Le paradis des surfeurs (p. 174) jouit aussi d'une vie nocturne animée.

Aveiro Les eaux froides de l'Atlantique se déploient en un vaste réseau de canaux dans cette ville côtière au sud de Porto (p. 249).

En bateau Virée sur les canaux à bord du traditionnel *moliceiro*. (p. 252).

Architecture

L'histoire du Portugal se lit dans la diversité de son architecture : monastères médiévaux, châteaux majestueux, ruines antiques et édifices contemporains audacieux.

DIMBAR76/SHUTTERSTOCK ©

Lisbonne Places grandioses, splendides églises et design d'avant-garde : Lisbonne est l'une des plus belles capitales européennes (p. 35).

Porto Les azulejos sont l'ornement majeur dans la deuxième ville du Portugal ; ces carreaux peints à la main parent de nombreux bâtiments (photo ; p. 103).

Sintra Non loin de Lisbonne, les collines boisées de Sintra arborent certains des plus beaux monuments du pays (p. 89).

Mosteiro dos Jerónimos Superbe architecture (p. 46) de style manuélin.

Gare ferroviaire de São Bento Édifice magnifiquement ouvragé (p. 115).

Palácio Nacional de Sintra Un palais intrigant (p. 92) qui mêle joyeusement les styles.

Art et culture

Bien que relativement petit, le Portugal présente un paysage culturel d'une grande diversité, du mélancolique fado de Lisbonne à l'art de rue avant-gardiste de Porto.

GEORGES DIEGUES/ALAMY STOCK PHOTO © ARTWORK BY OKER

Lisbonne Le Portugal a offert au monde un style musical bien distinct : le fado (p. 42), empreint de nostalgie, est né dans ses quartiers ouvriers.

Porto Porto la septentrionale possède une scène artistique bien vivante et le *street art* y est très dynamique (photo ; p. 121).

Coimbra La célèbre ville universitaire au style de fado reconnaissable a un agenda culturel bien rempli (p. 231).

Alfama Ce quartier de Lisbonne est l'épicentre de la scène du fado (p. 83).

Travessa de Cedofeita Une rue incontournable du *street art* portuan (p. 121).

Queima das Fitas Festivités à l'occasion de la fin de l'année universitaire (p. 244).

Avant le départ
100% portugais

DE VISU/SHUTTERSTOCK ©

Activités

Les amateurs d'activités de plein air seront véritablement à la fête au Portugal. Avec plus de 830 km de côtes, il est possible de pratiquer un grand nombre de sports nautiques. Les spots de surf sont de tout premier choix, notamment dans l'Algarve, où quantité d'écoles proposent des cours. À l'intérieur des terres, des vallons parsemés de chênes-lièges, des pics granitiques et des gorges abruptes servent de cadre à toutes sortes d'activités, de la randonnée à l'observation des oiseaux et des balades équestres, du VTT au parapente. Le football est considéré comme le sport national et assister à un match est une expérience inoubliable.

Shopping

Au Portugal, de nombreux marchés bien fournis proposent des produits locaux. Dans le Nord, un marché réputé se tient à Barcelos le jeudi. Parmi les objets d'artisanat portugais, citons la céramique (bols peints, minicarafes à vin) et les tapisseries. On trouve également des vins et des portos excellents et abordables. Belles ou fantaisistes, les créations en liège constituent de beaux souvenirs d'Évora et de l'Algarve. Les produits alimentaires comme le salami, l'huile d'olive, le fromage et les multiples pâtisseries font aussi partie des souvenirs à emporter. Des marchés dans tout le pays vendent des produits frais et parfois exotiques, l'idéal pour un pique-nique.

Divertissements

Le fado, ce style mélancolique emblématique du Portugal, est célèbre dans la capitale qui l'a vu naître. Lisbonne possède naturellement un bon choix de bars et de restaurants où découvrir quelques-uns des meilleurs artistes. En dehors de Lisbonne et, dans une moindre mesure, de Coimbra, le fado est moins courant. Des concerts (rock indé, pop, folk) ont lieu toute l'année dans les grandes villes. Le Portugal est un pays festif ; nombre

ROSSHELEN/GETTY IMAGES ©

d'événements sont organisés dans les grandes villes, et même dans les plus petites, toute l'année, mais surtout en été.

Se restaurer

Partager un repas avec des amis fait partie des plaisirs de la vie pour les Portugais, fiers de leurs plats simples mais savoureux. Produits de la mer, viandes rôties, pain frais et vins veloutés sont les éléments clés des repas quotidiens au Portugal. Chaque région a ses spécialités : l'Algarve est réputée pour ses fruits de mer et sa *cataplana* (ragoût de la mer), le Nord pour ses plats de porc, l'Estrémadure pour ses ragoûts de poisson et Lisbonne pour la variété de sa scène culinaire. La culture du café et des gâteaux est un aspect de la cuisine portugaise qui plaît beaucoup !

Prendre un verre et faire la fête

Lisbonne et Porto possèdent toutes deux des bars, bars lounge et discothèques animés – Lisbonne est désormais une étape majeure pour les DJ internationaux. Dans l'Algarve, les établissements nocturnes ne manquent pas sur la côte (Lagos est l'épicentre des fêtards) – et attirent principalement une clientèle étrangère. Des villes comme Coimbra, Évora ou Braga comptent un nombre d'adresses plus restreint, avec ambiance décontractée en semaine et soirées festives le week-end. Les petites villes sont généralement plutôt calmes.

★ Hauts lieux du fado à Lisbonne

A Tasca do Chico (p. 84)
Senhor fado (p. 84)
Parreirinha de Alfama (p. 84)
Mesa de Frades (p. 83)
A Baiuca (p. 84)

De gauche à droite : supporters de football enthousiastes ; le quartier de Ribeira, Porto (p. 110)

Avant le départ
L'agenda

MAURO RODRIGUES/ALAMY STOCK PHOTO ©

Janvier

C'est une période paisible, malgré un temps parfois froid et inégal. Les fêtes se terminent le 6 janvier, jour de l'Épiphanie (Dia de Reis).

Février

Les prix chutent et les pluies sont abondantes, surtout dans le Nord. Fraîches sur la côte, les températures peuvent être glaciales dans l'arrière-pays. La plupart des stations balnéaires sont fermées.

Carnaval

Le carnaval s'accompagne de festivités précédant le carême. Si Loulé accueille les plus beaux défilés, Lisbonne, Nazaré et Viana do Castelo ne sont pas en reste.

Fantasporto

Ce festival international de cinéma (www.fantasporto.com) se tient à Porto durant deux semaines. Le fantastique, l'étrange et les films d'épouvante sont à l'honneur.

Essência do Vinho

Une foire au vin fin février, à Porto, dans le ravissant Palácio da Bolsa. Pas moins de 350 producteurs proposent 3 000 vins à la dégustation (essenciadovinhoporto.com).

Avril

Le printemps apporte des températures plus clémentes et un bel ensoleillement au nord comme au sud. Des fleurs sauvages égaient le sud du pays fin avril.

Semana Santa

Braga, ville pieuse, prépare Pâques par de magnifiques célébrations. Durant la Semaine sainte, des pénitents défilent dans les rues bordées d'autels éphémères, avant une explosion d'allégresse dans la cathédrale la veille de Pâques.

Festival Internacional do Chocolate

De fin avril à début mai, Óbidos célèbre plusieurs jours durant la fève de cacao (www.festivalchocolate.cm-obidos.pt).

MAURO RODRIGUES/SHUTTERSTOCK ©

Mai

Climat doux et ensoleillé, ainsi qu'une fréquentation touristique modérée en font un mois parfait pour visiter le pays. Les plages de l'Algarve voient arriver les premiers touristes.

Queima das Fitas

Les étudiants "brûlent leurs rubans" à l'université de Coimbra à la fin de l'année universitaire, sur fond de concerts et de fêtes (facebook.com/queimadasfitascoimbra).

Festa das Cruzes

Étendards, fleurs et concerts en plein air transforment Barcelos en champ de foire lors de la fête des Croix. Les festivités culminent du 1er au 3 mai. À Monsanto (Beiras), des spectacles se déroulent près du château médiéval.

Festa do Mar

En l'honneur de la mer et des saints patrons des pêcheurs, une flottille de bateaux de pêche se déploie dans le port de Nazaré et des chars somptueusement décorés défilent dans les rues. Aussi, de joyeux festins.

★ Les grands rendez-vous

Carnaval, février

Serralves em Festa, mai

Fado no Castelo, juin

Festa de Santo António, juin

Festa de São João, juin

☆ Serralves em Festa

Ce festival culturel se déroule à Porto, sur le week-end non-stop . C'est au Parque de Serralves (p. 121) que sont donnés la plupart des spectacles.

Juin

Le début de l'été est une période très animée et les festivités sont nombreuses. La saison touristique commence sans l'affluence de l'été.

De gauche à droite : Mercado Medieval ; carnaval, Loulé.

☆ Fado no Castelo
L'histoire d'amour entre Lisbonne et le fado atteint son apogée au mois de juin, 3 jours durant, lors de ce festival qui se tient dans le Castelo de São Jorge.

Festa do Corpo de Deus
La Fête-Dieu est célébrée dans tout le nord du Portugal, mais Monção organise les festivités les plus exubérantes : marché médiéval, théâtre et processions grandioses.

☆ Festival Med
Le festival de musiques du monde de Loulé (www.festivalmed.pt) attire pendant 3 jours plus de 50 groupes jouant une formidable variété de musique. Une cuisine tout aussi variée, est proposée.

Festa de Santo António
La Saint-Antoine est célébrée avec ferveur dans les quartiers de l'Alfama et de Madragoa, à Lisbonne, avec festins, libations et danses dans 50 *arraiais* (fêtes de rue).

Festa de São João
Jean est le saint le plus vénéré dans le Nord. Porto (p. 127), Braga et Vila do Conde le fêtent avec des processions, de la musique et des festins, tandis que les habitants se donnent des coups de marteau en plastique sur la tête.

Festas Populares
À l'occasion des fêtes de São João et de São Pedro, Évora organise, fin juin, 12 jours de réjouissances : marché traditionnel, expositions d'art, dégustations culinaires, manifestations culturelles et compétitions sportives.

Juillet

La chaleur attire les vacanciers dans les stations balnéaires de l'Algarve. Lisbonne et Porto sont prises d'assaut, et les prix flambent jusqu'à fin août.

☆ Festival Internacional de Folclore
Fin juillet, ce festival folklorique international réunit, pendant une semaine à Porto, des danseurs en costume et des groupes traditionnels.

Mercado Medieval
Cette fête médiévale (www.mercadomedievalobidos.pt), avec ménestrels et joutes, envahit deux semaines durant les rues d'Óbidos. D'autres fêtes moyenâgeuses sont aussi programmées, entre autres, à Silves.

Août

Le mercure grimpe, ce qui incite à fréquenter les plages. C'est le pic de la saison touristique, et réserver tôt un hébergement est essentiel.

Festival do Marisco
Si vous aimez poisson et fruits de mer, participez à cette grande fête (www.festivaldomarisco.com) à Olhão, le plus grand port de pêche de l'Algarve. Au programme : spécialités régionales et musique live.

☆ Folkfaro
Ce festival (www.folkfaro.com) réunit, à Faro, des musiciens folks portugais et étrangers pour des concerts sur scène ou improvisés un peu partout en ville. Des marchés s'installent aussi dans les rues.

Festa da Ria
Fin août, Aveiro célèbre ses canaux et ses *moliceiros* (bateaux traditionnels). Danse folklorique, course de *moliceiros* et concours de fresques constituent le clou des festivités.

Décembre

Pluie et froid caractérisent décembre, mais l'atmosphère est à la fête : d'imposantes crèches prennent possession des places à travers le pays et les marchés de Noël égayent les villes.

Réveillon du Nouvel An
Lisbonne est le meilleur endroit pour accueillir l'an neuf, parmi les feux d'artifice, les concerts gratuits et les DJ au bord du Tage.

Avant le départ

En avant-goût

PABLO BLAZQUEZ DOMINGUEZ/REDFERNS VIA GETTY IMAGES ©

Livres

Le Manuel des inquisiteurs (António Lobo Antunes ; 1996). La vie sous Salazar.

Le Dieu manchot (José Saramago ; 1982). Histoire d'amour et humour noir dans le Portugal du XVIIIe siècle.

Le Livre de l'intranquillité (Fernando Pessoa ; 1982). Chef-d'œuvre littéraire du plus grand poète portugais.

Histoire du Portugal (J.-F. Labourdette ; 2000). L'histoire du pays, facile à lire pour les non-spécialistes.

La Cuisine portugaise (Grégoire Osoha, 2017). Recettes traditionnelles, revisitées ou allégées.

Films

Lisbonne Story (1994). La déclaration d'amour à Lisbonne de Wim Wenders.

Ossos, Dans la chambre de Vanda, En avant, jeunesse ! (1997-2006). Trilogie de Pedro Costa située dans le quartier de Fontainhas, à Lisbonne.

Capitaines d'avril (2000). La révolution des Œillets de 1974 portée à l'écran par Maria de Medeiros.

Sangue do meu Sangue (2011). Drame nominé aux Oscars sur les complexités de la vie dans la banlieue pauvre de Lisbonne.

Musique

Mariza (2018) Dernier album en date de l'étoile du fado Mariza.

Le meilleur d'Amália (2001). Compilation de la légendaire dame du fado, Amália Rodrigues.

O Melhor de Rui Veloso (2000). Un florilège du père de la ballade rock portugaise.

10.000 Anos Depois Entre Vénus e Marte (1978). Célèbre album rock progressif des années 1970 de José Cid.

Ci-dessus : Mariza en concert

Avant le départ

Itinéraires : 5 jours

Lisbonne et ses environs

Explorez l'architecture manuéline, les établissements de fado et les musées de la capitale, avant de rejoindre Sintra, Óbidos et ses remparts, et le monastère de Batalha. Itinéraire possible en transports en commun.

Lisbonne (p. 35) Deux jours à profiter de tramways d'époque et d'une vie nocturne trépidante, à visiter des musées et un monastère inscrit au Patrimoine mondial.
40 min de Sintra

Sintra (p. 89)
Une belle région de collines et, dans le centre historique de Sintra, des palais et des châteaux – le tout à proximité de Lisbonne. 40 min de Lisbonne, puis 1 heure d'Óbidos

Óbidos (p. 261) Une petite ville entourée de remparts abritant des trésors d'architecture et de nombreuses boutiques et librairies. L'atmosphère y est délicieusement détendue.
50 min de Batalha

Batalha (p. 271)
Un splendide monastère du XVe siècle de style gothique flamboyant, mais où l'exubérance manuéline prédomine. Un chef-d'œuvre architectural.

Côte sud

Plages de sable, surf et produits de la mer caractérisent ce magnifique littoral. L'Algarve, plébiscitée par les voyageurs étrangers, ne se résume pas aux pubs irlandais et aux *fish and chips*. Ne ratez pas ses monuments historiques et ses diverses manifestations culturelles.

Tavira (p. 146)
La plus jolie ville de l'Algarve est installée sur les rives du Rio Gilão. Passez une journée sur les plages et les dunes de l'Ilha de Tavira.
🚌 1 heure de Faro

Faro (p. 148)
La ville historique de Faro est la bourdonnante porte d'entrée de l'Algarve, près des splendides lagunes du Parque Natural de Ria Formosa. 🚌 2 heures de Lagos

Lagos (p. 152)
Cette station balnéaire, a de splendides plages, une vie nocturne animée et un centre historique aux belles places et églises.
🚌 1 heure de Sagres

Sagres et le Cabo de São Vicente (p. 167)
L'extrême sud-ouest du Portugal, prisé des amateurs de surf, permet aussi de s'immerger dans la glorieuse histoire maritime du pays.

Avant le départ

Itinéraire : 10 jours

Porto et ses environs

Le nord du Portugal se distingue par ses célèbres vins, son architecture baroque et ses magnifiques paysages. Découvrez la beauté de Porto et Braga, puis louez une voiture pour un circuit de cinq jours dans l'époustouflante vallée du Douro.

Braga (p. 215) Ses ruelles piétonnes et ses églises baroques, sont dominées par une vénérable cathédrale. On y célèbre Pâques en grande pompe.
1 heure d'Amarante

3

Porto (p. 103)
Une immersion de 2 jours dans la Ribeira historique, pour voir de somptueux azulejos et visiter le Museu da Misericórdia do Porto.
10 min à pied de Vila Nova de Gaia

1

2

Vila Nova de Gaia (p. 112)
De l'autre côté du fleuve se trouvent les plus anciennes caves de Porto.
1 heure de Braga

Amarante (p. 213)
Une ville charmante dominée par une église et un monastère au cœur d'une région réputée pour ses produits du terroir.
1 heure de Lamego

Pinhão (p. 206)
Joli village au bord du fleuve, base idéale pour explorer les vignobles de l'Alto Douro.
1 heure 30 du Parque Arqueológico do Vale do Côa

Parque Arqueológico do Vale do Côa (p. 209)
Découvrez sa galerie d'art pariétal à ciel ouvert, mondialement connue.

Lamego (p. 211) Découvrez le centre historique et un spectaculaire escalier baroque menant sur la hauteur à l'Igreja de Nossa Senhora dos Remédios.
45 min de Pinhão

Avant le départ

Itinéraire : 2 semaines

Du nord au sud

Cette odyssée du nord au sud inclut la grande majorité des principaux sites, notamment à Lisbonne, Porto et dans l'Algarve. Ce trajet peut tout à fait se faire en bus et en train, mais louer une voiture permet de se déplacer beaucoup plus facilement.

Porto (p. 103) Il vaut la peine d'y passer au moins deux jours pour apprécier les vins, les azulejos et les spectaculaires berges longeant le fleuve. 1 heure 15 de Coimbra

Coimbra (p. 231) La plus célèbre université du pays est perchée au sommet d'une colline. Vie estudiantine très animée et fado. 2 heures de Lisbonne

Lisbonne (p. 35) Comptez trois bonnes journées pour visiter les principaux sites de la majestueuse capitale, en prévoyant des pauses pour goûter aux *pastéis de nata*. 2 heures d'Évora

Évora (p. 181) Peu de villes au Portugal peuvent s'enorgueillir d'une architecture aussi bien préservée. À l'intérieur des remparts se cachent des catacombes, des ruines romaines et des merveilles médiévales. 4 heures de Far

Faro (p. 148) L'histoire, la cuisine, l'architecture et l'ambiance décontractée de la capitale de l'Algarve valent le détour. 5 heures de Sagres, via Lagos

Sagres et le Cabo de São Vicente (p. 167) Les superbes falaises de ce cap historique dominent la pointe sud-ouest de l'Europe. Les spots de surf sont nombreux le long des côtes.

4

5

6

Voyager en famille

TATIANA MURR/SHUTTERSTOCK ©

Le Portugal avec des enfants

Le Portugal a tout pour plaire aux enfants. Il y a tant à découvrir, que même les plus petits, dont la durée de concentration peut être limitée, s'amuseront.

L'Algarve est, sans conteste, la région préférée des jeunes voyageurs. On y trouve de grandes plages, des zoos et des parcs aquatiques. On peut aussi y faire des excursions en bateau. Les enfants apprécient aussi Lisbonne et ses environs, entre tramways, spectacles de marionnettes, aquarium, musée du Jouet, calèches, châteaux, parcs et aires de jeux.

D'innombrables châteaux évoquant les contes de fées, des forteresses et des palais émaillent le pays. Certains petits aiment visiter des églises s'ils peuvent allumer un cierge. En ville, les circuits avec arrêts multiples permettent de ne pas trop les fatiguer et les petits trains des stations balnéaires provoquent parfois plus d'enthousiasme que prévu.

Les enfants sont les bienvenus presque partout. Ils peuvent même lire une œuvre du Prix Nobel de littérature José Saramago, puisqu'il a écrit un livre pour enfants, *Le Conte de l'île inconnue*.

Avec des bébés

- L'allaitement ne pose généralement pas de problème, à condition de rester discrète.
- Toutes les pharmacies et épiceries vendent du lait en poudre (y compris bio) et des couches jetables.
- Les offices du tourisme (*turismos*) ainsi que la plupart des hôtels et pensions peuvent vous indiquer des baby-sitters.
- Pensez à hydrater votre bébé en été, notamment sur les plages et dans les grandes villes comme Lisbonne et Porto.

Les repas

Les restaurateurs portugais sont en général ravis d'avoir de petits clients. On vous proposera presque toujours des portions pour enfants et une chaise haute, et le personnel se montre très indulgent avec les plus jeunes. Les cafés et boulangeries sont parfaits pour les petits – nous n'avons pas

NUNO VALADAS/GETTY IMAGES ©

encore croisé d'enfant au Portugal qui ait pu résister à un *pastéis de nata* ! Un verre de lait chaud ne coûte parfois que 0,50 € et les enfants raffolent des jus de fruits pressés.

Comment circuler

Dans les trains, les moins de 5 ans voyagent gratuitement ; le demi-tarif s'applique pour les 5-12 ans. Vous remarquerez que, souvent, les chauffeurs des bus locaux vous feront simplement signe de vous asseoir en voyant un enfant monter. Les trajets sont généralement trop courts pour laisser place à l'agitation. Les bus longue distance disposent toujours de toilettes.

Désagréments et précautions

Rien n'est jamais parfait et certains aspects d'un voyage en famille au Portugal peuvent vous agacer – ou ennuyer les autres.

- Le sucre chez les enfants ne semble pas être un problème, mais c'est moins vrai pour les parents : les boissons pour enfants sont souvent accompagnées de sachets de sucre.

★ Les meilleures activités avec des enfants

Museu de Arte, Arquitetura e Tecnologia (p. 64) Les expositions scientifiques plairont aux petits curieux.

Oceanário de Lisboa (p. 65) L'aquarium de la capitale.

Museu da Marioneta (p. 61) Jouer au marionnettiste d'un jour dans ce musée.

Plages de l'Algarve (p. 140) Les plus belles plages portugaises.

Circuits en bateau à Aveiro (p. 252) Les enfants adorent naviguer sur les bateaux colorés typiques de la ville.

- Dès les premières chaleurs, pensez à protéger vos enfants du soleil (pas d'exposition entre 12h et 16h, crème solaire avec indice élevé, lunettes de soleil et chapeau). Surveillez-les constamment lors des baignades.

De gauche à droite : la gourmandise... ! Oceanário de Lisboa (p. 65)

Castelo de São Jorge (p. 57)
Elevador
de Santa Justa (p. 56)
Convento do

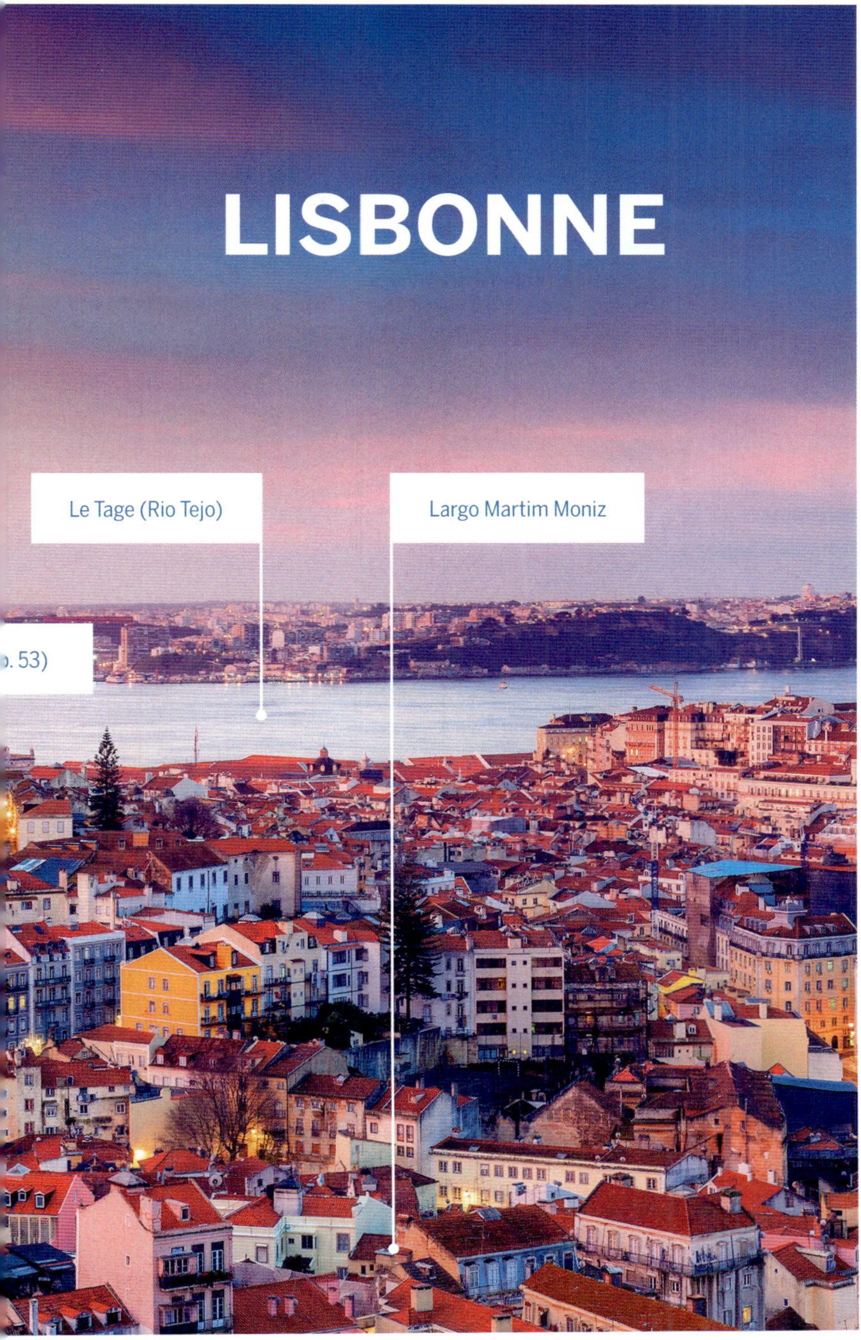
LISBONNE
Le Tage (Rio Tejo)
Largo Martim Moniz
. 53)

Lapa et Alcântara
Un intéressant musée d'art ancien, de paisibles rues arborées et une vie nocturne sur les quais attirent les visiteurs dans ces quartiers.

Marquês de Pombal et alentour
Ce secteur moins connu recèle d'excellents musées, de sublimes jardins et quelques-uns des meilleurs restaurants de Lisbonne.

Belém
Un monastère inscrit au Patrimoine mondial, des monuments manuélins et de l'art contemporain vous attendent dans ce quartier au bord du fleuve.

Príncipe Real, Santos et Estrela
Calmes quartiers bordés d'arbres, parsemés de boutiques-hôtels, de galeries d'art et d'antiquaires.

Baixa et Rossio
Captivant cœur spirituel de la ville aux sites incontournables et aux jolies places, aux boutiques anciennes et aux petits bars à *ginjinha* (liqueur de cerise).

Parque das Nações
Ce quartier longeant le fleuve abrite des œuvres d'art en extérieur, une architecture futuriste et le deuxième aquarium d'Europe par la taille.

Alfama, Castelo et Graça
Fado, petites rues pittoresques et points de vue sont à découvrir dans ces trois quartiers couronnés d'un château.

Bairro Alto et Chiado
Faites du lèche-vitrines, rejoignez les belvédères dans d'anciens tramways et fréquentez les bars les plus branchés de Lisbonne dans ces quartiers centraux.

Carte Bairro Alto, Chiado, Baixa et Rossio (p. 54)
Carte Alfama, Castelo et Graça (p. 58)
Carte Lapa, Alcântara, Príncipe Real, Santos et Estrela (p. 62)
Carte Belém (p. 64)

Dans ce chapitre

Lisbonne

S'étendant sur plusieurs collines abruptes dominant le Tage, Lisbonne se déploie entre vestiges romains et maures, églises coiffées de coupoles blanches et places bordées de cafés. Qu'il s'agisse de l'écho des tramways jaunes dans ses avenues arborées ou des conversations à bâtons rompus dans un restaurant où se produisent des chanteurs de fado : rien ne semble avoir changé dans les vieux quartiers. Ailleurs, se dessine une Lisbonne plus jeune, notamment dans les bars bohèmes et les fêtes de rue. Les environs immédiats de la capitale recèlent leur lot de découvertes, aussi bien sylvestres que balnéaires.

Lisbonne en 2 jours

Le premier jour, explorez l'**Alfama** (p. 44), la vieille ville de Lisbonne en empruntant le tramway 28 sur une partie du chemin. Terminez par un spectacle de fado (p. 42) dans la soirée. Le lendemain, découvrez **Belém** (p. 63) et le **Mosteiro dos Jerónimos** (p. 46). Le soir, testez la trépidante vie nocturne de Lisbonne (p. 40).

Lisbonne en 4 jours

Le troisième jour, place aux musées – il en existe une belle sélection, consacrée à des thèmes très divers. Le meilleur, le **Museu Nacional do Azulejo** (p. 48), renferme quantité de ces carreaux de céramique traditionnels. Le dernier jour, prenez le train pour rejoindre **Sintra** (p. 89) et faites une promenade dans les bois parsemés de rochers jusqu'à des palais de contes de fées.

Page précédente : Lisbonne à l'aube

Praça do Comércio (p. 52)

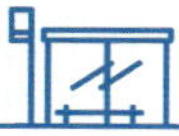

Comment s'y rendre

Aeroporto de Lisboa Vols directs vers de grandes villes internationales, dont Paris, Londres, New York et Montréal.

Gare routière Sete Rios Principale gare routière pour les bus longue distance.

Gare routière do Oriente Bus vers le nord du Portugal et l'Espagne.

Gare ferroviaire do Oriente La plus grande gare de Lisbonne.

Gare ferroviaire de Santa Apolónia Liaisons avec le nord et le centre du Portugal.

Se loger

Lisbonne compte un large choix de boutiques-hôtels, d'auberges de jeunesse confortables, de Bed & Breakfast et de pensions, modernes ou à l'ancienne. Réservez bien à l'avance en haute saison (de juillet à septembre). Si vous avez des difficultés à marcher ou êtes lourdement chargé, sachez que nombre de petits hôtels ne possèdent pas d'ascenseur. Plus d'informations p. 87.

Cabaret à Lisbonne

PAUL BERNHARDT/GETTY IMAGES ©

La vie nocturne de Lisbonne

Entre les soirées dans les rues de Cais do Sodré et du Bairro Alto, les ginjinhas *au crépuscule sur les pavés collants du Rossio et les verres avec des jeunes à Santa Catarina, Lisbonne jouit d'une vie nocturne parmi les plus éclectiques d'Europe.*

Pour ceux qui aiment...

☑ Ne ratez pas

Savourez un cocktail artisanal au **Cinco Lounge** (carte p. 62 ; www.cincolounge.com ; Rua Ruben António Leitão 17 ; 9h-2h), concocté par un barman londonien primé.

Cais do Sodré

Cais do Sodré a longtemps été un repaire de marins alcoolisés et avides de débauche nocturne. Fin 2011, ce quartier sordide est devenu tendance. La Rua Nova do Carvalho a été repeinte en rose et les prostituées renvoyées, mais l'originalité et le goût de la fête propres à Lisbonne demeurent. Dans ce haut lieu des sorties nocturnes, les bars à l'ambiance bohème, les salles de concerts et les clubs burlesques sont idéals pour une tournée des bars. Si l'on vous parle de la "rue rose", c'est ici.

Bairro Alto et secteur du port

Une foule variée se retrouve dans les ruelles étroites du Bairro Alto, épicentre de la vie nocturne. À la nuit tombée, les fêtards arrivent peu à peu dans les bars à la musique tonitruante, l'alcool

Rua Nova do Carvalho

MAICASAA/SHUTTERSTOCK ©

commence à faire effet sur certains et les chauffeurs de taxi mordent sur les trottoirs. Pour une ambiance plus raffinée et artistique, dirigez-vous deux rues plus au sud, à Bica.

Les Doca de Alcântara et Doca de Santo Amaro abritent une succession de bars où prendre un verre avant d'aller en club. Beaucoup occupent des entrepôts rénovés, avec terrasse face au fleuve et au **Ponte 25 de Abril** éclairé. Si la plupart des personnes viennent en taxi, on peut prendre un train de Cais do Sodré à Alcântara Mar ou le tramway 15 à Praça da Figueira.

Les clubs

Si entrer dans les clubs est moins compliqué que dans d'autres capitales, vous augmenterez vos chances de passer la porte si vous êtes accompagné et habillé avec soin. L'entrée est généralement payante (autour de 5 à 20 €, souvent avec une ou deux boissons comprises) ; certains clubs appliquent un système de carte à tamponner pour que vous dépensiez un minimum pour vos consommations. La plupart ferment les dimanches et lundis.

Sachez que le personnel de sécurité a le droit d'augmenter considérablement le prix d'entrée (jusqu'à 250 € dans certains cas !) pour décourager les clients qui pourraient poser problème parce qu'ils sont en état d'ivresse ou pour toute autre raison.

Infos pratiques

Les quartiers de Cais do Sodré, Bairro Alto, d'Alfama et du port sont très animés en soirée.

Une petite faim ?

Dans la Rua Nova do Carvalho bordée de bars, **Povo** (carte p. 54 ; 213 473 403 ; povolisboa.com ; Rua Nova do Carvalho 32 ; petiscos 7,50-16 € ; 18h-2h dim-mer, 18h-4h jeu-sam) propose de savoureux *petiscos* et des concerts fréquents.

Bon à savoir

Les Lisboètes vont rarement en boîte de nuit avant 2h du matin.

Une soirée différente

Les soirées de l'Alfama tournent principalement autour du fado – le quartier possède quantité d'établissements proposant de la musique live. Juste au nord du Bairro Alto, Príncipe Real est l'épicentre de la scène gay lisboète. On y trouve des bars originaux.

Le fadista Pedro Galveias se produisant dans la Mouraria

PATRICIA DE MELO MOREIRA/AFP/GETTYIMAGES ©

Fado

Le style musical emblématique du Portugal, le fado, né dans les quartiers ouvriers de Lisbonne au XIXe siècle, égrène partout ses notes mélancoliques. Certains établissements accueillent des fadistas réputés : ne manquez pas d'aller les écouter.

Pour ceux qui aiment…

☑ Ne ratez pas

La plus grande *fadista*, Amália Rodrigues, a obtenu une place au Panteão Nacional.

La chanson de l'âme

Une visite au Portugal ne saurait être complète sans une soirée de fado, la musique traditionnelle de Lisbonne. Un spectacle dans une maison de fado lisboète donne un aperçu de l'âme portugaise, dont l'intense nostalgie du passé est traduite par le rythme de la guitare et du chant.

Un trésor portugais

Si le fado constitue une sorte de trésor national – l'Unesco l'a inscrit en 2011 au Patrimoine immatériel de l'humanité –, c'est avant tout la musique de Lisbonne. Populaire aussi dans la ville universitaire de Coimbra, il y prend une forme différente. Le fado est traditionnellement interprété par un chanteur accompagné d'une *guitarra*, une guitare portugaise à 12 cordes,

Guitare portugaise

MAURO RODRIGUES/SHUTTERSTOCK ©

en forme de poire. Quand deux *fadistas* se produisent ensemble, ils chantent parfois à *desgarrada*, se livrant à une sorte de confrontation chantée et improvisée. Dans les maisons de fado, plusieurs chanteurs se succèdent, interprétant généralement trois chansons chacun.

Histoire du fado

Si son origine précise reste inconnue, le fado s'est sans doute nourri des rythmes africains et brésiliens, des chants arabes et des ballades des troubadours provençaux. Au XIXe siècle, il retentissait partout dans les quartiers ouvriers lisboètes que sont la Mouraria et l'Alfama. Hymne des plus modestes, le fado a gardé une mauvaise réputation jusqu'à la fin du XIXe siècle. C'est alors que les classes supérieures s'en emparèrent, le faisant entrer dans la culture traditionnelle. Avec le changement de régime, les Portugais entendaient faire table rase du passé, et la popularité du fado déclina fortement (Salazar prétendait s'appuyer sur le "triple F" – fado, football et Fátima – pour contenter la population). Il a fallu attendre les années 1990 pour que le fado revienne en grâce, avec l'ouverture de nouvelles maisons de fado et l'apparition de nouvelles voix.

Infos pratiques

L'Alfama est le quartier des soirées fado.

Une petite faim ?

Les spectacles de fado sont presque toujours accompagnés de plats traditionnels portugais.

★ Bon à savoir

Les soirées fado commencent généralement autour de 20h et se terminent vers 1h ou 2h.

Amália Rodrigues

"Reine du fado", la chanteuse Amália Rodrigues, qui se fit connaître dans les années 1940, a énormément contribué à le rendre populaire. Née en 1920 dans une famille pauvre, Amália a sorti le fado des tavernes pour le faire entrer dans les salles de concerts, et, plus tard, dans les foyers, par la radio, puis au cinéma (en jouant notamment en 1947 dans le film *Capas Negras*).

Tarifs et menus

La plupart des établissements de fado appliquent un tarif d'entrée de 15 à 25 €, et un menu fixe peut coûter plus de 50 €. La qualité de la cuisine est aléatoire ; dans le doute, mieux vaut demander s'il est possible de ne commander qu'une bouteille de vin.

L'Alfama

Cette superbe balade, qui commence à bord du tramway 28 à partir du Largo Martim Moniz ou de la Baixa, offre le plus bel itinéraire de tramway de la ville en évitant les montées abruptes. Descendez à Largo da Graça. De là, suivez le nord et tournez à gauche en direction du Miradouro da Senhora do Monte.

Départ Miradouro da Senhora do Monte
Distance 3 km
Durée 2 à 3 heures

1 La vue époustouflante sur les toits rouges de la ville depuis le plus haut belvédère de Lisbonne, le **Miradouro da Senhora do Monte**.

4 Surplombant la ville du sommet de la colline, les fortifications du **Castelo de São Jorge** datant du milieu du XIe siècle sont très photogéniques. C'est un site incontournable de la ville.

Une petite soif ?
Le Cruzes Credo Café (Rua Cruzes da Sé 29 ; 12h-minuit) est toujours pratique pour prendre un verre.

6 Semblable à une forteresse, la **Sé de Lisboa** du XIIe siècle fut érigée sur le site d'une mosquée peu après que les chrétiens eurent repris la ville aux Maures.

7 L'espace urbain de la **Praça do Comércio** se présente comme la plus grande place d'Europe, même s'il ne manque pas de concurrents.

La photo à prendre
Le vieux tramway 28 qui grimpe jusqu'au Largo da Graça.

2 Du Miradouro da Senhora do Monte, dirigez-vous au sud puis à droite vers le **Miradouro da Graça**, à l'ombre des pins, qui domine le centre de Lisbonne.

3 Le **Mosteiro de São Vicente de Fora**, à l'intérieur magnifiquement carrelé, abrite un mausolée consacré aux derniers rois du Portugal.

5 Le point de vue du **Miradouro de Santa Luzia**, bordé par des bougainvillées, offre un autre beau panorama.

Mosteiro dos Jerónimos

Inscrit au patrimoine mondial de l'Unesco, ce monastère dominant le quartier marin de Belém porte à sa quintessence le style manuélin élaboré. L'un des sites favoris de Lisbonne.

Pour ceux qui aiment...

☑ Ne ratez pas

L'entrée principale (*portal principal*) est ornée de magnifiques sculptures représentant des saints catholiques et des rois portugais.

Histoire du monastère

Le plus beau monument de Belém est sans conteste ce monastère, fruit de la créativité foisonnante de l'architecte Diogo Boitac. Sa construction fut ordonnée par Manuel Ier pour célébrer la découverte de la route des Indes par Vasco de Gama, en 1498. L'édifice incarne l'âge d'or des découvertes portugaises et fut financé grâce au commerce des épices rapportées du sous-continent par Vasco de Gama. Sa construction commença en 1502, mais ne s'acheva que près d'un siècle plus tard. Érigé à la gloire de Dieu, le monastère des Hiéronymites fut autrefois habité par les moines de l'ordre de Saint-Jérôme, dont l'œuvre spirituelle consista, quatre siècles durant, à prodiguer du réconfort aux marins et à prier pour le salut du souverain. À la dissolution

Infos pratiques

Carte p. 64 ; www.mosteirojeronimos.pt ; Praça do Império ; tarif plein/réduit/-12 ans 10/5 €/gratuit ; 10h-18h30 mar-dim juin-sept, 10h-17h30 oct-mai

Une petite faim ?

Enoteca de Belém (carte p. 64 ; 213 631 511 ; facebook.com/EnotecaBelem ; Tv do Marta Pinto 10 ; plats 17-20 € ; 13h-23h ;) sert des classiques portugais, accompagnés d'un excellent choix de vins.

★ Bon plan

Pour les familles (1 adulte et au minimum 2 enfants -18 ans), réduction de 50%.

de l'ordre, en 1833, le monastère fut reconverti en école et orphelinat, et le resta jusqu'aux années 1940. C'est ici que fut ratifié, en 2007, le traité de Lisbonne, tant controversé.

L'église

On pénètre dans l'église par le portail ouest. Les colonnes massives semblent pousser comme des troncs d'arbre jusqu'à la dentelle de pierre arachnéenne du plafond. Les fenêtres laissent pénétrer une douce lumière dorée dans l'église. Vasco de Gama est enterré dans le chœur inférieur, juste à gauche de l'entrée, face à Luís Vaz de Camões, poète vénéré du XVIe siècle. Depuis le chœur supérieur, on peut admirer les stalles sculptées, datant de la première Renaissance portugaise.

Vasco de Gama

Né à Alentejo dans les années 1460, Vasco de Gama fut le premier explorateur européen à atteindre l'Inde en bateau. Un moment clé de l'histoire portugaise qui permit d'instaurer des liens commerciaux avec l'Asie et de fonder l'empire maritime du Portugal, dont la richesse transforma le pays en une superpuissance mondiale. Vasco de Gama mourut de la malaria lors de son troisième voyage en Inde en 1524.

Les cloîtres

Dans les cloîtres manuélins, on est saisi par la profusion de motifs organiques, qu'il s'agisse de tourelles en forme de conques marines ou de colonnes aux entrelacs de feuilles et de vignes. Ne manquez pas la sphère armillaire, la croix de l'Ordre militaire, ni les gargouilles et autres créatures fantastiques essaimées sur la balustrade supérieure.

Museu Nacional do Azulejo

Azulejos et Museu Nacional do Azulejo

Les magnifiques carreaux traditionnels qui ornent bon nombre d'édifices portugais impressionnent les visiteurs. Il existe même un musée qui retrace l'histoire de ces azulejos.

Pour ceux qui aiment...

☑ Ne ratez pas

La boutique du musée propose des souvenirs en céramique et de beaux livres.

Azulejos

Les carreaux de faïence peinte, les azulejos (de l'arabe *al zulaycha,* "pierre polie"), ornent quantité de bâtiments, des églises aux gares ferroviaires. Les Maures, qui les avaient découverts chez les Perses, sont à l'origine de leur introduction au Portugal.

Les premiers azulejos portugais, de type mauresque et importés au XVIe siècle de Séville, sont décorés de motifs géométriques et floraux. Après la prise de Ceuta, au Maroc, en 1415, les Portugais commencent à produire leurs propres azulejos. Ils adoptent la technique de la majolique. Découverte peu auparavant en Italie, elle permet de peindre directement sur les carreaux recouverts d'émail blanc et donne aux azulejos une luminosité remarquable : l'histoire d'amour entre le Portugal et le carreau peint a commencé.

Mosteiro de São Vicente de Fora (p. 61)

Infos pratiques

218 100 340 ; www.museudoazulejo.pt ; Rua Madre de Deus 4 ; adulte/enfant 5 €/gratuit ; 10h-18h mar-dim

Une petite faim ?

Le restaurant du musée sert des spécialités portugaises traditionnelles, des crêpes salées et des desserts.

★ Bon plan

La visite avec audioguide permet de mieux comprendre l'art et l'histoire des azulejos.

Les exemples les plus anciens datent des années 1580 et peuvent être admirés dans certaines églises : dans l'Igreja de São Roque à Lisbonne, ils offrent un contrepoint à l'opulence des dorures baroques.

La fin du XVIIe siècle est marquée par la vogue des panneaux de très grande taille aux représentations variées, du portrait de saint au paysage marin. C'est le début de la production de masse et de l'arrivée dans le pays des carreaux bleu et blanc de l'école hollandaise de Delft.

L'œuvre somptueuse de l'*azulejista* António de Oliveira Bernardes, et de son fils Policarpo, au XVIIIe siècle témoigne d'une belle émulation artistique. On peut admirer leur travail dans l'impressionnante Igreja de São João d'Évora (p. 185).

À la fin du XVIIIe siècle, la production d'azulejos s'industrialise et la qualité s'en ressent, d'autant plus que la demande s'est envolée au lendemain du séisme de Lisbonne en 1755.

À partir de la fin du XIXe siècle, l'Art nouveau puis l'Art déco s'emparent de l'azulejo, qui vient parer les façades et les intérieurs des magasins, des restaurants et des habitations. Ces carreaux de faïence continuent aujourd'hui d'embellir les rues ainsi que le métro de Lisbonne.

Le musée

Logé dans un splendide couvent du XVIe siècle, le **Museu Nacional do Azulejo** retrace l'histoire des azulejos, depuis la géométrie ottomane ancienne. Parmi les plus belles pièces, citons un panneau (36 m) figurant la Lisbonne d'avant le séisme, un cloître manuélin à la voûte arachnéenne ainsi qu'une chapelle baroque aux dorures scintillantes. Le restaurant du musée est orné d'azulejos représentant des canards, des cochons et d'autres animaux.

Les tramways de Lisbonne

Pour vivre une expérience authentique, ne quittez pas la ville sans avoir fait un tour dans le fameux tramway jaune. Le tramway 28 qui grimpe dans l'Alfama est un incontournable pour tous les visiteurs.

Pour ceux qui aiment...

☑ **Ne ratez pas**

Outre le tramway 28, les lignes 12, 15, 18 et 25 circulent en centre-ville.

Les vieux tramways de Lisbonne

Dans la plupart des autres pays européens, les vieux tramways jaunes de Lisbonne – souvenir des débuts des transports publics urbains – auraient été remisés depuis bien longtemps dans un musée des Transports. S'ils ont survécu dans la capitale, c'est principalement parce qu'ils ont été créés dans un but bien précis – grimper et descendre les pentes abruptes du centre de Lisbonne (à l'instar de leurs cousins de San Francisco) et que les remplacer coûterait bien trop cher. Ces vénérables tramways, appelés *remodelados* (remodelés), datent des années 1930. Leur nom vient du fait que les voitures ont été légèrement améliorées dans les années 1990 afin d'intégrer des équipements de luxe, tels qu'un système de freins plus efficace. Autrefois, la ville

KIEVVICTOR/SHUTTERSTOCK ©

comptait 27 lignes, mais la construction du métro a entraîné le déclin du réseau. Aujourd'hui, il ne reste que 5 lignes – toutes empruntées par les *remodelados*.

Arrêts et tarifs

Les arrêts sont marqués par un petit panneau *paragem* (stop) jaune suspendu à un réverbère ou aux fils électriques en hauteur. Le trajet revient plus cher en achetant un ticket à bord qu'en choisissant une carte prépayée. À bord, le tarif d'un trajet revient à 2,85 € ; un pass journalier, valable 24 heures dans tous les transports publics de la ville, coûte 6 € seulement.

Pickpockets

Avec un grand nombre de touristes entassés dans un petit espace, le tramway 28 est malheureusement

Infos pratiques

La **Companhia Carris de Ferro de Lisboa** (213 500 115 ; www.carris.pt) gère tous les transports de Lisbonne, à l'exception du métro.

Une petite faim ?

De nombreux cafés et restaurants bordent la ligne du tramway 28 – faites votre choix.

★ Bon à savoir

Prenez le tramway 28 tôt le matin, ou le soir, pour éviter la foule de touristes.

un terrain de chasse idéal pour les pickpockets. Prenez les précautions nécessaires pour éviter tout vol.

Tram 28

Le célèbre tramway 28, la ligne la plus longue de Lisbonne, est très fréquenté par les touristes parce qu'il traverse Baixa, Graça, l'Alfama et Estrela, en grimpant la colline escarpée, de Baixa au château et à l'Alfama, ainsi que trois des sept collines de la ville. Il comporte 34 arrêts entre Campo Ourique, à l'ouest du centre-ville, et Martim Monique, mais la partie la plus intéressante se situe entre Estrela et Graça. Les tramways partent toutes les 11 minutes ; le dernier départ a lieu assez tôt, (autour de 21h). Pour certains visiteurs, la virée à bord du tramway digne d'un musée peut se révéler inconfortable à cause des étroits bancs en bois vernis, des marches et de la foule de touristes. Mais la balade vaut le coup, car il n'existe pas de circuit meilleur marché en ville et parce que ce mode de transport est idéal par mauvais temps.

À VOIR

La grandiose Praça do Comércio s'étend à proximité du fleuve. Derrière, les rues piétonnes du quartier Baixa (bas) filent jusqu'à la Praça da Figueira et la Praça Dom Pedro IV (ou Rossio). De Baixa, on grimpe à l'ouest dans le quartier cossu du Chiado et jusque dans les rues étroites du Bairro Alto, paradis des noctambules. Les sites de Belém inscrits au Patrimoine mondial sont facilement accessibles en bus ou en tramway depuis la Praça do Comércio. À l'est de Baixa, on grimpe au Castelo de São Jorge et au quartier labyrinthique de l'Alfama qui l'entoure.

Baixa et Rossio

Arco da Rua Augusta Monument

(Carte p. 54 ; Rua Augusta 2-10 ; 3 € ; 9h-20h). Cet arc triomphal fut érigé après le séisme de 1755. Il est surmonté de grands personnages, tel Vasco de Gama, l'explorateur du XVe siècle. Un ascenseur conduit au sommet, où l'on découvre une belle vue sur la Praça do Comércio, le Rio Tejo et le Castelo de São Jorge. Entrée libre pour les moins de 5 ans.

Núcleo Arqueológico da Rua dos Correeiros Ruines

(Carte p. 54 ; 211 131 004 ; www.fundacaomillenniumbcp.pt ; Rua Augusta 96 ; 10h-12h et 14h-17h lun-sam). GRATUIT C'est sous l'immeuble moderne de la banque BCP que se cachent ces ruines datant de l'âge du fer, découvertes en 1991 lors de travaux de construction d'un parking. La Fundacão Millennium y organise des visites en anglais ou en portugais, guidées par des archéologues (réservation conseillée, départ aux heures piles et en fonction des réservations). Le site mérite amplement son statut de monument national.

Praça do Comércio Place

(Terreiro do Paço ; carte p. 54 ; Praça do Comércio). Avec ses arcades du XVIIIe siècle, ses façades jaune citron et son pavement en mosaïque, la Praça do Comércio semble claironner la grandeur d'une ère enfuie. Toujours animée et résonnant du cliquetis des tramways qui la sillonnent, la place a gardé une allure de porte de la cité depuis l'époque où la plupart des visiteurs arrivant par bateau y débarquaient.

Basílica da Estrela (p. 61)

Igreja de São Domingos — Église

(Carte p. 54 ; www.patriarcado-lisboa.pt ; Largo de São Domingos ; 7h30-19h). C'est un miracle que l'église baroque de São Domingos, bâtie en 1241, soit encore debout : elle a en effet survécu au tremblement de terre de 1755 et à l'incendie de 1959. À l'intérieur, une multitude de bougies en éclairent les piliers, les murs délabrés et les superbes sculptures. À l'extérieur, une étoile de David commémorative marque l'emplacement du pogrom de 1506.

Museu do Dinheiro — Musée

(Carte p. 54 ; www.museudodinheiro.pt ; Largo de São Julião ; 10h-18h mer-sam). GRATUIT Entrez dans le musée de la Monnaie, de la banque Banco de Portugal, pour admirer le travail de rénovation de l'ancienne église de São Julião (déconsacrée en 1933), et la **Muralha de Dão Dinis**, un tronçon de 30 m des remparts médiévaux de la ville datant du XIIIe siècle, découvert dans la crypte de l'église lors de fouilles menées en 2010.

Lisbon Story Centre — Musée

(Carte p. 54 ; www.lisboastorycentre.pt ; Praça do Comércio 78 ; tarif plein/réduit/enfant 7/5/3 € ; 10h-20h). Ce musée plonge ses visiteurs dans l'histoire de Lisbonne, depuis sa fondation (avant la domination romaine) jusqu'à nos jours. Un audioguide et des expositions multimédias expliquent les épisodes clés, dont la découverte du Nouveau Monde, le séisme de 1755 (qu'un film fait revivre dans toute son horreur) et la reconstruction qui a suivi ce drame.

Bairro Alto et Chiado

Convento do Carmo et Museu Arqueológico — Ruines

(Carte p. 54 ; www.museuarqueologicodocarmo.pt ; Largo do Carmo ; tarif plein/réduit/enfant 5/4 €/gratuit ; 10h-19h lun-sam juin-sept, 10h-18h oct-mai). Le couvent des Carmes se détache au-dessus de la ville, témoin des ravages du séisme de 1755, avec ses piliers et ses arches en ruine. Le musée archéologique rassemble des trésors tels que des sarcophages (IVe siècle), des fragments de colonnes ornées de griffons (Xe siècle), des panneaux d'azulejos et deux momies péruviennes (XVe siècle).

Les quartiers

Baixa, près de la rive, et Rossio, juste au nord, forment le cœur du vieux Lisbonne, avec des rues piétonnes et de jolies places. Suivez les tramways vers l'est pour rejoindre l'Alfama, dont les ruelles rappellent celles d'une médina, et ses minuscules restaurants de fado. Au-dessus de l'Alfama se dressent les remparts d'un château ancien, on y trouve d'excellents points de vue tout comme dans le quartier du Castelo.

Une côte escarpée à l'ouest de Baixa mène aux restaurants et boutiques du quartier huppé du Chiado. Plus haut, d'étroites rues composent le paradis des noctambules du Bairro Alto. Non loin, Santa Catarina, avec ses bars et son funiculaire à l'ancienne, offre une ambiance plus décontractée. Plus bas, vers le fleuve, Cais do Sodré abrite des bars et restaurants qui ferment tard.

Les sites de Belém classés au Patrimoine mondial sont plus à l'ouest, le long du Tage, et accessibles en tramway depuis Baixa ou Cais do Sodré.

Baixa
SAM74100/GETTY IMAGES ©

Miradouro de São Pedro de Alcântara — Belvédère

(Carte p. 54 ; Rua São Pedro de Alcântara ; belvédère 24h/24, kiosque 10h-minuit dim-mer, 10h-2h jeu-sam). Empruntez le vieil **Ascensor da Glória** (www.carris.pt/pt/ascensores-e-elevador ; Praça dos Restauradores ; aller-retour 3,80 € ; 7h15-11h55 lun-jeu, 7h15-12h25 ven,

Bairro Alto, Chiado, Baixa et Rossio

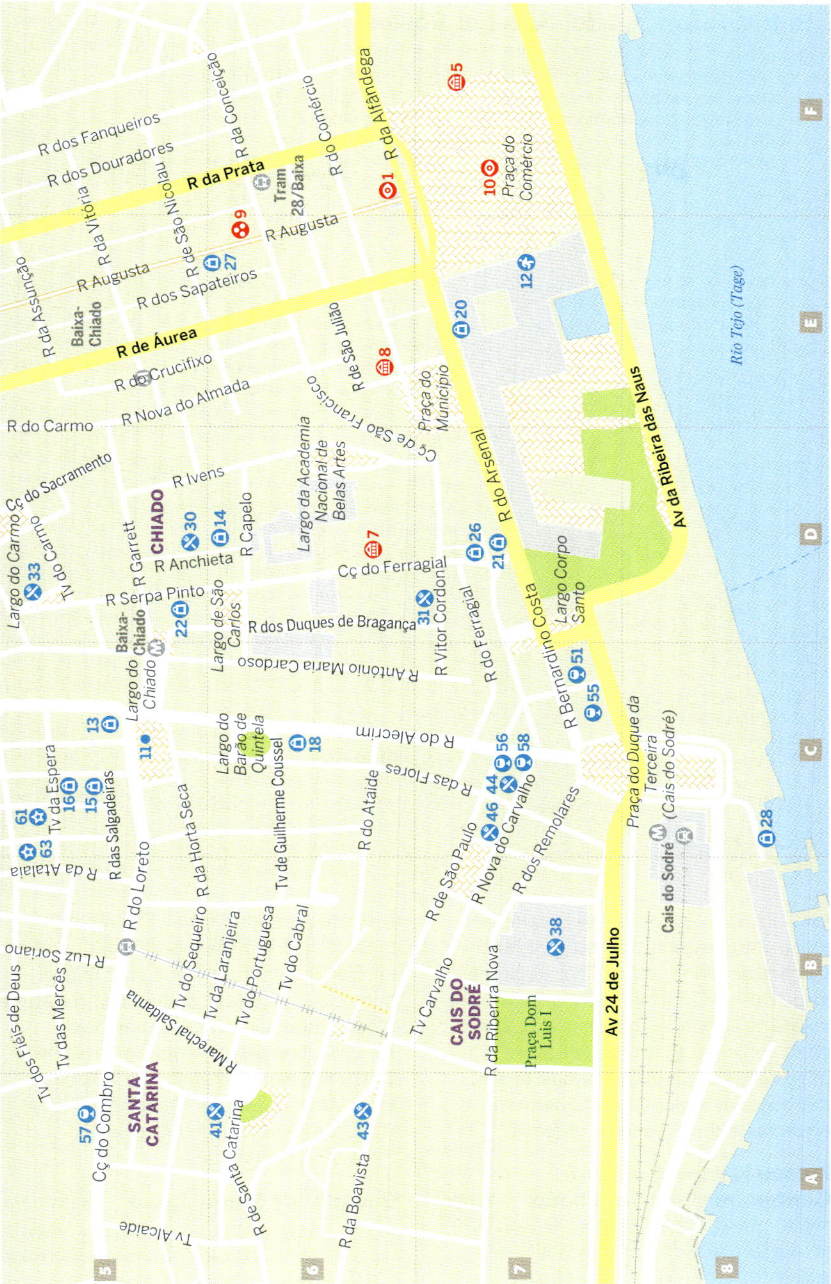
R dos Fanqueiros
R dos Douradores
R da Prata
R da Conceição
R de São Nicolau
R da Vitória
R da Assunção
R Augusta
Baixa-Chiado
R dos Sapateiros
Tram 28/Baixa
R do Comércio
R da Alfândega
Praça do Comércio
R de Áurea
R do Crucifixo
R Nova do Almada
R do Carmo
R de São Julião
Cç de São Francisco
Praça do Município
R do Arsenal
Av da Ribeira das Naus
Rio Tejo (Tage)
Largo do Carmo
Cç do Sacramento
Tv do Carmo
R Ivens
CHIADO
R Garrett
R Anchieta
R Capelo
Largo da Academia Nacional de Belas Artes
R Serpa Pinto
Cç do Ferragial
Largo de São Carlos
R dos Duques de Bragança
R Vitor Cordon
R do Ferragial
Largo Corpo Santo
R Bernardino Costa
Largo do Chiado
Baixa-Chiado
R António Maria Cardoso
R do Alecrim
Largo do Barão de Quintela
Tv da Espera
R das Salgadeiras
R da Atalaia
R do Loreto
R da Horta Seca
Tv de Guilherme Coussel
R do Ataíde
R das Flores
R de São Paulo
R Nova do Carvalho
R dos Remolares
Praça do Duque da Terceira (Cais do Sodré)
Cais do Sodré
R Luz Soriano
Tv dos Fiéis de Deus
Tv das Mercês
Tv do Sequeiro
Tv da Laranjeira
Tv do Portuguesa
Tv do Cabral
R Marechal Saldanha
Tv Carvalho
CAIS DO SODRÉ
R da Ribeira Nova
Praça Dom Luis I
Av 24 de Julho
SANTA CATARINA
Cç do Combro
R de Santa Catarina
R da Boavista
Tv Alcaide
A
B
C
D
E
F
5
6
7
8
1
5
7
8
9
10
11
12
13
14
15
16
18
20
21
22
26
27
28
30
31
33
38
41
43
44
46
51
55
56
57
58
61
63

Bairro Alto, Chiado, Baixa et Rossio

À voir

1 Arco da Rua Augusta ... F6
2 Convento do Carmo et Museu Arqueológico ... D4
3 Elevador de Santa Justa ... E4
4 Igreja de São Domingos ... E3
5 Lisbon Story Centre ... F7
6 Miradouro de São Pedro de Alcântara ... C3
7 Museu Nacional de Arte Contemporânea do Chiado ... D6
8 Museu do Dinheiro ... E6
9 Núcleo Arqueológico da Rua dos Correeiros ... E6
10 Praça do Comércio ... F7

Activités

11 Sandemans New Lisbon ... C5
12 ViniPortugal ... E7

Achats

13 A Carioca ... C5
14 A Vida Portuguesa ... D6
15 Cork & Company ... C5
16 El Dorado ... C5
17 Embaixada ... A2
18 Fábrica Sant'Ana ... C6
19 Garrafeira Nacional ... E4
20 Lisbon Shop ... E7
21 Loja das Conservas ... D7
22 Loja do Burel ... D5
23 Loja Real ... A2
24 Manteigaria Silva ... E4
25 Solar ... B2
26 Storytailors ... D7
27 Typographia ... E6
28 Underdogs Public Art Store ... C8

Où se restaurer

29 100 Maneiras ... B3
30 Alma ... D5
31 Ao 26 – Vegan Food Project ... D7
32 Bairro de Avillez ... C4
33 Boa-Bao ... D5
34 Coyo Taco ... B3
35 The Decadente ... C3
36 Jesus é Goês ... C1
37 Mercado da Baixa ... E4
38 Mercado da Ribeira ... B7
39 Mercantina ... C4
40 O Zé da Mouraria ... F2
41 Pharmacia ... A6
42 Pinóquio ... D3
43 Pistola y Corazon ... A6
44 Povo ... C7
45 Solar dos Presuntos ... D1
46 Taberna Tosca ... C7
47 Tapisco ... B2
48 Terra ... A3

Où prendre un verre et faire la fête

49 A Ginjinha ... E3
50 BA Wine Bar do Bairro Alto ... B4
51 Crafty Corner ... C7
52 Duque Brewpub ... C4
53 Ginjinha Rubi ... E3
54 Ginjinha Sem Rival ... D3
55 Hennessy's ... C7
56 O Bom O Mau e O Vilão ... C7
57 Park ... A5
58 Pensão Amor ... C7
59 Rooftop Bar ... E3
60 TOPO Martim Moniz ... F2

Où sortir

61 A Tasca do Chico ... C5
62 Hot Clube de Portugal ... B1
63 Zé dos Bois ... C5

8h45-12h25 sam, 9h15-11h55 dim) depuis la Praça dos Restauradores, ou grimpez la Calçada da Glória, une rue très escarpée, jusqu'à ce superbe belvédère qui coiffe une colline de Lisbonne. Fontaines et bustes grecs confèrent à l'endroit une allure majestueuse, et, dans le kiosque, on sert des boissons et des en-cas, à savourer en profitant de la vue sur le château.

Museu Nacional de Arte Contemporânea do Chiado — Musée

(MNAC ; carte p. 54 ; museuartecontemporanea.pt ; Rua Serpa Pinto 4 ; adulte/enfant 4,50 €/gratuit ; 10h-18h mar-dim). Le Museu do Chiado occupe l'ancien Convento de São Francisco, transformé avec bonheur – projet architectural signé Jean-Michel Wilmotte – en espace dédié à l'art moderne et contemporain. Vous y découvrirez une collection permanente d'œuvres de 1850 à nos jours, notamment de Rodin, Jorge Vieira et José de Almada Negreiros, à laquelle on accède par les galeries d'exposition temporaire.

Elevador de Santa Justa — Belvédère

(Carte p. 54 ; www.carris.pt/en/elevators ; angle Rua de Santa Justa et Largo do Carmo ; aller-retour 5,30 € ; 7h-23h mars-oct, 7h-21h nov-fév).

Si la structure en fer forgé de l'Elevador de Santa Justa vous rappelle quelque chose, c'est sans doute parce que ce chef-d'œuvre néogothique, seul ascenseur de rue de Lisbonne, est signé Raoul Mesnier du Ponsard, disciple de Gustave Eiffel. Construit en 1902, il fonctionnait à la vapeur jusqu'en 1907. Arrivez tôt pour profiter, en toute quiétude, de la vue sur la ville.

Alfama, Castelo et Graça

Castelo de São Jorge Château

(Carte p. 58 ; castelodesaojorge.pt ; tarif plein/13-25 ans/-13 ans 10/5 €/gratuit ; 9h-21h mars-oct, 9h-18h nov-fév). Ces fortifications, datant du milieu du XIe siècle, dominent majestueusement Lisbonne. On a, depuis ses remparts, une vue plongeante jusqu'au Tage. Le billet comprend des visites guidées (portugais, anglais, espagnol), à 10h30, 13h et à 16h. Résidence royale du XIVe au XVIe siècle, le château a eu de multiples occupants : les Wisigoths (Ve siècle), les Maures (IXe siècle), puis les chrétiens (XIIe siècle), et des prisonniers à toutes les époques.Dans la **tour d'Ulysse** est aménagée une *câmara obscura* (chambre noire) où sont projetées (toutes les 20 minutes), sur un miroir, des images de Lisbonne à 360°. Dans des galeries sont également exposées des reliques de temps plus anciens, notamment les vestiges du quartier arabe du XIe siècle sur le **site archéologique**. On trouve également ici quelques cafés et restaurants. Le bus 737 au départ de la Sé ou de la Praça da Figueira vous déposera juste à l'entrée. Le tramway 28E passe aussi à proximité. Une série d'ascenseurs reliant le sommet à la Praça Martim Moniz est opérationnelle depuis 2018.

Jardim da Cerca da Graça Parc

(Carte p. 58 ; Calçada Do Monte 46 ;). Longtemps fermé au public, cet espace de 1,7 ha reliant le quartier de Graça à celui de la Mouraria a été rouvert en 2015, devenant le deuxième plus grand parc de Lisbonne. De certains points, on a une vue panoramique sur la ville et le château. Il y a aussi une aire de pique-nique, une aire de jeux, un verger et un kiosque avec terrasse.

Largo das Portas do Sol Point de vue

(Carte p. 58) Cette porte de l'époque des Maures offre une vue superbe sur les toits

Castelo de São Jorge

Alfama, Castelo et Graça

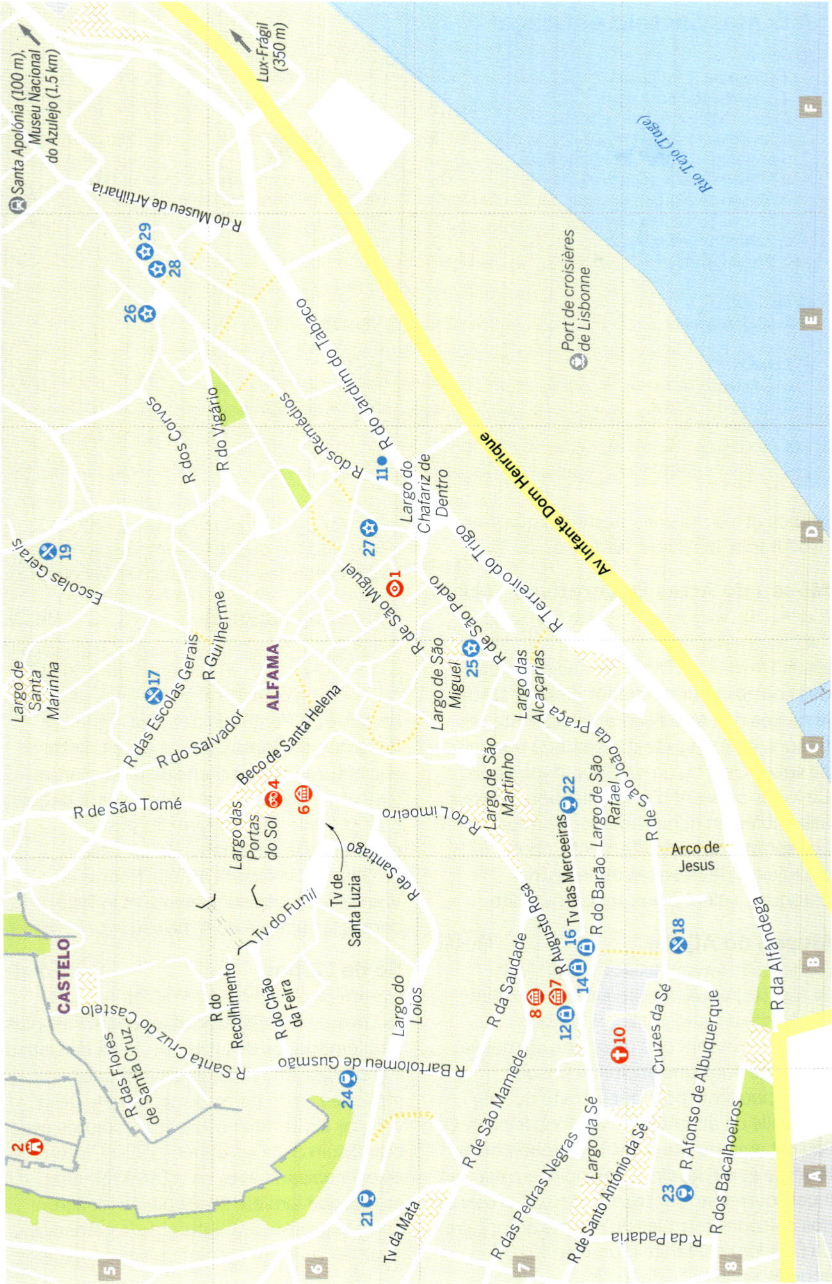
Santa Apolónia (100 m), Museu Nacional do Azulejo (1,5 km)
Lux-Frágil (350 m)
R do Museu de Artilharia
Rio Tejo (Tage)
Port de croisières de Lisbonne
R do Jardim do Tabaco
R dos Remédios
R dos Corvos
R do Vigário
Largo do Chafariz de Dentro
Av Infante Dom Henrique
R Terreiro do Trigo
Escolas Gerais
R de São Miguel
R de São Pedro
Largo de São Miguel
Largo das Alcaçarias
R da Praça
R de São João da Praça
Largo de Santa Marinha
R das Escolas Gerais
R Guilherme
ALFAMA
R do Salvador
Beco de Santa Helena
R de São Tomé
Largo das Portas do Sol
R do Limoeiro
Largo de São Martinho
R de Santiago
Tv de Santa Luzia
Tv do Funil
R do Recolhimento
R do Chão da Feira
CASTELO
R Santa Cruz do Castelo
R das Flores de Santa Cruz
R Bartolomeu de Gusmão
Largo do Loios
R da Saudade
R Augusto Rosa
Tv das Merceeiras
R do Barão
Largo de São Rafael
Arco de Jesus
R da Alfândega
Cruzes da Sé
R Afonso de Albuquerque
R dos Bacalhoeiros
R de São Mamede
R das Pedras Negras
Largo da Sé
R de Santo António da Sé
R da Padaria
Tv da Mata
A
B
C
D
E
F
5
6
7
8

Alfama, Castelo et Graça

À voir

1	Alfama	D6
2	Castelo de São Jorge	A5
3	Jardim da Cerca da Graça	B2
4	Largo das Portas do Sol	C6
5	Mosteiro de São Vicente de Fora	D4
6	Museu de Artes Decorativas	C6
7	Museu do Aljube	B7
8	Museu do Teatro Romano	B7
9	Panteão Nacional	F4
10	Sé de Lisboa	B7

Activités

11	Lisbon Walker	D6

Achats

12	A Arte da Terra	B7
13	Cortiço & Netos	B3
14	Fabula Urbis	B7
15	Garbags	C4
16	O Voo da Andorinha	B7

Où se restaurer

	Chapitô à Mesa	(voir 21)
17	Os Gazeteiros	C5
18	Pois Café	B8
19	Ti-Natércia	D5

Où prendre un verre et faire la fête

20	8ª Colina Taproom	B2
21	Chapitô	A6
22	Memmo Alfama	C7
23	Outro Lado	A8
24	Wine Bar do Castelo	A6

Où sortir

25	A Baiuca	C7
26	Mesa de Frades	E5
27	Parreirinha de Alfama	D6
28	Senhor Fado	E5
29	Tasca Bela	E5

rouges et les maisons pastel du quartier de l'Alfama, ainsi que sur le bleu du Tage.

Museu de Artes Decorativas — Musée

(Carte p. 58 ; www.fress.pt ; Largo das Portas do Sol 2 ; tarif plein/réduit/enfant 4/2 €/gratuit ; 10h-17h mer-lun). Dans cet ancien palais des comtes Azurara datant du XVIIe siècle, le musée des Arts décoratifs présente des trésors, qu'il s'agisse d'argenterie française, de vases Qing ou de mobilier indochinois. Ce fonds provient d'une collection qu'avait assemblée un riche banquier portugais. Les somptueux appartements, ornés d'azulejos, de fresques et de lustres baroques, valent à eux seuls une visite.

Museu do Aljube — Musée

(Carte p. 58 ; www.museudoaljube.pt ; Rua de Augusto Rosa 42 ; adulte/enfant 3 €/gratuit, entrée libre dim jusqu'à 14h ; 10h-18h). Aussi intéressant que poignant, ce musée, aménagé dans une ancienne prison pour opposants politiques, traite du long intervalle de dictature qu'a connu le pays. Le lieu est aujourd'hui dédié à la recherche de la vérité et au devoir de mémoire – c'est un incontournable. Sur trois niveaux, il présente des épisodes terribles du régime autoritaire (la *Ditadura Militar* instaurée en 1926, appelée ensuite l'*Estado Novo*, ou "État nouveau", de 1933 à 1974). On y aborde des sujets tels que la torture, l'espionnage, l'oppression, les informateurs et la censure.

Panteão Nacional — Musée

(Carte p. 58 ; www.panteaonacional.gov.pt ; Campo de Santa Clara ; 4 € ; 10h-18h mar-dim, 10h-17h oct-mars). La blanche et imposante silhouette baroque du Panthéon national règne sur le Campo de Santa Clara, à Graça. Cette ancienne église, au dôme orné de marbre rose et de dorures, honore, depuis le début du XXe siècle, la mémoire des grands personnages de la nation, dont Vasco de Gama et la *fadista* Amália Rodrigues. Vue vertigineuse sur l'Alfama et le Tage depuis la terrasse du 4e niveau.

Sé de Lisboa — Cathédrale

(Carte p. 58 ; Largo de Sé ; 9h-19h mar-sam, 9h-17h dim-lun). GRATUIT Monument parmi les plus emblématiques de Lisbonne, la Sé de Lisboa a été érigée en 1150 sur le site d'une mosquée, juste après la reconquête de la ville par les chrétiens. Elle fut restaurée avec grand soin dans les années 1930. L'intérieur en est apaisant, avec sa voûte à nervures et la douce lumière filtrée par sa rosace. En vous promenant autour de la cathédrale, levez les yeux sur les gargouilles qui veillent sur les orangers.

Mosteiro de São Vicente de Fora — Église

(Carte p. 58 ; Largo de São Vicente ; adulte/enfant 3 €/gratuit ; 10h-18h mar-dim). Le Mosteiro de São Vicente de Fora fut érigé dans le quartier de Graça en 1147, puis retravaillé par l'architecte italien Felipe Terzi à la fin du XVIe siècle. L'église adjacente ne résista pas au séisme de 1755 (son dôme s'effondra, traversant le plafond de la sacristie, mais demeura intact). De splendides azulejos blanc et bleu ornent les parois incurvées du monument.

Museu do Teatro Romano — Musée

(Carte p. 58 ; www.museudelisboa.pt ; Rua de São Mamede 3A ; adulte/enfant 3 €/gratuit ; 10h-18h mar-dim). Rouvert en 2015, au sortir de travaux de rénovation et de fouilles, le musée du Théâtre romain, à la conception ultramoderne, propulse le visiteur dans l'Olisipo (Lisbonne) de l'empereur Auguste. Il a pour point d'orgue les ruines du **théâtre romain**, agrandi en l'an 57, enseveli sous les décombres du séisme de 1755 et finalement exhumé en 1964, libres d'accès.

Príncipe Real, Santos et Estrela

Basílica da Estrela — Église

(Carte p. 62 ; Praça da Estrela ; basilique gratuite, crèche 2 €, toit-terrasse 3 € ; basilique 9h30-13h et 15h-19h45, toit-terrasse 10h-18h40, Nativité 10h-11h30 et 13h-17h, fermé lun-dim matin, mer après-midi). Les courbes du dôme blanc et les beffrois jumeaux de la basilique se remarquent de loin. Ce superbe édifice néoclassique, à l'intérieur tout de marbre rose et noir, fut bâti en 1790 sur l'ordre de Marie Ire, en signe d'action de grâce pour la naissance d'un héritier mâle. Il abrite la sépulture de la reine.

Casa Museu de Amália Rodrigues — Musée

(Carte p. 62 ; www.amaliarodrigues.pt ; Rua de São Bento 193 ; adulte/- 5 ans 6 €/gratuit ; 10h-18h). Lieu de pèlerinage, la maison-musée d'Amália Rodrigues (1920-1999) célèbre l'immense *rainha do fado* (reine du fado) qui y vécut. Son prénom est même inscrit dans la mosaïque du trottoir. Une visite guidée permet de voir portraits et robes de scène, et d'entendre des enregistrements.

Bons plans pour visiter Lisbonne

- Il est indispensable de réserver dans les restaurants les plus prisés quelle que soit la saison.
- Les olives, le fromage et la corbeille de pain que les serveurs posent sur la table ne sont pas gratuits ! Précisez-le si vous n'en voulez pas.

Museu da Marioneta — Musée

(Carte p. 62 ; www.museudamarioneta.pt ; Rua da Esperança 146 ; adulte/enfant 5/3 €, entrée libre dim avant 14h ; 10h-18h mar-dim ;). Véritable atelier de Geppetto, le musée de la Marionnette occupe l'ancien Convento das Bernardas (XVIIe siècle). Les vedettes, comme Polichinelle ou son pendant portugais, Dom Roberto, y côtoient des raretés, telles que des marionnettes d'eau du Vietnam, des personnages d'opéra siciliens et de délicates marionnettes du théâtre d'ombres birman. Ne manquez pas la fascinante exposition sur la réalisation du film d'animation *A Suspeita*.

Jardim da Estrela — Jardin

(Carte p. 62 ; Praça da Estrela ; 7h-minuit ;). GRATUIT Face à la basilique, cet espace vert, aménagé en 1852, se prête à une balade entre les pins, les araucarias, les palmiers, les massifs de roses et de cactus, et un banian géant. Les enfants apprécieront les mares aux canards et l'aire de jeux, conçue sur le thème des animaux. Plusieurs cafés en plein air attendent le promeneur fatigué.

Lapa, Alcântara, Príncipe Real, Santos et Estrela

0 — 200 m

Lapa, Alcântara, Príncipe Real, Santos et Estrela

À voir

1 Basílica da Estrela C1
2 Casa Museu de Amália Rodrigues D1
3 Jardim da Estrela C1
4 Museu da Marioneta D2
5 Museu do Oriente B3
6 Museu Nacional de Arte Antiga C2

Activités

Kiss the Cook .... (voir 7)
We Hate Tourism Tours .... (voir 7)

Achats

7 Ler Devagar A3
8 Verso Branco D2

Où se restaurer

9 Cafetaria Village A3
10 Gelataria Nannarella D1
11 Petiscaria Ideal D2
12 Taberna da Esperança D2
13 Último Porto C3

Où prendre un verre et faire la fête

14 Cerveteca Lisboa D1
15 Cinco Lounge D1
16 Foxtrot D1

Lapa et Alcântara

Museu Nacional de Arte Antiga Musée

(Carte ci-dessus ; www.museudearteantiga.pt ; Rua das Janelas Verdes ; tarif plein/réduit/enfant 6/3 €/gratuit, billet combiné avec expos thématiques 10 €/gratuit ; 10h-18h mar-dim). La façade jaune du palais du XVIIe siècle qui héberge ce musée cache une collection de peintures européennes et asiatiques et d'art décoratif de premier plan. Parmi les pièces majeures du musée, citons les *Panneaux de São Vicente*, œuvre naturaliste de Nuno Gonçalves, le *Saint Jérôme* (1521) d'Albrecht Dürer, la *Tentation de saint Antoine* (1500) de Jérôme Bosch, ainsi que des meubles d'époque, comme le fauteuil de cérémonie d'Alphonse V datant des années 1470 ou encore un cercueil en bois laqué orné d'argent, d'or et de bronze du XVIe siècle. Autres bijoux, l'ostensoir dit "de Belém", fabriqué avec l'or rapporté d'Inde par Vasco de Gama à l'occasion de son deuxième voyage et les paravents japonais du XVIe siècle illustrant l'arrivée des *Namban* ("Barbares du Sud"), c'est-à-dire les explorateurs portugais. Deux fois par an, le musée accueille des expositions thématiques (environ 6 € chacune) accessibles via une autre entrée, également dans la Rua das Janelas Verdes.

Museu do Oriente — Musée

(Carte ci-contre ; www.museudooriente.pt ; Doca de Alcântara ; adulte/enfant 6/2 €, gratuit 18h-22h ven ; 10h-18h mar-jeu, sam-dim, 10h-22h ven). Superbement conçu, le musée de l'Orient met en lumière les rapports que le Portugal a entretenus avec l'Asie, aussi bien sous l'angle de l'expansion coloniale que du point de vue ethnographique. Ce musée occupe un entrepôt de *bacalhau* (morue) des années 1940. Axée sur la présence portugaise, la collection porte également sur les rites et cultes d'Asie.

Marquês de Pombal et ses environs

Museu Calouste Gulbenkian-Coleção do Fundador — Musée

(Collection du fondateur ; www.gulbenkian.pt ; Av. de Berna 45A ; billet combiné Coleção do Fundador/Coleção Moderna tarif plein/réduit/-12 ans 10/5 €/gratuit, expos 3-6 €, entrée libre dim à partir de 14h ; 10h-18h mer-lun). Réputé dans le monde entier pour la qualité et la diversité de ses collections, ce musée a un vaste fonds d'art occidental et oriental, allant de trésors de l'Égypte antique, au mobilier et aux manuscrits jusqu'aux œuvres de grands maîtres de la peinture et de la sculpture.

La présentation est chronologique : entre autres pièces remarquables sont exposés masques de momies égyptiennes, urnes mésopotamiennes, tapis persans, porcelaine Qing, et une fascinante collection de médaillons romains en or. Du côté de l'Occident, on admire de grands noms, dont Rembrandt (*Portrait d'un vieil homme*, 1645), Van Dyck et Rubens (*Amours des Centaures*, 1635). Ne manquez pas l'*Éternel Printemps*, de Rodin, ni les bijoux de René Lalique (dont une splendide libellule).

Le billet comprend l'entrée à la Coleção Moderna, qui trône dans un jardin de sculptures, et qui présente une collection d'art du XXe siècle, portugais et international.

Belém

Torre de Belém — Tour

(Carte p. 64 ; www.torrebelem.pt ; Av. de Brasília ; adulte/enfant 6/3 € ; 10h-18h30 mar-dim mai-sept, jusqu'à 17h30 oct-avr). Classée au Patrimoine mondial, la tour de Belém, véritable emblème de l'ère des grandes découvertes, semble émerger des eaux du Tage. L'ascension de son étroit escalier en spirale est assez sportive, mais se trouve récompensée d'un superbe panorama sur Belém et le fleuve.

Museu Coleção Berardo — Musée

(Carte p. 64 ; www.museuberardo.pt ; Praça do Império ; tarif plein/réduit/-6 ans 5/2,50 €/gratuit, entrée libre sam ; 10h-19h). Pour une dose d'art contemporain, visitez le musée vedette du Centro Cultural de Belém. Cette galerie blanche minimaliste présente l'incroyable collection du milliardaire José Berardo, des œuvres abstraites, surréalistes et pop art d'artistes tels que Dalí, Calder, Lichtenstein, Warhol et Pollock.

Museu Nacional dos Coches — Musée

(Carte p. 64 ; www.museudoscoches.pt ; Av. da Índia 136 ; 8 €, billet combiné avec l'Antigo Picadeiro Real 10 € ; 10h-18h mar-dim). Ce musée, le plus visité du Portugal, abrite une éblouissante collection de 70 carrosses des XVIIe, XVIIIe et XIXe siècles, dans un espace ultramoderne (que d'aucuns pourront trouver incongru), inauguré en 2015. Ne manquez pas l'époustouflant carrosse or et pourpre du pape Clément XI, surnommé le "carrosse des Océans", et faites un détour par l'ancienne école royale d'équitation, l'**Antigo Picadeiro Real** (carte p. 64 ; Praça Afonso de Albuquerque ; 4 €, billet combiné avec le Museu Nacional dos Coches 10 € ; 10h-18h mar-dim), située en face du musée.

Belém

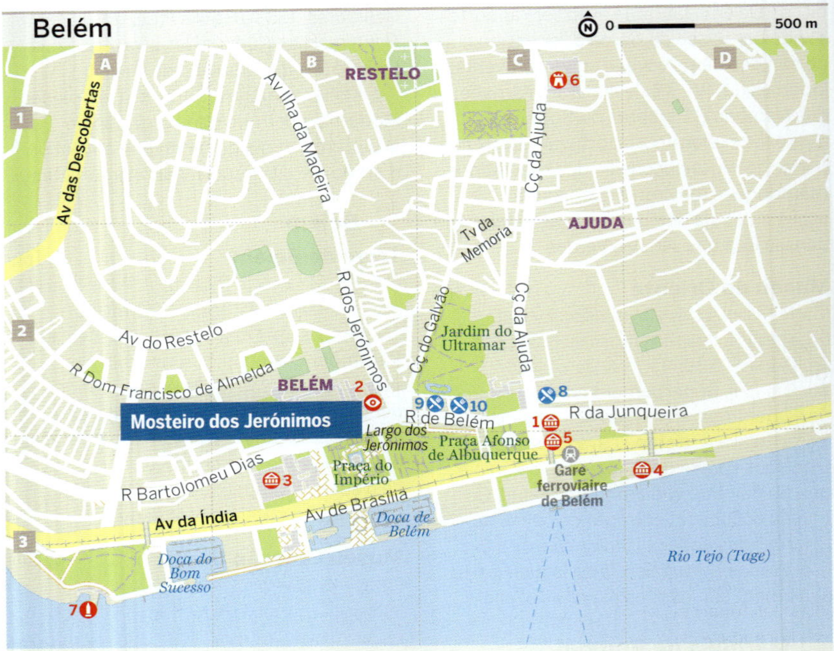

Belém

À voir
1 Antigo Picadeiro Real C2
2 Mosteiro dos Jerónimos B2
3 Museu Coleção Berardo B3
4 Museu de Arte, Arquitetura e Tecnologia D3
5 Museu Nacional dos Coches C3
6 Palácio Nacional da Ajuda C1
7 Torre de Belém A3

Où se restaurer
8 Alecrim & Manjerona C2
9 Antiga Confeitaria de Belém C2
10 Enoteca de Belém C2

Museu de Arte, Arquitetura e Tecnologia Musée

(MAAT ; musée d'Art, d'Architecture et de Technologie ; carte ci-dessus ; www.maat.pt ; Av. de Brasília, Central Tejo ; avec/sans Central Tejo 9/5 € ; 11h-19h mer-lun). Dernière vedette en date du front de mer de Lisbonne, cette construction carrelée, toute en courbes et ondulations, abrite, sur un seul niveau, de superbes halls d'expositions.

Les visiteurs pourront arpenter le toit du bâtiment ou déambuler sous ses parois dont les reflets jouent avec l'eau, l'ombre et la lumière – un bel hommage à la longue histoire d'amour entre Lisbonne et la mer.

Palácio Nacional da Ajuda Palais

(Carte ci-dessus ; palacioajuda.gov.pt ; Largo da Ajuda ; adulte/enfant 5 €/gratuit ; 10h-18h jeu-mar). Érigé au début du XIXe siècle, ce palais néoclassique servit de résidence royale des années 1860 à la fin de la monarchie, en 1910. On peut visiter les appartements privés et les salles de réception officielles, admirer le mobilier doré à la feuille et de superbes œuvres d'art remontant à cinq siècles, ainsi que la chapelle de la Reine, où se trouve l'unique œuvre du Greco exposée au Portugal. Pour s'y rendre, il faut marcher depuis Belém, prendre le tramway 18E ou divers bus depuis le centre-ville, dont le 760 qui part de la Praça do Comércio.

Parque das Nações

Oceanário de Lisboa — Aquarium

(www.oceanario.pt ; Doca dos Olivais ; tarif plein/réduit et 4-12 ans/-3 ans 16/11 €/gratuit, avec expo 19/13 €/gratuit ; 10h-20h, 10h-19h en hiver). Avec ses 8 000 espèces marines évoluant dans 7 millions de litres d'eau, l'aquarium de Lisbonne est le deuxième d'Europe par la taille. Le visiteur a le sentiment de marcher sous l'eau, tandis qu'il flâne parmi ces réservoirs où vivent requins-zèbres, raies mantas et néons en bancs.

Pavilhão do Conhecimento — Musée

(Pavillon de la Connaissance ; www.pavconhecimento.pt ; Largo José Mariano Gago 1 ; tarif plein/12-17 ans/réduit et 3-11 ans/-2 ans 9/7/6 €/gratuit ; 10h-18h mar-ven, 11h-19h sam-dim ;). Science et interactivité sont à l'honneur au pavillon de la Connaissance. Les enfants peuvent s'amuser dans la "maison inachevée", interdite aux adultes, jouer les funambules à vélo, déclencher des tornades ou souffler de grosses bulles de savon.

ACTIVITÉS

ViniPortugal — Vin

(Carte p. 54 ; www.winesofportugal.info ; Praça do Comércio ; 11h-19h avr-oct, fermé dim nov-mars). Installé sous les arcades de la Praça do Comércio, cet organisme dédié à la viticulture propose, moyennant 6 €, des dégustations à thème (sur réservation). Sans réservation, l'*enocard* (3 €) donne droit à une dégustation d'au moins 3 vins portugais, de blancs de l'Alentejo aux rouges du Douro (1 à 8 € le verre).

Kiss the Cook — Cours de cuisine

(Carte p. 62 ; 968 119 652 ; www.kissthecook.pt ; Rua Rodrigues de Faria 103, LX Factory ; cours 65 €). Vous aimez la cuisine portugaise et souhaitez l'apprendre avec des chefs ? Direction Kiss the Cook, où vous préparerez (et vous régalerez) de plats traditionnels, vin compris.

Culinary Backstreets — Circuits culinaires

(963 472 188 ; culinarybackstreets.com/culinary-walks/lisbon ; visite de 3/6 heures 83/118 €). Célia Pedroso vous guidera dans un merveilleux périple culinaire

Palácio Nacional da Ajuda

La fabrique des arts

Aménagée dans un ancien complexe industriel du XIXe siècle, la **LX Factory** (www.lxfactory.com ; Rua Rodrigues de Faria 103) est le pôle de la créativité lisboète. En 2007, 23 000 m² d'entrepôts désaffectés ont été reconvertis en galeries d'art, ateliers, imprimeries et agences de design. Restaurants inventifs, bars et boutiques ajoutent à l'énergie du lieu, de sorte qu'aujourd'hui, la LX Factory est idéale pour découvrir une facette alternative de Lisbonne. L'animation est à son comble les soirs de week-end. Toutefois, cela vaut la peine de faire un saut au marché en plein air (fripes, artisanat) qui se tient le dimanche de 11h à 19h. Pour vous y rendre, prenez le tramway 15E ou 18E.

FRANZ12/SHUTTERSTOCK ©

à travers Lisbonne, à la faveur duquel vous dégusterez ce que la capitale a de meilleur à offrir. Goûtez à la *ginjinha* (liqueur de cerise), au *pastéis de nata* ou encore au fromage de brebis artisanal accompagné de délectables vins locaux. Du mardi au samedi.

We Hate Tourism Tours Circuits guidés
(Carte p. 62 ; ☎913 776 598 ; wehatetourismtours.com ; Rua Rodrigues de Faria 103, 4e ét, LX Factory ; à partir de 30 €/pers ; ⏲14h-18h). Cette agence alternative propose un tour inoubliable de Lisbonne à bord d'un "UMM" découvert (ancien 4x4 portugais de l'armée). Outre les circuits "King of the Hills", menés le week-end, elle organise des circuits déjeuners et dîners, des visites étendues de la ville et des excursions vers Sintra et Cascais.

Lisbon Walker À pied
(Carte p. 58 ; ☎218 861 840 ; www.lisbonwalker.com ; Rua do Jardim do Tabaco 126 ; promenade de 3 heures adulte/enfant 15 €/gratuit ; ⏲10h). Cet excellent organisme vend des circuits à thème sous la conduite de guides expérimentés. Départ à 10h à l'angle nord-ouest de la Praça do Comércio (p. 52).

Sandemans New Lisbon À pied
(Carte p. 54 ; www.neweuropetours.eu/sandemans-tours/lisbon/free-tour-of-lisbon ; ⏲10h, 11h et 14h). Pour qui souhaite explorer la ville, difficile de faire mieux que les visites gratuites de 2 heures 30 de Sandemans, aussi informatives qu'amusantes. On passe devant les sites majeurs de la capitale, tout en découvrant son histoire et en glanant de bons tuyaux. Les visites commencent au pied du monument de la Praça Luís de Camões, à l'heure convenue au moment de la réservation en ligne.

Lisbon Bike Tour À vélo
(☎912 272 300 ; www.lisbonbiketour.com ; adulte/enfant 32,50/15 € ; ⏲9h30-13h). Cette visite de 3 heures 30, intégralement en descente, relie Marquês de Pombal à Belém. Également circuits à vélo à Monsanto, Sintra et Arrábida (sur demande).

ACHATS

Le rétro, à l'honneur dans les rues du Bairro Alto, attire amateurs de vinyles et adeptes du vintage dans des boutiques qui ferment tard. L'élégant Chiado est idéal pour le prêt-à-porter et la haute couture, avec des musiciens de rue en fond sonore. L'Alfama, Baixa et Rossio abritent des magasins d'un autre temps spécialisés dans les boutons, les gants, le porto millésimé et les conserves de poisson.

Baixa et Rossio

Garrafeira Nacional Vins
(Carte p. 54 ; ☎218 879 080 ; garrafeiranacional.com ; Rua de Santa Justa 18 ; ⏲9h30-19h30

lun-ven, 9h30-19h sam). Institution lisboète depuis 1927, ce magasin est le meilleur endroit où se fournir en vins portugais. En plus des classiques, on vous aidera à dénicher des crus méconnus et de vieux portos. Le petit musée expose des millésimes remontant jusqu'au XVIIIe siècle.

Typographia Mode

(Carte p. 54 ; typographia.com ; Rua Augusta 93 ; 10h-19h). Cette enseigne de T-shirts (23,95€), qui tient également boutique à Madrid et Porto, propose un choix de modèles, artistiques et décalés, qui change régulièrement.

Manteigaria Silva Alimentation

(Carte p. 54 ; manteigariasilva.pt ; Rua Dom Antão de Almada 1D ; 9h-19h30 lun-sam). Cette épicerie fine vieille de plus d'un siècle prospère grâce à la qualité de ses jambons, fromages, vins et *bacalhau* d'origine portugaise.

Lisbon Shop Souvenirs

(Carte p. 54 ; facebook.com/LisbonShop ; Rua do Arsenal 15 ; 9h30-19h30). Installée dans le complexe pombalin du Pátio da Galé, cette boutique regorge de souvenirs typiquement portugais – T-shirts du tram, mug arborant le coq de Barcelos, sacs en liège et spécialités culinaires. Elle est gérée par Ask Me Lisboa, qui dépend de l'office du tourisme de Lisbonne.

Bairro Alto et Chiado

A Vida Portuguesa Souvenirs

(Carte p. 54 ; www.avidaportuguesa.com ; Rua Anchieta 11 ; 10h-20h lun-sam, à partir de 11h dim). Pour une immersion dans le XIXe siècle, direction cet ancien entrepôt et fabrique de parfum, empli de vénérable mobilier et de produits portugais rétro, comme les sardines en boîte Tricona, les savons Claus Porto, les cœurs brodés Viana do Castelo et les hirondelles en porcelaine Bordalo Pinheiro. Autre boutique dans le quartier **d'Intendente** (www.avidaportuguesa.com ; Largo do Intendente 23 ; 10h30-19h30).

Loja das Conservas Alimentation

(Carte p. 54 ; facebook.com/lojadasconservas ; Rua do Arsenal 130 ; 10h-20h lun-sam, à partir de 12h dim). Ce qui ressemble, à première vue, à une galerie, est en fait un véritable temple

Loja das Conservas

Torre de Belém (p. 63)

à la gloire du poisson en boîte de conserve (*conservas*, en portugais), une industrie moribonde sauvée de justesse par un coup de marketing bien ciblé. Les boîtes au design rétro, accompagnées d'explications sur l'histoire des différentes conserveries, relèvent autant de pièces d'art.

Loja do Burel Vêtements

(Carte p. 54 ; www.burelfactory.com ; Rua Serpa Pinto 15B ; 10h-20h lun-sam, 11h-19h dim). Jadis utilisée par les bergers de la Serra da Estrela pour fabriquer leurs vêtements de montagne, le *burel* (laine noire locale) était voué à disparaître jusqu'à ce que cette entreprise parvienne à elle seule à ressusciter cette technique et à l'adapter aux goûts du XXIe siècle. Ces couvertures colorées, sacs à main, vestes, chapeaux et articles pour la maison sortent vraiment de l'ordinaire.

Cork & Company Cadeaux et souvenirs

(Carte p. 54 ; www.corkandcompany.pt ; Rua das Salgadeiras 10 ; 11h-19h lun-sam, à partir de 17h dim). Une boutique élégante, orientée vers le développement durable, où sont vendus des articles en liège des plus étonnants : sacs à main, stylos, portefeuilles, journaux intimes, bougeoirs, foulards, sets de table, parapluies, étuis d'iPhone et même chaises longues.

Fábrica Sant'Ana Artisanat

(Carte p. 54 ; www.santanna.com.pt ; Rua do Alecrím 95 ; 9.h0-19h lun-sam). Spécialisé dans la fabrication et la peinture à la main des azulejos (à partir de 5 €) depuis 1741, c'est l'endroit idéal pour s'approvisionner en jolis carreaux de faïence.

Underdogs Public Art Store Art

(Carte p.54 ; www.under-dogs.net ; Rua da Cintura do Porto de Lisboa, Armazém A ; 11h-19h mar-dim). S'il est bien un lieu où l'on connaît les rues de Lisbonne, c'est cette galerie/café/boutique de *street art*, nichée derrière Cais do Sodré. Elle propose des circuits ponctuels consacrés à l'art public (à partir de 35 €) – les meilleurs de Lisbonne – sur rendez-vous uniquement. Bon café sur place.

A Carioca Alimentation

(Carte p. 54 ; Rua da Misericórdia 9 ; 9h-19h lun-ven, 9h-13h sam). Rien ou presque n'a changé depuis l'ouverture, en 1924, de ce torréfacteur : les cuivres sont toujours polis, la machine à torréfier le café fonctionne encore et les mélanges de la maison, les amandes sucrées et les caramels se vendent dans les mêmes emballages verts d'antan.

El Dorado Vintage

(Carte p. 54 ; 213 423 935 ; Rua do Norte 23 ; 13h-21h lun-jeu, 13h-23h ven-sam, 13h-21h dim). Dans cette boutique branchée du Bairro Alto, des standards musicaux tournent sur un gramophone tandis que les clientes font emplette de vêtements vintage, d'imprimés psychédéliques, de chaussures à talons compensés ou de jupes crayon.

Storytailors Mode

(Carte p. 54 ; www.storytailors.pt ; Calçada do Ferragial 8 ; 11h-19h mar-sam). Miroir, mon beau miroir... Véritable forêt enchantée de la mode au cœur de Lisbonne, ce magasin, tenu par le duo Luís Sanchez-João Branco, vous enchantera avec ses robes de conte de fées, ses jupes froissées aériennes, ses blousons réversibles décalés et les dernières créations des propriétaires.

Alfama, Castelo et Graça

Cortiço & Netos Articles de maison

(Carte p. 58 ; www.corticoenetos.com ; Calçada de Santo André 66 ; 10h-13h et 14h-19h lun-sam). Un superbe mur d'azulejos égaie l'entrée de cette boutique conçue par les frères Pedro, João, Ricardo et Tiago Cortiço, dont le grand-père consacra 30 ans de sa vie à collectionner et à vendre des carreaux industriels portugais. Les petits-enfants ont redonné vie à l'activité familiale, et les frères sont incollables sur les azulejos et leurs interprétations contemporaines.

A Arte da Terra Artisanat

(Carte p. 58 ; www.aartedaterra.pt ; Rua de Augusto Rosa 40 ; 11h-20h). Installée dans les écuries d'un palais épiscopal vieux de plusieurs siècles, cette boutique vend de l'artisanat portugais authentique, dont des broderies de Castelo Branco, des santons, des azulejos peints à la main, des CD de fado et des articles de qualité (parapluies, tabliers, carnets) en liège. Certains produits sont présentés dans d'anciens abreuvoirs éclairés.

Prendre un bol d'air

Il fait bon échapper à la foule sur les *praças* (places) verdoyantes et paisibles de Lisbonne. Voici nos favorites :

Praça da Alegria De majestueux palmiers et des banians ombragent cette place arrondie. Le peintre et compositeur portugais Alfredo Keil y est représenté par un buste en bronze du XIXe siècle.

Praça do Príncipe Real Un cèdre centenaire fait figure de parasol géant au centre de cette place plantée de palmiers. Les joueurs de cartes s'y retrouvent dans la journée tandis que, le soir, c'est un lieu de rencontre gay. Aire de jeux pour enfants et agréable café avec terrasse.

Praça das Flores Autour d'une fontaine, des maisons aux tons pastel encadrent cette place pavée couverte de verdure.

Campo dos Mártires da Pátria Encadrée par de beaux immeubles, ce coin de verdure planté de pins, de saules pleureurs et de jacarandas possède sa mare aux canards et un agréable café. Les Lisboètes en quête de guérison viennent allumer une bougie devant la statue de Sousa Martins, médecin réputé pour son action auprès des indigents.

Praça do Príncipe Real
HEMIS/ALAMY STOCK PHOTO ©

Garbags Mode et accessoires

(Carte p. 58 ; garbags.com ; Rua São Vicente 17 ; 11h-19h). Comme la **boutique de Graça** (carte p. 58 ; Calçada da Graça 16 ; 10h-20h), cette seconde enseigne écoresponsable vend divers accessoires (portefeuilles, housses de portable, sacs à main...) en matériaux recyclés tels que des sacs de café, paquets de chips ou des emballages de jus de fruits.

O Voo da Andorinha Mode
(Carte p. 58 ; facebook.com/ovoodaandorinha ; Rua do Barão 22 ; 11h-19h30 lun-sam). Perles couleur bonbon, hirondelles cousues main et accessoires brodés ou en matériaux recyclés : on trouve tout cela et bien plus dans cette jolie boutique proche de la cathédrale qui représente une cinquantaine d'artistes de la région de Lisbonne.

Fabula Urbis Livres
(Carte p. 58 ; fabula-urbis.pt ; Rua de Augusto Rosa 27 ; 11h-13h30 et 15h-20h jeu-sam). Une excellente petite librairie célébrant les écrits sur le Portugal, aussi bien par des auteurs lusitaniens qu'étrangers. Les meilleurs livres d'António Lobo Antunes, de José Saramago, Fernando Pessoa, Richard Zimler et Robert C. Wilson y sont ainsi disponibles en français.

Príncipe Real, Santos et Estrela

Embaixada Centre commercial
(Carte p. 54 ; embaixadalx.pt ; Praça do Príncipe Real 26 ; 12h-20h lun-ven, 11h-19h sam-dim, restaurants jusqu'à 2h). Les boutiques de ce centre commercial en vogue occupent un palais néomauresque du XIXe siècle. Distribuées autour d'un monumental escalier, elles vendent des cosmétiques, des céramiques portugaises contemporaines, du prêt-à-porter et des disques vintage.

Solar Antiquités
(Carte p. 54 ; www.solar.com.pt ; Rua Dom Pedro V 70 ; 10h-19h lun-ven, 10h-13h sam). Opérant dans le commerce d'azulejos anciens depuis 70 ans, Solar propose des centaines de ces carreaux portugais datant du XVIe au XXe siècle, dont beaucoup ont été récupérés dans des églises et palais en ruine.

Verso Branco Design
(Carte p. 62 ; www.versobranco.pt ; Rua da Boavista 132-134 ; 11h30-20h mar-sam). "Vers libre" en français, cette boutique de design sur plusieurs niveaux est remplie d'objets

Embaixada

Ler Devagar

dont chacun est le sujet d'une histoire, selon le propriétaire, Fernando. Sous les hauts plafonds s'étalent des œuvres d'art, de l'artisanat et du mobilier portugais allant des créations en laine de Burel aux sacs à main La.Ga du créateur Jorge Moita.

Casa Pau-Brasil Design

(Rua da Escola Politécnica 42 ; 12h-20h lun-sam, 12h-18h dim). Occupant le Palácio Castilho (XVIIIe siècle), ce *concept store* réunit 18 marques et créateurs brésiliens, notamment les produits cosmétiques Granado, le mobilier emblématique de Sérgio Rodrigues, les maillots de bain Lenny et les objets design des frères Campana.

Loja Real Design

(Carte p. 54 ; facebook.com/lojareal.Lisboa ; Praça do Príncipe Real 20 ; 10h30-20h). Vitrine de créateurs majoritairement portugais, la Loja Real affiche un vaste choix de produits uniques de qualité : décoration pour la maison, mode, œuvres d'art et articles pour enfants (vêtements, livres et jouets). L'accent est mis sur les séries limitées : aucune production industrielle, ni plastique ni matériaux bas de gamme.

Lapa et Alcântara

Ler Devagar Livres

(Carte p. 62 ; 213 259 992 ; www.lerdevagar.com ; Rua Rodrigues de Faria 103, LX Factory ; 11h-21h dim-lun, 11h-23h mar-jeu, 11h-1h ven-sam). Les amateurs de littérature et de belles librairies plébisciteront cet espace aux murs couverts d'ouvrages. On y trouve de nombreux volumes sur l'art, la culture ainsi que des livres en langues étrangères.

OÙ SE RESTAURER

De jeunes chefs prometteurs et inventifs, des ingrédients de première qualité et une bonne pincée d'épices du monde entier ont transformé Lisbonne en capitale gastronomique dynamique. Mieux vaut réserver, même en semaine et hors saison, sous peine de vous retrouver sans table nulle part.

Baixa et Rossio

Mercado da Baixa Marché €

(Carte p. 54 ; www.adbaixapombalina.pt/mercado-da-baixa ; Praça da Figueira ;

RADU BERCAN/SHUTTERSTOCK ©

Mercado da Ribeira

10h-22h lun-dim dernier week-end du mois). Depuis 1855, on se régale de fromage, de vin, de saucisses fumées et autres délices, dans ce marché/aire de restauration de la Praça da Figueira. Ici, le moindre étal est matière à tentation.

Pinóquio Portugais **€€**

(Carte p. 54 ; 213 465 106 ; restaurantepinoquio.pt ; Praça dos Restauradores 79 ; plats 17-26 € ; 12h-minuit ;). On passe facilement à côté de cette adresse animée, dans un coin de la *praça* en partie occulté par un kiosque à souvenirs. Avec ses nappes blanches et ses murs vert pomme, elle affiche un style résolument désuet. Les inépuisables serveurs vont et viennent chargés de classiques : *arroz de pato* (riz au canard), *feijoada* aux fruits de mer, *arroz de bacalhau* (riz à la morue), côtes de porc aux amandes et à la coriandre.

Solar dos Presuntos Portugais **€€€**

(Carte p. 54 ; 213 424 253 ; solardospresuntos.com ; Rua das Portas de Santo Antão 150 ; plats 16-27,50 €, produits de la mer 29-98 €/kg ; 12h30-15h30 et 19h-23h lun-sam ;). En dépit de ce que pourrait laisser augurer le *presunto* (jambon sec) en vitrine, ce restaurant emblématique est également réputé pour ses produits de la mer. Commencez par les entrées avec le jambon *pata negra*, de la saucisse fumée (*paio*) et du fromage, avant de poursuivre par une *açorda* de homard, un riz aux fruits de mer ou un curry de crustacés. Méfiez-vous du *piri-piri* maison, particulièrement relevé !

Bairro Alto et Chiado

Mercado da Ribeira Marché **€**

(Carte p. 54 ; www.timeoutmarket.com ; Av. 24 de Julho ; 10h-minuit dim-mer, 10h-2h jeu-sam, marché traditionnel 6h-14h lun-sam ;). Accueillant des étals de fruits et légumes, de poisson et de fleurs depuis 1892, cette halle, reconnaissable à son dôme, connaît une deuxième vie depuis que *Time Out* a transformé en 2014 la moitié de sa surface en aire de restauration. Le lieu évoque désormais une sorte de Lisbonne en miniature où l'on trouve pêle-mêle des vins de la Garrafeira Nacional, des steaks du Café de São Bento, de la charcuterie de la Manteigaria Silva (p. 67) et les créations du chef étoilé Henrique Sá Pessoa.

Pistola y Corazón Mexicain €

(Carte p. 54 ; www.pistolaycorazon.com ; Rua da Boavista 16 ; tacos 7-10 € ; 18h-minuit lun et sam, 12h-15h et 18h-minuit mar-ven, 12h-15h et 19h-1h dim ;). Cette *taquería*, prisée d'un public jeune, sert d'authentiques tacos mexicains (*carnitas*, *cochinita pibil*, *carne asada*, *al pastor*, etc., servis par trois) dans un décor latino-kitsch-branché. Les cocktails inventifs, à base de mescal et de tequila, valent également le détour. Inscrivez-vous sur la liste d'attente et patientez : c'est toujours bondé.

Ao 26-Vegan Food Project Végétalien €

(Carte p. 54 ; 967 989 184 ; facebook.com/ao26veganfoodproject ; Rua Vítor Cordon 26 ; plats 5,50-7,50 € ; 12h30-18h30 et 19h30-23h mar-sam ;). Même les carnivores invétérés apprécient ce petit restaurant branché et animé. Les deux plats du jour sophistiqués (boulettes de légumes mandchoues tomate-coco-masala, par exemple) sont inscrits sur l'ardoise. Également un menu fixe de burgers aux lentilles bien garnis, burgers au steak de betterave et sandwichs végétaliens au *bolo do caco* (pain rond cuit sur une dalle de basalte). Bière artisanale lisboète.

Bairro de Avillez Portugais €€

(Carte p. 54 ; 215 830 290 ; www.bairrodoavillez.pt ; Rua Nova da Trindade 18 ; petites assiettes 2-16,50 €, plats 7-18,50 € ; 12h-minuit ;). Découvrez le dernier concept sorti de l'imagination du plus célèbre chef portugais, José Avillez, étoilé au Michelin. Il a créé une destination gastronomique de rêve : un "quartier" comptant plusieurs environnements, de la taverne traditionnelle au cabaret gastronomique d'avant-garde.

Boa-Bao Asiatique €€

(Carte p. 54 ; 919 023 030 ; www.boabao.pt ; Largo Rafael Bordalo Pinheiro 30 ; petites assiettes à partir de 6,50 €, plats 12-19 € ; 12h-23h30 dim-mer, 12h-0h30 jeu-sam ;). Les plats servis dans ce restaurant tendance vous transporteront jusqu'au Laos, au Cambodge, en Malaisie et au Vietnam. En revanche, les hirondelles en céramique (chef-d'œuvre de l'artiste Rafael Bordalo, qui a donné son nom à cette charmante place du Chiado), posées sur la voûte en brique apparente, sont résolument portugaises.

Le grand séisme de Lisbonne

Le 1er novembre 1755, jour de la Toussaint, Lisbonne changea d'aspect pour toujours. À 9h40, alors que les Lisboètes assistent à la messe, la ville est frappée par l'un des séismes les plus violents jamais connus de mémoire humaine, avec une magnitude estimée entre 8,5 et 9,1 sur l'échelle de Richter. L'incendie et le raz-de-marée qui s'ensuivent sont dévastateurs. Le bilan est lourd : des dizaines de milliers d'habitants (sur 270 000) ont péri dans la catastrophe et la ville est en grande partie détruite. Le Premier ministre de Joseph Ier, le marquis de Pombal, la fait rebâtir dans un style simple, supposé antisismique, à l'origine du plan quadrillé actuel qui s'étend autour du quartier central de la Baixa.

Représentation de Lisbonne après le séisme de 1755
GREG ELMS/LONELY PLANET ©

Taberna Tosca Tapas €€

(Carte p. 54 ; 218 034 563 ; www.tabernatosca.com ; Praça São Paulo 21 ; tapas 4-13 € ; 12h-minuit, 12h-2h ven-sam). Sise dans un coin tranquille, un peu à l'écart du chaos de la Rua Nova do Carvalho, Tosca est une adresse agréable, pour qui souhaite commander des tapas portugaises, accompagnées de rouges du Douro (ou d'un pichet de la délicieuse sangria au porto). Une terrasse déborde sur la paisible Praça São Paulo, devant une église du XVIIIe siècle.

Pharmacia Méditerranéen €€

(Carte p. 54 ; ☎213 462 146 ; www.chef-felicidade.pt ; Rua Marechal Saldanha 2 ; tapas 10-15 € ; 🕒12h-1h ; 📶). Dans son singulier restaurant, installé dans le musée de la Pharmacie de Lisbonne, la chef Susana Felicidade (formée par sa grand-mère algarvienne) affiche des menus dégustation et des tapas d'inspiration méditerranéenne à base de produits frais du marché. Contexte oblige, les entrées sont servies dans des tubes à essai et les étagères débordent de boîtes de médicaments et de flacons. La terrasse est idéale pour boire un cocktail.

The Decadente Portugais €€

(Carte p. 54 ; www.thedecadente.pt ; Rua de São Pedro de Alcântara 81 ; plats 11-18 € ; 🕒12h-15h et 19h-minuit lun-ven, 12h-16h et 19h-minuit sam-dim, bar jusqu'à 2h ven-sam). Installé dans une auberge de jeunesse de charme donnant sur le splendide belvédère de São Pedro de Alcântara, ce restaurant, au cadre inspiré (industriel-chic, œuvres d'art géométriques et un beau patio), réalise des recettes inventives, à base d'ingrédients portugais haut de gamme, et à des prix imbattables. Mention spéciale au menu déjeuner qui change chaque jour (3 plats, 13 €). Commencez par des cocktails originaux au bar situé à l'avant.

Mercantina Pizzas €€

(Carte p. 54 ; ☎231 070 013 ; www.mercantina.pt ; Rua da Misericórdia 114 ; pizzas 8-14 €, pâtes 11-13,50 € ; 🕒12h-15h30 et 19h30-23h30 lun-jeu et dim, 12h30-15h30 et 19h-minuit ven-dim ; 📶). Les meilleures pizzas de Lisbonne, approuvées par l'exigeante *Associazione Verace Pizza Napoletana*, sont vendues dans ce restaurant de la place Chiado, au décor à dominante de bois. La piquante *diavola* (tomate, mozzarella, sauce *ventricina*, parmesan et basilic) et la *mercantina* (tomate, mozzarella, jambon, salami, champignons et parmesan) sont très appréciées, mais les lasagnes, excellentes, valent également le détour. Réservation en ligne.

Alma Moderne, Portugais €€€

(Carte p. 54 ; ☎213 470 650 ; www.almalisboa.pt ; Rua Anchieta 15 ; plats 32-36 €, menus dégustation 110-120 € ; 🕒12h-15h et 19h-11h mar-dim ; 📶). Titulaire de deux étoiles Michelin, le restaurant vedette d'Henrique Sá Pessoa est un de ces restaurants qui justifient à eux seuls un voyage au Portugal. L'espace est plein de charme (sol en pierre d'origine, splendides tables en bois dur), l'ambiance est agréable, mais c'est avant tout l'extraordinaire cuisine nouvelle portugaise de Pessoa qui attire ici les gastronomes du monde entier.

100 Maneiras Fusion €€€

(Carte p. 54 ; ☎910 307 575 ; www.restaurante100maneiras.com ; Rua do Teixeira 35 ; menu dégustation 60 €, avec vin standard/haut de gamme 95/120 € ; 🕒19h30-2h ; 📶). Il y a bien mille raisons d'aimer 100 Maneiras ! Le menu dégustation de 10 plats, qui change deux fois par an, compte des recettes inventives préparées avec talent. Chaque plat est une heureuse surprise. En revanche, les recettes ne peuvent être adaptées aux régimes spéciaux et allergies alimentaires. La charmante salle n'est pas bien grande : réservez.

Alfama, Castelo et Graça

Ti-Natércia Portugais €

(Carte p. 58 ; ☎218 862 133 ; Rua Escola Gerais 54 ; plats 5,50-12 € ; 🕒7h-minuit mar-ven, 12h-15h et 19h-minuit sam). Depuis une dizaine d'années, "tata" Natércia bâtit sa légende sur une délicieuse cuisine portugaise familiale. Mais les places sont chères : il n'y a que 6 tables, et l'endroit est couru. La patronne est joviale, mais ne mâche pas ses mots (plusieurs clients en ont fait les frais, notamment les végétariens), comme vous pourrez le constater tout en savourant ses classiques concoctés d'une main de maître. Réservation indispensable. Règlement en espèces uniquement.

Antiga Confeitaria de Belém (p. 78)

Pois Café Café €

(Carte p. 58 ; www.poiscafe.com ; Rua de São João da Praça 93 ; plats 7-10 € ; 12h-23h lun, à partir de 10h mar-dim ;). Dans une ambiance décontractée et un cadre tout en arches et pierre apparente, le Pois Café sert salades, sandwichs et jus de fruits frais ainsi que quelques plats du jour plus copieux (quiche au saumon, steak d'aloyau). Les canapés sont parfaits pour laisser filer l'après-midi avec un livre et un café… si toutefois ils ne sont pas déjà occupés par des clients hypnotisés par leurs mobiles.

O Zé da Mouraria Portugais €€

(Carte p. 54 ; 218 865 436 ; Rua João do Outeiro 24 ; plats 2 pers 16,50-33,50 € ; 12h-16h lun-sam ;). Derrière les portes de saloon se cache une des meilleures *tascas* (tavernes portugaises) de Lisbonne : cuisine locale, murs carrelés bleu et blanc, nappes à carreaux… La morue maison à l'huile d'olive, farcie de pois chiches, d'oignons et d'ail, remporte un succès mérité, et les plats du jour (riz au canard le mercredi) ont un goût de revenez-y. En revanche, le service laisse à désirer.

Os Gazeteiros Européen €€

(Carte p. 58 ; 939 501 211 ; www.osgazeteiros.pt ; Rua das Escolas Gerais 114-116 ; dîner prix fixe 35 € ; 19h30-22h mar-sam ;). Le chef français David Eyguesier, qui a fait ses classes chez Pois Café, tient désormais, dans l'Alfama, un restaurant baptisé "Les Truands", par allusion à sa formation, entièrement autodidacte et sur le tas. Les menus fixes à quatre plats, quotidiennement remaniés, sont servis dans un joli cadre moderne (éclairage design, mobilier géométrique), devant une cuisine ouverte. Pas de micro-ondes, ni de congélateur !

Príncipe Real, Santos et Estrela

Gelataria Nannarella Glacier €

(Carte p. 62 ; www.nannarella.pt ; Rua Nova da Piedade 68 ; petite/moyenne/grande 2,50/3/3,50 € ; 12h-22h). Ce glacier, le meilleur de Lisbonne, occupe un local à peine plus grand qu'un hall d'entrée. Constanza Ventura, originaire de Rome, y sert jour après jour, à la spatule,

Hors des sentiers battus : Madragoa

Avec ses ruelles étroites et ses charmants restaurants, le quartier de Madragoa, à l'ouest de Baixa, rappelle l'Alfama, mais avec beaucoup moins de touristes. Prenez le tramway 25 à Praça do Comérico pour vous y rendre.

Maisons traditionnelles de Madragoa

32 parfums de glaces (dont 18 fixes) et sorbets traditionnels à des Lisboètes venus en nombre. Alliant consistance et saveur, les glaces de Madame Ventura frisent la perfection.

Coyo Taco Mexicain €€

(Carte p. 54 ; ☎210 529 201 ; coyotaco.pt ; Rua Dom Pedro V 65 ; tacos 7,50-9 € ; ⏲12h-minuit dim-mer, 12h-2h jeu-sam ; 📶). Coyo sert des tacos authentiques dans une des rues les plus gourmandes de Lisbonne. Les tortillas artisanales farcies de *carnitas de pato* (canard confit), de poulet, de porc *al pastor* et de *cochinita pibil*, les excellentes *quesadillas* aux crevettes et les margaritas sont savoureuses.

Tapisco Fusion €€

(Carte p. 54 ; ☎213 420 681 ; www.tapisco.pt ; Rua Dom Pedro V 81 ; tapas 5-18 €, plats 16-29 € ; ⏲12h-minuit ; 📶). Le chef lisboète étoilé Henrique Sá Pessoa propose, dans son établissement de Príncipe Real, des tapas transibériques : les *tapiscos* (du mot *tapas* en espagnol et *petiscos* en portugais) arrosés de vermouth traditionnel sont très novateurs.

ZeroZero Pizzas €€

(☎213 420 091 ; www.pizzeriazerozero.pt ; Rua da Escola Politécnica 32 ; pizzas 10-19 € ; ⏲12h-minuit dim-jeu, 12h-1h ven-sam ; 📶). Ce lieu aux murs gris clair tient d'une découverte en soi, avec son immense illustration d'Ana Gil, son grand bar à prosecco, ses lampes en cuivre minimalistes et son énorme four à bois, alimenté au chêne. Tout est résolument italien, y compris les mémorables pizzas à pâte fine. Le patio, lui, a tout d'un éden encadré de bougainvilliers.

Taberna da Esperança Fusion €€

(Carte p. 62 ; ☎213 962 744 ; tabernadaesperanca.com ; Rua da Esperança 112-114 ; petites assiettes 7-12 €, plats 17-19 € ; ⏲19h30-2h mar-ven, 11h-16h et 19h-minuit sam-dim). Accueillant ses convives dans une salle douillette et pleine de cachet, la Taberna da Esperança les régale de plats savoureux, qui marient recettes de l'Alentejo et touche moderne. La carte, inventive, change régulièrement et comporte des assiettes à partager. Goûtez les fèves et saucisses, les champignons sautés aux châtaignes, et le riz au *bacalhau* et au romarin. Réservez. Paiement en espèces pour les non-résidents.

Entre la Taberna da Esperança et la **Petiscaria Ideal** (carte p. 62 ; ☎213 971 504 ; www.petiscariaideal.com ; Rua da Esperança 100 ; petites assiettes 3-9 €, plats 9-14 € ; ⏲19h-2h lun-sam ; 📶) se trouve un bar à vins où déguster en attendant des vins et des bières artisanales soigneusement sélectionnés.

Terra Végétarien €€

(Carte p. 54 ; www.restauranteterra.pt ; Rua da Palmeira 15 ; buffet 13-16 € ; ⏲12h30-15h30 et 19h30-23h30 mar-dim ; 📶🍴). 🌿 Terra propose un superbe buffet végétarien (qui comprend aussi des préparations végétaliennes) de salades, kebabs et curries, ainsi que des vins et des jus de fruits bio. Une fontaine gargouille dans la cour ombragée, éclairée par des lumières scintillantes à la tombée de la nuit.

Lapa et Alcântara

Cafetaria Village — Café €

(Carte p. 62 ; www.vulisboa.com ; Rua Primeiro de Maio 103, Village Underground Lisboa ; plats 2,50-7 € ; 12h-20h avr-sept, 12h-18h mar-dim oct-mars ;). Aménagé dans un vieux bus à impériale posé sur des containers, ce petit café fait partie du Village Underground Lisboa, projet culturel né à Londres et implanté à Lisbonne à l'intérieur du complexe Carris d'Alcântara. On y sert d'excellentes *tostas* et salades, de bons brunchs le week-end et des spécialités du mois comme la *feijoada* et le *cozido à portuguesa*, ragoûts typiquement portugais.

Último Porto — Poisson €€

(Carte p. 62 ; 308 808 939 ; Estação Marítima da Rocha do Conde de Óbidos ; plats 8,50-17 € ; 8h-16h30 lun-sam). Caché parmi les portiques à conteneurs du port de Lisbonne, ce restaurant de premier ordre, difficile à trouver, évoque un grand parking. Le poisson grillé de María do Céu, délicieusement simple, à accorder avec d'excellents vins de l'Alentejo et du Douro, attire les gourmets.

Marquês de Pombal et ses environs

Jesus é Goês — Indien €€

(Carte p. 54 ; 211 548 812 ; Rua de São José 23 ; plats 8-18,50 € ; 12h-15h et 19h-23h lun-sam ;). Dans ce qui est l'un des meilleurs restaurants indiens de Lisbonne, le jovial Jesus Lee revisite des délices de Goa sur le mode contemporain. Il les sert sur des nappes en toile de sac de riz dans une salle ornée de peintures murales d'inspiration à la fois hindouiste et chrétienne. En entrée : beignets pois chiches-oignons à la coriandre ou *bhaji* de pommes de terre au *puri*, suivis d'un curry champignons-noix ou à la crevette, ou de chèvre aux 11 épices. Tout est aussi bon qu'épicé. Réservez, c'est minuscule ! Paiement en espèces.

Cervejaria Ribadouro — Fruits de mer €€

(213 549 411 ; www.cervejariaribadouro.pt ; Rua do Salitre 2 ; plats 11-30 €, fruits de mer 42,50-147 €/kg ; 12h-1h30 ;). Ce bar

Coyo Taco

à bières à l'éclairage intense, aussi bruyant que bondé, attire une foule d'amateurs de fruits de mer qui se presse au comptoir, autour de crevettes fraîches, de *tremoços* (tramousses) et de verres d'*Imperial* (bière pression) bien frappée. Les coquillages et les crustacés sont prélevés directement dans l'aquarium, puis pesés et cuisinés à la perfection.

Belém

Antiga Confeitaria de Belém — Pâtisserie €

(Pastéis de Belém ; carte p. 64 ; pasteisdebelem.pt ; Rua de Belém 84-92 ; pâtisseries à partir de 1,10 € ; 8h-23h oct-juin). Depuis 1837, ce pâtissier transporte les Lisboètes au septième ciel avec ses succulents *pastéis de Belém (pastéis de nata)*. Ces petits flans à la crème et à la pâte feuilletée croustillante sont dorés au four puis saupoudrés de cannelle. Admirez les azulejos des salles voûtées ou régalez-vous de ce délice bien chaud au comptoir en essayant d'en deviner la recette, jalousement gardée.

Alecrim & Manjerona — Café €

(Carte p. 64 ; facebook.com/alecrimmanjeronamercearia ; Rua do Embaixador 143 ; repas légers et déj 2,75-8 € ; 10h-18h lun-ven). Nichée dans une ruelle, à l'écart des foules, Alecrim & Manjerona ("romarin et marjolaine") est une jolie petite épicerie/café/traiteur/bar à vins où l'on déguste des gâteaux et tartes maison, ainsi que des plats bon marché, comme des quiches ou une *bacalhau espiritual* (gratin de morue).

Parque das Nações

Bota Feijão — Portugais €

(218 532 489 ; www.restaurantebotafeijao.pt ; Rua Conselheiro Lopo Vaz 5 ; demi-portion/portion complète 8,50/12 € ; 8h-20h lun-ven). Ne vous laissez pas décourager par le décor quelconque et la vue sur les voies ferrées : la clientèle locale qui afflue ici, même en semaine, à l'heure du déjeuner, est en soi un gage de qualité. Tous veulent la même chose : du *leitão* façon Bairrada (cochon de lait cuit à la broche au feu de bois, tendre et juteux à souhait et arrosé d'une succulente sauce au poivre et à l'ail).

Pensão Amor (p. 80)

Wine Bar do Castelo (p. 81)

OÙ PRENDRE UN VERRE ET FAIRE LA FÊTE

Soirées dans les rues de Cais do Sodré et du Bairro Alto, *ginjinhas* au crépuscule sur les pavés collants du Rossio, verres avec la jeunesse indé de Santa Catarina – Lisbonne peut se vanter d'avoir l'une des scènes nocturnes les plus éclectiques d'Europe.

Baixa et Rossio

TOPO Martim Moniz — Cocktails

(Carte p. 54 ; facebook.com/pg/topolisboa ; Centro Comercial Martim Moniz, 6e ét, Praça Martim Moniz ; 12h30-minuit dim-mer, 12h30-1h jeu, 12h30-2h ven-sam). Rendez-vous des *hipsters* lisboètes, le toit de ce *lounge* a une vue incomparable sur l'animation de la Praça Martim Moniz et sur la ville entière. On sirote des cocktails (8-14 €), du café et on grignote des en-cas en plein air sur des bancs en bois ou dans la salle couverte, au son d'une musique entêtante sortant des enceintes ou des platines des DJ.

Rooftop Bar — Bar

(Carte p. 54 ; www.hotel-mundial.pt ; Praça Martim Moniz 2, Hotel Mundial ; 16h-23h). Au couchant, attablez-vous sur le toit-terrasse de l'Hotel Mundial pour une vue panoramique sur Lisbonne et son château perché sur la colline. Entre bar à l'éclairage tamisé, canapés blancs et musique d'ambiance : tel est le cadre où l'on savoure apéritifs et petites assiettes à partager.

Bairro Alto, Chiado et Cais do Sodré

Park — Bar

(Carte p. 54 ; facebook.com/parklisboaofficial ; Calçada do Combro 58 ; 13h-2h mar-sam, 13h-20h dim ;). Si tous les parkings à étages étaient comme celui-là... Prenez l'ascenseur jusqu'au 5e étage, puis grimpez sur le toit, qui a été transformé en un bar sur le toit parmi les plus branchés de Lisbonne, avec vue imprenable sur le Tage et jusqu'aux clochers de l'Igreja de Santa Catarina. Atmosphère détendue et créative ; des DJ mixent du hip-hop, du jazz et de la house à toute heure. Un conseil :

Memmo Alfama

en début de soirée, installez-vous sur les chaises en bois pour contempler le soleil couchant.

Pensão Amor Bar

(Carte p. 54 ; www.pensaoamor.pt ; Rua do Alecrím 19 ; 14h-3h dim-mer, 14h-4h jeu-sam). Aménagé dans une ancienne maison close, cet établissement canaille se plaît à évoquer le passé interlope du lieu, au moyen de peintures murales colorées, d'une bibliothèque d'ouvrages érotiques et d'une petite scène où se donnent d'occasionnels spectacles burlesques.

BA Wine Bar do Bairro Alto Bar à vins

(Carte p. 54 ; 213 461 182 ; bawinebar@gmail.com ; Rua da Rosa 107 ; 18h-23h mar-dim ;). Sans réservation, vous aurez peu de chances de profiter du meilleur bar à vins du Bairro Alto. Un personnel on ne peut plus accueillant vous proposera trois excellents choix de dégustations selon vos goûts (vins à partir de 5 € ; plateau dégustation pour une personne/quatre 13/47 €). N'oubliez pas les fromages de petits producteurs et la charcuterie (les *presuntos* de porc noir fondent dans la bouche). Réservation indispensable.

Duque Brewpub Brasserie

(Carte p. 54 ; www.duquebrewpub.com ; Duques da Calçada 49 ; 15h-minuit dim-mer, 15h-1h jeu, 15h-2h ven-sam ;). La première brasserie artisanale apparue à Lisbonne propose 12 pressions portugaises, dont certaines brassées sur place (sous le label Cerveja Aroeira), dans un style purement artisanal : chaque lot est unique. Des bières invitées (Dois Corvos, Musa, Letra) sont disponibles à la pression.

O Bom O Mau e O Vilão Cocktails

(Carte p. 54 ; thegoodthebadandtheuglybar.com ; Rua do Alecrím 21 ; 19h-2h lun-jeu, 19h-3h ven-sam). Repaire d'amateurs de spiritueux occupant une maison pombaline rénovée, "Le Bon, la Brute et le Truand" est divisé en plusieurs salles ornées d'œuvres contemporaines et de mobilier d'époque. Des DJ y mixent du funk, de la soul, de l'acid jazz et des sons vintage pour le plus grand bonheur d'une foule de clients éclectique et festive.

Crafty Corner Bières artisanales

(Carte p. 54 ; www.craftycornerbeer.com ; Tv Corpo Santo 15 ; 16h-2h lun-sam, 16h-23h45 dim ;). Fin connaisseur des bars de Cais do Sodré, le propriétaire irlandais du **Hennessy's Irish pub** (carte p. 54 ; hennessys-pub.com ; Rua Cais do Sodré 32-38 ; 12h-2h dim-jeu, 12h-3h ven-sam ;) a relevé le standing du quartier grâce à ce lounge raffiné dédié aux bières artisanales lisboètes – 12 bières à la pression au choix. L'endroit ne manque pas d'allure : canapés en cuir dans la mezzanine, vieux fûts transformés en tabourets et plafonds en bois d'origine.

Alfama, Castelo et Graça

Wine Bar do Castelo Bar à vins

(Carte p. 58 ; 218 879 093 ; facebook.com/winebardocastelo ; Rua Bartolomeu de Gusmão 13 ; 13h-22h). Proche de l'entrée du Castelo de São Jorge (p. 57), cet établissement décontracté propose au verre plus de 150 vins portugais (de 4 à 30 €), à accompagner de charcuterie, fromages, olives et autres savoureuses spécialités. Polyglotte et puits de science pour tout ce qui touche au vin, le patron, Nuno, vous réservera un accueil chaleureux.

Memmo Alfama Bar

(Carte p. 58 ; www.memmoalfama.com ; Tv das Merceeiras 27 ; 12h-minuit ;). Quelle vue ! L'Alfama se déplie comme un origami depuis l'élégante terrasse du toit de **Memmo Alfama hotel** (210 495 660 ; www.memmoalfama.com ; Tv Merceeiras 27 ; d 200-350 €, ste 300-450 € ;). Idéal pour prendre un verre face au couchant en admirant la vue sur les toits, les clochers et le Tage. Cocktails (7,50-10 €).

Lux-Frágil Club

(www.luxfragil.com ; Av. Infante D Henrique, Armazém A, Cais de Pedra ; 23h-6h mar-sam). Glamour et ultra-tendance, cette boîte de nuit incontournable accueille des DJ renommés portés sur l'électro et la house. Regardez le soleil se lever sur le Tage depuis la terrasse ou prenez une pose royale dans les fauteuils aux airs de trône, à l'intérieur.

Bars à Ginjinha

Au crépuscule, les abords du Largo de São Domingos et de la Rua das Portas de Santo Antão s'animent. Les Lisboètes viennent y déguster un verre de liqueur de cerise dans des bars à *ginjinha*. Berceau de cette boisson, le célèbre **A Ginjinha** (carte p. 51 ; Largo de São Domingos 8 ; 9h-22h) devrait sa recette à un moine de l'Igreja Santo António (prénommé Espinheira), qui aurait révélé son secret de fabrication à un entrepreneur galicien. Commandez pour 1 € une *ginjinha sem* (sans) cerises ou *com* (avec), notre préférée. Parmi les autres bars minuscules à proximité, citons le **Ginjinha Sem Rival** (carte p. 54 ; facebook.com/ginjasemrivaleeduardino ; Rua Portas de Santo Antão 7 ; 8h-minuit lun-ven, à partir de 9h sam-dim) et le **Ginjinha Rubi** (carte p. 54 ; Rua Barros Queirós 27 ; 7h-22h30 lun-sam).

A Ginjinha
STOCKPHOTOSART/SHUTTERSTOCK ©

Outro Lado Bières artisanales

(Carte p. 58 ; facebook.com/OutroLadoLisboa ; Beco do Arco Escuro 1 ; 15h-minuit mar-jeu, 15h-2h ven-sam, 14h-23h dim ;). Fin 2018, un couple égypto-polonais a repris et embelli Lisbeer, brasserie artisanale. Située à Sé, elle propose désormais 15 bières artisanales à la pression et quelque 200 variétés en bouteille/canette ; l'accent est mis sur les bières portugaises, en plein essor, et les nouveautés européennes, américaines et canadiennes. L'endroit idéal pour découvrir des bières introuvables ailleurs, installé dans un des somptueux canapés et fauteuils rétro disséminés dans les salles au bel éclairage.

8ª Colina Taproom Bières artisanales
(Carte p. 58 ; www.oitavacolina.pt ; Rua Damasceno Monteiro 8a ; 12h-23h mar-jeu et dim, 12h-1h ven-sam). Le bar tant attendu de la 8ª Colina, une des meilleures brasseries artisanales de la ville, a ouvert en 2018. Admirez la vue sur le château en sirotant une des 10 bières pression. La salle gris ardoise minimaliste s'inscrit dans une esthétique industrielle. Bonne cuisine de pub (porc effiloché, *banh mi*, saucisses grillées) pour accompagner les blondes, les brunes et les IPA.

Chapitô Bar
(Carte p. 58 ; 218 875 077 ; www.chapito.org ; Costa do Castelo 7 ; terrasse 7h-13h, restaurant 19h-2h ;). Cette école de théâtre/cirque alternative occupe une ancienne prison pour femmes. La vue depuis le bar en fait un lieu idéal pour contempler la ville de nuit ou au soleil couchant. Les gastronomes préféreront réserver une table au **Chapitô à Mesa** (carte p. 58 ; Rua Costa do Castelo 7 ; plats 19 €-21 € ; 12h-minuit lun-ven, 19h30-23h sam-dim ;), le restaurant tenu par le célèbre chef lisboète Bertílio Gomes.

Príncipe Real, Santos et Estrela

Cerveteca Lisboa Bières artisanales
(Carte p. 62 ; www.cervetecalisboa.com ; Praça das Flores 62 ; 15h30-1h dim-jeu, 15h30-2h ven-sam ;). Voici le meilleur bar de Lisbonne où goûter les bières artisanales, avec 14 bières à la pression changeant régulièrement (essentiellement portugaises et d'Europe septentrionale), dont certaines proviennent de plusieurs microbrasseries de la région (IPA de brasseries vedettes de Lisbonne comme Dois Corvos ou Oitava Colina).

Foxtrot Bar
(Carte p. 62 ; www.barfoxtrot.com ; Tv Santa Teresa 28 ; 18h-2h lun-jeu, 18h-3h ven-sam, 20h-2h dim ;). Une sonnerie de porte imitant le coucou accueille quiconque s'aventure dans le décor Art nouveau de ce bar ouvert depuis 1978. Ambiance jazzy, cocktails de pointe (de 7 € à 15 €) aux

Spectacle de fado à Lisbonne

MARTIN THOMAS PHOTOGRAPHY/ALAMY STOCK PHOTO ©

ELIJAH LOVKOFF/ALAMY STOCK PHOTO ©

Foxtrot

compositions précisées sur un menu sur papier-calque. Un lieu plein de charme pour des conversations intimes.

The Bar Cocktails

(Tv Monte do Carmo 1 ; 19h-minuit mar-jeu, 19h-2h ven-sam ;). L'Australienne Teresa Ruiz tient seule ce bar à cocktails qui revisite les classiques dans un cadre bétonné embelli d'une fresque de Tamara Alves représentant une femme-louve.

Marquês de Pombal et ses environs

Red Frog Cocktails

(facebook.com/redfrogspeakeasy ; Rua do Salitre 5A ; 18h-2h lun-jeu, 18h-3h ven-sam). Red Frog a tout du bar clandestin : pas d'enseigne, mais une sonnette indiquant *Press for cocktails* ("sonnez pour des cocktails") et une liste de consignes. On pénètre alors dans un monde sophistiqué dédié à la mixologie, pour y goûter de sublimes cocktails artisanaux dans un cadre plutôt formel (tenue correcte exigée). Les cocktails de saison (de 10 € à 14,50 €), s'apprécient dans une salle sombre et élégante (trouverez-vous la salle secrète ?). Réservé aux connaisseurs.

OÙ SORTIR

L'offre culturelle lisboète est très variée, de la culture classique à l'art expérimental, du son des guitares et du théâtre de rue du Chiado aux accords de fado résonnant avec mélancolie dans les ruelles de l'Alfama.

Hot Clube de Portugal Jazz

(Carte p. 54 ; 213 460 305 ; www.hcp.pt ; Praça da Alegria 48 ; 22h-2h mar-sam). Ce petit caveau, aux murs couverts d'affiches, ainsi que son jardin, reçoivent les grands noms du jazz depuis les années 1940. L'un des meilleurs clubs de jazz d'Europe.

Mesa de Frades Fado

(Carte p. 58 ; 917 029 436 ; facebook.com/mesadefradeslisboa ; Rua dos Remédios 139A ; prix fixe spectacle 50 € ; 20h-2h30 lun-sam). Un lieu magique pour écouter du fado. La minuscule Mesa de Frades était jadis une chapelle. Elle est tapissée de magnifiques *azulejos* et ne compte qu'une poignée de tables, installées pour certaines dans une mezzanine sombre et intimiste. Le spectacle commence vers 22h30.

Tasca Bela Fado

(Carte p. 58 ; ☎926 077 511 ; facebook.com/bela.vinhosepetiscos ; Rua dos Remédios 190 ; 🕙20h30-3h mar-dim). Cette salle intime accueille des sessions de fado le mercredi, le vendredi, le samedi et le dimanche, ainsi que des événements culturels variés les autres soirs (soirées jazz ou poésie, par exemple). La consommation minimum est de 19 €, mais, contrairement à de nombreuses salles de fado, nul besoin de se ruiner pour dîner : ici, on boit un ou deux verres en grignotant des tapas. Fado à partir de 21h30.

A Baiuca Fado

(Carte p. 58 ; ☎218 867 284 ; Rua de São Miguel 20 ; 🕙20h-minuit jeu-lun). Agréable ambiance de réunion familiale pour cette scène singulière du *fado vadio,* qui voit les Lisboètes chanter à tour de rôle et siffler quiconque oserait faire le moindre bruit pendant la performance. Si la consommation minimum de 25 € est aussi dure à avaler que le repas, la qualité du fado, elle, est exceptionnelle. Réservez.

Senhor Fado Fado

(Carte p. 58 ; ☎914 431 971 ; www.sr-fado.com ; Rua dos Remédios 176 ; 🕙20h-2h mer-sam). Une jolie petite salle éclairée de lanternes où l'on écoute du *fado vadio* (fado de rue). La *fadista* Ana Marina et le guitariste Duarte Santos forment un duo mémorable.

Parreirinha de Alfama Fado

(Carte p. 58 ; ☎218 868 209 ; parreirinhadealfama.com ; Beco do Espírito Santo 1 ; minimum 30 € ; 🕙20h-2h mar-dim). Tenu par la légende du fado, Argentina Santos, ce lieu propose une bonne cuisine dans un cadre éclairé à la bougie. Son public tombe souvent amoureux des excellents artistes de fado (3 chanteurs et 2 guitaristes par soir qui, parfois, sortent directement du public). Réservez dès 16h.

A Tasca do Chico Fado

(Carte p. 54 ; ☎961 339 696 ; facebook.com/atasca.dochico ; Rua do Diário de Notícias 39 ; 🕙19h-1h30 dim-jeu, 19h-3h ven-sam). Cet établissement bondé et à prix raisonnable

Estádio da Luz

déborde d'écharpes de football et d'amateurs de fado en tout genre. C'est Mariza, la plus grande chanteuse de fado du pays, qui nous avait fait découvrir l'endroit en 2005. Authentique à souhait. Réservez.

Zé dos Bois Musique live
(ZDB ; carte p. 54 ; www.zedosbois.org ; Rua da Barroca 59, 6-10 € ; ⏲expositions 18h-23h, concerts à partir de 22h). Centrée sur les arts du spectacle et les tendances musicales de demain, cette salle expérimentale se double d'une agréable cour. Sa programmation éclectique fait la part belle au théâtre, au cinéma, aux arts visuels et à la musique.

Estádio da Luz stade
(Estádio do Sport Lisboa e Benfica ; ☎707 200 100 ; www.slbenfica.pt ; Av. General Norton de Matos ; visite/musée 12,50/10 €). L'antre du Benfica, qui peut recevoir quelque 65 000 spectateurs, est au nord-ouest du quartier de Benfica. Le stade abrite également un bon **musée** (museubenfica.slbenfica.pt), ou vous pourrez voir l'aigle à tête blanche Vitória, la mascotte du club. Le stade a accueilli la finale de la Ligue des champions en 2014. La même année, il a été élu plus beau stade d'Europe par le journal *L'Équipe*. Assister à un match ici est une expérience épique.

RENSEIGNEMENTS

Ask Me Lisboa (carte p. 54 ; ☎213 463 314 ; www.askmelisboa.com ; Praça dos Restauradores, Palácio Foz ; ⏲9h-20h). Le plus grand et le plus utile des offices du tourisme de la ville occupe le Palácio Foz, sur la Praça dos Restauradores.

DEPUIS/VERS LISBONNE

AVION

Situé à environ 6 km au nord du centre-ville, l'ultramoderne **Aeroporto de Lisboa** (aéroport de Lisbonne ; ☎218 413 500 ; www.ana.pt/pt/lis/home ; Alameda das Comunidades Portuguesas) est relié par vols directs aux grands aéroports internationaux, dont Paris, Genève et Bruxelles. Des compagnies low cost (easyJet, Ryanair, Transavia...) sont présentes au terminal 2, moins pratique (prévoyez plus de temps pour le trajet en navette si vous rejoignez l'aéroport en métro).

BUS

Terminal Rodoviário de Sete Rios (Praça General Humberto Delgado, Rua das Laranjeiras), la principale gare routière de Lisbonne, est proche à la fois de la station de métro Jardim Zoológico et de la gare ferroviaire Sete Rios.

Les principales compagnies **Rede Expressos** (☎707 223 344 ; rede-expressos.pt ; ⏲guichet d'informations 9h-13h et 14h-18h lun-sam, 10h-14h et 15h-17h dim) et **Eva** (☎707 223 344 ; www.eva-bus.com ; Praça General Humberto Delgado, Terminal Rodoviário de Sete Rios) assurent des liaisons fréquentes vers la plupart des grandes villes du Portugal.

Les bus **Intercentro/Internorte** (☎707 200 512 ; www.intercentro.pt ; Av. Dom João II, Gare do Oriente ; ⏲9h-18h) se rendent dans toute l'Europe ; ils partent de Sete Rios et s'arrêtent à la Gare do Oriente 15 minutes plus tard. Il y a des lignes directes pour Madrid (à partir de 40 €, 9 heures 15), Séville (45 €, 7 heures 45) et Paris (95 €, 27 heures).

Liaisons nationales :

Coimbra 13,80 €, 2 heures 30, 49/jour

Évora 11,90 €, 1 heure 45, 27/jour

Faro 18,50 €, 4 heures, 19/jour

Porto 19 €, 4 heures 15, 40/jour

TRAIN

Lisbonne est reliée par train à de nombreuses grandes villes. Les horaires sont disponibles sur le site Internet de **Comboios de Portugal** (☎707 210 220 ; www.cp.pt) – des réductions sont souvent proposées en ligne.

Parmi les trains express au départ de la Gare do Oriente (la plus grande des gares ferroviaires) :

Coimbra (23,50-33,70 €, 2 heures, 10 à 20/jour)

Évora (12,40-16,50 €, 1 heure 30, 3 à 4/jour)

Faro (21,90-30,70 €, 3 heures, 3 à 6/jour)

Porto (25-43,60 €, 3 heures, 7 à 20/jour)

Gare do Oriente

COMMENT CIRCULER

BUS, TRAMWAYS ET FUNICULAIRES

La **Companhia Carris de Ferro de Lisboa** (213 500 115 ; www.carris.pt) gère tout le réseau de transport dans Lisbonne *intra-muros*, hormis le métro. Les bus et les tramways circulent de 5h ou 6h jusqu'à environ 22h ou 23h ; il existe quelques bus et tramways de nuit.

Le bus est particulièrement utile dans les quartiers non desservis par le métro et le tramway, comme Príncipe Real et Marvila.

Un plan des transports, *Rede de Transportes de Lisboa* est disponible dans les offices du tourisme. Le site Internet de la compagnie donne le détail des horaires et des lignes.

Montez dans le tramway 28 à Praça Martim Moniz. Vous trouverez plus facilement une place et éviterez l'attente dans des lieux touristiques plus fréquentés où les tramways bondés ne marquent pas l'arrêt.

MÉTRO

Le **métro** (www.metro.transporteslisboa.pt ; trajet simple/forfait journalier 1,60/6,40 € ; 6h30-1h) est pratique pour de petits trajets et pour se rendre à l'Estação do Oriente, proche du Parque das Nações.

Les billets s'achètent au guichet ou dans les billetteries automatiques (menus multilingues). La Lisboa Card est également valable.

Les entrées sont matérialisées par un grand M rouge. Sachez que les panneaux *correspondência* et *saída* indiquent respectivement les correspondances et la sortie. De superbes œuvres d'art décorent les couloirs du métro, comme celles d'Ângelo de Sousa à la station Baixa-Chiado et de Friedensreich Hundertwasser, à Oriente.

Prenez-garde aux pickpockets aux heures de pointe.

TICKETS ET FORFAITS

À bord, un aller coûte 2 € en bus et 3 € en tramways. Pour les funiculaires, il n'y a pas d'aller simple ; l'aller-retour coûte 3,80 €. Le forfait journalier coûte 6,40 €. Vous pouvez également acheter des cartes Zapping, en vente dans les kiosques des stations de métro pour 0,50 € (à créditer par tranches de 5 €) et valables dans les tramways, bus et métros (environ 1,35 € le trajet).

Où se loger

En matière d'hébergement, le choix est large dans la capitale portugaise. Les quartiers sont plus ou moins bruyants, alors choisissez bien votre établissement. Les tarifs sont généralement moins élevés que dans le reste de l'Europe occidentale.

Quartiers	Avantages	Inconvénients
Baixa et Rossio	Très central et bien desservi par les transports en commun.	Beaucoup de touristes. L'animation 24h/24 peut perturber le sommeil.
Bairro Alto, Chiado et Cais do Sodré	Le Chiado est bien pourvu en boutiques luxueuses et en magasins renommés. Le Bairro Alto dégage un charme historique indéniable.	Le Chiado est cher, le Bairro Alto bruyant et animé la nuit.
Alfama, Castelo et Graça	Castelo et Graça offrent des points de vue spectaculaires ; l'Alfama est le quartier le plus pittoresque de Lisbonne.	Les abords des maisons de fado de l'Alfama peuvent être bruyants. Castelo et Graça sont très pentus. Peu de transports.
Príncipe Real, Santos et Estrela	Bohème, Príncipe Real est le quartier des restaurants, boutiques et créateurs d'avant-garde, ainsi que de la communauté homosexuelle ; Santos et Estrela sont calmes et paisibles.	Le quartier de Príncipe Real est l'un des plus hauts de Lisbonne – ça grimpe ! Santos et Estrela sont un peu loin de l'animation.
Marquês de Pombal et ses environs	Les restaurants et les boutiques de créateurs les plus chics de Lisbonne.	Grandes avenues et hauts immeubles manquant de charme.

SINTRA

Dans ce chapitre

Sintra

Alliant collines ondoyantes, forêts de fougères et de lichens couverts de rosée, jardins exotiques et somptueux palais, Sintra semble tout droit sortie d'un conte de fées. Classé au Patrimoine mondial, son centre historique, Sintra-Vila, est ponctué de manoirs pastel entourés d'une végétation luxuriante qui se déploie en pente douce jusqu'au bleu azur de l'océan. Si les Celtes y honoraient leur dieu de la Lune, les Maures y construisirent un château et la royauté portugaise du XVIIIe siècle goûta à la sérénité de ses jardins. Lord Byron a célébré ses charmes dans son poème épique Le Pèlerinage de Childe-Harold.

Sintra en 2 jours

Deux jours suffiront tout juste à vous donner un aperçu de l'architecture grandiose et des paysages idylliques de Sintra : commencez par le **Castelo dos Mouros** (p. 93) et le **Palácio Nacional da Pena** (p. 93), et poursuivez le lendemain par le **Palácio Nacional de Sintra** (p. 92) et la **Quinta da Regaleira** (p. 96).

Sintra en 4 jours

Consacrez le troisième jour à la visite du **Convento dos Capuchos** (p. 95), niché dans des bois luxuriants, et du **Palácio et Parque de Monserrate** (p. 94), palais remarquable entouré d'impeccables jardins. Le quatrième jour, allez jusqu'au Cabo da Roca, dont les falaises vertigineuses dominent l'océan. Pour terminer votre séjour à Sintra, rien de tel qu'un repas de *petiscos* et de vin rouge au **Nau Palatina** (p. 98).

Page précédente : Palácio Nacional de Sintra (p. 92)
SEAN PAVONE/SHUTTERSTOCK ©

Comment s'y rendre

Les trains mais aussi les bus arrivent à la gare ferroviaire de Sintra. Par le rail, descendez au dernier arrêt, Sintra, d'où une marche agréable de 1 km (ou un court trajet en bus) vous conduira dans Sintra-Vila. Des trains **Comboios de Portugal** (p. 325) circulent toutes les demi-heures (toutes les heures le week-end) entre Sintra et la gare de Rossio à Lisbonne (2,25 €, 40 minutes).

Où se loger

Il fait bon s'attarder pour la nuit à Sintra, qui possède d'exquises chambres d'hôtes, entre villas et manoirs somptueux. L'été, réservez tôt. L'offre d'hébergements est dense dans Sintra-Vila ainsi qu'aux abords de la gare. Vous en trouverez aussi plus à l'écart, avec, pour beaucoup, une très belle vue sur des paysages de collines boisées.

Castelo dos Mouros

SEAN PAVONE/SHUTTERSTOCK ©

Palais et châteaux

Il y a tant à voir à Sintra que vous en aurez peut-être le tournis. Voici tout ce qu'il faut savoir sur trois sites majeurs de la ville.

Pour ceux qui aiment...

☑ **Ne ratez pas**

La descente étourdissante dans les profondeurs du puits initiatique de la Quinta da Regaleira (p. 96), à l'éclairage féerique.

Palácio Nacional de Sintra

Le joyau de Sintra-Vila est son **château** (carte p. 95 ; parquesdesintra.pt ; Largo Rainha Dona Amélia ; tarif plein/réduit 10/8,50 € ; ⏲9h30-19h), reconnaissable à ses emblématiques cheminées jumelles en forme de cône. L'intérieur marie les styles mauresque et manuélin, en témoignent les cours à arabesques, les colonnes torsadées et les azulejos des XVe et XVIe siècles, dont certains comptent parmi les plus anciens du pays. Érigé par les Maures, il fut agrandi par Denis Ier (1261-1325) et Jean Ier au XVe siècle, puis embelli au siècle suivant, sous le règne de Manuel Ier.

La Sala dos Cisnes (salle des Cygnes), est une salle octogonale dont les boiseries du plafond encadrent 27 cygnes à col doré. Les pies peintes au plafond de la Sala das Pegas rappellent la galanterie de Jean Ier.

Palácio Nacional da Pena

ANDREI NEKRASSOV/SHUTTERSTOCK ©

Surpris par son épouse en train d'embrasser l'une de ses suivantes, le roi aurait allégué que ces baisers étaient innocents, tous donnés *por bem* ("pour le bien"), et il commanda ensuite cette décoration : une pie pour chaque dame courtisée. Autres atouts du palais : la Sala dos Brasões (salle des Armes) ornée des blasons des 72 grandes familles du XVIe siècle ; la salle du Galion en forme de vaisseau ; la chapelle palatine et son sol de mosaïques mudéjares.

Castelo dos Mouros

Juchés à 412 m d'altitude et perdus dans la brume, les vestiges du **château** (parquesdesintra.pt ; tarif plein/réduit 8/6,50 € ; 9h30-20h), semblent planer au-dessus des bois. Lorsque s'éloignent les nuages, la vue s'étend sur la colline de Sintra, ses palais, et jusqu'à l'Atlantique. Les remparts vertigineux de ce château édifié par les Maures au Xe siècle s'insinuent sur les crêtes montagneuses, entre d'énormes rochers.

Palácio Nacional da Pena

Jaillissant sur une colline au milieu de bois, le **Palácio Nacional da Pena** (parquesdesintra.pt ; billet combiné avec le Parque Nacional da Pena tarif plein/réduit 14/12,50 € ; 9h45-19h) est un enchantement : dômes en forme de bulbe, portes de style mauresque, serpents en pierre et tours crénelées, le tout dans des tons jaunes et rouges. L'ensemble est considéré comme le plus bel exemple d'architecture romantique au Portugal.

L'intérieur est tout aussi éclectique : porcelaines de Meissen, mobilier de style portugais, fresques en trompe-l'œil, et plantureuses nymphes inachevées peintes par le roi artiste Charles Ier. Ferdinand de Saxe-Cobourg et Gotha, artiste et époux de la reine Marie II, qui devint ensuite Ferdinand II, confia en 1840 à l'architecte prussien Ludwig von Eschwege la construction de cette fantaisie mauresque-manuéline. Débauche d'imagination et de couleurs, le palais est inspiré des châteaux de Stolzenfels et de Rheinstein ainsi que du palais de Babelsberg de Potsdam.

Des visites guidées ont lieu tous les jours à 14h30. Des bus relient l'entrée du domaine au palais toutes les 15 minutes (3 €) ; on peut également gravir la colline à pied en 10-15 minutes.

Infos pratiques

Des bus rallient la plupart des sites intéressants : renseignez-vous à l'office du tourisme.

Une petite faim ?

Casa Piriquita (p. 98) est une adresse pratique, près du Palácio Nacional de Sintra, pour manger sur le pouce.

★ Bon à savoir

Pour éviter les pics d'affluence, préférez une visite un jour de semaine, en début de journée.

À VOIR

Palácio et Parque de Monserrate — Palais

(parquesdesintra.pt ; tarif plein/réduit 8/6,50 € ; 9h30-19h). Au centre d'un luxuriant parc de 30 ha, une vaste pelouse soignée s'étend devant ce fantasque palais mêlant inspirations mauresque, gothique et indienne, folie romantique du XIXe siècle érigée pour le millionnaire anglais sir Francis Cook. Les vastes jardins à l'anglaise cernant l'édifice ont été créés au XVIIIe siècle par le négociant anglais Gerard de Visme, puis agrandis par le peintre paysagiste William Stockdale, avec l'aide des Kew Gardens de Londres.

Nombre d'espèces exotiques poussent sur ses coteaux boisés : cyprès de Chine, dragonniers ou rhododendrons de l'Himalaya. Le jardin mexicain est planté de palmiers, de yuccas et d'agaves. Quant au jardin japonais entouré de bambous, il abrite une profusion de camélias.

Le parc est implanté à 3,5 km à l'ouest de Sintra-Vila.

Parque da Pena — Jardins

(219 237 300 ; parquesdesintra.pt ; tarif plein/réduit 7,50/6,50 €, billet combiné avec le Palácio Nacional da Pena 14/12,50 € ; 9h30-19h). Ce parc romantique, au sommet duquel se dresse l'extravagant Palácio Nacional da Pena, est couvert de plantes tropicales, d'immenses séquoias, de fougères géantes, de camélias et de rhododendrons, et est ponctué de plusieurs étangs (ne manquez pas les abris pour canards en forme de châteaux !).

Pendant que les touristes se ruent vers le palais, vous pourrez visiter un autre site du parc, tout aussi intéressant mais moins connu : le **Chalet da Condessa d'Edla** (tarif plein/réduit 9,50/8,50 €), un ravissant chalet alpin et résidence d'été bâti sur ordre de Ferdinand II pour sa future épouse, Elise Hensler (la comtesse d'Edla).

Des bus rejoignent l'**entrée du parc** à partir de la gare ferroviaire de Sintra et du Palácio Nacional de Sintra, ainsi que depuis d'autres endroits de la ville. L'aller simple en taxi revient à 10 €. L'itinéraire

Parque da Pena

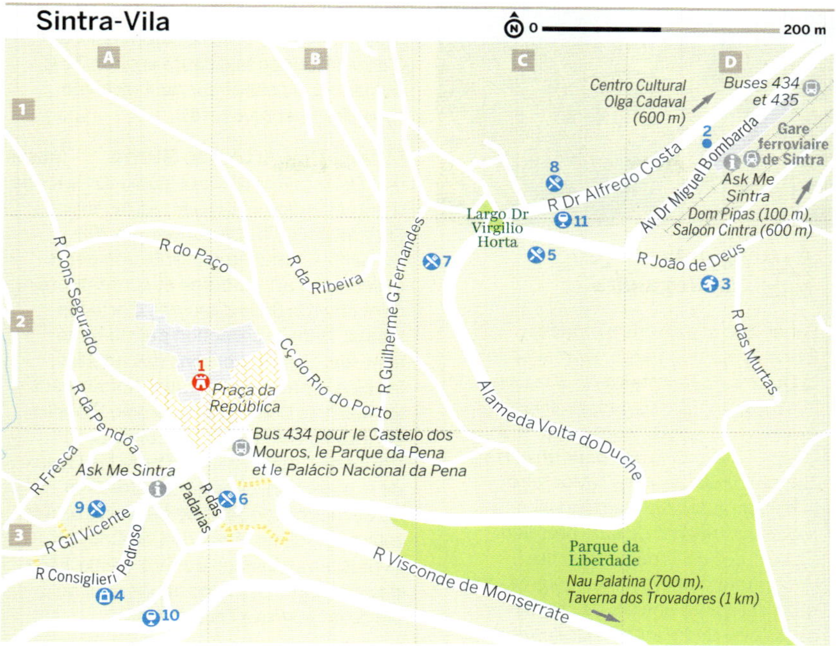

Sintra-Vila

À voir

1 Palácio Nacional de Sintra A2

Activités

2 Go2Sintra Tours D1
3 Sight Sintra D2

Achats

4 Olaria São Pedro A3

Où se restaurer

5 Café Saudade C2
6 Casa Piriquita B3
7 Fábrica das Verdadeiras Queijadas da Sapa C2
8 INcomum C1
9 Tulhas A3

Où prendre un verre et faire la fête

10 Fonte da Pipa A3
11 INcomum Wine Gallery C2

escarpé depuis Sintra-Vila, à travers les pins et les eucalyptus, fait environ 3 à 4 km.

Convento dos Capuchos Monastère

(☎219 237 300 ; parquesdesintra.pt ; tarif plein/réduit 7/5,50 € ; ⏲9h30-20h). La fondation de ce monastère des Capucins dissimulé au fond des bois remonte à 1560. Les moines, qui s'étaient réunis en une modeste communauté, y menaient une vie humble et ordonnée dans de minuscules cellules au plafond bas et à la porte étroite. Byron s'en moque dans son *Pèlerinage du Childe-Harold*, évoquant les 36 ans qu'y passa l'un des premiers reclus, Honorius (mort à 95 ans).

Souvent appelé "couvent de liège", ce matériau tapissant les cellules, le monastère est un véritable labyrinthe de cellules et de chapelles – cuisine et grotte comprises – qui laisse le sentiment d'un monde imaginaire, comparable à celui d'*Alice au pays des merveilles*. Cette retraite fut finalement abandonnée en 1834, après que tous les ordres religieux furent abolis. Les audioguides valent

Quinta da Regaleira

Pénétrez dans un autre monde... Extravagante demeure néomanuéline, la **Quinta da Regaleira** (www.regaleira.pt ; Rua Barbosa du Bocage ; adulte/enfant 6/4 €, visite 12/8 € ; 9h30-19h avr-sept, 9h30-17h oct-mars) fut construite pour un certain "Monteiro dos Milhões" (Monteiro le Millionnaire), António Carvalho Monteiro, magnat du café brésilien. Elle est née de l'imagination du décorateur d'opéra italien Luigi Manini, et c'est tout un univers de cheminées sculptées, de fresques murales et de mosaïques en pâte de verre vénitienne, parsemé de symboles mythologiques ou des templiers.

Cette demeure totalement dans l'esprit des "folies" du XVIIIe siècle est dotée de jardins amusants à explorer, avec leurs pavillons, fontaines, grottes souterraines et plans d'eau. Tous les chemins semblent mener à la porte tournante en pierre qui conduit au **Poço Iniciático**, le puits initiatique. Plongez à 27 m de profondeur, par l'escalier en spirale : vous accomplirez neuf tours (3 fois 3 – 3 étant un chiffre magique) jusqu'aux mystérieuses galeries souterraines à l'éclairage féerique.

DALE JOHNSON/500PX ©

largement les 3 €. Des travaux ont été effectués et le site devrait être rouvert quand vous lirez ces lignes.

On peut s'y rendre à pied ; le monastère est à 7,3 km de Sintra-Vila (5,1 km depuis la sortie en direction du Parque da Pena), le long d'une route forestière isolée. Il n'existe aucune liaison par bus (l'aller-retour en taxi coûte environ 35 € ; demandez au chauffeur qu'il revienne vous chercher plus tard).

Museu das Artes de Sintra Musée

(MU.SA ; cm-sintra.pt/musa-museu-das-artes-de-sintra ; Av. Heliodoro Salgado ; adulte/enfant 1 €/gratuit ; 10h-20h mar-ven, 14h-20h sam-dim). Ce musée présente une petite collection d'art moderne et contemporain, dont environ 80% d'œuvres d'artistes locaux. Dans la collection permanente sont représentés certains des artistes les plus réputés du Portugal, notamment les peintres Columbano Bordalo Pinheiro et António Carneiro et la sculptrice Dorita de Castel-Branco. Parmi les joyaux de la collection, citons *Maria Josefina*, de Carneiro, *Can You See Me?*, une œuvre tout en clous de Maria do Céu Crispim et plusieurs tableaux du XVIIe siècle, l'âge d'or de Sintra. Les expositions vont de la photo de guerre à l'art abstrait.

ACTIVITÉS

Des **sentiers de randonnée** balisés (bandes jaunes et rouges) sillonnent les collines boisées de la ville et de ses environs. Cinquante minutes suffisent pour aller à pied de Sintra-Vila au Castelo dos Mouros. Vous pourrez prolonger le parcours jusqu'au Palácio Nacional da Pena accessible en une quinzaine de minutes de marche. De là, rejoignez le point culminant de la Serra de Sintra, la Cruz Alta (529 m), reconnaissable à sa croix du XVIe siècle, pour avoir une belle vue sur toute la contrée. Vous pouvez continuer à pied jusqu'à São Pedro de Penaferrim et revenir en boucle à Sintra-Vila. Les itinéraires de randonnée (à pied ou VTT) sont téléchargeables sur **Active Sintra** (activesintra.com).

Go2Sintra Tours À vélo

(Carte p. 95 ; 917 855 428 ; www.go2cintra.com ; Av. Dr Miguel Bombarda 37 ; 10h-19h). Visites à vélo électrique (à partir de 35 € ; très

Café Saudade

apprécié à Sintra !) et location de petites reines améliorées eBike. La journée de location avec assistance coûte 30 €. L'agence est en face de la gare ferroviaire, dans la boutique SintraCan. Également des voitures électriques Twizy équipées du Wi-Fi qui vous mèneront jusqu'à la côte (25-75 €).

MuitAventura Circuits aventure
(967 021 248 ; www.muitaventura.com ; Rua Marquês Viana 31, São Pedro de Penaferrim). Cette agence, spécialisée dans les circuits d'aventure, affiche un calendrier d'activités organisées, comprenant VTT, descente en rappel, circuits en jeep, trekking et randonnées nocturnes.

OÙ SE RESTAURER

De nombreux restaurants de Sintra cherchent à tirer profit de la présence de nombreux visiteurs à la journée, mais en cherchant un peu, on trouve un choix correct d'authentiques *tabernas*, de restaurants traditionnels et d'appétissantes *pastelarias* (pâtisseries) vendant les célèbres gâteaux de la ville. De nouveaux restaurants ont redynamisé la scène culinaire de Sintra.

Café Saudade Café €
(Carte p. 95 ; facebook.com/CafeSaudade ; Av. Dr Miguel Bombardo 6 ; plats 5,50-8 € ; 8h30-19h ;). Cette ancienne pâtisserie où étaient confectionnées les fameuses *queijadas* de Sintra (pâtisseries croustillantes fourrées d'un mélange de fromage frais, sucre, farine et cannelle), se distingue par ses jolies boiseries peintes et ses plafonds ornés. Y sont servis de bonnes pâtisseries (les énormes scones valent à eux seuls le détour) ainsi que des plats du jour. On peut également se contenter d'un petit verre de vin en soirée. À l'arrière, une galerie accueille des expositions d'art. Le Chalet Saudade, pension raffinée située à proximité, est géré par les mêmes propriétaires.

INcomum Portugais €€
(Carte p. 95 ; 219 243 719 ; www.incomumbyluissantos.pt ; Rua Dr Alfredo Costa 22 ; plats 12,50-15,50 €, menu dégustation

Les délices de Sintra

La ville est réputée pour ses délicieux gâteaux. Depuis 1756, la **Fábrica das Verdadeiras Queijadas da Sapa** (carte p. 95 ; facebook.com/queijadasdasapa ; Alameda Volta do Duche 12 ; pâtisseries à partir de 0,85 € ; 9h-18h mar-ven, 9h30-18h30 sam-dim) confectionne des *queijadas*, bouchées croustillantes garnies d'un mélange de fromage frais, de sucre, de farine et de cannelle. Cette pâtisserie fournissait jadis la royauté. La **Casa Piriquita** (carte p. 95 ; www.piriquita.pt ; Rua das Padarias 1-5 ; travesseiros 1,40 € ; 9h-20h jeu-mar), ouverte depuis 1952, propose une autre douceur alléchante, le *travesseiro* (traversin). Ce chausson de pâte feuilletée est fourré d'une délicieuse crème à l'amande et au jaune d'œuf, puis légèrement saupoudré de sucre.

Travesseiro
SOPOTNICKI/SHUTTERSTOCK ©

37,50 € ; 12h-minuit lun-ven et dim, à partir de 16h30 sam ;). Le chef Luis Santos fait souffler un vent de nouveauté sur Sintra en revisitant la cuisine traditionnelle portugaise. Il reçoit ses clients dans des salles au minimalisme apaisant, décorées dans des tons pastel gris et vert pâle. Avec un menu déjeuner entrée-plat-dessert à 11 € – testez le magret de canard et sa purée de carottes, figues et cacao –, pourquoi se priver ?

Ne manquez pas non plus l'**INcomum Wine Gallery** (carte p. 95 ; Rua Dr Alfredo Costa 18 ; 12h-minuit lun-ven et dim, 16h30-minuit sam ;). Un grand moment.

Nau Palatina Portugais **€€**
(219 240 962 ; facebook.com/barnaupalatina ; Calçada São Pedro 18, São Pedro de Penaferrim ; tapas 1,50-11,90 € ; 18h-minuit mar-sam ;). On déguste, dans le restaurant le plus convivial de Sintra, les inventives tapas de Zé, le sympathique propriétaire. La route des épices est à l'honneur dans le petit mais savoureux menu, où part belle est faite aux produits régionaux. À 1 km du centre.

Dom Pipas Portugais **€€**
(www.restaurantedompipas.pt ; Rua João de Deus 62 ; plats 9,50-16,75 € ; 12h-15h et 19h-22h mar-dim ;). Cette adresse, très appréciée de la clientèle locale, sert d'excellentes spécialités portugaises, dans un décor rustique d'azulejos évoquant la campagne. Derrière la gare ferroviaire (au sortir de la gare, prenez la première à gauche, puis au bout à gauche) – mais loin du brouhaha.

Tulhas Portugais **€€**
(Carte p. 95 ; Rua Gil Vicente 4 ; plats 12-20 € ; 12h-23h, 12h-22h en hiver ;). Aménagé dans un ancien entrepôt à grains, carrelé et désuet, cet établissement est réputé, à juste titre, pour son *bacalhau com nata* (gratin de morue à la crème et aux pommes de terre), à savourer dans une atmosphère agréable et décontractée, sous les lustres en fer forgé. Le reste du menu est d'une qualité inégale.

OÙ PRENDRE UN VERRE ET FAIRE LA FÊTE

Saloon Cintra Bar
(facebook.com/barsaloon.cintra ; Av. Movimento das Forças Armadas 5, Portela de Sintra ; 20h-2h lun-ven, 15h-2h sam-dim ;). À 700 m à l'est de la gare, le meilleur bar de Sintra n'est pas dans la Vila, mais que cela ne vous empêche pas d'y faire un tour ! La déco éclectique, agrégat d'antiquités, de bric-à-brac et de canapés vintage dépareillés fait le charme du lieu, où l'on se joint aux sympathiques habitués pour déguster

des bières belges (Mc Chouffe en pression) et de bons cocktails. Fumer y est autorisé.

Fonte da Pipa Bar

(Carte p. 95 ; facebook.com/barfontedapipa ; Rua Fonte da Pipa 11-13 ; 21h-3h). Ce bar carrelé possédant des salles aux allures de cave et meublées de sièges confortables, est un pilier de Sintra, fréquenté essentiellement par des étudiants.

OÙ SORTIR

Taverna dos Trovadores Concerts

(967 050 536 ; www.tavernadostrovadores.pt ; Praça Dom Fernando II 18, São Pedro de Penaferrim ; 12h-15h30 et 19h-22h30 lun-sam, bar jusqu'à 2h ven-sam). Des concerts (musique folk et acoustique) ont lieu les vendredis et samedis soir (23h-2h) dans ce bar-restaurant pittoresque, véritable institution depuis plus de vingt ans. Non loin, Sabores de Sintra, récemment ouvert par les propriétaires, organise des dîners fado. Dans le quartier de São Pedro de Penaferrim.

Festival de Sintra

Le Festival de Sintra se déroule pendant trois semaines, généralement en mai ou en juin. Au programme : récitals de musique classique, danse classique et contemporaine, musiques du monde, événements multimédias et concerts pour les enfants.

Palácio de Queluz lors du festival
NIKOLPETR/SHUTTERSTOCK ©

Centro Cultural Olga Cadaval Spectacles

(219 107 110 ; www.ccolgacadaval.pt ; Praça Francisco Sá Carneiro). Principal lieu culturel

Fonte da Pipa

AGE FOTOSTOCK/ALAMY STOCK PHOTO ©

Visite en buggy

Pour pousser la visite au-delà de Sintra-Vila en disposant d'un temps limité, **Sight Sintra** (carte p. 95 ; ☎219 242 856 ; www.sightsintra.pt ; Rua João de Deus ; 35-45 €/circuit ; ⏲9h-20h avr-oct, 9h30-18h nov-mars) loue un mini-buggy équipé d'un GPS qui vous guidera sur l'un des trois circuits concoctés. La route la plus appréciée passe notamment par le Castelo dos Mouros et le Palácio Nacional da Pena. Le loueur se trouve juste à côté de la gare. Il est possible également de suivre son propre itinéraire : comptez 25 €/heure pour la location simple du buggy.

de Sintra, accueillant concerts, pièces de théâtre et spectacles de danse.

RENSEIGNEMENTS

Ask Me Sintra (carte p. 95 ; ☎219 231 157 ; www.visitlisboa.com ; Praça da República 23 ; ⏲9h30-18h), près du centre de Sintra-Vila, ce bureau du Turismo de Lisboa possède un personnel polyglotte et compétent délivrant des conseils éclairés sur Sintra et ses environs. Il y a aussi une petite annexe dans la **gare ferroviaire de Sintra** (carte p. 95 ; ☎211 932 545 ; Av. Miguel Bombarda ; ⏲9h-19h), laquelle est souvent envahie par les voyageurs descendant du train.

Parques de Sintra-Monte da Lua (☎219 237 300 ; parquesdesintra.pt ; Largo Sousa Brandão ; ⏲9h30-18h avr-oct, 10h-17h nov-mars), en charge de la gestion de la plupart des sites de Sintra, possède un bon centre d'information et de vente de billets (une petite annexe se trouve près du bureau de poste de Sintra-Vila).

DEPUIS/VERS SINTRA

Direction Lisbonne, les trains Comboios de Portugal (p. 85, 2,25 €, 40 min) partent toutes les demi-heures pour la gare de Rossio (toutes les heures le week-end) et toutes les 20 minutes pour la Gare do Oriente, moins pratique (toutes les 30 min le week-end).

Centro Cultural Olga Cadaval

JOSE IGNACIO SOTO/SHUTTERSTOCK ©

Palácio et Parque de Monserrate (p. 94)

Si vous arrivez en train, descendez au terminus (Sintra), puis faites une agréable marche de 1 km jusqu'en ville.

COMMENT CIRCULER

Vous pourrez rejoindre Sintra à pied depuis la gare (1,5 km), à moins de prendre le **bus 435** (carte p. 95 ; Av. Dr Miguel Bombarda ; 5 €), dont le billet permet de monter et descendre à volonté et qui poursuit jusqu'à la Quinta da Regaleira et le Palácio et Parque de Monserrate.

Très pratique pour se rendre au Castelo dos Mouros, le **Scotturb bus 434** (carte p. 95 ; Praça da República ; 6,90 €) circule de la gare ferroviaire, via Sintra-Vila, jusqu'au château (10 min), au Palácio Nacional da Pena (15 min) et retour. Le billet permet de monter et descendre à loisir (dans un sens ; impossible de revenir en arrière).

Vous pourrez également acheter pour 12 € un **pass à la journée Scotturb**, valable sur l'ensemble du réseau jusqu'à minuit. Armez-vous de patience : même en hiver, les files d'attente devant les bus menant aux principaux sites sont parfois longues.

PORTO

Dans ce chapitre

Porto

Porto offre un spectacle magique depuis les berges du Douro au soleil couchant. À la fois humble et opulente, la ville séduit les voyageurs par son centre historique, sa cuisine et ses vins délicieux, sans oublier l'hospitalité de ses habitants. La meilleure façon d'apprécier son charme, est de musarder dans les ruelles pentues des quartiers de Miragaia, Ribeira et Massarelos. Laissez-vous bercer par le clapotement du Douro, le tintement d'un verre de vin, le linge séchant aux fenêtres ou le chuchotement d'amoureux dissimulés dans l'embrasure d'un mur. Ce sont ces moments de vie quotidienne qui resteront gravés dans votre mémoire. La ville s'enorgueillit également de fêtes et de restaurants parmi les meilleurs du Portugal.

Porto en 2 jours

Le premier jour, explorez les ruelles, églises et palais de la **Ribeira**, notamment la **Sé** (p. 110) romane, le **Palácio da Bolsa** (p. 114) et l'**Igreja de São Francisco** (p. 110). Le lendemain, entamez une visite culinaire de la ville et admirez l'architecture en repérant les azulejos. Terminez à la terrasse d'un café sur la **Cais da Ribeira** (p. 111), puis allez dîner.

Porto en 4 jours

Le troisième jour, rejoignez **Vila Nova de Gaia** (p. 112), sur l'autre rive du Douro, où vous découvrirez de nombreuses caves anciennes de porto, dont certaines appartiennent toujours aux familles des commerçants britanniques qui les ont fondées. Enfin, consacrez le dernier jour à l'exploration d'autres superbes sites de Porto, tels que la **gare ferroviaire de São Bento** (p. 115), joliment carrelée, et le front de mer.

Page précédente : centre-ville de Porto

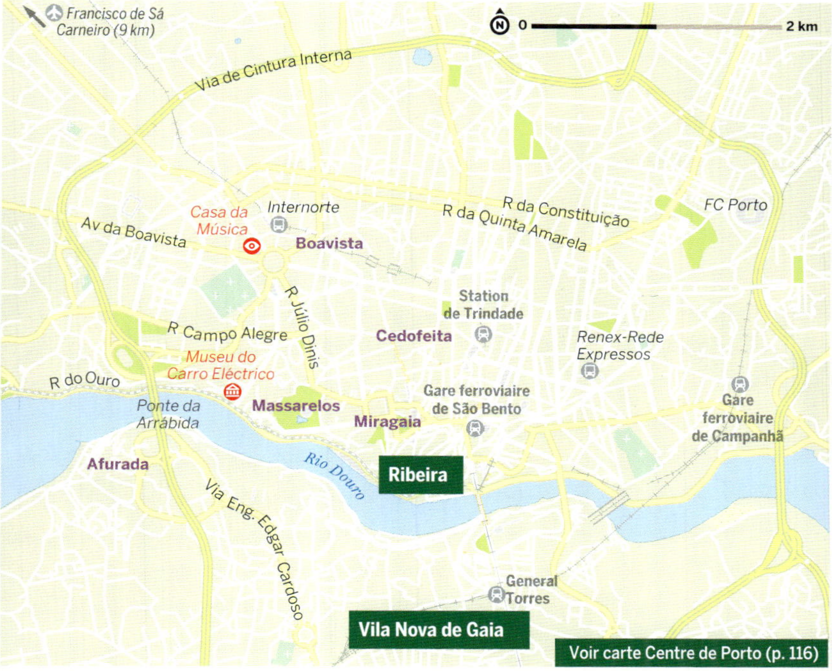

Comment s'y rendre

Aeroporto Francisco de Sá Carneiro Relié à de nombreuses villes européennes.

Gare routière Il n'y a pas de gare routière centrale, les départs et arrivées des différents bus se font à divers endroits de la ville.

Gare ferroviaire de Campanhã 3 km à l'est du centre-ville, accueille des trains longue distance.

Gare ferroviaire de São Bento Trains locaux.

Où se loger

Depuis quelque temps, l'hébergement à Porto connaît une formidable renaissance, due à l'arrivée de visiteurs en week-end par les vols low cost. Les *residenciais* (pensions) usées par le temps sont lentement remplacées, et les auberges de jeunesse branchées, les pensions rétro et les appartements modernes et élégants (repérez le panneau "AL") sont désormais nombreux. Pour plus d'informations sur les meilleurs quartiers où se loger, voir p. 135.

Pastéis de nata

Vins, azulejos et petits flans

Un incontournable trio culturel séduit le visiteur dans la deuxième ville du Portugal : vins uniques, azulejos délicats et délicieux pastéis de nata.

Pour ceux qui aiment...

☑ Ne ratez pas

Les magnifiques azulejos de la gare ferroviaire de São Bento.

Le vin de Porto

La visite de Porto n'est pas complète tant que vous n'avez pas goûté le nectar du Douro vieilli en fût de chêne. Depuis le XVIIe siècle, les maisons de Vila Nova de Gaia sont le centre névralgique de la production de porto. Les soldats romains furent sans doute les premiers à planter de la vigne dans la vallée du Douro, il y a deux millénaires, mais la découverte du porto reviendrait aux marchands britanniques du XVIIe siècle. D'après la légende, ils inventèrent le porto en ajoutant du brandy au vin afin de le conserver jusqu'au retour en Angleterre. La fortification du vin et le temps passé dans les fûts en mer le transformèrent en ce merveilleux breuvage que nous connaissons aujourd'hui. Le célèbre vin

Azulejos

TIPHAINE_BUCCINO/GETTY IMAGES ©

liquoreux de Madère fut "accidentellement" produit de la même façon.

Dégustation de vin

Pour une bonne introduction au monde du porto, rien ne vaut Touriga (p. 124), où les propriétaires enseignent les caractéristiques des différents portos dégustés. Vous pouvez aussi goûter de bons portos au verre à Prova (p. 131). Ensuite, traversez le Douro pour découvrir Vila Nova de Gaia et ses berges aux imposants chais de porto.

Azulejos

À Porto, les azulejos (carreaux de faïence peints à la main) sont partout, et les visiteurs, en flânant dans le centre historique, les découvrent à chaque détour. Anciens et nouveaux, utiles et décoratifs,

Infos pratiques

On trouve des aspects de ce trio culturel presque partout dans le centre de la ville.

Une petite faim ?

La **Confeitaria do Bolhão** (Rua Formosa 339 ; douceurs 1-3 € ; 6h-20h lun-ven, 7h-19h sam) est un authentique établissement où goûter un *pastéis de nata*. On peut aussi y manger salé (plats variés).

★ Bon plan

Des circuits thématiques consacrés aux *azulejos* de Porto sont organisés par eFun Tours (p. 122).

unis et à motifs figuratifs ou géométriques. Certains des plus beaux ornent les églises, mais le joyau de Porto est indéniablement la splendide gare de São Bento (p. 115), véritable ode à l'art sur carreaux, avec plus de 20 000 azulejos dans le hall. Réalisés entre 1905 et 1916, ils sont l'œuvre du peintre sur carreaux Jorge Colaço et représentent des scènes de l'histoire du Portugal. La façade en azulejos de l'**Igreja de Santo Ildefonso** (carte p. 116 ; Praça da Batalha ; 15h-18h30 lun, 9h-12h et 15h-18h30 mar-dim) compte parmi ses chefs-d'œuvre à Porto.

Pastéis de nata

Porto est aussi un endroit tout indiqué pour goûter le *pastéis de nata*, pourtant originaire de Lisbonne. Cette irrésistible gourmandise – beaucoup prennent l'habitude d'en manger "un par jour" durant leur séjour au Portugal –, que l'on trouve partout, s'apparente à un petit flan : une bouchée feuilletée à la crème aux œufs et à la cannelle cuite au four. De plus il est très bon marché – 1,50 € en général pour la plus typique des pâtisseries portugaises. Les cafés et brasseries de Porto proposent, évidemment, bien d'autres pâtisseries et gâteaux traditionnels, idéals pour un petit-déjeuner copieux et bon marché, accompagné d'une tasse de café portugais onctueux et mousseux.

Centre-ville de Porto

Cette promenade sillonne le centre-ville, longe la limite du quartier de la Ribeira puis le fleuve jusqu'au principal pont de Porto. L'itinéraire passe devant des sites architecturaux majeurs de la ville et deux des meilleurs restaurants en front de mer.

Départ Torre dos Clérigos
Distance 2 km
Durée 2 à 3 heures

1 Commencez par la baroque **Torre dos Clérigos** (p. 119), du haut (76 m) de laquelle on a un panorama unique sur Porto.

4 Presque au bout de la Rua das Flores se dresse le chef-d'œuvre baroque de Niccolò Nasoni, l'**Igreja da Misericórdia**, qui fait partie du Museu da Misericórdia do Porto (p. 114).

5 Admirez gratuitement la cour principale de l'ancienne Bourse de Porto, le **Palácio da Bolsa** (p. 114), de style néoclassique, ou restez pour une visite.

6 Juste à côté du Palácio da Bolsa, la sévère façade gothique de l'**Igreja de São Francisco** (p. 110) cache un intérieur éblouissant.

7 Dans la Rua da Alfândega, la demeure médiévale **Casa do Infante** (p. 114) aurait vu naître Henri le Navigateur et abrite de remarquables mosaïques romaines.

2 Admirez les merveilles Beaux-Arts de l'**Avenida dos Aliados** ; la plupart de ses majestueux édifices hébergent des hôtels et des banques et l'impressionnante mairie se dresse à une extrémité.

3 Admirez les extraordinaires azulejos de la salle des pas perdus de la **gare ferroviaire de São Bento** (p. 115), l'une des plus belles réussites architecturales de Porto.

Une petite faim ? Juste en retrait de l'itinéraire, Jimão (p. 127) est idéal pour un déjeuner léger ou un café et un dessert.

La photo à prendre
Les quais de Porto

8 La **promenade sur les quais** est parfaite pour s'installer à une terrasse de café et profiter de la superbe vue sur la ville de l'autre côté du Douro.

Igreja de São Francisco

ALEXANDRE FERNANDEZ PHOTOGRAPHE/GETTY IMAGES ©

Ribeira

La Ribeira est le quartier le plus captivant de Porto. Classé au patrimoine mondial de l'Unesco, son dédale de ruelles médiévales dévale jusqu'au Douro. L'exploration de ce quartier de carte postale s'impose à tous les visiteurs.

Pour ceux qui aiment...

☑ Ne ratez pas

Le Ponte de Dom Luís I : admirez, photographiez et traversez le principal pont de Porto, grande réussite architecturale.

Églises et palais

Sur la Praça Infante Dom Henrique, l'apparente austérité de la façade gothique de l'**Igreja de São Francisco** (carte p. 116 ; Jardim do Infante Dom Henrique ; tarif plein/réduit 6/5 € ; 9h-20h juil-sept, 9h-19h mars-juin et oct, 9h-17h30 nov-fév) dissimule l'un des intérieurs baroques les plus exubérants du Portugal. Pas un centimètre carré n'échappe à cette profusion d'ornements : chérubins, pampres de vigne, oiseaux... ont été sculptés sur bois et dorés à la feuille selon la technique de la *talha dourada* ("sculptée et dorée") caractéristique du baroque portugais.

La **Sé** de Porto (carte p. 116 ; Terreiro da Sé ; cloître tarif plein/réduit 3/2 € ; 9h-19h lun-sam, plus 9h30-12h30 et 14h30-19h dim avr-oct, 9h-18h lun-sam, plus 9h-12h30 et 14h30-18h dim nov-mars), érigée au XIIe siècle, fut reconstruite un siècle plus tard et très remaniée au

Cais da Ribeira

FABRIZIO TROIANI/ALAMY STOCK PHOTO

Infos pratiques

Station de métro la plus proche : São Bento (Praça Almeida Garrett), ligne jaune D.

Une petite faim ?

L'épicerie-traiteur **Mercearia das Flores** (carte p. 116 ; Rua das Flores110 ; petiscos 2,50-8,50 € ; 11h-21h lun-jeu, 11h-22h ven-sam, 11h30-20h dim ;) sert des en-cas à accompagner d'un verre de vin, de thé des Açores ou d'une bière locale.

★ Bon plan

Faites un tour de *barco rabelo* pour voir les monuments de la Ribeira et de Vila Nova de Gaia depuis le fleuve.

XVIIIe siècle. Le cloître gothique est décoré d'azulejos du XVIIIe siècle représentant des scènes du *Cantique des cantiques*. La Loggia baroque est également ornée de céramiques du XVIIIe siècle, de Valentim de Almieda (1692-1779).

Le Palácio da Bolsa (p. 114) néoclassique honore les négociants d'hier et d'aujourd'hui. Passé le vestibule, on avance sous la coupole de verre du Pátio das Nações (salle des Nations) où se déroulaient les opérations. Mais ce dernier fait pâle figure à côté des salles suivantes ; pour les découvrir, participez à l'une des visites guidées d'une demi-heure (toutes les 30 minutes).

Ponte de Dom Luís I

Achevé en 1886, ce **pont** est l'œuvre d'un disciple de Gustave Eiffel, Théophile Seyrig. Le tablier supérieur est réservé aux piétons et à une ligne de métro. Les voitures empruntent le tablier inférieur, avec d'étroits passages pour piétons en parallèle. La vue sur le fleuve et la vieille ville est époustouflante, tout comme les casse-cou se jetant à l'eau depuis le niveau inférieur. Le pont fut un événement majeur dans l'histoire de la ville puisque avant sa construction les piétons traversaient un pont fait de vieux bateaux arrimés les uns aux autres.

Cais da Ribeira

Cette **promenade** longeant le fleuve figure sur plus d'une carte postale ; elle permet de découvrir le panorama spectaculaire qu'offre Porto, des maisons pastel de la Ribeira alignées comme des briques aux *barcos rabelos* (bateaux à fond plat) autrefois utilisés pour acheminer le porto. En début de soirée, des musiciens de rue jouent la sérénade aux promeneurs, et les chefs allument leurs grils dans les petits restaurants de poisson et les *tascas* (tavernes) installés sous les vieilles arcades.

Tonneaux de porto chez Cálem

Vila Nova de Gaia

Vila Nova de Gaia (ou "Gaia" pour les habitants) ramène le visiteur au XVIIe siècle, aux débuts de la production de porto, quand les marchands britanniques transformèrent le vin en un délicieux breuvage liquoreux.

Pour ceux qui aiment...

☑ Ne ratez pas

Une séance de dégustation chez Graham's, la meilleure maison de Porto.

Les chais

L'une des raisons principales de se rendre à Porto est la dégustation de vin, et c'est à Gaia que cela se passe. L'**Espaço Porto Cruz** (p. 119) est un bon point de départ. Dans un bâtiment du XVIIIe siècle au bord du fleuve, ce grand magasin chic célèbre le porto. Outre une boutique où se déroulent les dégustations (9,50 €/3 portos), l'endroit compte des salles d'exposition, un toit-terrasse avec vue panoramique et un restaurant. Établie en 1820, **Graham's** (carte p. 116 ; ☎223 776 490, 223 776 492 ; www.grahams-port.com ; Rua do Agro 141 ; visites avec dégustation à partir de 15 € ; ⏰9h30-18h30 avr-oct, 9h30-18h nov-mars) est l'une des caves d'origine fondées par les Britanniques. Le site a été rénové et comprend un musée. Les visites (30 minutes) mènent les visiteurs dans des caves et s'achèvent

Les caves de Graham's

HEMIS/ALAMY STOCK PHOTO ©

par une dégustation de 3 à 8 portos. De gestion britannique, **Taylor's** (☎223 772 973 ; www.taylor.pt ; Rua do Choupelo 250 ; visites avec dégustation tarif plein/réduit 15/6 € ; ⏲10h-18h) arbore de jolis jardins anglais donnant sur Porto. Les visites avec audioguide comprennent une dégustation de deux portos haut de gamme. Les caves tricentenaires, impressionnantes, présentent d'énormes tonneaux, dont un contenant 100 000 l de porto LBV (late bottled vintage). **Sandeman** (carte p. 116 ; ☎223 740 533 ; www.sandeman.com ; Largo Miguel Bombarda 3 ; musée entrée libre, visites guidées avec dégustation 12-40 € ; ⏲10h-20h mars-oct, 10h-12h30 et 14h-18h nov-fév) et **Cálem** (carte p. 116 ; ☎916 113 451 ; www.calem.pt ; Av. Diogo Leite 344 ; visites avec dégustation 12 € ; ⏲10h-19h mai-oct, 10h-18h nov-avr) sont aussi recommandés.

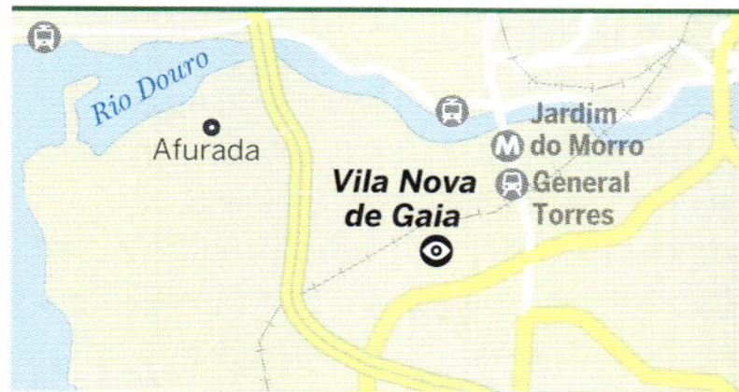

Infos pratiques

La ligne D du métro passe par le Jardim do Morro.

Une petite faim ?

Située à deux pas du Pont Dom Luís I, La Taberninha Do Manel (p. 130) sert une cuisine portugaise traditionnelle.

★ Bon à savoir

Édifice du XIVe siècle aux nombreuses œuvres d'art, le Convento Corpus Christi est un lieu paisible où flâner après la tournée des caves de porto.

Teleférico de Gaia

Ne manquez pas de monter à bord du **Teleférico de Gaia** (carte p. 116 ; www.gaiacablecar.com ; Calçada da Serra 143 ; aller/aller-retour 6/9 € ; ⏲10h-20h mai-sept, 10h-18h oct-mars), qui offre une vue splendide sur le Douro et Porto. Le trajet (5 minutes) s'effectue entre l'extrémité sud du Ponte de Dom Luís I et la berge du fleuve. Au bout du pont du téléphérique, le **Jardim do Morro** (p. 119), un parc sur la colline, est aussi accessible par la partie supérieure du pont.

Mosteiro da Serra do Pilar

Surplombant Gaia du haut de la colline, ce **monastère** (carte p. 116 ; Rampa do Infante Santo ; adulte/enfant 4/2 € ; ⏲10h-18h30 mar-dim avr-oct, 10h-17h30 nov-mars) du XVIIe siècle renferme un cloître circulaire et une église à l'autel recouvert d'or. La vue sur le fleuve depuis la coupole est spectaculaire ; c'est le seul endroit d'où l'on peut voir le Ponte de Dom Luís I d'au-dessus. Réquisitionné par le futur duc de Wellington pendant la guerre de la Péninsule (1807-1814), il appartient encore à l'armée portugaise.

À VOIR

À l'exception du vaste Museu de Arte Contemporânea, les sites incontournables de Porto sont regroupés dans le centre, compact, et il est facile de s'y rendre à pied. Nombre des plus réputés se trouvent dans la Ribeira, quartier classé au Patrimoine mondial, et dans celui d'Aliados, tandis que Miragaia, en haut de la colline, offre des îlots de verdure et une vue spectaculaire. Rendez-vous à Vila Nova de Gaia, sur l'autre rive du Douro, pour découvrir ses chais à porto.

Ribeira

Palácio da Bolsa Édifice historique

(Palais de la Bourse ; carte p. 116 ; www.palaciodabolsa.com ; Rua Ferreira Borges ; visite guidée adulte/enfant 10/6,50 € ; 9h-18h30 avr-oct, 9h-12h30 et 14h-17h30 nov-mars). La Bourse occupe un bel édifice néoclassique bâti, entre 1842 et 1910, à la gloire des riches négociants de Porto. Passé le vestibule, on avance sous la coupole de verre du **Pátio das Nações** (salle des Nations), où se déroulaient les opérations de Bourse. Elle semble bien modeste, en comparaison des autres salles du palais. Pour visiter ces dernières, il faut rejoindre la visite guidée de 30 minutes, qui débute toutes les demi-heures.

Museu da Misericórdia do Porto Église, musée

(MMIPO ; carte p. 116 ; www.mmipo.pt ; Rua das Flores 5 ; tarif plein/réduit/-6 ans 5/2,50 €/gratuit ; 10h-18h30 avr-sept, jusqu'à 17h30 oct-mars). Ce musée réunit en un tout harmonieux une architecture d'avant-garde, une collection remarquable d'art sacré et de portraits des XVe au XVIIe siècles, et la jolie église de la Ribeira, l'Igreja da Misericórdia dont la décoration intérieure tout en azulejos et dorures fut confiée au maître du baroque Niccolò Nasoni. La pièce phare du musée est l'immense peinture flamande Renaissance *Fons Vitae* (Fontaine de vie), montrant le roi Manuel Ier et sa famille autour d'une fontaine de sang provenant du Christ crucifié.

Casa do Infante Édifice historique

(Carte p. 116 ; Rua Alfândega 10 ; adulte/enfant 2,20 €/gratuit ; 10h-17h30 mar-dim). Cette maison médiévale joliment restaurée aurait

Igreja da Misericórdia

MAPICS/SHUTTERSTOCK ©

Livraria Lello

vu naître Henri le Navigateur, en 1394, et tint ensuite le rôle de première douane de Porto. Elle expose aujourd'hui des collections sur trois étages. En 2002 ont été mises au jour des fondations romaines et de superbes mosaïques visibles lors de la visite.

Jardim do Infante Dom Henrique — Jardin

(Carte p. 116 ; Rua Ferreira Borges). Bordé par le **Mercado Ferreira Borges**, une halle du XIXe siècle, et par le néoclassique Palácio da Bolsa (ci-contre), ce jardin porte le nom de la statue se trouvant en son centre. Perchée sur un haut piédestal, elle représente le prince Henri le Navigateur (1394-1460), qui joua un rôle déterminant pendant la période des grandes découvertes et fit mettre au point un nouveau navire, la caravelle, pour braver les vagues de l'océan Atlantique en quête de nouvelles colonies pour l'Empire portugais.

Museu das Marionetas — Musée

(Carte p. 116 ; www.marionetasdoporto.pt ; Rua de Belomonte 61 ; 2 € ; 11h-13h et 14h-18h ;). Le musée des marionnettes présente les remarquables créations que l'on voit sur la scène du **Teatro Marionetas do Porto** (carte p. 116 ; 222 089 175 ; www.marionetasdoporto.pt ; Rua de Belmonte 57) depuis plus de 25 ans. Des expositions tournantes sont consacrées aux marionnettes de productions telles que *Macbeth*, *Faust* et *Cendrillon*.

Aliados et Bolhão

Livraria Lello — Édifice historique

(Carte p. 116 ; www.livrarialello.pt ; Rua das Carmelitas 144 ; 5 € ; 10h-19h30 lun-ven, 10h-19h sam, 11h-19h dim ;). Faites un tour dans cette extravagante librairie néogothique de 1906 pour admirer sa profusion de stucs imitant le bois, sa verrière en vitrail, ses décors néogothiques et son spectaculaire escalier en fer forgé à double volée.

Les 5 € du prix d'entrée sont déduits de votre facture si vous achetez un livre.

Gare de São Bento — Édifice historique

(Carte p. 116 ; Praça Almeida Garrett ; 5h-1h). Cette superbe gare ferroviaire de style Beaux-Arts vous transportera à l'âge d'or des voyages en train. Terminée en 1903, elle semble tout droit sortie

Centre de Porto

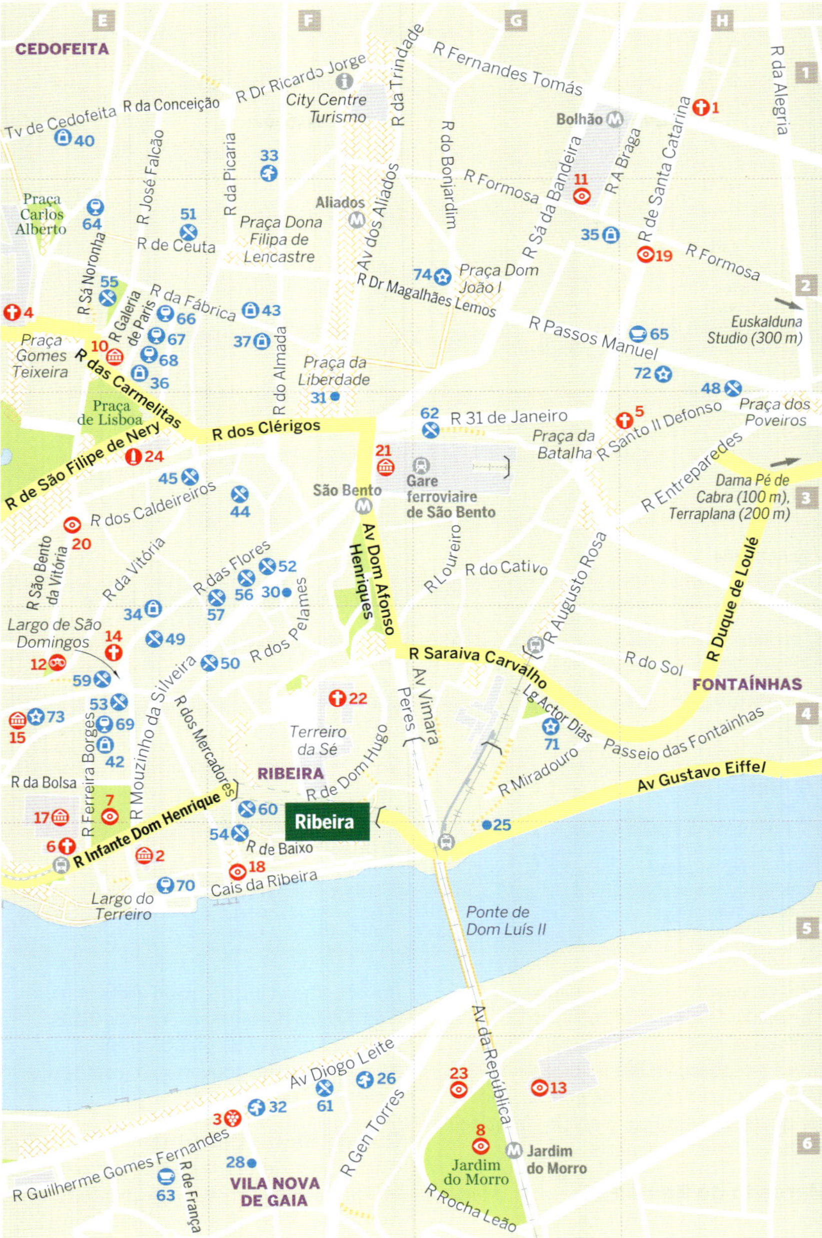
E
F
G
H
1
2
3
4
5
6
CEDOFEITA
R Fernandes Tomás
R da Alegria
R Dr Ricardo Jorge
City Centre Turismo
R da Trindade
Tv de Cedofeita
R da Conceição
Bolhão
R do Bonjardim
R de Santa Catarina
R A Braga
R Sá da Bandeira
R Formosa
R José Falcão
R da Picaria
Aliados
Av dos Aliados
Praça Carlos Alberto
Praça Dona Filipa de Lencastre
R de Ceuta
R Sá Noronha
Praça Dom João I
R Dr Magalhães Lemos
R da Fábrica
R Galeria de Paris
Praça Gomes Teixeira
R das Carmelitas
R do Almada
Praça da Liberdade
R Passos Manuel
Euskalduna Studio (300 m)
Praça de Lisboa
R dos Clérigos
R 31 de Janeiro
Praça da Batalha
R Santo Il Defonso
Praça dos Poveiros
R de São Filipe de Nery
São Bento
Gare ferroviaire de São Bento
R Entreparedes
Dama Pé de Cabra (100 m), Terraplana (200 m)
R dos Caldeireiros
R São Bento da Vitória
Av Dom Afonso Henriques
R Loureiro
R do Cativo
R Augusto Rosa
R Duque de Loulé
R da Vitória
R das Flores
R dos Pelames
Largo de São Domingos
R Saraiva Carvalho
R do Sol
FONTAÍNHAS
R Mouzinho da Silveira
R dos Mercadores
Av Vimara Peres
Lg Actor Dias
Passeio das Fontainhas
Terreiro da Sé
R Ferreira Borges
R da Bolsa
RIBEIRA
R de Dom Hugo
R Miradouro
Av Gustavo Eiffel
R Infante Dom Henrique
Ribeira
R de Baixo
Cais da Ribeira
Largo do Terreiro
Ponte de Dom Luís II
Av da República
Av Diogo Leite
R Gen Torres
Jardim do Morro
R Guilherme Gomes Fernandes
R de França
VILA NOVA DE GAIA
R Rocha Leão

Centre de Porto

À voir

1 Capela das Almas H1
2 Casa do Infante E5
3 Espaço Porto Cruz F6
4 Igreja das Carmelitas E2
5 Igreja de Santo Ildefonso H3
6 Igreja de São Francisco E5
7 Jardim do Infante Dom Henrique E4
8 Jardim do Morro G6
9 Jardins do Palácio de Cristal B2
10 Livraria Lello E2
11 Mercado do Bolhão G2
12 Miradouro da Vitória E4
13 Mosteiro da Serra do Pilar G6
14 Museu da Misericórdia do Porto E4
15 Museu das Marionetas E4
16 Museu Nacional Soares dos Reis C2
17 Palácio da Bolsa E4
18 Praça da Ribeira F5
19 Rua de Santa Catarina H2
20 Rua de São Bento da Vitória E3
21 São Bento Train Station F3
22 Sé F4
23 Teleférico de Gaia G6
24 Torre dos Clérigos E3

Activités

25 Blue Dragon Tours G5
26 Cálem F6
27 Douro Azul C5
28 eFun GPS Tours F6
29 Graham's B6
30 Other Side F3
31 Porto Walkers F3
32 Sandeman F6
33 Workshops Pop Up F1

Achats

34 43 Branco E4
35 A Pérola do Bolhão G2
36 A Vida Portuguesa E2
37 Águas Furtadas F2
38 Armazém C4
39 CC Bombarda C1
40 Coração Alecrim E1
41 CRU C1
42 Oliva & Co E4
43 Touriga F2
Workshops Pop Up .... (voir 33)

Où se restaurer

44 A Sandeira F3
45 All In Porto E3
46 Antiqvvm A2
47 Belos Aires D4
48 Cafe Santiago H2
49 Cantina 32 .... E4
50 Cantinho do Avillez F4
51 Cultura dos Sabores E2
52 Da Terra F3
De Castro Gaia .... (voir 3)
53 DOP E4
54 Jimão F5
55 Leitaria da Quinta do Paço E2
56 Mercador Café F3
57 Mercearia das Flores F3
58 Taberna de Santo António D4
59 Taberna do Largo E4
60 Taberna dos Mercadores F4
61 Taberninha Do Manel F6
62 Tapabento G3
Vinum .... (voir 29)

Où prendre un verre et faire la fête

360° Terrace Lounge .... (voir 3)
63 7G Roaster E6
64 Aduela E2
65 Café Majestic H2
66 Era uma Vez em Paris E2
67 Galeria de Paris E2
68 La Bohème E2
Pinguim Café .... (voir 47)
69 Prova E4
69 Wine Quay Bar E5

Où sortir

70 Hot Five Jazz & Blues Club G4
71 Maus Hábitos H2
72 Teatro Marionetas do Porto E4
73 Teatro Municipal Rivoli G2

du Paris du XIXe siècle. Les panneaux d'azulejos de la salle des pas perdus, quelque 20 000 carreaux organisés en larges fresques par Jorge Colaço en 1930, dépeignent des scènes de guerre (dont la conquête de Ceuta par Henri le Navigateur) et l'histoire des transports.

Mercado do Bolhão — Marché

(Carte p. 116 ; Rua Formosa). La halle à structure métallique du XIXe siècle qui hébergeait ce marché d'alimentation a fermé ses portes au printemps 2018 pour des travaux de grande ampleur. Aucune date de réouverture n'est fixée à cette heure.

Rua de Santa Catarina — Rue

(Carte p. 116). Cette rue bordée de boutiques et d'une *calçada portuguesa* (trottoirs en mosaïque de pierre formant des motifs) attire une foule animée.

On y trouve le salon de thé le plus richement décoré de Porto, le **Café Majestic** (carte p. 116 ; www.cafemajestic.com ; Rua de Santa Catarina 112 ; 9h30-23h30 lun-sam), typique de la Belle Époque, et l'extraordinaire **Capela das Almas** (carte p. 116 ; Rua de Santa Catarina 428 ; 7h30-19h lun-ven, 7h30-13h et 18h-19h sam) tapissée d'azulejos retraçant la vie de plusieurs saints.

Torre dos Clérigos — Tour

(Carte p. 116 ; www.torredosclerigos.pt ; Rua de São Filipe de Nery ; 5 € ; 9h-19h). Haute de 76 m, la tour des Clercs, joyau baroque que l'on doit à Niccolò Nasoni, domine les toits de Porto depuis le milieu du XVIIIe siècle. Un escalier en colimaçon de 225 marches mène au sommet, où l'on découvre une vue époustouflante sur la ville – ses toits en tuiles, ses clochers, la courbe du Douro et les chais à porto de Gaia. La tour accueille aussi une exposition relatant l'histoire de ses architectes et de ses résidents.

Miragaia

Museu Nacional Soares dos Reis — Musée

(Carte p. 116 ; www.museusoaresdosreis.pt ; Rua Dom Manuel II 44 ; tarif plein/-12 ans 5 €/gratuit ; 10h-18h mar-dim). Logé dans l'imposant Palácio das Carrancas, de style néoclassique, ce musée portant le nom d'un illustre sculpteur du XIXe siècle – António Soares dos Reis (1847-1889) – possède des collections exceptionnelles de sculptures, peintures, objets d'art et mobilier, allant de gravures néolithiques à des œuvres portugaises modernes.

Miradouro da Vitória — Point de vue

(Carte p. 116 ; Rua São Bento da Vitória). Porto apparaît en miniature quand on l'observe depuis ce *miradouro* (point de vue), qui surplombe une mosaïque de toits en terre cuite dégringolant jusqu'au Douro. L'endroit est magique à la tombée de la nuit, lorsque des sites comme le pont Dom Luís I sont illuminés et que les lumières des chais de Vila Nova de Gaia s'allument les unes après les autres.

Rua de São Bento da Vitória — Rue

(Carte p. 116). Avec ses pavés polis par des siècles de passage et ses maisons au toit de tuiles d'où dépassent des balcons en fer forgé et des jardinières fleuries, cette rue légèrement courbe forma de 1386 à 1496 le cœur battant du dernier quartier juif de Porto. Ouvrez l'œil pour repérer les éléments évocateurs de cette période, tels les heurtoirs de porte en forme de *khamsa* (main de Myriam protégeant du mauvais œil).

Igreja das Carmelitas — Église

(Carte p. 116 ; Rua do Carmo ; 7h30-19h lun-ven, 9h-18h45 sam-dim). On peut passer aisément à côté de cette église (XVIIe siècle) sans la distinguer de sa voisine l'Igreja do Carmo : seule la *Casa escondida* (maison cachée) de 1 m de large les sépare. La modeste façade de l'Igreja das Carmelitas cache une nef somptueusement dorée.

Vila Nova de Gaia

Jardim do Morro — Jardin

(Carte p. 116 ; Av. da República). Un téléphérique dessert ce parc situé au sommet d'une colline, que l'on peut aussi gagner en empruntant le tablier supérieur du pont Dom Luís I. L'atout de ce jardin à l'ombre des palmiers, c'est la vue étourdissante sur Porto, avec les maisons aux nuances pastel de la Ribeira, de l'autre côté du Douro, et les méandres du fleuve.

Espaço Porto Cruz — Chai, musée

(Carte p. 116 ; myportocruz.com ; Largo Miguel Bombarda 23 ; 11h-19h mar-dim). Véritable temple du porto, ce chai très chic à l'abri d'un bâtiment du XVIIIe siècle le long du fleuve propose dans sa boutique des dégustations au verre à partir de 3 € ou 9,50 € pour trois sortes de porto. Un restaurant, le **DeCastro Gaia** (carte p. 116 ; 910 553 559 ; petiscos 5-10 €, plats 10-16,50 € ; 12h30-15h et 19h30-23h mar-sam, 12h30-15h dim), occupe le 3e étage, le toit-terrasse panoramique. Aux 1er et 2e étages, la petite exposition gratuite consacrée au porto est assortie d'une sorte de voyage œnologique à 360°, soit un survol virtuel de la ville et du Douro.

Massarelos

Jardim do Palácio de Cristal — Jardin

(Carte p. 116 ; Rua Dom Manuel II ; 8h-21h avr-sept, 8h-19h oct-mars ;). Sur les hauteurs d'une colline escarpée, ce magnifique jardin botanique constitue l'une des escapades favorites des *Portuenses*, avec ses pelouses entrelacées de sentiers et parsemées de fontaines, sculptures, magnolias géants, camélias, cyprès et oliviers. En réalité, il s'agit d'une mosaïque de petits jardins s'ouvrant à vous au fil de la promenade, tout comme la vue merveilleuse sur la ville et le Douro.

Museu do Carro Eléctrico — Musée

(Musée du Tramway ; www.museudocarroelectrico.pt ; Alameda Basílio Teles 51 ; adulte/enfant 8/4 € ; 14h-18h lun, 10h-18h mar-dim). Installé dans une vénérable centrale thermoélectrique, ce musée rassemble des dizaines de vieux trams superbement restaurés – des modèles datant du début des années 1870, tirés par des mules, aux engins jaune vif des années 1930 aux lignes épurées.

Boavista

Mercado Bom Sucesso — Marché

(www.mercadobomsucesso.pt ; Praça Bom Sucesso ; 10h-23h dim-jeu, jusqu'à minuit ven-sam). Pour avoir un aperçu de la vie locale et se sustenter, rendez-vous au Mercado Bom Sucesso, le marché réhabilité de Boavista. Une refonte architecturale complète a modernisé cette halle de marché datant de la fin des années 1940. Le remarquable édifice aux lignes courbes, inondé de lumière, abrite un marché alimentaire, une aire de restauration, des cafés et un bel hôtel design, l'Hotel da Música.

Foz do Douro et Serralves

Serralves — Musée

La remarquable **Fundação de Serralves** (serralves.pt ; Rua Dom João de Castro 210 ; adulte/enfant musée et parc 10 €/gratuit, parc 5 €/gratuit, 1er dim du mois entrée libre 10h-13h ; 10h-19h lun-ven, jusqu'à 20h sam-dim mai-sept, horaires réduits oct-avr) comporte un musée, une demeure et de vastes jardins. Le **Museu de Arte Contemporânea** occupe un édifice au minimalisme saisissant, dont les espaces

Jardins do Palácio de Cristal

blanchis à la chaux sont l'œuvre d'Álvaro Siza Vieira, célèbre architecte portuan. Il accueille des expositions à la pointe de l'art contemporain et possède une belle collection permanente d'œuvres créées entre la fin des années 1960 et aujourd'hui. La jolie villa rose **Casa de Serralves** illustre parfaitement le style Art déco ; elle est de l'architecte français Charles Siclis. Un billet vous permet de visiter les deux bâtiments.

La fondation est implantée dans le magnifique **Parque de Serralves** qui s'étend sur 18 ha, et qui est ponctué de bassins couverts de nénuphars, de roseraies, de fontaines classiques et de touches plus excentriques – dont une sculpture rouge de cisailles géantes. Le domaine est à 6 km à l'ouest du centre-ville : prenez le bus 201 sur la Praça Dom João I, à une rue à l'est de l'Avenida dos Aliados.

Jardim do Passeio Alegre Jardin

(Rua Passeio Alegre ; 👪). Les flâneurs adoreront ce jardin du XIXe siècle, encadré par d'harmonieux édifices anciens et parsemé de palmiers graciles, de sculptures et de fontaines, sans oublier le kiosque à musique accueillant parfois des concerts estivaux. Vous entendrez le bruit de l'océan en vous baladant le long de ses avenues arborées. Golf miniature pour les enfants.

Parque da Cidade Parc

(Av. da Boavista ; 👪). Le bruit de la circulation sur l'Avenida da Boavista s'évanouit peu à peu quand on pénètre dans le paisible et verdoyant Parque da Cidade, le plus grand parc urbain du Portugal. C'est dans ce lieu sillonné de 10 km de sentiers de randonnée et de pistes cyclables que les habitants de Porto viennent se détendre, pique-niquer (surtout le week-end), jouer au ballon, courir, faire du vélo, se prélasser au soleil et nourrir les canards sur le lac.

COURS

Workshops Pop Up Cours de Cuisine

(Carte p. 116 ; ☎966 974 119 ; www.workshops-popup.com ; Rua do Almada 275 ; cours et déj/dîner 35 €). Cette boutique collective

Le street art, c'est de la bombe

La tribu grandissante d'artistes de rue appose ses audacieuses armoiries sur les façades de la ville. Recouvrant les vieux murs décrépis, ils apportent à l'environnement quotidien une touche artistique et un élément d'imprévu. Parmi les artistes nés ou basés à Porto, on trouve Hazul, dont les œuvres naturalistes, intégrant des éléments géométriques embellis par des volutes, dansent sur les murs délabrés de la ville sous forme de fleurs, d'oiseaux exotiques ou de motifs religieux. Un autre artiste local, Costah, est connu pour ses fresques ludiques aux couleurs vives. Frederico Draw est lui l'auteur de portraits graffés saisissants en noir et blanc. Et il y a aussi MrDheo, toujours inventif.

Pour découvrir les incontournables du *street art* portuan, commencez par la **Travessa de Cedofeita** et les **Escadas do Codeçal**, ainsi que le parking de Trindade, doté de fresques gigantesques. À une station de métro au nord, la station Lapa est aussi l'un des meilleurs endroits, tout comme la **Rua Miguel Bombarda**, bordée de galeries d'art. Dans la **Rua das Flores**, des graffitis se mêlent ingénieusement aux édifices historiques soigneusement restaurés ; guettez les œuvres aux motifs éclatants d'Hazul, les portraits luminescents de Costah et 15 boîtiers électriques graffés individuellement.

Œuvre d'Hazul Luzah dans la Rua das Flores

Casa da Música

Imposant et minimaliste, sophistiqué et pourtant populaire, le temple de la culture de Porto, la **Casa da Música** (220 120 220 ; www.casadamusica.com ; Av. da Boavista 604-610 ; visite guidée 10 € ; billetterie 9h30-19h lun-sam, 9h30-18h dim, visite guidée 11h et 16h), est fier de sa salle de concerts rectangulaire, dont l'acoustique optimale lui permet tout autant d'accueillir les duos jazz que les orchestres symphoniques.

Des concerts y ont lieu presque tous les soirs de l'année : classique, blues, fado, électro... Quelques concerts d'été en plein air sur la terrasse adjacente. Superbe vue depuis la terrasse et le bar du dernier niveau, où des DJ mixent certains samedis.

Casa da Música
ZACARIAS PEREIRA DA MATA/SHUTTERSTOCK © ARCHITECT: REM KOOLHAAS

de marques déco, art et artisanat tendance héberge de fréquents ateliers de cuisine de 3 heures suivis d'un déjeuner ou d'un dîner avec accords mets-vins. Outre la formule Cook and Taste Portugal – consacrée aux classiques *bacalhau à lagareiro* (morue à l'huile d'olive) et *pastéis de nata* –, les thématiques couvrent tant les en-cas diététiques que les spécialités indiennes.

CIRCUITS ORGANISÉS

eFun Tours — Circuits organisés
(Carte p. 116 ; 914 173 671, 220 945 375 ; www.efungpstours.com ; Rua Cândido dos Reis 55 ; 10h-19h). Toute une gamme de circuits conduits par des guides calés : promenades à pied dans le centre historique (3 heures, 19 €), parcours-découverte gastronomique (60 €) ou passé juif de la ville (25 €). Également des excursions en minibus à Braga, à Guimarães ou plus loin dans la vallée du Douro.

Other Side — Visites, excursions
(Carte p. 116 ; 916 500 170 ; www.theotherside.pt ; Rua Souto 67 ; 9h-20h). Des guides sympathiques et bien informés dévoilent le Porto caché lors de circuits pédestres d'une demi-journée (19 €), d'un circuit pédestre et gastronomique (49 €), et de circuits vinicoles (55 €). Ils invitent aussi les visiteurs à s'aventurer plus loin lors d'excursions d'une journée à la découverte des vignobles du Douro (95 €), et de Guimarães et Braga (85 €).

Be My Guest — À pied
(938 417 850 ; www.bemyguestinporto.com ; circuits de 3 heures 20 €). Pour mieux connaître Porto, inscrivez-vous à l'une des excellentes balades à thème de Be My Guest ; les azulejos, l'architecture de la Belle Époque et l'art urbain sont notamment à l'honneur. Les circuits sont organisés par un duo de guides passionnés, Nuno et Fred. Également des ateliers de cuisine de 4 heures (35 €) et des circuits de dégustation de vin (25 €). Points de rendez-vous variables. Réservez.

Bluedragon — Circuits organisés
(Carte p. 116 ; 222 022 375 ; www.bluedragon.pt ; Av. Gustavo Eiffel 280 ; à partir de 18 €). Ce prestataire réputé vous mène à vélo dans la vieille ville et au bord du fleuve (32,50 €). À noter aussi plusieurs balades à pied d'une demi-journée, dont Best of Port (18 €), consacrée au porto, et un circuit gastronomique (à partir de 55 €), ainsi que des sorties en gyropode (2 heures, à partir de 45 €). Prix parfois variables en fonction du nombre de participants.

Taste Porto — Gastronomie
(920 503 302 ; tasteporto.com ; circuit Downtown Food adulte/enfant 65/42 €, circuit Vintage 70/42 € ; circuit Downton Food 10h45

Museu do Carro Eléctrico (p. 120)

et 16h lun-sam, circuit Vintage 10h et 16h15 lun-sam, circuit Craft Beer & Food mer-sam 16h45). Desserrez votre ceinture si vous optez pour l'une de ces excellentes balades gourmandes qui permettent de goûter à tout ce que peut offrir Porto, des meilleurs sandwichs au porc effiloché aux éclairs, bons vins, fromages et café. Avenants et fins connaisseurs, André et son équipe embarquent les visiteurs pour un circuit pédestre de 3 heures 30 à la découverte de restaurants, boutiques et cafés.

Porto Walkers À pied

(Carte p. 116 ; ✆918 291 519 ; www.portowalkers.pt ; Praça da Liberdade, Av. dos Aliados ; ⏲10h45 tlj). Ces circuits pédestres de 3 heures sous la conduite d'un guide jeune et divertissant peu avare d'anecdotes sont un moyen extra de découvrir Porto. Ils sont gratuits (les guides sont rétribués au pourboire). Il vous suffit de vous rendre au point de rendez-vous, Praça da Liberdade, et de chercher le guide au T-shirt rouge.

Douro Azul Bateau

(Carte p. 116 ; ✆223 402 500 ; www.douroazul.com ; Cais de Gaia ; croisières des 6 ponts adulte/enfant 12/6 € ; ⏲9h30-18h). Douro Azul est la plus grande des nombreuses agences proposant des croisières dans des imitations de *barcos rabelos,* les bateaux colorés qui transportaient autrefois le porto depuis les vignobles. Les croisières, au moins une par heure en été, durent 45 à 55 minutes. Embarquement à Cais de Gaia. Audioguides disponibles en 16 langues.

ACHATS

Faire des achats à Porto peut être l'occasion de rencontrer les habitants, que vous préfériez goûter différents portos avant de choisir la bouteille parfaite à rapporter à la maison, discuter des mérites des *tremoços* (graines de lupin) avec l'aimable *senhora* d'une épicerie traditionnelle ou admirer les œuvres d'artistes et de designers lors d'événements, dans des galeries ou des boutiques concept.

Oliva & Co Alimentation

(Carte p. 116 ; facebook.com/pg/OlivaeCo ; Rua Ferreira Borges 60 ; ⏲10h-19h dim-ven, jusqu'à 20h sam). L'huile d'olive portugaise n'aura plus de secret pour vous grâce à cette boutique, qui invite à découvrir les six régions du pays produisant de l'huile extra-vierge titulaire d'une appellation d'origine protégée (AOP). En plus de délicieuses huiles et olives, vous y trouverez des biscuits, du chocolat et des savons à l'huile d'olive. Goûtez avant d'acheter ou participez à l'une des dégustations organisées.

43 Branco Artisanat

(Carte p. 116 ; Rua das Flores 43 ; 11h-19h lun-sam). Cette boutique insuffle à la Rua das Flores un nouvel élan créatif en proposant des objets artisanaux, des vêtements et des produits de déco uniques. On y trouve de tout, des bijoux en filigrane sertis de pierres de Maria Branco aux trousses amusantes en forme de sardine, en passant par les T-shirts Lubo d'inspiration portuane et les savons Bonjardim joliment emballés.

Workshops Pop Up Artisanat

(Carte p. 116 ; 966 974 119 ; www.workshops-popup.com ; Rua do Almada 275 ; 13h-19h30 dim-ven, 10h-19h30 sam). Ce magasin installé dans une ancienne forge restaurée est né de l'imagination de Nuno et Rita. Il abrite diverses marques vendant, entre autres, des céramiques originales, des vêtements, des accessoires et des savons Bonjardim. Des ateliers de cuisine en anglais et en portugais y sont aussi organisés.

Touriga Vin

(Carte p. 116 ; 225 108 435 ; Rua da Fábrica 32 ; 11h-19h lun-sam). Gérée avec passion et précision par David Ferreira, cette fabuleuse boutique de vins recèle quantité de portos et de vins connus ou moins connus, beaucoup issus de petits producteurs. Participez à une dégustation de vin ou de porto (de 5 à 20 €). Expédition possible.

A Pérola Do Bolhão Épicerie-traiteur

(Carte p. 116 ; Rua Formosa 279 ; 9h30-19h30 lun-ven, 9h-13h sam). Fondée en 1917, cette épicerie fine délicieusement vieillotte arbore la plus belle devanture Art nouveau de Porto, son entrée encadrée par deux hauts panneaux de céramique représentent deux femmes aux allures de déesses portant précieusement des plants de thé et de café. L'intérieur déborde de saucisses fumées, fromages, olives, fruits secs et à coque, vins et portos.

A Vida Portuguesa

EVERYNIGHT IMAGES/ALAMY STOCK PHOTO ©

Serralves (p. 120)

Coração Alecrim Artisanat

(Carte p. 116 ; www.coracaoalecrim.com ; Travessa de Cedofeita 28 ; 11h-19h lun-sam). "Green, Indie, Vintage" (Verte-Indépendante-Vintage) annonce cette belle boutique, à laquelle on accède par une porte originale illustrée d'animaux de la forêt (avec chant des grillons en sus). On y trouve des produits portugais faits main de grande qualité, dont des couvertures et des calottes pure laine, des azulejos uniques, des dessous de verre en coquillage et de belles céramiques.

A Vida Portuguesa Souvenirs

(Carte p. 116 ; www.avidaportuguesa.com ; Rua Galeria de Paris 20 ; 10h-20h lun-sam, 11h-19h dim). Cette boutique, aménagée dans un ancien magasin de tissus, propose un assortiment de produits portugais vintage dont on a réinventé l'emballage avec élégance (jouets, savons à l'ancienne, cahiers rétro), ainsi que les fameuses *andorinhas* (hirondelles) en faïence Bordallo Pinheiro.

Águas Furtadas Art, mode

(Carte p. 116 ; facebook.com/aguasfurtadas ; Rua do Almada 13 ; 10h-20h lun-sam, 13h-19h dim). Une profusion de créations portugaises originales touchent ici à la mode, au design, à l'artisanat et aux accessoires. Entre autres : le coq de Barcelos réinventé dans des couleurs vives, et les illustrations de la graphiste en vogue Benedita Feijó, basée à Porto.

CC Bombarda Galerie marchande

(Carte p. 116 ; Rua Miguel Bombarda 285 ; 12h-20h lun-sam). Cette petite galerie marchande de la Rua Miguel Bombarda est incontournable. On y trouve une mode urbaine de création locale, des thés gourmands, des cosmétiques bio, des bijoux, des vinyles, des bonsaïs, des articles de maison design et autres objets tendance. Un café propose des en-cas dans une cour intérieure.

Armazém Artisanat

(Carte p. 116 ; Rua da Miragaia 93 ; 11h30-20h). Porto est avide d'espaces créatifs, et cet entrepôt réhabilité au bord du fleuve répond parfaitement à cette tendance. Sont réunis sous le même toit une galerie d'art, un café et une boutique où l'on vend de tout : mode vintage, brocante, vinyles, œuvres d'art et céramiques, vêtements et sacs portugais.

MARTIN THOMAS PHOTOGRAPHY/ALAMY STOCK PHOTO ©

Jimão

CRU Artisanat

(Carte p. 116 ; www.cru-cowork.com ; Rua do Rosário 211 ; 9h30-20h30 lun-ven, 10h-20h sam). Les créateurs portugais trouvent ici un bel espace pour leurs réalisations : articles de mode, céramiques, accessoires et bijoux faits main.

OÙ SE RESTAURER

La scène culinaire de Porto brille depuis quelques années. *Petiscos* (tapas portugaises), brunchs décontractés le week-end, restaurants pleins de charme au buffet végétarien créatif et aux vieilles recettes revisitées, et anciennes tavernes sont en vogue. Sans oublier les cafés et pâtisseries tentants installés à chaque coin de rue.

Ribeira

Taberna do Largo Portugais €

(Carte p. 116 ; 222 082 154 ; Largo de São Domingos 69 ; petiscos 2-14 € ; 17h-minuit mar-jeu, 17h-1h ven, 12h-1h sam, 12h-minuit dim ;). Éclairée par des lustres taillés dans des bonbonnes à vin, cette épicerie faisant aussi traiteur et taverne est gérée avec passion par Joana et Sofia. Vos papilles feront un tour gastronomique du Portugal : assiettes gourmandes de thon fumé, saucisse *salpicão* de l'Alentejo, fromage São Jorge des Açores, *morcela* (boudin noir) des Beiras, *tremoços* (graines de lupin) et plus encore, le tout arrosé d'un choix remarquable de vins.

Da Terra Végétarien €

(Carte p. 116 ; 223 199 257 ; daterra.pt ; Rua Mouzinho da Silveira 249 ; buffet 9,95 € ; 12h-23h mer, jeu, dim et lun, 12h-23h30 ven-sam ;). Le goût de la cuisine saine et plus légère gagne aussi Porto, comme l'atteste le buffet proposé au Da Terra. Ce bistrot populaire propose sa propre interprétation de la cuisine végétarienne et végétalienne, des salades créatives aux légumes à la thaïlandaise et aux tajines. Bons desserts et jus de fruits pressés. Le site Internet donne le détail des ateliers et des cours de cuisine proposés.

Mercador Café Café €

(Carte p. 116 ; 223 323 041 ; facebook.com/mercadorcafe ; Rua das Flores 180 ; en-cas 3-6 € ; 9h-20h lun-sam ;). Ce ravissant café très confortable est situé dans l'une des plus jolies rues de Porto, la Rua das Flores. On peut y déguster un simple sandwich chaud ou un déjeuner traditionnel, tandis que dans les vitrines sont exposées des pâtisseries maison.

Cantina 32 Portugais €€

(Carte p. 116 ; ☎ 222 039 069 ; www.cantina32.com ; Rua das Flores 32 ; petiscos 3,50-20 € ; ⏲ 12h30-15h et 18h30-22h30 lun-sam ; 📶). Le cadre tient à la fois du style industriel chic (murs en béton ciré) et bohème (assiettes dépareillées, plantes vertes et une multiplicité d'objets chinés). La cuisine est tout aussi informelle : les *petiscos* comme le steak *pica-pau* (petits morceaux de viande dans une sauce ail-vin blanc), les croquettes d'œufs de caille et le cheesecake servi dans un pot de fleurs font preuve de créativité.

Taberna dos Mercadores Portugais €€

(Carte p. 116 ; ☎ 222 010 510 ; Rua dos Mercadores 36 ; plats 14-22 € ; ⏲ 12h30-15h30 et 19h-23h mar-dim). Le chef règne de main de maître sur les fourneaux de cette taverne à la cuisine ouverte. Du matin au soir, on nous y concocte à tour de bras de délicieux plats portugais, servis avec le sourire sous les voûtes et la lumière tamisée de la salle tapissée de bouteilles. La carte affiche des plats simples qui font mouche, comme le *polvo com arroz no forno* (poulpe au riz cuit au four), la *feijoada* ("cassoulet" de haricots noirs et de viande de porc) et des poissons et viandes grillés.

Jimão Tapas €€

(Carte p. 116 ; ☎ 220 924 660 ; www.jimao.pt ; Praça da Ribeira 11 ; tapas 4,50-8,50 € ; ⏲ 12h-22h mer-lun). Sur la **Praça da Ribeira** (carte p. 116), Jimão fait exception : c'est l'une des seules tables à ne pas être un piège à touristes. Le service est réellement accueillant, la salle située à l'étage jouit d'une vue superbe sur la Ribeira, et les tapas – gambas à l'ail, salade de morue et de poulpe, toasts aux sardines... – élaborées avec soin s'accompagnent d'excellents vins.

Festa de São João

En été, Porto sort le grand jeu à l'occasion de l'une des fêtes les plus débridées d'Europe – la Festa de São João, célébrée dans une ambiance tapageuse le 23 juin au soir. Si l'amour doit vous frapper quand vous ne vous y attendez pas, c'est ici que cela se produira. En effet, l'une des joyeuses traditions de cette fête consiste à donner un coup de marteau *(martelo)* en plastique qui couine sur la tête de qui vous voulez.

Si l'origine exacte de la fête reste mystérieuse, les *Tripeiros* (habitants de Porto) vous diront qu'elle vient de fêtes païennes célébrant le solstice d'été et les récoltes abondantes.

Feux d'artifice lors de la Festa de São João
LUSOSTOCK/ALAMY STOCK PHOTO ©

Cantinho do Avillez Gastronomique €€

(Carte p. 116 ; ☎ 223 227 879 ; cantinhodoavillez.pt ; Rua Mouzinho da Silveira 166 ; plats 18-40 € ; ⏲ 12h30-15h et 19h-minuit lun-ven, 12h30-minuit sam-dim). Le dernier projet en date du célèbre chef José Avillez vient enrichir la scène gastronomique de Porto. Le Cantinho est un lumineux bistrot contemporain aux accents rétro, à l'atmosphère informelle et animée. La carte propose des plats portugais de saison créatifs, tel ce *bacalhau* (morue) émietté servi avec des olives "explosives" fondantes en bouche, ou ces grosses crevettes de l'Algarve aux épices thaïlandaises.

DOP Gastronomique €€€

(Carte p. 116 ; ☎ 222 014 313 ; doprestaurante.pt ; Palácio das Artes, Largo de São Domingos 18 ;

plats 25-28 €, menus dégustation 80-90 € ; 19h30-23h lun, 12h30-15h et 19h30-23h mar-sam ;). Hauts plafonds (de l'ancien monastère que fut jadis le palais des Arts) et élégance du décor monochrome font de DOP l'une des adresses les plus raffinées de Porto, avec Rui Paula au piano. Il propose ici une cuisine de saison créative à base d'ingrédients exceptionnels ; les plats sont fins et riches en saveur, du carpaccio de poulpe à la morue garnie de riz au homard.

Aliados et Bolhão

Café Santiago — Portugais €

(Carte p. 116 ; 222 055 797 ; www.caferestaurantesantiago.com.pt ; Rua Passos Manuel 226 ; plats 8-12 € ; 12h-23h lun-sam). C'est vraisemblablement au Santiago que l'on mange la plus belle version qui soit du grand classique de Porto, la *francesinha*. Cet épais sandwich garni de saucisse, de viande de bœuf et/ou d'un assortiment de charcuteries, le tout nappé de fromage fondu et d'une sauce à base de tomate et de bière, saura vous rassasier ! Et pour 9,75 €, c'est un repas à lui seul.

Cultura dos Sabores — Végétarien €

(Carte p. 116 ; 222 010 556 ; Rua de Ceuta 80 ; buffet 12 € ; 12h-15h30 et 18h-23h mar-dim ;). À travers la devanture se devinent des balançoires en bois faisant office de sièges, annonçant la cuisine saine et originale de cette jeune table végétarienne-végétalienne ouvrant buffet midi et soir. On a le choix entre soupes rassasiantes, salades, plats de pâtes ou de riz sauvage.

Leitaria da Quinta do Paço — Pâtisserie, café €

(Carte p. 116 ; www.leitariadaquintadopaco.com ; Praça Guilherme Gomes Fernandes 47 ; éclairs 1,40 € ; 9h-10h lun-jeu, 9h-21h ven-sam). Depuis 1920, ce café-pâtisserie sert ses délicieux éclairs sucrés et salés devenus célèbres, et avec raison. Prenez place dans la salle d'allure soignée ou sur la terrasse de la place pour déguster un *café* et un éclair aérien fourré d'une crème déclinée en différentes saveurs, du classique citron au fromage bleu-pomme-fenouil ou au chocolat-porto.

Vinum (p. 130)

Euskalduna Studio Gastronomique €€€

(935 335 301 ; www.euskaldunastudio.pt ; Rua de Santo Ildefonso 404 ; menu dégustation 10 plats 95-110 € ; 19h-22h mer-sam). Tout le monde aime les surprises... surtout les surprises comestibles, ici exécutées à la perfection et à base de produits de saison. Seuls 16 chanceux – 8 autour du comptoir en marbre vert donnant sur la cuisine, 8 aux tables en chêne – peuvent chaque soir se délecter des 10 plats du menu dégustation concocté par Vasco Coelho Santos. Un festival de saveurs et de textures. Réservez au moins une semaine à l'avance.

All In Porto Portugais €€

(Carte p. 116 ; 220 993 829 ; facebook.com/allinporto ; Rua Arquitecto Nicolau Nasoni 17 ; petiscos 8-22 €, plateaux dégustation 12-16 € ; 12h-23h). On mange sur un tonneau entre lanternes et fresques représentant Porto. L'endroit est branché certes, mais on s'y sent divinement à l'aise face à une superbe sélection de vins portugais et de bons *petiscos*, tel le *chouriço* (chorizo) grillé à la flamme, les œufs de sardine épicés, les fromages et les *conservas* (poisson en conserve). Parfait pour entamer la soirée comme pour la finir devant un verre.

Tapabento Tapas €€

(Carte p. 116 ; 222 034 115, 912 881 272 ; www.tapabento.com ; Rua da Madeira 222 ; tapas et assiettes à partager 3-20 €, plats 14-27,50 € ; 19h-22h30 mar, 12h-16h et 19h-20h mer-dim). Ambiance sympathique au Tapabento, un restaurant sur 2 niveaux niché derrière la gare ferroviaire de São Bento. Murs en pierre apparente, imprimés colorés et tables serrées plantent le décor où sont servis d'excellents tapas et vins du Douro. Partagez des huîtres fraîches à la vinaigrette à l'échalote, des couteaux à l'ail et à la coriandre, ou du fromage des Açores accompagné de roquette et de noix.

Dama Pé de Cabra Café €€

(223 196 776 ; Passeio de São Lázaro 5 ; en-cas et petiscos 2-7,50 € ; 9h30-15h30 mar-jeu, 9h30-15h30 et 19h30-22h ven-sam). On vous accueille d'un sincère *bemvindo* dans cette mignonne épicerie-café où les bouteilles de vin tapissent les murs. On y savoure dans une ambiance joyeuse un petit-déjeuner, un brunch, un café et une pâtisserie, ou encore un déjeuner sur le pouce avec pain maison, jambon portugais et fromages goûteux.

MEO Marés Vivas

(maresvivas.meo.pt). Le temps d'un week-end à la mi-juillet, Afurada vit au rythme de ces "Marées vivantes" où se produisent de grands noms internationaux. Parmi les têtes d'affiche récentes figurent Elton John, Jamiroquai, Beth Orton et Joss Stone.

Elton John au festival Marés Vivas
DIOGO BAPTISTA/ALAMY STOCK PHOTO ©

Miragaia

A Sandeira Sandwichs €

(Carte p. 116 ; 223 216 471 ; www.asandeira.pt ; Rua dos Caldeireiros 85 ; sandwichs 4,90 €, menu déj 6 € ; 9h-minuit lun-sam ;). Halte de choix pour déjeuner sans se ruiner dans un cadre bobo, A Sandeira prépare des salades créatives comme celle au jambon fumé-roquette-avocat-noix, et les meilleurs sandwichs de Porto, dont un délicieux olives-feta-tomate-basilic. Le menu du déjeuner – soupe, puis salade ou sandwich, et boisson – est une affaire.

Taberna de Santo António Portugais €

(Carte p. 116 ; 222 055 306 ; Rua das Virtudes 32 ; plats 8,50-12 € ; 12h-15h et 19h-22h mar-dim). Cette taverne familiale se flatte de proposer une bonne cuisine

Le football à Porto

Avec ses 52 000 places, le somptueux Estádio do Dragão est le stade du légendaire FC Porto. Il se trouve au nord-est de la ville, près du périphérique VCI. À l'autre bout de la ville, l'Estádio do Bessa accueille le club rival, le Boavista Porto, situé à l'ouest du centre, tout près de l'Avenida da Boavista (bus 3 depuis la Praça da Liberdade). Consultez les éditions du *Jornal de Notícias* pour connaître la date des prochains matchs.

FRANCISCO LEONG/AFP/GETTY IMAGES ©

portugaise sans chichis, servie avec le sourire. Les clients se régalent de copieuses assiettes de morue, de sardines grillées et de *cozido* (pot-au-feu portugais) au déjeuner. Lieu chaleureux et décor, typiquement portugais, TV comprise ; tables dehors aux beaux jours.

Belos Aires Argentin **€€**

(Carte p. 116 ; ☎223 195 661 ; facebook.com/belosairesrestaurante ; Rua de Belomonte 104 ; plats 17-25 € ; ⌚8h-11h30 et 19h-minuit lun-sam ; 📶). Le chef Mauricio est un personnage haut en couleur et voue une passion sans bornes pour son pays natal, l'Argentine. À le voir opérer dans sa cuisine ouverte, on comprend vite qu'il est l'âme de ce restaurant mi-argentin mi-portugais, où le menu de marché change fréquemment, avec toujours néanmoins de délicieux steaks et des *empanadas* (chaussons salés) à tomber. Gardez une petite place pour le brownie accompagné de *dulce de leche* (confiture de lait).

Vila Nova de Gaia

Taberninha Do Manel Portugais **€€**

(Carte p. 116 ; ☎223 753 549 ; www.taberninhadomanel.com ; Avenida Diogo Leite 308 ; plats 11-18 € ; ⌚11h-minuit mar-dim). Belle vue sur le fleuve et la Ribeira, service très chaleureux et classiques bien exécutés au menu – porc ibérique, *petiscos*, *bacalhau* accommodé de plusieurs façons – sont de beaux atouts. Et, de surcroît, on s'attablera en terrasse sur les pavés aux beaux jours. Salle intérieure rustique remplie d'objets anciens.

Vinum Portugais **€€€**

(Carte p. 116 ; ☎220 930 417 ; www.vinumatgrahams.com ; Graham's Port Lodge, Rua do Agro 141 ; plats 24-29 €, menus 50-100 € ; ⌚12h30-23h). Le charme historique du chai du XIXe siècle s'accorde à merveille aux notes décoratives actuelles. La salle à poutres apparentes a vue sur la cave tapissée de tonneaux ; le jardin d'hiver et la terrasse, sur les toits de Porto et le Douro. Côté cuisine, le *ceviche* au citron vert, préparé sitôt acheté le poisson au marché de Matasinhos voisin, et le bœuf du Trás-os-Montes maturé à sec sortent du lot. Sélection de vins et de portos exceptionnels.

Massarelos

Antiqvvm Gastronomique **€€€**

(Carte p. 116 ; ☎912 024 754, 226 000 445 ; www.antiqvvm.pt ; Rua de Entre Quintas 220 ; menus 45-130 € ; ⌚12h-minuit mar-sam, 12h-15h dim). Quelle merveille que ce restaurant étoilé au Michelin, niché sous les arcades en pierre de la Quinta da Macieirinha construite au XIXe siècle ! À la tête de la cuisine, Vítor Matos réalise avec style et talent des plats privilégiant les produits, comme le bœuf Wagyu et truffe ou le bar, algues et safran des Açores. La perspective enchanteresse sur Porto depuis la terrasse paysagère en fait le lieu rêvé pour une grande occasion.

Boavista

Essência Végétarien **€€**

(☎228 301 813 ; essenciarestaurantevegetariano.com ; Rua de Pedro Hispano 1190 ; plats 10,50-15 € ; ⌚12h30-15h et 20h-22h30 lun-jeu, 20h-minuit

IGOR MARKOV/ALAMY STOCK PHOTO ©

Café au bord du Douro

ven-sam ;). Brasserie claire et moderne, connue dans tout Porto pour ses généreux menus végétariens (et même ceux non végétariens) – soupes, salades, curries, pâtes, risotto et *feijoada*... Terrasse aux beaux jours.

Foz do Douro

Cafeína Portugais €€

(226 108 059 ; www.cafeina.pt ; Rua do Padrão 100 ; déj 3 plats 18 €, plats 17-21 € ; 12h30-18h et 19h30-0h30 dim-jeu, jusqu'à 1h30 ven-sam ;). Chez Cafeína les vins portugais sont parfaitement choisis pour accompagner les plats classiques de la cuisine portugaise – avec quelques influences françaises et italiennes – comme les seiches farcies et leur purée safranée, ou le carré d'agneau en croûte d'herbes et de citron.

OÙ PRENDRE UN VERRE ET FAIRE LA FÊTE

Si Porto n'est pas particulièrement réputée pour ses clubs, les Portuans aiment tout de même faire la fête, notamment dans la Rua das Galerias, avec ses bars "clandestins" et ses soirées qui débordent jusque dans la rue. La ville a l'avantage de se renouveler et une soirée peut facilement débuter dans un club indépendant et se terminer dans un bar sur un toit très tendance.

Ribeira

Prova Bar à vins

(Carte p. 116 ; www.prova.com.pt ; Rua Ferreira Borges 86 ; 17h-1h mer-dim ;). Propriétaire passionné, Diogo explique volontiers les nuances entre les différents vins portugais dans son bar élégant aux murs en pierre apparente, sur fond de jazz relaxant. Faites une dégustation (2 verres ; 5 €) ou goûtez le vin au verre – essayez un robuste vin du Douro, un Dão puissant ou l'un des blancs pleins de fraîcheur de l'Alentejo. Ces vins s'accordent bien avec les assiettes à partager de jambons et de fromages locaux (14 €). Les portos tonic de Diogo sont fameux.

Wine Quay Bar Bar à vins

(Carte p. 116 ; www.winequaybar.com ; Cais da Estiva 111 ; 16h-23h lun-sam ;).

Au couchant, la terrasse est le lieu idéal pour savourer au bord du fleuve l'un des délicieux crus sélectionnés par ce formidable bar à vins. En picorant quelques amuse-gueules (jambon affiné, fromage, olives, etc.) face au gracieux arc métallique du pont Dom Luís I, avec les chais de Vila Nova de Gaia pour horizon.

Aliados et Bolhão

Era uma Vez em Paris — Bar

(Carte p. 116 ; Rua Galeria de Paris 106 ; 11h-2h lun-mer, 11h-4h jeu-sam). Era uma Vez em Paris ressuscite la bohème parisienne et l'ambiance des années 1920. Son mobilier rétro et ses abat-jour juponnés composent un cocon chaleureux et intimiste où savourer un café le jour et boire un verre en soirée. Les DJ ajoutent à l'ambiance décontractée en jouant des morceaux de rock indé et de funk.

Aduela — Bar

(Carte p. 116 ; Rua das Oliveiras 36 ; 15h-2h lun, 10h-2h mar-jeu, 10h-4h ven-sam, 3h-minuit dim). Rétro et branché sans ostentation, cet ancien entrepôt de machines à coudre abrite aujourd'hui un bar décontracté baignant dans la lumière orange nostalgique de ses suspensions, qui illuminent les murs verts et les meubles vintage dépareillés. Des groupes d'amis s'y retrouvent pour discuter devant un verre de vin et d'appétissants *petiscos* (de 3 à 8 €).

Terraplana — Café

(www.terraplanacafe.com ; Avenida Rodrigues de Freitas 287 ; 18h-minuit dim-jeu, jusqu'à 3h ven-sam). Totalement décontracté et bobo sans le vouloir, Terraplana est le bar du moment dans ce coin de Porto. Pierre apparente et grandes peintures accrochées aux murs pour l'intérieur, plus une ravissante terrasse invitent à siroter l'un des cocktails inventifs (10 € environ), ou quelque vin, bière ou gin (la carte est riche), et savourer l'une des goûteuses pizzas (8,50-9,50 €).

La Bohème — Bar à vins

(Carte p. 116 ; facebook.com/laboheme.baixa ; Rua Galeria de Paris 40 ; 18h-2h mar-jeu, 18h-4h ven-sam, 19h-2h dim). Doté d'un intérieur scandinave lambrissé en pin et d'une belle hauteur sous plafond, La Bohème est l'un des bars les plus intimistes de la Rua Galeria de Paris pour déguster de bons vins en les accompagnant de *petiscos*. DJ plus tard dans la soirée.

Galeria de Paris — Bar

(Carte p. 116 ; facebook.com/restaurantegaleriadeparis ; Rua Galeria de Paris 56 ; 8h30-3h dim-jeu, 8h30-4h ven-sam). Adresse du même nom que la rue considérée comme le haut lieu de la fête à Porto, cet établissement affiche une décoration fantaisiste (murs ornés de jouets, Thermos, vieux téléphones et autres objets). Outre les cocktails et la bière pression, on y sert des *petiscos* le soir.

Miragaia

Pinguim Café — Bar

(Carte p. 116 ; facebook.com/PinguimCafe ; Rua de Belomonte 65 ; 21h-4h lun-ven, 22h-4h sam-dim). Cette bulle bohème et cosy en plein cœur de Porto séduit une clientèle alternative. Les murs en pierre apparente et l'éclairage tamisé forment une toile de fond intimiste pour prendre un verre et assister à des pièces de théâtre et des lectures de poésie, ou encore découvrir des expositions d'art local. Il y a foule le week-end.

Vila Nova de Gaia

360° Terrace Lounge — Bar à vins

(Carte p. 116 ; www.myportocruz.com ; Espaço Porto Cruz, Largo Miguel Bombarda 23 ; 12h30-0h30 mar-jeu 12h30-1h30 ven-sam, 12h30-19h dim). Perchée au sommet de l'Espaço Porto Cruz, cette terrasse en bois bénéficie d'une vue panoramique sur le Douro et sur la ville, jusqu'à l'embouchure du fleuve. Le soir, l'endroit est très couru pour assister au coucher du soleil et admirer la vue incroyable tout en sirotant un porto ou un cocktail.

7G Roaster — Café

(Carte p. 116 ; facebook.com/7groaster ; Rua de França 26 ; 10h-18h lun-jeu, 10h-19h ven-dim).

FOTOKON/SHUTTERSTOCK ©

Aduela

Les baristas de ce torréfacteur connaissent leur métier. Dans le cadre branché d'une salle monochrome au sol parqueté, les amateurs de café peuvent prendre un expresso parfait ou savourer un brunch (12 €) composé de fromage de chèvre, muesli maison, pâtisserie et jus de fruits fraîchement pressé. Terrasse agrémentée d'un mur végétalisé.

Foz do Douro

Praia da Luz — Bar

(www.praiadaluz.pt ; Av. do Brasil ; 9h-2h). Ne manquez pas le Praia da Luz si vous explorez le littoral. Ses terrasses en bois sur plusieurs niveaux descendent jusqu'à une crique rocheuse. Cadre agréable où boire un café ou un cocktail en admirant le paysage (la cuisine est très moyenne).

OÙ SORTIR

Hot Five Jazz & Blues Club — Jazz

(Carte p. 116 ; 934 328 583 ; www.hotfive.pt ; Largo Actor Dias 51 ; 22h-3h mer-jeu, 22h-4h ven-sam, 22h-2h dim). Une adresse pour écouter du jazz et du blues live et parfois des concerts acoustiques de folk ou des improvisations. Une salle moderne mais intimiste, avec des petites tables rondes face à la scène et sur un balcon en hauteur. Les concerts débutent souvent plus tard que prévu.

Teatro Municipal Rivoli — Théâtre

(Carte p. 116 ; 223 392 200 ; www.teatromunicipaldoporto.pt ; Praça Dom João I ;). Ce théâtre Art déco est l'un des piliers de la scène culturelle en constante mutation de Porto. Il couvre tout un éventail d'activités culturelles : théâtre, musique, cirque contemporain, cinéma, danse et théâtre de marionnettes.

Maus Hábitos — Arts de la scène

(Carte p. 116 ; www.maushabitos.com ; 4e ét, Rua Passos Manuel 178 ; 12h-minuit mar et dim, 12h-2h mer-jeu, 12h-4h ven-sam, 12h-17h dim). Le "Mauvaises Habitudes" est un espace artistique informel à l'agenda culturel pour le moins ambitieux. Expositions artistiques, mais aussi concerts et DJ qui enflamment la petite scène.

RENSEIGNEMENTS

Turismo (centre-ville) (carte p. 116 ; ☎300 501 920 ; www.visitporto.travel ; Rua Clube dos Fenianos 25 ; ⏲9h-20h mai-juil et sept-oct, 9h-21h août). Le principal office du tourisme de Porto fournit notamment une carte détaillée de la ville, un plan des transports et l'*Agenda do Porto* (agenda culturel).

DEPUIS/VERS PORTO

AVION

Ultramoderne, l'**Aeroporto Francisco Sá Carneiro** (☎229 432 400 ; www.aeroportoporto.pt ; 4470-558 Maia) se trouve à 16 km au nord-ouest du centre-ville.

BUS

Comme dans beaucoup de villes portugaises, les compagnies de bus de Porto sont très dispersées du fait de l'absence de gare routière centrale. En revanche, presque toutes les villes du nord du pays sont reliées par des bus fréquents, et des liaisons express sont assurées avec Coimbra, Lisbonne et des villes du sud du pays.

Renex-Rede Expressos (rede-expressos.pt ; Campo 24 de Agosto) est la meilleure solution pour gagner Lisbonne (19 €, 3 heures 30) : c'est l'itinéraire le plus direct, avec 8 à 12 départs quotidiens (un des bus continue vers l'Algarve). Pratiquement autant de départs vers Braga (6 €, 1 heure). Les bus partent du Campo 24 de Agosto.

Les bus **Eurolines** (www.eurolines.com) partent de l'Interface Casa da Música (Rua Capitão Henrique Calvão). Le transporteur international du nord du Portugal, **Internorte** (www.internorte.pt ; Interface Casa da Música), part de la même place. La plupart des agences de voyages peuvent réserver un départ avec ces deux compagnies.

TRAIN

Porto est le principal carrefour ferroviaire du nord du Portugal. Les lignes longue distance partent de la gare de **Campanhã** (Rua Monte da Estação), à 3 km à l'est du centre. Il y a des guichets d'information dans les gares de São Bento et de Campanhã. Informations également par téléphone au ☎707 210 220 et en ligne (www.cp.pt).

Lisbonne (2e classe de 24,70 € à 30,80 €, de 2 heures 30 à 3 heures, toutes les heures) est l'une des destinations nationales directes desservies depuis Porto.

La plupart des trains *urbano, regional* et *interregional* (IR) partent de la magnifique **gare de São Bento** (Praça Almeida Garrett), mais tous passent par celle de Campanhã.

Pour des destinations sur les lignes de Braga, Guimarães et Aveiro, ou dans la vallée du Douro jusqu'à Marco de Canaveses, prenez l'un des nombreux trains *urbano*.

COMMENT CIRCULER

Métro Porto est compacte. Un réseau de 6 lignes de métro fonctionne de 6h à 1h tous les jours. Pratique pour circuler entre les différents quartiers et se rendre à l'aéroport et aux plages du nord de la ville.

Tramway Les vieux tramways de Porto sont un agréable moyen de transport. Il existe 3 lignes : la 1 circule le long du fleuve, du centre historique à Foz, la 18 entre Massarelos et Carmo, et la 22 fait une boucle dans le centre, de Carmo à Batalha/Guindais.

Bus Parmi les nœuds centraux du vaste réseau de bus de Porto figurent le Jardim da Cordoaria, la Praça da Liberdade et la gare de São Bento.

Taxi Pour traverser la ville, comptez entre 5 et 8 €. Un supplément de 20% s'applique la nuit. Il y a des stations de taxis partout dans le centre.

CARTE DE TRANSPORTS

- Très pratique, la **carte Andante** (www.linhandante.com) est proposée par le service des transports de Porto. Elle facilite vos déplacements en tramway, métro, funiculaire et sur de nombreuses lignes de bus.
- La carte coûte 0,60 € et doit ensuite être rechargée, par exemple aux distributeurs de billets de métro, dans les stations du funiculaire, ainsi qu'aux nombreux points de vente agréés.

Où se loger

Les auberges de jeunesse branchées, les pensions rétro, les hôtels luxueux et les appartements modernes et élégants se sont multipliés. Nous vous conseillons de réserver bien à l'avance pour la haute saison et lors des festivals importants.

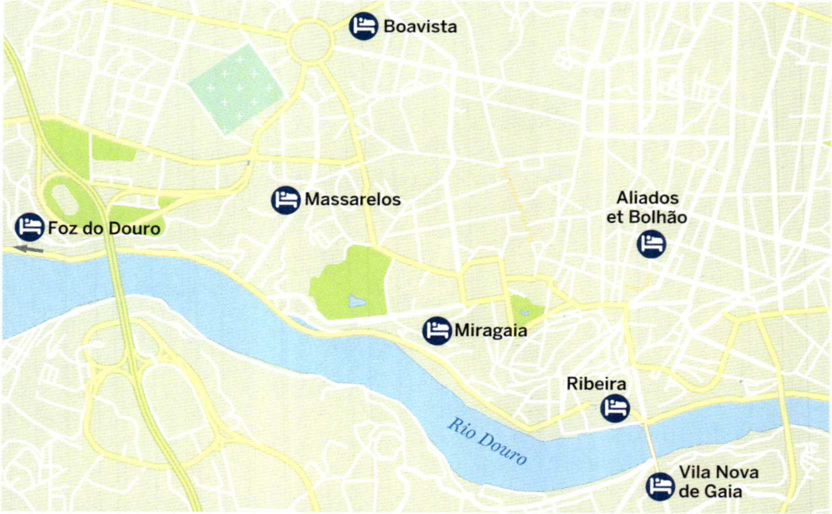

Quartiers	Avantages	Inconvénients
Aliados et Bolhão	À proximité des sites touristiques, boutiques, restaurants et de l'animation nocturne. Bien desservi par les transports.	Très fréquenté et cher.
Boavista	Pour un séjour hors des sentiers battus. Proximité de la Casa da Música.	Loin des principaux sites touristiques. Quartier d'habitations et d'entreprises.
Foz do Douro	Donne sur l'Atlantique. Plages et promenade du front de mer, boutiques, cafés et restaurants.	Moins attrayant en basse saison.
Massarelos	Quartier discret et authentique, peu concerné par le tourisme. Quelques restaurants et sites, dont les charmants Jardins do Palácio de Cristal.	Offre d'hébergement limitée. Loin du centre de Porto.
Miragaia	Quartier plein de caractère qui s'étend des hauteurs jusqu'au fleuve. Jolis jardins et points de vue ; pensions et restaurants bohèmes et bon marché.	Rues pentues. Mal desservi par les transports.
Ribeira	Le meilleur du Porto historique, avec quantité de sites touristiques, de bars et de restaurants. Bien desservi.	Très touristique. Réservez tôt.
Vila Nova de Gaia	Idéal pour les visites de caves et les dégustations de porto. Belle vue sur Ribeira.	Mal desservi par les transports en commun.

ALGARVE

Dans ce chapitre

L'Algarve

Sur la spectaculaire côte de l'Algarve se déploient des falaises vertigineuses, de grandes plages dorées, des baies en croissant et des îles sablonneuses. Mais la région compte également d'autres atouts pour attirer les voyageurs : visite de châteaux, tournée des bars de plage, plongée sous-marine ou encore sorties festives.

Si la première destination de vacances du pays a vendu son âme au tourisme dans les années 1960 – notamment le long des plages de la partie méridionale –, sur la côte ouest, la nature est mieux préservée et l'urbanisation plus réfléchie. Ainsi, l'arrière-pays est ponctué de belles cités fortifiées et de villages historiques, et est traversé par un splendide chemin de randonnée, la Via Algarviana.

L'Algarve en 2 jours

Le premier jour, explorez en bateau le superbe **Parque Natural da Ria Formosa** (p. 144), avant de vous adonner au shopping et de dîner dans le centre piéton de Faro. Rejoignez **Tavira** le lendemain et flânez dans la vieille ville ; l'**Ilha de Tavira** (p. 146) est parfaite pour profiter de la plage.

L'Algarve en 4 jours

Passez le troisième jour à Lagos (p. 152). Au programme : activités nautiques, dîner et verre dans un bar animé du centre. Le quatrième jour, direction l'ouest et Aljezur, pour explorer les plages sauvages voisines de la ville, faire du surf (ou prendre un cours) et se régaler de fruits de mer en profitant de la situation incroyable d'**O Paulo** (p. 165).

Page précédente : Praia da Dona Ana (p. 141)
PKAZMIERCZAK/GETTY IMAGES ©

Comment s'y rendre

Bus et trains nationaux, aéroport international : Faro est très bien relié au reste du Portugal et aux grandes villes européennes. Les autres villes importantes de la région, dont Lagos, Portimão, Olhão et Tavira, bénéficient de liaisons routières et ferroviaires correctes avec Lisbonne.

Où se loger

L'Algarve dispose d'une gamme complète d'hébergements, des hôtels cinq-étoiles luxueux aux auberges de jeunesse. Les tarifs peuvent doubler, voire tripler, en juillet et surtout en août, et il est parfois impossible de dénicher une chambre dans les complexes hôteliers les plus fréquentés. De septembre à juin, on trouve d'excellentes affaires.

Praia da Marinha

WIESDIE/SHUTTERSTOCK ©

Plages de l'Algarve

La grande majorité des touristes viennent en Algarve pour profiter de plages de rêve. Il faut dire que ces quelque 150 km de sable doré représentent l'un des attraits incontestés du Portugal.

Pour ceux qui aiment...

☑ Ne ratez pas

La côte ouest de l'Algarve recèle de nombreuses plages moins fréquentées.

Géographie de la côte

Le littoral arbore de petites criques isolées et de larges rivages accidentés adossés à des dunes, des anses bordées de rochers aux eaux calmes (idéales pour les enfants) et des côtes dentelées fouettées par de puissantes vagues.

La géographie varie de manière spectaculaire et compose un paysage balnéaire original. De Vila Real de Santo António au petit village de Cacela Velha, les plages sont principalement composées de dunes. La côte centrale compte des kilomètres de falaises calcaires, ponctuées d'éperons érodés, de criques et de grottes.

La côte de plus en plus rocheuse, de Lagos à Sagres, culmine au spectaculaire Cabo de São Vicente, balayé par les vents. De hautes falaises noires bordées de belles bandes de sable longent vers le nord

Odeceixe

JOYFULL/SHUTTERSTOCK ©

le Parque Natural do Sudoeste Alentejano e Costa Vicentina (parc naturel de la Costa Vicentina), un secteur privilégié par les surfeurs expérimentés.

Le top 10 des plages

Notre sélection (très subjective) :

Odeceixe Tout juste dans l'Algarve, une plage entre un fleuve et l'océan.

Praia da Falésia Plage d'une station balnéaire huppée, entre Quarteira et Albufeira, adossée à de hautes falaises ocre.

Praia da Marinha Excellente pour le snorkeling, avec un accès par un long escalier – juste à l'est de Carvoeiro.

Meia Praia La plage de Lagos est vaste, populaire et pittoresque, avec possibilités de sports nautiques.

Praia do Barril Joyau de l'Ilha de Tavira, comportant un cimetière d'ancres.

Infos pratiques

Toutes les plages de l'Algarve sont publiques et donc accessibles gratuitement.

Une petite faim ?

La *cataplana*, cocotte de fruits de mer (ou autres ingrédients) pour deux personnes, est la spécialité culinaire de la région.

★ Bon à savoir

Les sports nautiques ne manquent pas dans l'Algarve : d'innombrables agences peuvent vous aider à vous jeter à l'eau.

Ilha da Barreta (Ilha Deserta) Bande de sable, au sud de Faro, accessible en bateau à travers des lagunes d'une grande richesse naturelle.

Praia de Vale Figueira Près de Salema, longue portion de côte sauvage et peu fréquentée.

Praia da Bordeira Beauté sauvage (où surfer), près de Carrapateira, sur la côte ouest.

Praia da Dona Ana et Praia do Camilo Ravissante plage, avec formations rocheuses dorées, près de Lagos.

Praia de Vale do Lobo À l'ouest de Faro, une plage avec tous les services touristiques à disposition.

Sports nautiques

Toutes les activités tournent autour de l'eau le long de la côte de l'Algarve : surf, plongée, excursions en bateau, kayak ou observation de la faune marine. Soyez rassuré, de nombreuses agences vous attendent dans toutes les stations balnéaires pour organiser vos activités nautiques.

Arrière-pays

L'Algarve ne se résume pas à sa côte. Aventurez-vous dans les terres pour découvrir des villes historiques, des spas et un superbe chemin de randonnée. Une voiture permet de découvrir la partie reculée, et moins peuplée, de l'Algarve.

Pour ceux qui aiment...

☑ Ne ratez pas

Un moment de détente au spa du village de Monchique après une randonnée dans les collines alentour.

Via Algarviana

Couvrant certains des plus beaux paysages de l'Algarve, la **Via Algarviana**, un chemin de randonnée long de 300 km, traverse le Portugal dans sa largeur, d'Alcoutim à Cabo de São Vicente, en passant par les coteaux boisés de la Serra de Caldeirão et de la Serra do Monchique. L'itinéraire, assez bien balisé, est divisé en 14 sections, et se parcourt en deux semaines à raison de 30 km par jour. Un panneau d'information marque le début de chaque étape, et les coordonnées GPS sont fournies dans le guide téléchargeable gratuitement sur www.viaalgarviana.org et disponibles dans les offices du tourisme de la région. La meilleure période pour faire cette randonnée se situe entre mars et mai. Emportez de l'eau en quantité suffisante, quelle que soit la saison, car vous pourrez difficilement vous en procurer en chemin.

Silves

PAWEL KAZMIERCZAK/SHUTTERSTOCK ©

Silves

Jolie ville implantée sur les rives du Rio Arade à 15 km au nord-est de Portimão, Silves possède l'un des châteaux les mieux préservés de l'Algarve, d'imposants remparts et des ruelles à flanc de colline. Juste en contrebas du château, la **Sé** (Rua da Sé ; don apprécié ; 9h-12h30 et 14h-17h lun-ven tte l'année, plus 9h-13h sam juin-août), fut édifiée en 1189, reconstruite après la Reconquête de 1249, puis restaurée plusieurs fois après les tremblements de terre. L'intégrité de son intérieur gothique en fait l'une des cathédrales les plus mémorables de l'Algarve. Le **Museu Municipal de Arqueologia** (282 444 838 ; www.cm-silves.pt ; Rua das Portas de Loulé 14 ; tarif plein/réduit 2,10/1,05 €,billet combiné avec le château 3,90 € ; 10h-18h) présente les fascinantes découvertes de la ville

Infos pratiques

Les transports sont rares en retrait de la côte, mieux vaut être motorisé.

Une petite faim ?

Pastelaria Rosa (www.darosa.pt ; Largo do Município ; pâtisseries 1,50-3 €, plats 3-8,50 € ; 7h30-22h lun-sam ;) est un café charmant, dans le centre de Silves.

★ Bon à savoir

Les localités de l'arrière-pays peuvent se visiter lors d'une journée d'excursion depuis la côte.

et des environs. Il est construit autour d'un puits arabe de 18 m de profondeur doté d'un vertigineux escalier en colimaçon.

Ruines romaines de Milreu

Avec pour écrin un superbe cadre campagnard, à la sortie d'Estoi, au nord de Faro, ces vestiges d'une **villa romaine** (289 997 823 ; monumentosdoalgarve.pt ; Rua de Faro ; tarif plein/réduit/-12 ans 2/1 €/gratuit ; 10h30-13h et 14h-16h30 mai-sept, 9h30-13h et 14h-17h oct-avr) du Ier siècle sont si imposants que l'on crut, au départ, qu'ils étaient ceux d'une petite cité. Ils révèlent la forme caractéristique d'une villa à péristyle, avec colonnade délimitant la cour intérieure. Il a également été identifié un temple orné de mosaïques à motifs de poissons et pourvu d'un bassin intérieur.

Loulé

Ville parmi les plus importantes de l'arrière-pays, à 16 km seulement au nord-ouest de Faro, Loulé, fondée par les Romains, compte un beau quartier ancien et les ruines d'un château maure. Quelques traditions artisanales s'y maintiennent, à savoir vannerie, dinanderie et broderie. Le marché de style Art nouveau (1908) a été construit sur un modèle néo-mudéjar. Quatre coupoles de style oriental encadrent ainsi l'édifice, tandis que des motifs rouges, d'inspiration mauresque, en égaient la façade.

Parque Natural da Ria Formosa

À l'est de l'Algarve, la côte entre Faro et Tavira est bordée de plages splendides et ponctuée d'îles et d'estuaires. Une réserve humide constitue un habitat naturel précieux pour une grande variété d'oiseaux et de crustacés.

Pour ceux qui aiment...

☑ **Ne ratez pas**

Une sortie ornithologique en bateau au départ de Faro (n'oubliez pas vos jumelles).

Écosystème côtier

Le **Parque Natural da Ria Formosa** (www.icnf.pt) est un ensemble de lagunes et d'îles qui s'étend sur quelque 60 km le long de la côte, depuis l'ouest de Faro jusqu'à Cacela Velha. Le parc englobe une vaste région de marécages, de *salinas* (marais salants), de criques et de dunes. À l'ouest se trouvent plusieurs lacs d'eau douce, dont ceux de Ludo et de la Quinta do Lago. Les marais constituent un secteur important de nidification et de migration des oiseaux. Le Parque Natural da Ria Formosa offre l'un des plus beaux paysages naturels de l'Algarve ; il est incontournable pour tous les visiteurs de la région. Vous y verrez une grande variété d'espèces aviaires aquatiques, dont de rares talèves violacées, des canards, des limicoles, des mouettes et des sternes.

Caméléon méditerranéen

TONY MILLS/SHUTTERSTOCK ©

Infos pratiques

Les sorties en bateau dans le Parque Natural da Ria Formosa sont organisées toute l'année et coûtent autour de 28 €.

Une petite faim ?

Estaminé (p. 150) est le seul endroit pour se sustenter dans le Parque Natural da Ria Formosa.

★ Bon plan

Emportez eau, pique-nique, jumelles, maillot de bain, et imperméable si le temps est incertain.

Entrer dans le parc

Plusieurs agences proposent des sorties en bateau depuis le front de mer de Faro. **Animaris** (carte p. 149 ; ☎918 779 155 ; www.ilha-deserta.com ; Rua Comandante Francisco Manuel ; aller-retour ferry/hors-bord 5/10 €, sortie en bateau 1 heure à partir de 27,50 € ; 10h-16h45) programme des excursions à l'Ilha da Barreta (Ilha Deserta). Comptez 45 minutes de trajet en ferry, 15 minutes en hors-bord. Des sorties commentées en bateau à travers le Parque Natural da Ria Formosa sont organisées toute l'année ; le bateau vous dépose sur l'île et vous pouvez rentrer quand vous le souhaitez en ferry ou en hors-bord. Les bateaux partent de la jetée proche de l'Arco da Porta Nova. L'agence gère le restaurant Estaminé (p. 150), sur l'Ilha da Barreta.

Formosamar (carte p. 149 ; ☎918 720 002 ; www.formosamar.com ; Av. da República, Stand 1, Faro Marina) privilégie un tourisme vert et responsable. Parmi les excellents circuits proposés, citons celui d'ornithologie dans le Parque Natural da Ria Formosa (25 € ; 2 heures), celui d'observation des dauphins (45 €), celui à vélo (37 €), ainsi qu'une sortie en kayak de deux heures dans les étroits chenaux de la lagune (35 €). Un nombre de participants minimum est requis (en principe 2 à 4). Des départs se font aussi depuis Olhão et Tavira, et de différents points de vente sur le littoral en direction de Faro.

Explorer en autonomie

Le parc naturel peut aussi s'explorer en toute autonomie. **Lands** (carte p. 149 ; ☎914 539 511 ; www.lands.pt ; Av. da República, Stand 3, Faro Marina) loue des kayaks (35 €/demi-journée) pour partir seul à la découverte de Ria Formosa. Le personnel peut conseiller des destinations, ensuite c'est à vous de jouer. Il est utile d'avoir déjà fait du kayak, mais ce n'est pas indispensable.

Rio Gilão, Tavira

Tavira et Ilha de Tavira

Installée sur les deux rives du sinueux Rio Gilão, Tavira est sans doute la plus jolie ville de l'Algarve. Un château sur une colline et un vieux pont romain en sont les principales curiosités.

Pour ceux qui aiment...

Ne ratez pas

Le vase de Tavira, très élaboré, datant de l'époque islamique, trouvé dans le Núcleo Islâmico.

Tavira

Les ruines du château de **Tavira** (Largo Abu-Otmane ; 8h-17h lun-ven, 9h-19h/17h sam-dim été/hiver) GRATUIT dominent fièrement la ville. Construite par les Phéniciens, peut-être à l'emplacement d'un ouvrage défensif néolithique, la forteresse passa plus tard sous contrôle maure. L'intérieur comprend un jardin botanique exotique et depuis la tour octogonale, on a une belle vue sur Tavira. Près du château se dresse la **Torre da Tavira** (www.torredetavira.com ; adulte/enfant 4/2 € ; 10h-17h lun-ven, 10h-13h sam juil-sept, 10h-17h lun-ven fév-juin, 10h-16h oct-jan), haute de 100 m, ancien château d'eau de la ville qui abrite une *camera obscura* révélant une vue panoramique à 360°. En contrebas du château, l'**Igreja da Misericórdia** (www.diocese-algarve.pt ; Largo da Misericórdia ; église et musée 2 €, spectacles fado 8 € ; 10h-12h30

Ilha de Tavira

CARLOS NETO/SHUTTERSTOCK ©

et 15h-18h30 mar-sam juil-août, 9h30-12h30 et 14h-17h30 mar-sam sept-juin, spectacles fado 15h15 sam tte l'année) plus important édifice Renaissance de l'Algarve, arbore un portail superbement sculpté. Au bord du fleuve, sur la Praça da República, visitez le **Núcleo Islâmico** (☎281 320 570 ; www.cm-tavira.pt ; Praça da República 5 ; adulte/enfant 2/1 €, avec le Palácio da Galeria 3/1,50 € ; ⏲10h-12h30 et 13h30-16h30 mar-dim), conserve des pièces islamiques mises au jour dans la vieille ville.

Ilha de Tavira

Parmi les îles sablonneuses qui s'égrènent le long de la côte, de Cacela Velha jusqu'à l'ouest de Faro, et qui font toutes parties du Parque Natural da Ria Formosa, l'Ilha de Tavira est l'une des plus belles. Alliant dunes, plages en pente douce et partie boisée, elle tient d'un florilège de paysages typiques de l'Algarve doublé d'un havre de paix. L'immense plage située à la pointe est de l'Ilhade Tavira, face à Tavira, se prête aux sports nautiques, et compte un camping, ainsi que des cafés-restaurants. Accessible en ferry depuis Quatro Águas, à 2 km de Tavira, l'île est peu fréquentée, hormis l'été.

Infos pratiques

Des bus et trains conduisent à Faro.

Une petite faim ?

O Tonel (☎963 427 612 ; Rua Dr Augo Silva Carvalho 6 ; petiscos 3,50-7,50 €, plats 9-16 € ; ⏲18h30-22h lun-sam) sert une cuisine portugaise contemporaine remarquable.

★Bon plan

Assistez à un spectacle de fado en journée à l'excellent **Fado Com História** (www.fadocomhistoria.com ; Rua Damião Augusto de Brito Vasconcelos 4 ; adulte/enfant 8 €/gratuit ; ⏲spectacles 12h15, 15h15 et 17h15 lun-ven, 12h15 et 17h15 sam) près du château.

Comment s'y rendre et circuler

Silnido (☎918 278 934 ; www.silnido.com ; Estrada das Quatro Águas ; aller-retour 1,50 € ; ⏲8h-minuit juil-août, 8h-19h mars-juin et sept-oct, 9h-16h45 nov-fév) assure la traversée par ferry en 5 minutes entre Quatro Águas, 2 km au sud-est de Tavira. De juin à septembre, un ferry direct part de la Rua Dr José Pires Padinha, au centre de Tavira (2 € aller-retour, 20 minutes, 10h-17h30). Les bateaux-taxis Sequa Tours (18 € l'aller) fonctionnent 24h/24 de juillet à mi-septembre et jusqu'à minuit en mai-juin. Un bus rallie Quatro Águas depuis la gare routière de Tavira (8/jour, juil à mi-sept). En taxi, comptez 6 €.

Faro

La capitale de l'Algarve est marquée d'un caractère portugais plus affirmé que la plupart des stations balnéaires. Souvent ignorée des touristes, cette ville de fondation phénicienne constitue pourtant une étape plaisante, avec sa jolie marina, ses places et parcs soignés. Ceinte de remparts médiévaux, la *cidade velha* (vieille ville) aux rues piétonnes pavées et sinueuses a fait l'objet de multiples reconstructions au fil du temps et des désastres : mise à sac en 1596 par les troupes anglaises qui venaient de prendre Cadix aux Espagnols, séismes de 1722 et 1755. Musées, églises, ossuaire et terrasses de café attirent l'attention du visiteur.

À VOIR

Sé Cathédrale

(Carte ci-contre ; www.paroquiasedefaro.org ; Largo da Sé ; adulte/enfant 3 €/gratuit ; 10h-18h lun-ven, 10h-13h sam juin-sept, 10h-17h30 lun-ven, 10h-13h sal oct-mai). Au cœur de la Cidade Velha, la *Sé*, initiale cathédrale romano-gothique achevée en 1251, a été fortement remaniée après les dégâts causés par le séisme de 1755, d'où ce mélange de styles gothique, Renaissance et baroque. Du haut du clocher, la vue donne sur les remparts et les îles de l'estuaire. La cathédrale abrite également, outre le **Museu Capitular** et son ensemble de calices, de vêtements sacerdotaux et de reliques (comme les deux avant-bras de saint Boniface), un sanctuaire votif construit au XVIIIe siècle à partir d'ossements de moines.

Igreja de Nossa Senhora do Carmo et Capela dos Ossos Église

(Carte ci-contre ; www.diocese-algarve.pt ; Largo do Carmo ; 2 € ; église 9h-18h lun-ven, 9h-13h sam juin-sept, 9h-17h lun-ven, 9h-13h sam oct-mai, chapelle 10h-13h et 15h-17h30 lun-ven, 10h-13h sam tte l'année). Ce chef-d'œuvre baroque à tours jumelles, l'une des plus belles églises de l'Algarve, fut achevé en 1719, sous le règne de Jean V. Sa spectaculaire façade, reconstruite après le séisme de 1755, fut financée grâce à l'or du Brésil, comme en atteste l'intérieur saturé d'or et peuplé de nombreux chérubins. Derrière l'église, l'impressionnante **Capela dos Ossos**, ossuaire du XIXe siècle tapissé d'ossements et de crânes de plus d'un millier de moines, souligne l'inéluctabilité de la mort.

Museu Regional do Algarve Musée

(Carte ci-contre ; 289 870 893 ; cm-faro.pt ; Praça da Liberdade 2 ; tarif plein/réduit 1,50/1 € ; 10h-13h30 et 14h30-18h lun-ven). Trois salles sur quatre de ce musée portent sur la vie rurale d'antan. Y sont notamment présentés une reconstitution de boutiques et de pièces du XIXe siècle, un véritable bateau de pêche, quelques belles pièces de vannerie en osier, des feuilles de palmier et de bambou, et de nombreux tapis de chiffon et des filets de pêche. La dernière salle accueille des expositions sur la vie locale.

Praia de Faro Plage

(Ilha de Faro). Située sur l'Ilha de Faro, à 9 km à l'ouest de la ville, la plage municipale est une belle étendue de sable où sont installés des centres de planche à voile et de kitesurf, ainsi que quelques cafés. Elle est bondée au plus fort de l'été. Prenez le bus 14 ou le bus 16 (p. 151) à la gare routière (2,30 €, 20 minutes, jusqu'à 2 bus/heure tous les jours de juillet à septembre, toutes les heures du lundi au vendredi d'octobre à juin).

ACHATS

Chocolates de Beatriz Chocolat

(Carte ci-contre ; 289 820 358 ; www.chocolatesdebeatriz.com ; Rua Veríssimo de Almeida 5 ; 10h-13h et 15h-19h mar-sam). La vitrine de cette boutique attisera votre gourmandise : chocolats noirs, au lait ou blancs, au sel marin portugais, à la pâte de figue, au *medronho* (liqueur d'arbousier) ou à l'orange de l'Algarve sont produits à Odemira, dans l'Alentejo voisin. À l'arrière, un café sert chocolat chaud et douceurs.

Faro

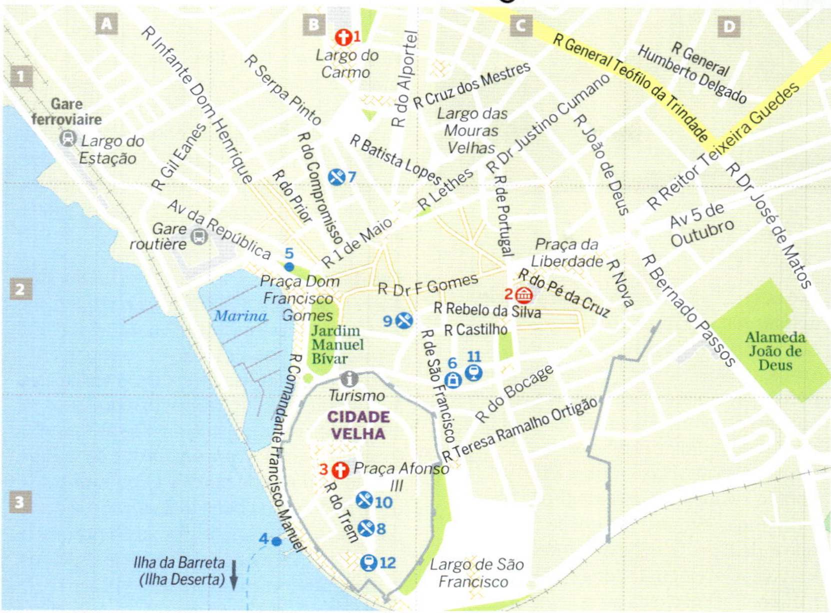

Faro

À voir

1 Igreja de Nossa Senhora do Carmo et Capela dos Ossos B1
2 Museu Regional do Algarve C2
3 Sé B3

Activités

4 Animaris B3
5 Formosamar B2
Lands .... (voir 5)

Achats

6 Chocolates de Beatriz C2

Où se restaurer

7 A Venda B1
8 Faz Gostos B3
9 Restaurante Madeirense B2
10 Vila Adentro B3

Où prendre un verre et faire la fête

11 Epicur C2
12 O Castelo B3

OÙ SE RESTAURER

A Venda — Portugais €

(Carte ci-dessus ; Rua Do Compromisso 60 ; plats 4-9 € ; 13h-15h et 19h30-23h mar-sam). Tout le monde se presse à cette table, nichée dans une petite rue. Il est vrai qu'on se régale ici à des prix défiant toute concurrence, d'une savoureuse cuisine maison, tels le ragoût de boudin noir de Monchique ou les beignets de fèves frits avec sauce au paprika. Le tout dans un intérieur rétro. Fréquentes sessions DJ les soirs d'été.

Vila Adentro — Portugais €€

(Carte ci-dessus ; 933 052 173 ; vilaadentro.pt ; Praça Dom Afonso III 17 ; plats 9-17,50 €, cataplanas 39-49 € ; 9h-minuit ;). Que ce soit en terrasse sur la place de la vieille ville ou dans sa salle tapissée d'azulejos du sol au plafond, cet édifice mauresque du XVe siècle offre un cadre romantique pour déguster une cuisine portugaise

Algarve Rock

Créée en 2018, la première **brasserie artisanale** (☎289 815 203 ; www.algarverock.com ; Unidade B, Parq Vale da Venda ; ⏰9h-17h lun-ven) de l'Algarve produit des bières bio, vegan et sans conservateur inspirées par les produits de la région, telles la pilsner au piri-piri ou la stout à la caroube. Pour y goûter, il vous faudra rejoindre la zone industrielle située à 6,5 km au nord-ouest de Faro. Lors de nos recherches, les visites et dégustations (25 €/pers) n'étaient accessibles qu'aux groupes (appelez pour confirmer), mais les bières sont en vente directement à la brasserie.

RADIOKAFKA/SHUTTERSTOCK ©

haut de gamme : *cataplanas* au porc, aux palourdes et au homard, poulpe grillé nappé d'une sauce figue-caroube ou encore filet de porc farci à la tangerine, et des vins de tout le Portugal.

Restaurante Madeirense — Cuisine de Madère **€€**
(Carte p. 149 ; ☎967 168 140 ; facebook.com/restaurantemadeirensefamilia ; Rua 1 Dezembro 28 ; plats 8-17 € ; ⏰12h-22h30 mar-dim). L'île de Madère et toutes ses saveurs sont ici à la fête : *peixe espada* (poisson-sabre), *bolo de caco* (pain à la farine de blé et patate douce) et *pudim de maracuja* (pudding au fruit de la passion). Arrosez le tout d'une *poncha* (punch à base d'eau-de-vie de canne à sucre) ou d'un vin doux de Madère.

Estaminé — Poisson **€€€**
(☎917 811 856 ; www.estamine.deserta.pt ; Ilha da Barreta ; plats 18-28 € ; ⏰10h-18h). Vu du ciel, on dirait un crabe posé sur le sable, tout seul au bout de la promenade de l'Ilha da Barreta. Sa construction, 100% autonome, a recours à l'énergie solaire et à l'eau désalinisée. On savoure ici des huîtres de la Ria Formosa, des crabes et homards, ou encore des crevettes et poissons grillés, ainsi que de bons ragoûts.

Faz Gostos — Portugais **€€€**
(Carte p. 149 ; ☎914 133 668 ; www.fazgostos.com ; Rua do Castelo 13 ; plats 12-25 € ; ⏰12h-15h et 18h30-22h dim-ven, 18h30-22h sam ; 📶). Cet élégant établissement de la vieille ville agrémente de touches gastronomiques les classiques de la cuisine portugaise : *xarém* (bouillie de maïs) aux palourdes de la Ria Formosa, daurade bouillie et pommes de terre pochées à l'huile d'olive, morue au pain de maïs ou encore longe de porc farcie au chorizo. Le menu varie avec les saisons, la présentation est exquise et la cave recèle plus de 250 vins portugais.

OÙ PRENDRE UN VERRE

O Castelo — Bar
(Carte p. 149 ; facebook.com/OCasteloBar.CidadeVelha.Faro ; Rua do Castelo 11 ; ⏰10h30-4h mer-lun ; 📶). O Castelo est un bar-restaurant-club et espace de spectacles. Perché sur les remparts de la vieille ville, l'endroit offre un panorama d'exception sur la Ria Formosa, surtout au couchant. Bières, vins et cocktails se dégustent avec des tapas comme le chorizo flambé ou des fromages de la région.

En été, on fait la fête en extérieur, notamment lors de soirées fado.

Epicur — Bar à vins
(Carte p. 149 ; ☎914 614 612 ; www.epicur.wine ; Rua Alexandre Herculano 22 ; ⏰17h-minuit mar-sam). Ouvert en 2018, cet élégant bar à vins propose plus de 250 vins portugais, dont 30 au verre. Outre l'Algarve alentour, toutes les grandes régions viticoles du pays sont représentées. Autant de nectars

SAIKO3P/SHUTTERSTOCK ©

Igreja de Nossa Senhora do Carmo et Capela dos Ossos (p. 148)

à déguster accompagnés de *presunto* (charcuterie), de poisson en conserve, de fromages locaux, voire d'huîtres de la Ria Formosa. Les viticulteurs y viennent régulièrement parler de leur production et plusieurs crus sont aussi vendus sur place.

RENSEIGNEMENTS

Turismo (carte p. 149 ; www.visitalgarve.pt ; Rua da Misericórdia 8 ; 9h30-13h et 14h-17h30 ;). En lisière de la vieille ville.

DEPUIS/VERS FARO

AVION

L'**Aeroporto Internacional de Faro** (FAO ; 289 800 800 ; www.aeroportofaro.pt ;) se trouve à 7 km à l'ouest du centre. **TAP** (Air Portugal ; 202 015 051 ; www.flytap.com) assure de multiples vols quotidiens Lisbonne-Faro (40 min).

BUS

La **gare routière** (carte p. 149 ; 289 899 760 ; Avenida da República 5), située du côté nord de la marina accueille de nombreuses liaisons routières, au départ comme à l'arrivée, la plupart étant assurées par **Eva** (289 899 760 ; www.eva-bus.com ; Av. da República 5). Parmi les principales destinations desservies, on compte Lisbonne (20 €, 3 heures 15, 6/jour), Séville, Espagne (20 €, 3 heures 30, 2/jour) via Huelva (16 €, 2 heures 30), et Tavira (4,45 €, 1 heure, 9/jour).

TRAIN

La gare ferroviaire de Faro se trouve à 500 m du centre, au nord-ouest. Des trains directs desservent quotidiennement Lisbonne (22,90 €, 4 heures), Albufeira (3,35 €, 30 min, toutes les 2 heures) et Lagos (7,30 €, 1 heure 45, toutes les 2 heures).

COMMENT CIRCULER

Depuis l'aéroport, les bus **Próximo** (289 899 700 ; www.proximo.pt ; Av. da Repúplica 5) 14 et 16 desservent la gare routière (2,25 €, 20 min, départs ttes les 30 min). De là, vous pouvez facilement gagner le centre-ville à pied.

La course en taxi coûte environ 20 € (20% de supplément après 22h et le week-end, plus 2 € environ par bagage).

Serra do Caldeirão

La Serra do Caldeirão, une superbe région protégée de collines, de chênes-lièges et d'épais maquis, s'étend à 30 km de Loulé (au nord de Faro). Renommée pour son avifaune, elle offre de multiples possibilités de randonnée – la Via Algarviana la traverse – et des villages anciens où se régaler de cuisine locale. Spécificités de la région, les *fontes* – des sources traditionnelles, dont nombre agrémentées de robinets ou fontaines – sont désormais indiquées par des panneaux.

Alte et Salir

Perché à flanc de colline à la lisière de la Serra do Caldeirão, **Alte**, à 45 km au nord-ouest de Loulé, est un ravissant village aux rues fleuries et maisons chaulées. Plusieurs *fontes* alimentaient moulins et puits ; la principale, la Fonte Grande, coule au fil de digues et de barrages. *Artesanatos* (échoppes d'artisan), restaurants et cafés parsèment le village. En haute saison, des bus amènent des visiteurs pour une courte promenade.

Si vous êtes motorisé, passez par **Salir**, une belle bourgade paisible, construite sur deux collines. Elle a conservé les murs d'un château du XIIe siècle et une belle église.

À VOIR

Fábrica de Brinquedos Atelier

(www.projectotasa.com/project/artisans/da-torre ; Rua de Torre, Torre, Fonte Santa ; 9h-13h lun-ven). Après la fermeture de l'école de ce hameau voisin d'Alte, trois habitantes ont décidé de relancer, à leur manière, l'emploi local en créant ce chaleureux atelier artisanal, où elles fabriquent de jolis jouets en bois. L'atelier se trouve à 3,5 km au nord-est d'Alte : prenez Estrada de Santa Margarida puis la Rua das Valinhas.

Pólo Museológico de Salir Musée

(www.museudeloule.pt ; Largo Pedro Dias, Salir ; 9h-17h lun-ven). GRATUIT Aménagé dans les vestiges du château de Salir, ce petit musée expose le produit de fouilles archéologiques. Renseignements touristiques sur place.

Pólo Museológico Cândido Guerreiro e Condes de Alte Musée

(www.museudeloule.pt ; Rua Condes de Alte, Alte ; 9h-17h lun-ven). GRATUIT Ce musée-espace culturel rend hommage au célèbre poète d'Alte, Cândido Guerreiro (1871-1913), et aux comtes d'Alte qui vivaient ici. Il présente des livres et des souvenirs liés à ces personnages et fournit des informations touristiques.

OÙ SE RESTAURER

Alte compte une poignée de cafés et restaurants corrects, mais il est aussi agréable de pique-niquer autour de l'une de ses délicieuses *fontes* après emplettes à la supérette du village.

DEPUIS/VERS ALTE ET SALIR

Des bus partent de Loulé pour Alte (3,85 €, 50 min, ttes les 2 heures lun-ven, 2/jour sam, 1/jour dim) via Salir (2,55 €, 30 min). Il y a aussi des liaisons directes entre Loulé et Alte (3,75 €, 45 min, 2/jour en sem, 1/jour sam).

Lagos

Lagos a tous les attraits d'une ville touristique. La ville portuaire, d'où sont parties nombre des premières expéditions maritimes portugaises, s'étire sur la rive du Rio Bensafrim. La vieille ville, ses ruelles pavées, ses jolies places et ses églises sont protégées par les remparts du XVIe siècle. Au-delà s'étendent des quartiers modernes pas trop laids, mais surtout des plages fabuleuses.

Côté loisirs, on n'a que l'embarras du choix : sports nautiques, croisières, balades à cheval... L'offre gastronomique atteint les sommets et la scène nocturne ne désemplit pas. Lagos attire ainsi sans surprise quantité de visiteurs, toutes générations confondues.

Lagos

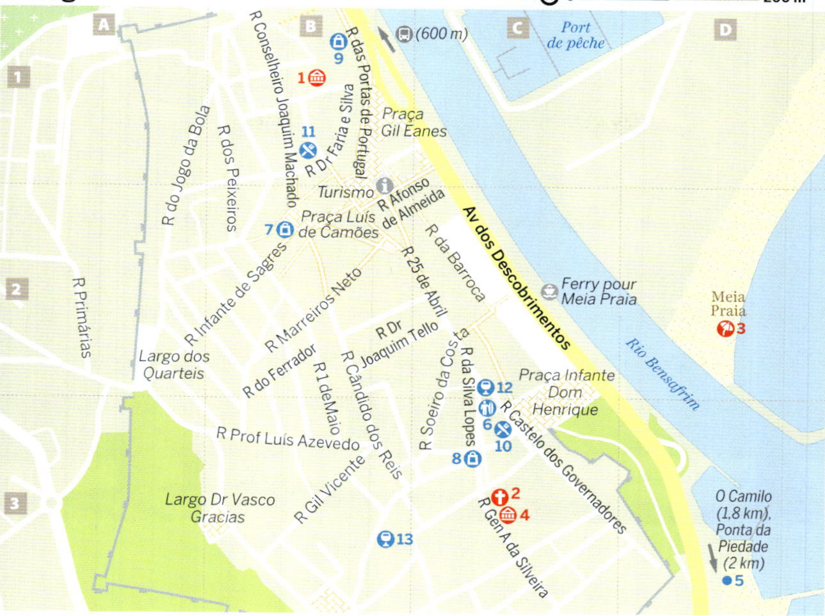

Lagos

À voir

1 Centro Ciência Viva de Lagos B1
2 Igreja de Santo António C3
3 Meia Praia D2
4 Museu Municipal C3

Activités

5 Kayak Adventures D3
6 Lagos Surf Center C3

Achats

7 Loja Obrigado B2
8 Mar d'Estórias C3
9 Mercado Municipal B1

Où se restaurer

10 2 Irmãos C3
11 A Forja B1

Où prendre un verre et faire la fête

12 Bon Vivant C2
13 The Garden B3

À VOIR

Museu Municipal — Musée

(Carte ci-dessus ; 282 762 301 ; www.cm-lagos.com ;Rua General Alberto da Silveira ; tarif plein/réduit 3/1,50 € ; 9h30-12h30 et 14h-17h mar-dim). Le musée municipal de Lagos rassemble épées, pistolets, portraits et paysages, minéraux, cristaux, pièces, poteries mauresques, meubles miniatures, mosaïque romaine, objets africains, outils en pierre, modèles réduits de bateaux, la charte originale de la ville de 1504 et un modèle d'une ville portugaise imaginaire. Des collections éclectiques éparpillées aux quatre coins du musée et presque dépourvues d'explications, ce qui fait de la visite une sorte d'amusante chasse aux trésors. C'est par le Museu Municipal également qu'on entre dans l'église baroque de Santo António.

Centro Ciência Viva de Lagos — Musée

(Carte ci-dessus ; 282 770 000 ; www.lagos.cienciaviva.pt ; Rua Dr Faria e Silva 34 ;

Porte de la vieille ville, Lagos

adulte/enfant 5/2,50 € ; 10h-18h mar-dim). Les aventuriers en herbe vont adorer ce musée scientifique dédié aux navigateurs portugais des XVe et XVIe siècles. L'exposition principale retrace l'histoire de la navigation depuis l'invention de l'astrolabe (instrument de navigation antique permettant de calculer une latitude à l'aide du soleil ou des étoiles) jusqu'aux GPS modernes.

ACTIVITÉS

Meia Praia — Plage

(Carte p. 153). Vaste croissant de 4 km de long, cette plage de sable doré compte plusieurs boutiques de matériel de sports nautiques, ainsi que des restaurants et bars de plage décontractés. Il faut marcher 1 km à pied pour la rejoindre (par une passerelle) ou parcourir 2 km en voiture du centre de Lagos.

Une **liaison maritime** (carte p. 153 ; trajet simple 1 € ; aube-crépuscule juin-oct), informelle et saisonnière relie le front de mer à Lagos.

Lagos Surf Center — Surf

(Carte p. 153 ; 282 764 734 ; www.lagossurfcenter.com ; Rua da Silva Lopes 31 ; stage 1/3/5 jours 60/165/250 €). École de surf proposant des cours dans divers spots de l'Algarve, selon la qualité des vagues. Un cours particulier d'une journée coûte 120 €. Le centre loue également des combinaisons (5 €/jour) et des planches (10-25 €), et organise des circuits en kayak de mer et en paddle (demi-journée/journée 30/50 €). Les enfants doivent être accompagnés par un membre de leur famille de plus de 14 ans.

Kayak Adventures — Kayak

(Carte p. 153 ; 917 716 202 ; www.kayakadventureslagos.com ; Cais da Solara, Avenida dos Descobrimentos ; sortie kayak 2 heures 30 30 € ; mars-oct). Au départ de la Praia da Batata, des virées en kayak pour approcher grottes et crevasses des falaises entourant la Ponta da Piedade. Réservation en ligne indispensable.

Blue Ocean Plongée

(☎964 665 667 ; www.blue-ocean-divers.de ; Hotel Âncora Park, Estrada de Porto de Mós 837 ; 1/10 plongées 35/270 €, avec matériel 55/450 €). Récifs, épaves ou grottes… il existe au moins 8 sites pour plonger avec Blue Ocean, y compris de nuit (sur demande). Les débutants peuvent s'initier sur une demi-journée (30 €). Sinon des sorties snorkeling (demi-journée 30 €) ou kayak (demi-journée/journée de "safari kayak" 30/45 €) sont programmées. Cours de plongée dans la piscine de l'Hotel Âncora Park.

Circuits organisés

Algarve Water World Observation de la faune

(☎938 305 000 ; www.algarvewaterworld.com ; Marina de Lagos adulte/enfant sortie 1 heure 30 40/25 €, visite grotte 1 heure 15 15/7,50 € ; ⏱mars-oct). Embarquez sur le *Dizzy Dolphin* ("Le Dauphin étourdi") gonflable (un 7,4 m à coque rigide) pour partir à la rencontre de trois espèces de dauphins : dauphin commun, souffleur ou de Risso. L'occasion d'observer aussi requins, tortues, orques ou rorquals communs. Le *Captain Nemo* vous mène en revanche explorer grottes, falaises et plages.

RADIOKAFKA/SHUTTERSTOCK ©

Marche dans la Serra do Caldeirão

La balade la plus agréable dans la région est l'ascension de la **Rocha da Pena** (www.walkalgarve.com ; Rua de Rocha da Pena), une formation calcaire haute de 479 m entre Alte et Salir, à la sortie de la N124, en suivant un circuit de 4,7 km bien balisé (suivre les panneaux jusqu'à la montagne). Comptez 2 à 3 heures aller-retour. Les musées de Salir et d'Alte en fournissent un plan succinct.

Emportez de l'eau et un pique-nique ; à l'exception de deux petites épiceries-cafés au pied de la montagne et dans le village de Penina, vous ne pourrez pas vous approvisionner. Précaution préliminaire au trajet : consulter les alertes de feux de broussailles.

ACHATS

Mar d'Estórias Concept Store

(Carte p. 153 ; www.mardestorias.com ; Rua Silva Lopes 30 ⏱10h-19h lun, 10h-22h mer-sam). Dans ce magasin-galerie voué à la diffusion des productions artisanales portugaises, sont réunis céramiques, couvertures, foulards, sacs… mais aussi papeterie, livres de cuisine et musique. Côté gastronomie traditionnelle, on a le choix entre huiles d'olive, miels, confitures, fromages, poissons en conserve, bonbons, bières, vins et alcools. Le café de la mezzanine vous régale de *petiscos*, plateaux et repas complets, à déguster si l'on souhaite sur le toit-terrasse panoramique.

Loja Obrigado Artisanat

(Carte p. 153 ; facebook.com/loja.obrigado ; Praça Luís de Camões 3 ; ⏱10h-19h lun-sam). Dans son beau bâtiment historique couvert de carreaux verts, ce petit magasin vend des productions artisanales locales : bols en céramique, vases, carreaux, tentures et d'adorables jeux et jouets en bois fabriqués par la **Fábrica de Brinquedos** (www.projectotasa.com/project/artisans/da-torre ; Rua de Torre, Torre, Fonte Santa ; ⏱9h-13h lun-ven), un atelier installé dans la Serra do Caldeirão.

Mercado Municipal Marché

(Carte p. 153 ; www.cm-lagos.pt ; Av. dos Descobrimentos ; ⏱8h-14h lun-sam). Flâner dans le marché couvert de Lagos est une expérience à ne pas manquer. Idéal pour

Ponta da Piedade

À 2,5 km au sud de Lagos, la **Ponta da Piedade** (pointe de la Piété), balayée par les vents, mérite la visite pour ses falaises et tours de grès polychromes aux formes torturées et pour son phare surplombant une eau turquoise limpide. Au printemps, des centaines d'aigrettes viennent y nicher et des orchidées parent la campagne alentour. Par temps clair, la vue porte jusqu'à Carvoeiro à l'est et Sagres à l'ouest. Accessible à pied ou en voiture uniquement.

faire le plein de produits frais, notamment de fruits de mer.

OÙ SE RESTAURER

O Camilo — Poisson €€

(282 763 845 ; www.restaurantecamilo.pt ; Praia do Camilo ; plats 11,50-23,50 € ; 12h-16h et 18h-22h juin-sept, 18h-21h oct-mai ;). Perchée au-dessus de la jolie Praia do Camilo, cette table fort soignée a belle réputation vu l'extrême qualité de ses préparations marines, notamment les couteaux, le calamar frit, le homard et, en saison, les huîtres, sans oublier les poissons grillés. La salle de 40 couverts est lumineuse et aérée, tandis que la grande terrasse de 28 couverts domine l'océan. Réservation essentielle en haute saison, conseillée le reste de l'année.

2 Irmãos — Portugais €€

(Carte p. 153 ; Travessa do Mar 2 ; plats 14-24 €, petiscos 7-9 €, cataplanas 31-34,50 € ; 11h-minuit ;). Ce restaurant installé dans un vieil édifice pittoresque de la Praça Infante Dom Henrique dispose d'agréables tables extérieures avec vue sur l'Igreja de Santa Maria et la statue du prince Henri le Navigateur. L'excellente sélection de *petiscos* va des *pipis* (gésiers de poulet et sauce piquante) aux oreilles de porc. *Cataplanas* pour deux et poisson grillé également.

A Forja — Portugais €€

(Carte p. 153 ; 282 768 588 ; Rua dos Ferreiros 17 ; plats 8,50-22,50 €, cataplanas 30-35 € ; 12h-15h et 18h30-22h lun-sam). Toujours animée, cette *adega tipica* (bar à vins) sert une cuisine authentique, copieuse, savoureuse et bon marché. Succulents plats du jour, poissons (soles, turbots, maquereaux grillés) préparés simplement et *cataplanas* pour deux.

OÙ PRENDRE UN VERRE

The Garden — Biergarten

(Carte p. 153 ; facebook.com/thegardenlagos ; Rua Lançarote de Freitas 48 ; bar 13h-minuit, cuisine 13h-22h mai-nov ;). Entre hibiscus, bougainvillées et agrumes variés, le cadre de cette brasserie en plein air est bucolique à souhait. Et les effluves de viandes et de poissons grillés venus vous chatouiller les narines vous inciteront peut-être même à dîner sur place.

Bon Vivant — Bar

(Carte p. 153 ; www.bonvivantbarinlagos.com ; Rua 25 de Abril 105 16h-3h30 lun-jeu, 16h-4h ven-dim ;). Royaume du cocktail, ce Bon Vivant à la façade cerise distribue ses breuvages à 5 bars différents, un par niveau du sous-sol au toit-terrasse. Le "Mr Bonvivant" (genièvre, absinthe, Aperol infusé à la fraise, bitter) tient la vedette. Happy hour de 17h à 21h et sessions DJ tous les soirs en bas.

Bahia Beach Bar — Bar

(www.bahiabar.pt ; Estrada de São Roque, Meia Praia ; 10h30-23h tlj juil-août, 10h30-19h mar-dim mai, juin, sept et oct ;). Rendez-vous incontournable sur le sable de la Meia Praia, ce bar de plage animé sert une sangria maison, des cocktails à base de fruits, des vins de l'Algarve et de l'Alentejo, et des plats gourmets : tarte à la volaille avec foie gras, terrine de homard et de morue... Musique live le week-end.

RENSEIGNEMENTS

Turismo (carte p. 153 ; 282 763 031 ; www.visitalgarve.pt ; Praça Gil Eanes 17 ; 9h30-13h et 14h-17h30). Bon office du tourisme sur la place principale.

DEPUIS/VERS LAGOS

BUS

Les compagnies **Eva** (www.eva-bus.com) et **Rede Expressos** (rede-expressos.pt) utilisent la **gare routière** (Rua Mercado de Levante). En plus de Lisbonne et de nombreuses villes de l'Algarve, les bus desservent Séville, en Espagne (21 €, 5 heures 30, 2/jour).

TRAIN

Lagos est à la limite occidentale de la ligne ferroviaire desservant l'Algarve. Les trains pour Lisbonne nécessitent un changement à Tunes (22,15 €, 4 heures, 5/jour).

Portimão

Ce comptoir d'origine phénicienne est aujourd'hui la deuxième ville la plus peuplée de l'Algarve. On ne fait généralement que passer par Portimão sur le chemin de Praia da Rocha. Et pourtant le lieu n'est pas dénué de charme, entre sa longue promenade sur les berges du fleuve et son ancienne conserverie de poisson devenue musée. C'est le point de départ d'excursions en bateau sur le Rio Arade.

À VOIR ET À FAIRE

Museu de Portimão Musée
(282 405 230 ; www.museudeportimao.pt ; Rua Dom Carlos I ; adulte/enfant 3 €/gratuit ; 14h30-18h mar, 10h-18h mer-dim sept-juil, 19h30-23h mar, 15h-23h mer-dim août). Installé

Museu de Portimão

DANIEL MAJAK/SHUTTERSTOCK ©

Praia da Rocha

À 3 km au sud de Portimão, Praia da Rocha compte les plus belles plages de l'Algarve, avec pour toile de fond des falaises ocre et le fort de Santa Catarina, aménagé au XVIe siècle.

La ville se dresse derrière la plage, avec ses hauts immeubles résidentiels et ses hôtels de luxe, tandis que restaurants, bars et clubs bordent l'artère principale.

Au-delà de la rangée de béton se cachent quelques vestiges d'un passé raffiné, dont des demeures du XIXe et du début du XXe devenues pensions de charme. La marina de Portimão, dont les couleurs automnales rappellent les falaises, borde la pointe orientale de la plage, sur l'embouchure du fleuve.

dans une conserverie du XIXe siècle, le musée primé, ultramoderne, de Portimão, justifie à lui seul une halte. Ses collections couvrent trois domaines : l'archéologie, les fouilles sous-marines et la conserverie (maquereaux et sardines), avec reconstitution des chaînes de production et des effets sonores. Une excellente vidéo sur l'industrie de la pêche (en portugais) montre chaque étape du travail.

Santa Bernarda Croisière
(☎967 023 840 ; www.santa-bernarda.com ; Ribeirinha ; adulte/enfant à partir de 35/20 €). Santa Bernarda organise des excursions sur le fleuve et en mer à la découverte des grottes et des falaises côtières sur un voilier en bois de 23 m aux allures de bateau de pirates. Accès handicapés. La croisière d'une journée comprend un barbecue sur la plage et également du temps pour la baignade.

OÙ SE RESTAURER ET PRENDRE UN VERRE

Clube Naval do Portimão Portugais **€€**
(☎282 417 529 ; facebook.com/clube.portimao ; Zona Ribeirinha ; plats 14-24 € ; ⌚12h-15h et 19h-23h mar-dim ; wifi). Proche du Museu de Portimão, le club nautique situé sur la rive possède à l'étage une très bonne table, de surcroît avec vue sublime sur le fleuve depuis la terrasse. Ce Restaurante do Cais travaille en cuisine la pêche du jour, entre autres brochettes de lotte, crevettes sautées à l'ail et au piment ou, en saison, des huîtres : un choix cornélien ! Le bar du rez-de-chaussée est, lui, tout indiqué pour siroter sur les berges un café ou une bière.

RENSEIGNEMENTS

Turismo Municipal (☎282 402 487 ; www.visitalgarve.pt ; Largo 1 de Dezembro 3 ; ⌚9h30-12h30 et 13h30-17h30 lun-ven). Il est installé dans le Teatro Municipal de Portimão ("Tempo").

DEPUIS/VERS PORTIMÃO

BUS

Les bus de la compagnie routière **Frota Azul** (www.frotazul-algarve.pt) tout comme ceux d'**Eva** (www.eba-bus.com) stationnent à la **gare ferroviaire** (Av. Guanaré). Parmi les destinations desservies : Cabo São Vicente (6,55 €, 1 heure 30, 1/jour), Faro (5,70 €, 1 heure 45, 7/jour), Lagos 4 €, 35 min, jusqu'à 2/heure) et Lisbonne (20 €, 3 heures 15, 6/jour).

TRAIN

La gare ferroviaire est implantée à 700 m au nord du centre, dans la Rua do Moinho. Les liaisons pour Lisbonne (28,85 €, 4 heures 30, 5/jour) requièrent une correspondance à Tunes. Des trains directs desservent Silves (1,55 €, 15 min, 9/jour) et Lagos (2,05 €, 20 min, 10/jour).

PAWEL KAZMIERCZAK/SHUTTERSTOCK ©

Plage de Carvoeiro

Carvoeiro

La petite ville de Carvoeiro, perchée sur des falaises rouge et ocre semées de bouquets de verdure, surplombe une plage mouchoir de poche, néanmoins devenue le cœur du site. Boutiques, bars et restaurants se tiennent sur la hauteur, les résidences secondaires couvrant les collines alentour. Plus jolie et plus détendue que les grandes villes côtières de l'Algarve, Carvoeiro devient vite surpeuplée en été, en raison de sa taille modeste.

À VOIR

Ancien port de pêche, la petite cité balnéaire dégringole jusqu'à la **Praia do Carvoeiro**. À 800 m à l'est, la route côtière mène jusqu'à la baie d'**Algar Seco**, halte obligée des bus touristiques pour ses spectaculaires formations rocheuses.

Pour trouver un endroit splendide, propice à la baignade, poussez sur environ 2 km vers l'est le long de la route principale, l'Estrada do Farol, jusqu'à la **Praia do Vale de Centianes**, plage entourée de falaises presque aussi spectaculaires qu'Algar Seco.

Grotte de Benagil Grotte

(Algar de Benagil ; Praia de Benagil). Cette immense grotte maritime, dont la voûte trouée laisse les rayons du soleil caresser ses parois de grès et la plage en dessous, est l'un des sites les plus emblématiques de l'Algarve, voire du Portugal. On ne peut y accéder que par voie maritime, et de nombreux opérateurs de la côte, comme Taruga Tours, y organisent des croisières ou louent kayaks et planches de paddle pour vous y rendre par vous-même. Il est déconseillé de rejoindre la grotte à la nage en raison de la force des courants et de l'intensité du trafic maritime. Le trou dans le plafond de la grotte est visible depuis les falaises qui la surplombent.

Praia da Marinha Plage

Voici sans doute la plus belle des plages avec rochers karstiques des environs. À quelque 7,5 km à l'est de Carvoeiro, le chemin le plus agréable pour s'y rendre est le **Percurso dos Sete Vales Suspensos**.

ACHATS

Porches Pottery Céramique

(282 352 858 ; www.porchespottery.com ; N125, Porches ; 9h-18h lun-ven, 10h-14h sam). Cet atelier de poterie, à 9 km au nord-est de Carvoeiro, a su conserver les techniques ancestrales de la céramique portugaise. L'occasion de rapporter assiettes, bols, vases, lampes, pots... (livraison à l'étranger possible). On peut même manger des sandwichs, quiches, salades ou gâteaux, tous servis dans de la vaisselle fabriquée à l'atelier, en s'attablant à la terrasse du superbe café, entre bougainvillées et azulejos.

ACTIVITÉS

Taruga Tours Croisières, Kayak

(969 617 828 ; www.tarugatoursbenagilcaves.pt ; Praia de Benagil ; croisières 30 min/1 heure 15 15/25 €, location kayak/paddle 1 heure 30 30/60 € ; 9h30-18h30 mai-sept, 10h30-16h30 oct-avr). Les croisières de Taruga vous emmèneront à l'extraordinaire grotte de Benagil, et des sorties plus longues permettent de découvrir d'autres grottes marines en passant sous des arches naturelles. L'agence loue également des kayaks et des planches de paddle pour explorer les grottes par vous-même. Réservez bien à l'avance en été. L'agence est installée à 6 km à l'est de Carvoeiro – garez-vous au sommet de la colline, côté est de la plage.

Divers Cove Plongée

(282 356 594 ; www.divers-cove.com ; Quinta do Paraíso ; découverte 1 journée 135 €, plongée avec/sans équipement 50/35 €, forfait 6 plongées 250/175 € ; 9h-19h lun-sam, 10h-19h dim). Un centre de plongée familial et polyglotte, qui fournit équipement et certification PADI.

Slide & Splash Parc aquatique

(282 340 800 ; www.slidesplash.com ; Vale de Deus 125, Estômbar ; adulte/enfant 27/20 € ; 10h-18h30 août, 10h-18h juil à début ou mi-sept, 10h-17h30 juin, 10h-17h avr, mai et mi ou fin sept). À 8 km au nord de Carvoeiro, les 7 ha de toboggans, piscines... associés à toute une programmation de spectacles de reptiles et d'oiseaux de proie occupent largement la journée. La vedette des parcs aquatiques de l'Algarve réunit nombre de restaurants sur place. Un bémol : l'absence de forfait famille, qui rend la sortie assez ruineuse à plusieurs.

Grottes de Benagil

OÙ SE RESTAURER

A Marisqueira Poisson €€

(☎282 358 695 ; facebook.com/amarisqueira.carvoeiro ; Estrada do Farol 95 ; plats 7-20,50 € ; 12h-14h30 et 18h30-22h lun-sam). Les effluves de poisson grillé atteindront vos narines bien avant d'apercevoir cette table réputée : sardines, soles, daurades, calamars, crevettes... tout ou presque est préparé sur un grand gril à charbon. À 600 m sur la route principale, à l'est de la Praia do Carvoeiro.

Le Crô Portugal Tapas €€

(☎910 983 443 ; Estrada do Farol 77 ; tapas 4,50-7,50 €, plats 8-13,50 € ; 12h30-15h et 18h30-22h jeu-mar ;). Tenu par Hugo et Marina, mari et femme, ce minuscule bar à vins sert d'excellents *petiscos* comme le ceviche de bar, chorizo et calamar ou encore les anchois marinés. Les végétariens se régalent de fromages locaux, olives, aubergines farcies aux figues. Les excellents crus de la région ravissent les œnophiles. Paiement en espèces uniquement.

OÙ PRENDRE UN VERRE

Restaurante Boneca Bar Bar

(☎282 358 391 ; facebook.com/RestauranteBonecaBar ; Estrada do Algar Sêco ; 10h-minuit). Niché au cœur des formations rocheuses d'Algar Seco, 750 m à l'est de la plage de Carvoeiro (au pied du parking bordant la falaise via un escalier abrupt), ce bar établi de longue date est un lieu magique pour boire un cocktail, une bière ou un verre de vin, surtout au soleil couchant. On y sert des plats portugais comme des sardines grillées ou des *bitoques* (steaks de porc).

RENSEIGNEMENTS

Turismo (☎282 357 728 ; www.visitalgarve.pt ; Largo da Praia ; 9h30-13h et 14h-17h30 mar-sam). Dans le centre-ville, juste avant la plage.

DEPUIS/VERS CARVOEIRO

En semaine, des bus assurent la liaison Carvoeiro-Portimão (3,35 €, 35 min, 8/jour).

Dénicher une place de stationnement en plein été relève de l'exploit. Garez plutôt votre voiture sur l'Estrada do Farol.

Olhão

Olhão, plus grand port de pêche de l'Algarve, présente un front de mer et une vieille ville tous deux très animés. L'endroit compte peu de curiosités, mais les quartiers aux influences mauresques, avec leurs maisons chaulées à toit plat, sont plaisants le temps d'une promenade. Les restaurants de poisson attirent les foules, tout comme le marché du matin, plus important le samedi.

Olhão est également le point de départ pour qui souhaite se rendre l'**Ilha de Farol**, l'**Ilha da Culatra** et l'**Ilha da Armona**, les îles sablonneuses du Parque Natural da Ria Formosa, ainsi que vers le centre écologique du parc, à Quinta de Marim.

À VOIR ET À FAIRE

Une intéressante promenade de 300 m part de la Rua da Fábrica Velha et se poursuit dans le dédale des ruelles situé derrière le front de mer, reliant cinq charmantes placettes. Des panneaux d'information relatent les mythes et légendes associés à la région.

Quinta de Marim Réserve naturelle

(www.natural.pt ; Quelfes ; 8h-20h lun-ven, 10h-20h sam-dim juin-sept, 9h-12h et 14h-17h tlj oct-mai). À 2,5 km à l'est d'Olhão se situe le superbe Centro de Educação Ambiental de Marim, communément appelé Quinta de Marim, vaste de 60 ha. Un chemin de 3 km traverse les divers écosystèmes – dunes, marais salants, pinèdes – et mène à un centre de sauvegarde de la faune sauvage ainsi qu'à un ancien moulin à eau. Parmi les espèces locales, citons le caméléon méditerranéen et la talève violacée.

Vue aérienne d'Olhão

Le bureau et le centre du Parque Natural da Ria Formosa se trouvent également ici.

Mercados Municipais Halles

(Av. 5 de Outubro ; 7h-14h lun-sam). On gagne à visiter, en particulier le samedi matin, ces deux belles halles centenaires en brique typiques de l'architecture industrielle d'alors. On peut, attablé dans l'un des petits restaurants de poisson ou un café, profiter de l'ambiance et de la vue sur la mer.

OÙ SE RESTAURER

Un marché se tient sur le front de mer, dans l'Avenida 5 de Outubro bordée de restaurants de poisson qui servent de bonnes *cataplanas* et la *xerém* (purée de maïs façon polenta avec palourdes, sardines et bacon). D'autres tables se cachent dans les ruelles de la vieille ville.

Tacho à Mesa Portugais €€

(961 624 577 ; facebook.com/tachoamesaolhao ; Rua dos Lavadouros 46 ; plats 7-15 €, cataplanas 28-34 € ; 11h-15h lun, 11h-15h et 19h30-22h30 mar-sam, fermé jan ;). Servie dans un élégant décor blanc et moderne, une cuisine traditionnelle de premier ordre à base de produits frais achetés deux fois par jour sur les marchés. Au menu : *cataplanas savoureuses*, *bochechas de porco* (joues de porc) juteuses à souhait et d'autres délices de l'Algarve et de l'Alentejo. Les vins viennent de tout le Portugal, avec quelques crus espagnols. Réservation indispensable en été.

Tasca o Galo Portugais €€

(964 709 746 ; Rua a Gazeta de Olhão 7 ; plats 8-18 € ; 18h-minuit lun-sam, fermé jan-fév). En retrait du front de mer, cette échoppe de marchand reconvertie en restaurant ne compte que 22 couverts ; mieux vaut réserver. Commencez par du pain à l'huile d'olive primée avant de déguster des plats maison comme les *cataplanas*, les crevettes au piri-piri, le rable de lapin à la cerise, et en dessert une orange de l'Algarve grillée aux poivre, miel et romarin.

OÙ PRENDRE UN VERRE

Snack-Bar A Velha Café
(Av. da República 16 ; 10h-22h lun-sam). Bar d'habitués sans chichis situé dans le centre-ville. L'authenticité du lieu vous fera oublier l'accueil un peu bourru. L'offre en matière de boissons est limitée : café, bière ou vin de la maison. Remarquez la vieille enseigne Schweppes en carrelage sur la devanture. Horaires variables.

RENSEIGNEMENTS

Turismo (289 713 936 ; www.visitalgarve.pt ; Largo Sebastião Martins Mestre 6 ; 9h-17h mar-jeu, 9h-13h et 14h-17h30 ven-lun). Au centre de la zone piétonne.

DEPUIS/VERS OLHÃO

BUS

Eva (www.eva-bus.com) assure la liaison sur Faro (3,35 €, 20 min, jusqu'à 2/heure), Lisbonne (20 €, 3 heures 45, 4/jour) et Tavira (4,25 €, 40 min, toutes les 2 heures).

TRAIN

Des trains réguliers rejoignent Faro (1,45 €, 10 min, 10/jour) et, vers l'est, Fuseta (1,45 €, 10 min, 1/heure) et Tavira (2,35 €, 25 min, 1/heure).

À la plage sur les îles

Olhão est séparée de l'océan par les îles et estuaires du Parque Natural da Ria Formosa. Les **ferries** (Av. 5 de Outubro) à destination des îles partent toute l'année du quai à l'extrémité est du Jardim Patrão Joaquim Lopes pour les plages de l'Ilha de Farol, de l'Ilha da Culatra et de l'Ilha da Armona. Sur place, profitez du soleil et explorez les hameaux de pêcheurs.

Les horaires des ferries sont les suivants :

Ilha da Armona (6 € aller-retour, 20 min). Toutes les heures en juillet et août, toutes les 2 heures de septembre à juin.

Ilha da Culatra (6 € aller-retour, 30 min). Toutes les heures en juillet et août, toutes les 2 heures de septembre à juin.

Ilha do Farol (7 € aller-retour, 1 heure). Toutes les heures de juin à août et 4 fois par jour de septembre à mai.

HEMIS/ALAMY STOCK PHOTO ©

Aljezur

Sur la côte ouest de l'Algarve s'étendent de merveilleuses plages adossées à une végétation sauvage. L'endroit est préservé grâce aux restrictions portant sur les constructions qu'impose la présence du Parque Natural do Sudoeste Alentejano e Costa Vicentina.

Aljezur, charmant village à cheval sur une rivière, est divisé en une partie mauresque, à l'ouest, avec des maisonnettes au pied d'un château en ruine du Xe siècle, et une partie appelée Igreja Nova (Nouvelle Église) à l'est, perchée à 600 m sur une colline escarpée. C'est un point de chute agréable pour explorer les environs. Les plages bordées de rochers noirs s'avançant dans la mer écumante sont de bons spots de surf. La campagne alentour, qui fait partie du parc naturel, est un festival de couleurs où le vert se mêle au jaune des genêts et au mauve des bruyères.

À VOIR

Parmi les superbes plages préservées aux alentours d'Aljezur figurent : la **Praia da Arrifana**, à 10 km au sud-ouest (près du complexe touristique Vale da Telha),

Praia de Vale Figueira

une baie bordée de falaises noires avec un restaurant, du sable blanc et quelques gros *swells* nord-ouest pour les surfeurs ; la **Praia do Monte Clérigo**, à 8,5 km au nord-ouest ; et la **Praia da Amoreira**, à 6 km, où le fleuve se jette dans la mer. Plus difficile à atteindre et plus isolée, la **Praia de Vale Figueira**, à 15 km au sud-ouest d'Aljezur, se rejoint par de mauvaises pistes.

ACTIVITÉS

Algarve Adventure Activités de plein air

(913 533 363 ; www.algarve-adventure.com ; Praia do Monte Clérigo cours d'escalade 4 heures débutant/confirmé à partir de 60/120 €). L'énergique équipe d'Algarve Adventure propose des sessions d'escalade sur la côte et dans les collines de l'arrière-pays, transport et équipement compris. L'agence tient également une école de surf (cours demi-journée/journée avec équipement 35/60 €) et loue du matériel (planche de surf/combinaison 25/10 € la journée) et des VTT (demi-journée/journée à partir de 15/20 €).

Burros e Artes Circuits

(967 145 306, 282 995 068 ; www.burros-artes.blogspot.com ; Vale das Amoreiras trek non accompagné avec âne à partir de 60 €/jour, treks guidés 1/3/7 jours à partir de 85/490/895 €). Pour qui aime prendre son temps, ce prestataire propose chaque jour de parcourir 10 à 15 km à pied dans la nature, avec pour compagnie un *burro* (âne) portant votre paquetage. L'agence se charge de l'hébergement, des repas et du recrutement facultatif de guides polyglottes. Si vous préférez vous débrouiller seul, vous serez responsable de votre âne (il y a des règles strictes à respecter), ce qui s'avère très amusant. Les tarifs varient selon plusieurs facteurs, dont le standing de l'hébergement. À 4 km au nord-est d'Aljezur.

Arrifana Surf School Surf

(961 690 249 ; www.arrifanasurfschool.com ; Praia da Arrifana ; stages 1/3/5 jours 55/150/225 €, location planche/combinaison demi-journée 20/10 € ; fermé fév). Cette école de surf basée à Praia da Arrifana propose une gamme complète de locations

et de leçons, ainsi que des forfaits incluant l'hébergement.

OÙ SE RESTAURER

Mó Veggie Bistro Végétarien €

(925 289 246 ; facebook.com/MoVeggieBistro ; Rua João Dias Mendes 13 ; plats 5,50-11 € ; 12h30-16h et 18h30-22h mar-sam avr-nov ;). L'ancien moulin à blé habillé de bois brut accueille désormais les canapés moelleux et l'éclairage suspendu de ce bistrot à deux niveaux. Les plats sont tous végétariens, et pour la plupart vegan – houmous de patate douce à la betterave, salade de graines de chia, mangue et basilic, burgers au steak de haricots et gâteaux. Ateliers yoga et concerts régulièrement programmés.

O Paulo Poisson €€

(934 975 250 ; www.restauranteopaulo.com ; Rua Serpa Pinto 32, Arrifana ; plats 9-25 € ; cuisine 9h30-22h, bar 9h30-minuit avr-nov, horaires variables nov-mars ;). Voisin de la forteresse en ruine d'Arrifana, ce restaurant jouit d'une vue portant jusqu'au cap Saint-Vincent depuis sa romantique terrasse couverte perchée sur la falaise. La cuisine est au niveau du panorama : aquariums remplis de homards et crabes vivants, poissons ultra-frais et autres saveurs iodées comme les couteaux et les pouces-pieds.

OÙ PRENDRE UN VERRE

O Sargo Bar

(912 995 839 ; Praia do Monte Clerigo ; 9h-22h jeu-mar mars à mi-nov). Juste en face de la plage et protégé du vent et du sable par des parois de verre, ce bar est l'endroit parfait pour reprendre des forces après une session surf, avec jus pressés à froid, bières artisanales, cidres, vins de la région et sangrias au vin rouge ou blanc. Concerts le week-end de juin à septembre, et fêtes de pleine lune fréquentes.

DEPUIS/VERS ALJEZUR

Des bus **Eva** (www.eva-bus.com) relient Aljezur et Lagos (4 €, 50 min, 4/jour lun-ven, 1/jour sam). Des bus **Rede Expressos** (rede-expressos.pt) desservent Lisbonne au nord (17,60 €, 3 heures 45, 2/jour) et Lagos (7,60 €, 35 min, 2/jour) et Portimão (8,70 €, 55 min, 2/jour) au sud.

En voiture, garez-vous dans le parking gratuit en face du *turismo*.

SAGRES ET LE CABO DE SÃO VICENTE

Dans ce chapitre

Sagres et le Cabo de São Vicente

Dominant des paysages parmi les plus spectaculaires de l'Algarve, Sagres est un village tout en longueur qui a des airs de bout du monde, entre des falaises sculptées par la mer et une forteresse battue par les vents. Son attrait tient pour l'essentiel à son isolement et à l'accès à quelques belles plages. De fait, l'endroit est prisé des surfeurs, en particulier ces dernières années, et une ambiance joyeuse règne dans ses cafés et ses bars.

À la sortie de la ville, les impressionnantes falaises du Cabo de São Vicente fascinent : à l'extrémité sud-ouest de l'Europe, c'est la dernière terre que les marins voient avant de traverser l'Atlantique.

Sagres et le Cabo do São Vicente en 2 jours

L'immense majorité des visiteurs dans la région séjournent à Sagres, qui possède de jolies plages. Profitez de la **plage** (p. 173) le premier jour et offrez-vous un festin de fruits de mer le soir. Le lendemain, rejoignez le Cabo do São Vicente (p. 170) et admirez l'un des confins du Vieux Continent.

Sagres et le Cabo do São Vicente en 4 jours

Pour votre troisième jour, contactez une école de surf et louez du matériel pour aller taquiner la vague (ou essayez-vous à ce sport en prenant votre premier cours). L'immense **Fortaleza de Sagres** (p. 172) occupera votre dernière journée, qui pourra se terminer dans un sympathique bar de surfeurs le soir.

Page précédente : Cabo de São Vicente (p. 170)

Voir carte Sagres (p. 173)

Comment s'y rendre

À Sagres, l'arrêt principal des bus pour le Cabo de São Vicente et Lagos se trouve à côté de l'office du tourisme. Des bus circulent entre Sagres et Lagos (4 €, 1 heure, toutes les heures lun-ven, moins fréquents le week-end). En semaine, des bus desservent le Cabo de São Vicente (2,10 €, 10 minutes, 2 bus/jour lun-ven).

Où se loger

L'été, Sagres fait le plein, mais il est un peu plus facile de se loger ici qu'ailleurs dans l'Algarve, en raison notamment de plusieurs "auberges" officieuses et de particuliers qui louent des chambres ou des appartements. Les prix peuvent diminuer de moitié pendant la basse saison, y compris ceux des établissements haut de gamme.

Cabo de São Vicente

Un air de bout du monde

Il règne à la pointe sud-ouest du Portugal continental une ambiance particulière : après les incroyables falaises du Cabo de São Vicente battues par les vents et ces vagues ourlées d'écume, il n'y a plus que le vaste Atlantique.

Pour ceux qui aiment...

☑ Ne ratez pas

La randonnée de Sagres au Cabo de São Vicente via un sentier en haut des falaises.

Sagres

Dès que pointe le soleil, surfeurs et touristes envahissent le village de Sagres, les premiers pour affronter les déferlantes venues de l'Atlantique, les seconds pour rayonner dans ce coin isolé de l'Algarve. Les plages autour du village sont sublimes – et très fréquentées de mai à septembre. Ajoutez à tout cela quelques bons restaurants et une enfilade de sympathiques bars de surfeurs où il fait bon traîner le soir, même si vous n'êtes jamais monté sur une planche. Sagres ne manque pas de charme.

Cabo de São Vicente

À 5 km de Sagres, le point le plus au sud-ouest de l'Europe est un cap aride qui constituait le dernier repère des marins portugais d'autrefois, avant le départ vers

Plage de Sagres

VALENTINA MANCINI/GETTY IMAGES ©

l'inconnu. Le lieu est spectaculaire, en particulier au crépuscule. Dans le **Farol de São Vicente** (☎282 624 606 ; www.faros.pt ; N268 ; adulte/enfant 1,50/1 € ; ⏲10h-18h avr-oct, 10h-17h oct-mars), phare rouge, vous découvrirez un excellent musée qui aborde le rôle de Sagres dans l'histoire maritime du pays. Vous y verrez notamment des reproductions d'un atlas de 1561.

Peu avant d'arriver au phare, vous passerez devant la **Fortaleza do Beliche**, construite en 1632 sur le site d'une autre forteresse, encore plus ancienne. Celle-ci fut un hôtel durant un temps. L'intérieur n'en est plus accessible aujourd'hui, mais on peut descendre vers la mer le long d'un joli chemin. À l'abri des remparts, le pique-nique sera plus agréable que sur le cap, balayé par les vents.

Infos pratiques

Sagres est à 33 km à l'ouest de Lagos, et le Cabo de São Vicente à 5 km à l'ouest de Sagres.

Une petite faim ?

Sagres compte plusieurs restaurants et cafés ; A Casínha (p. 176) est une bonne petite adresse pour déjeuner.

★ Bon à savoir

Deux bus par jour relient Lagos au Cabo de São Vicente, via Sagres.

Un peu d'histoire

Lieu révéré à l'époque des Phéniciens et appelé *Promontorium Sacrum* par les Romains, le "cap de Saint-Vincent" doit son nom actuel à un prêtre espagnol martyrisé par les Romains. C'est ici qu'Henri le Navigateur, illustre roi à l'origine des expéditions portugaises vers l'Atlantique et le Nouveau Monde, aurait fondé une école de navigation dont l'emplacement exact reste cependant inconnu. De nombreuses grandes batailles navales eurent lieu au large du cap.

Surf

C'est d'abord pour surfer ces vagues puissantes qui déferlent sur les plages et au pied des falaises que beaucoup se rendent dans le sud-ouest du Portugal. Les surfeurs ne sont pas étrangers à l'ambiance qui règne dans le village et ils en rythment la vie. Vous les croiserez le soir, épuisés et ravis, converger dans les bars pour s'offrir quelques bières et manger un morceau après avoir passé la journée à taquiner la houle. Sagres compte plusieurs écoles de surf et loueurs de matériel qui proposent des initiations pour les débutants. Il est possible de louer des forfaits associant leçons et hébergement au Free Ride Sagres (p. 174), l'un des campings de la ville dédiés aux surfeurs. D'autres activités aquatiques sont proposées, notamment du stand-up paddle et des sorties d'observation de la faune et de la flore.

À VOIR

Fortaleza de Sagres Forteresse

(Carte ci-contre ; 282 620 142 ; www.monumentosdoalgarve.pt ; tarif plein/réduit/-12 ans 3/1,50 €/gratuit ; 9h30-20h mai-sept, 9h30-17h30 oct-avr). Depuis la forteresse de Sagres, massive et austère, on a une vue exceptionnelle sur les falaises et la côte, jusqu'au cap de Saint-Vincent. La légende dit que c'est ici que le prince Henri le Navigateur installa son école de navigation. Le site est vaste, aussi prévoyez une heure au moins pour tout voir.

Une fois la porte franchie, on découvre une grande pierre de 43 m de diamètre. Du nom de **Rosa dos Ventos** (la rose des vents), cette curieuse création serait la représentation d'un compas marin ou d'un cadran solaire. Mis au jour lors de fouilles en 1921, le dallage pourrait dater de l'époque du prince Henri, mais remonte plus probablement au XVIe siècle.

Les constructions les plus anciennes du site sont une citerne, à l'est, une maison, ainsi qu'une petite église aux murs blancs du XVIe siècle, l'**Igreja de Nossa Senhora da Graça** (carte ci-contre). Très modeste, elle possède une voûte en berceau et un autel du XVIIe siècle. Sur les panneaux de faïence de l'autel, vous distinguerez des éléphants et des antilopes.

La plupart des espaces entre les bâtiments proviennent d'un déblayage des ruines, des XVIIe et XVIIIe siècles, effectué dans les années 1960. La reconstruction alors prévue pour le 500e anniversaire de la mort d'Henri n'a pas eu lieu.

Le centre d'accueil des visiteurs réunit une boutique de souvenirs, un centre d'expositions et un café.

Le tour du promontoire est très agréable, et les panneaux d'information (en anglais et portugais) illustrent bien la richesse de la faune et de la flore des environs. Ne ratez pas les fissures calcaires qui descendent vers la mer, ainsi que le labyrinthe créé par Pancho Guedes, célèbre sculpteur et architecte portugais. Un **phare** domine la pointe sud du promontoire. Vous verrez peut-être des pêcheurs jeter leur ligne depuis les falaises en contrebas dans l'espoir de ramener une dorade ou un loup de mer.

Igreja de Nossa Senhora da Graça

EYE35 STOCK/ALAMY STOCK PHOTO ©

Sagres

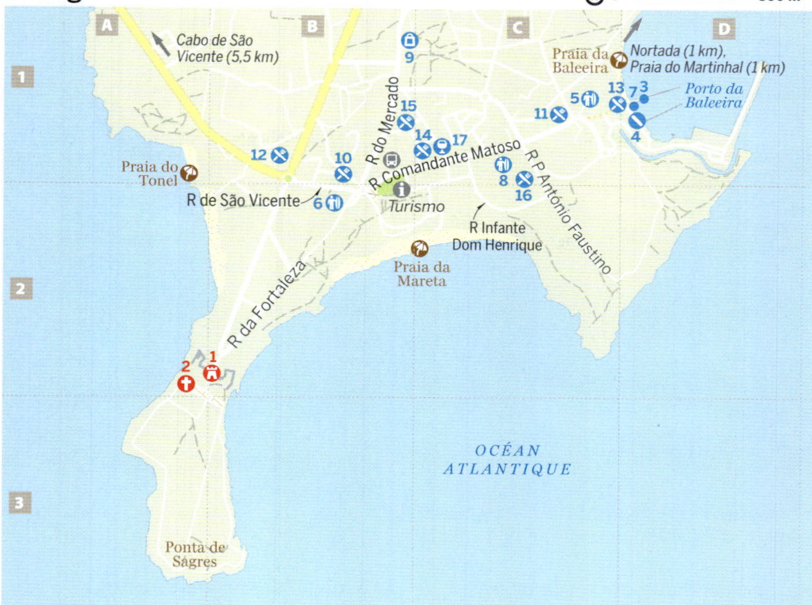

Sagres

À voir

1 Fortaleza de Sagres B2
2 Igreja de Nossa Senhora da Graça A2

Activités

3 Cape Cruiser D1
4 DiversCape D1
5 Free Ride Sagres Surfcamp C1
Mar Ilimitado .... (voir 3)
6 Sagres Natura B2
7 Sea Xplorer Sagres D1
8 Wave Sensations C1

Achats

9 Mercado Municipal 25 de Abril B1

Où se restaurer

10 A Casínha B1
11 A Grelha C1
12 A Sagres B1
13 A Tasca C1
14 Mum's C1
15 Three Little Birds B1
16 Vila Velha C1

Où prendre un verre et faire la fête

17 Agua Salgada C1
Dromedário .... (voir 17)
Pau de Pita .... (voir 17)

ACTIVITÉS

Depuis Sagres, on peut rejoindre quatre plages au terme d'une longue marche ou de quelques minutes en voiture : la **Praia da Mareta**, juste en dessous du village ; la **Praia do Martinhal** à l'est ; la **Praia do Tonel**, parfaite pour le surf, de l'autre côté de Ponta de Sagres ; et la **Praia de Beliche**, isolée sur la route du Cabo de São Vicente.

Mar Ilimitado Observation de la faune

(Carte ci-dessus ; 916 832 625 ; www.marilimitado.com ; Porto da Baleeira). Cette équipe de biologistes marins a mis sur pied toute une série de croisières respectueuses de l'environnement : observation des dauphins (35 €, 1 heure 30) et des oiseaux de mer (45 €, 2 heures 30), découverte du cap Saint-Vincent (25 €, 1 heure). L'occasion d'apercevoir tortues caouannes,

Praia de Beliche (p. 173)

requins-pèlerins, dauphins communs, tursiops, orques, baleines de Minke et rorquals communs.

Sagres Natura Surf

(Carte p. 173 ; ☎282 624 072 ; www.sagres-surfcamp.com ; Rua São Vicente ; ⏰mars à mi-déc). Cette école de surf chaudement recommandée assure des cours collectifs d'une journée (55 € équipement compris) et loue Bodyboards (15 €/jour), planches de surf (20 €), combinaisons (10 €) et vélos (10 €). On trouve sur place une boutique d'équipement de surf et auberge de jeunesse (dortoir à partir de 17,50 €). Comptez un minimum de 410 € le camp de surf d'une semaine, avec leçons, équipement, petits-déjeuners et soirée barbecue.

Walkin'Sagres À pied

(☎925 545 515 ; www.walkinsagres.com). Polyglotte, Ana Carla vous fait découvrir au rythme des pas le riche passé de Sagres et sa région. Vous marcherez à travers les pinèdes jusqu'au cap et ses falaises. Les circuits vont de 7,7 km (25 €, 3 heures) à 15 km (40 €, 4 heures 30), plus, le week-end, un circuit de 2,5 km adapté aux familles avec jeunes enfants (adulte/enfant 15 €/gratuit, 1 heure 30).

Free Ride Sagres Surfcamp Surf

(Carte p. 173 ; ☎916 089 005 ; www.frsurf.com ; Hotel Memmo Baleeira, Sítio da Baleeira ; cours 1/3/5 jours 60/165/255 €, planche ou combinaison 15 €/jour). École de surf parmi nombre d'autres des environs, celle-ci propose cours, forfaits et location de matériel ainsi que le transfert gratuit depuis Sagres et Lagos jusqu'au meilleur spot du jour. Elle organise également des excursions en paddle autour des falaises et des plages (35 €, 1 heure 30).

DiversCape Plongée

(Carte p. 173 ; ☎965 559 073 ; www.diverscape.com ; Porto da Baleeira). Certifié PADI et recommandé, DiversCape organise des plongées de 12 à 30 m autour d'épaves, de grottes et de canyons. Le forfait, équipement compris, coûte 50/250/400 € pour 1/6/10 plongées. Le stage PADI

Open-Water de 4 jours revient à 400 €. Cours pour débutants (à partir de 80 €) et même pour enfants (60 €, âge minimum requis 8 ans).

Sea Xplorer Sagres Observation de la faune

(Carte p. 173 ; ✆918 940 128 ; seaxplorersagres.com ; Porto da Baleeira ; ⏲croisières juin-août, pêche tte l'année). Au départ du port de Sagres, Sea Xplorer propose des sorties pour observer les dauphins (35 €, 2 heures) ou admirer depuis la mer les falaises du Cabo São Vicente (20 € , 1 heure 30) et des sorties pêche (50 € matériel compris, 4 heures).

Cape Cruiser Observation de la faune

(Carte p. 173 ; ✆919 751 175 ; www.capecruiser.org ; Porto da Baleeira). Plusieurs croisières en bateau, notamment d'observation des dauphins (35 €, 1 heure 30), des oiseaux de mer (45 €, 2 heure 30), ou à destination du cap Saint-Vincent (25 €, 1 heure 30), ainsi que diverses formules avec pêche.

Wave Sensations Surf

(Carte p. 173 ; ✆282 624 856 ; wavesensations.com ; Rua Comandante Matoso). Cours de surf et de stand-up paddle (55 €/jour), location de matériel (planches de surf/combinaisons 20/10 €) et forfaits avec hébergement à l'hôtel **Casa Azul** (✆282 624 856 ; www.casaazulsagres.com ; Rua Dom Sebastião ; d/app à partir de 110/176 € ; ❄📶).

ACHATS

Mercado Municipal 25 de Abril Marché

(Carte p. 173 ; Rua do Mercado ; ⏲8h-14h lun-sam). Les étals du marché municipal de Sagres sont garnis de fruits, légumes, viandes, et bien sûr de produits de la mer.

OÙ SE RESTAURER

Cafés et restaurants entourent la Praça de República, plus quelques autres sur le sable de la Praia do Martinhal. Les habitants préfèrent néanmoins les tables plus typiques, et avantageuses, de la Rua Comandante Matoso et ses alentours, juste avant le port.

La Rota Vicentina

La **Rota Vicentina** (la Route vicentine) comprend deux itinéraires de randonnée – l'un côtier, l'autre dans les terres – et court le long de la côte sud-ouest jusqu'au Cabo de São Vicente. Le chemin du littoral (ou "sentier des pêcheurs") démarre à Porto Covo et suit les voies tracées par les baigneurs et les pêcheurs en passant par de superbes paysages côtiers sauvages. Tout aussi splendide, l'itinéraire intérieur (ou "chemin historique") traverse le Parque Natural do Sudoeste Alentejano e Costa Vicentina, ainsi que des localités rurales, des forêts de chênes-lièges et des vallées.

Les deux sentiers sont divisés en sections de 25 km au plus, séparant des villages où vous pourrez passer la nuit (inutile d'emporter tente ou sac de couchage).

Des opérateurs partenaires peuvent organiser la logistique de vos randonnées et prendre en charge le transfert des bagages ou des personnes, mais vous pouvez aussi les effectuer en indépendant. De nombreux hébergements jalonnent les deux itinéraires. Pour plus de détails, consultez le site rotavicentina.com.

Porto Covo
LISANDRO LUIS TRARBACH/SHUTTERSTOCK ©

Le Prince Henri le Navigateur

À Sagres, le prince Henri le Navigateur (1394-1460), troisième fils de Jean Ier, fonda une école de navigation spécialisée dans la cartographie, l'astronomie et s'entoura de marins expérimentés. Ils perfectionnèrent l'astrolabe, la cadran et la caravelle, navire rapide qui allait jouer un rôle déterminant à l'âge d'or des Grandes Découvertes portugaises. Les expéditions commandées par Henri permirent de progresser dans l'exploration de l'Atlantique et de la côte africaine. L'ouverture d'une route maritime vers l'Afrique occidentale enrichit grandement le Portugal et lui valut son rang de puissance impériale. Il est probable que l'existence du continent sud-américain ait été découverte, ou du moins soupçonnée, lors des expéditions d'Henri le Navigateur, bien qu'il ne fut officiellement atteint par les Portugais que lors de la "découverte" du Brésil actuel par Pedro Álvares Cabral en 1500.

Statue d'Henri le Navigateur, Lagos
CHRISDORNEY/SHUTTERSTOCK ©

A Grelha Portugais €
(Carte p. 173 ; 282 624 193 ; Rua Comandante Matoso ; plats 8-13,50 € ; 12h-15h et 19h-22h lun-ven avr-oct). Ce modeste restaurant plus avenant à l'intérieur qu'à l'extérieur, avec ses nappes en papier de couleurs vives, propose du poulet grillé et du poisson local à des prix tout à fait corrects.

Three Little Birds Café €€
(Carte p. 173 ; 282 624 432 ; www.three-little-birds.org ; Rua do Mercado ; plats 9-14 € ; 17h-23h fév-nov ;). Ces "Trois Petits Oiseaux" font tout maison, tortillas, chips de maïs et petits pains briochés inclus. Cela explique la succulence des tacos, nachos et burgers (poulet piri-piri, confiture de bacon et ananas grillé, ou encore morue avec aïoli au citron vert, avocat et salsa au concombre, plus options végétariennes multiples), concoctés dans le café le plus détendu qui soit à Sagres. Côté boissons, il y a 20 bières artisanales et des cocktails à base de gin. Concerts de reggae, funk et soul les samedis d'été.

A Casínha Portugais €€
(Carte p. 173 ; 917 768 917 ; facebook.com/acasinhasagres ; Rua São Vicente ; plats 14-22 €, cataplanas 28-40 € ; 12h30-15h et 19h-22h30 lun-sam mars-oct). Ce confortable établissement sert une cuisine portugaise délicieusement authentique, dont des poissons cuits au barbecue, plusieurs versions de *cataplanas* (ragoût de la mer) pour deux et un *arroz de polvo* (riz au poulpe). Sa popularité explique la lenteur du service en été, mais la qualité de la cuisine justifie l'attente.

A Eira do Mel Portugais €€
(282 639 016 ; Estrada do Castelejo, Vila do Bispo ; plats 11-22 €, cataplanas 27-35 € ; 12h-14h30 et 19h30-22h mar-sam). Il faut gagner une vieille ferme à 9 km au nord de Sagres pour goûter la cuisine réputée de José Pinheiro, une icône du mouvement locavore. Les poissons sont pêchés au large de Sagres. Viandes, fruits et légumes proviennent de fermes voisines. Les plats, tels que la *cataplana* de poulpe aux patates douces, les crevettes sauvages de l'Atlantique épicées au piri-piri, le lapin au vin rouge et le *javali* sont accompagnés de vins de la région.

A Tasca Fruits de mer €€
(Carte p. 173 ; 282 624 177 ; Porto da Baleeira ; plats 13-30 €, tapas 3,50-16 €, plateaux de fruits de mer 60-115 € ; 12h30-15h et 18h30-22h jeu-mar). Difficile de trouver délices de la mer plus fraîches que dans cet ancien entrepôt de pêcheurs aux murs ornés

A Tasca

de bouteilles en verre, d'assiettes en céramique, de coquillages et de galets, avec sa belle terrasse en bois sur la marina et face aux Ilhotes do Martinhal au large. Il y a un vivier à côté du bar. L'endroit a pour spécialités les plateaux de fruits de mer et les *cataplanas*.

Mum's International €€

(Carte p. 173 ; 968 210 411 ; www.mums-sagres.com ; Rua Comandante Matoso ; plats 15-23 € ; cuisine 19h-minuit, bar 19h-2h mer-lun ;). Un agréable café nstallé sur l'artère principale. Parmi télés et radios du passé, bouteilles, livres et cadres-photo, difficile de ne pas apprécier une nourriture prioritairement végétarienne (tofu mariné avec purée de marrons, betterave rôtie et sauce aux baies sauvages, par exemple) que viennent agrémenter quelques plats marins comme la morue en croûte de pain de maïs avec mousse au parmesan. Bons conseils sur le vin adapté à votre choix. Espèces uniquement.

A Sagres Portugais €€

(Carte p. 173 ; 282 624 171 ; www.a-sagres.com ; Ecovia do Litoral ; plats 7,50-16 € ; 12h-15h et 19h-22h jeu-mar). L'intérieur chaleureux et rustique s'ouvre sur une terrasse ensoleillée où l'on peut dîner. Les viandes et les poissons grillés au feu de bois sont servis avec des accompagnements simples (pommes de terre ou salade de tomates).

Nortada Café €€

(918 613 410 ; facebook.com/Nortadabeachbar ; Praia do Martinhal ; plats 5-18,50 € ; 10h-22h avr-oct ;). Ce charmant bâtiment de plage bleu, implanté près d'un complexe touristique sur le sable blanc de la Praia do Martinhal, est le lieu parfait où se restaurer en été. En plus des fruits de mer grillés, la carte comprend salades, sandwichs, burgers et pâtes.

Vila Velha International €€€

(Carte p. 173 ; 282 624 788 ; www.vilavelha-sagres.com ; Rua Patrão António Faustino ; plats 12,50-29,50 € ; 18h30-minuit mar-dim). Passé le magnifique jardin, on atteint la jolie maison ancienne où a élu domicile cet établissement haut de gamme. Le chef excelle dans les poissons (optez pour la pêche du jour), tout comme dans les recettes carnées telles que le civet de lapin au vin rouge, les côtelettes d'agneau à l'ail et aux herbes ou encore l'entrecôte nappée de sauce aux champignons sauvages. Réservation indispensable en haute saison.

OÙ PRENDRE UN VERRE ET FAIRE LA FÊTE

Une fois sortis des vagues, les surfeurs se retrouvent Rua Comandante Matoso, où sont concentrés nombre d'établissements servant un peu de tout, des cafés aux caïpirinhas. Le soir, les cafés se muent en bars-restaurants animés.

Agua Salgada — Bar

(Carte p. 173 ; ☎282 624 297 ; Rua Comandante Matoso ; ⏲10h-2h dim-mer, 10h-3h jeu-sam ; wifi). Ce bar, l'un des plus animés de Sagres, doit son atmosphère festive aux sessions DJ et aux concerts occasionnels. La longue carte des cocktails s'appuie essentiellement sur des fruits frais (goûtez le “kiwi colada”).

Dromedário — Bar

(Carte p. 173 ; ☎282 624 219 ; Rua Comandante Matoso ; ⏲10h-2h dim-mer, 10h-3h jeu-sam ; wifi). Plus que trentenaire, le vétéran des cafés-bars de Sagres a pour emblème et nom le dromadaire (*dromedário*), réputé si résistant à la soif ! C'est pourtant l'endroit le plus cool où se retrouver après une journée dans les vagues et siroter un martini pastèque-gingembre par exemple. Sessions DJ fréquentes et burgers gastronomiques, dont des options végétariennes.

Pau de Pita — Café

(Carte p. 173 ; Rua Comandante Matoso ; ⏲10h-3h ; wifi). Idéal pour se détendre après une session surf, l'intérieur tout en bois naturel de ce café-bar plein de vie attire la foule. On se répartit entre la terrasse ensoleillée face aux flots et le rez-de-chaussée réchauffé par un poêle et débordant sur la ruelle avec ses tables de pique-nique. Au choix : cafés, jus, smoothies, cocktails et bières.

Praia do Tonel (p. 173)

PETER LLEWELLYN/GETTY IMAGES ©

Dauphins au large de Sagres

RENSEIGNEMENTS

Turismo (carte p. 173 ; 282 624 873 ; www.visitalgarve.pt ; Rua Comandante Matoso 75 ; 9h30-13h et 14h-17h tlj juil-août, 9h30-13h et 14h-17h30 mar-sam sept-juin). À 100 m à l'est de la Praça da República, sur une petite pelouse.

DEPUIS/VERS SAGRES ET LE CABO DE SÃO VICENTE

L'**arrêt des bus** (carte p. 173 ; Rua Comandante Matoso) jouxte l'office du tourisme. Vous pourrez acheter les billets dans les bus.

Des bus font la navette depuis/vers Lagos (4 €, 1 heure, 1/heure lun-ven, moins fréquents sam-dim) via Vila do Bispo (2,20 €, 20 min) et Salema (2,55 €, 30 min). Il existe aussi en semaine des liaisons routières pour le Cabo de São Vicente (2,10 €, 10 min, 2/jour lun-ven).

COMMENT CIRCULER

Location de vélos auprès de **Sagres Natura** (p. 174) ou **Maretta Shop** (282 624 535 ; www.marettashop.com ; Rua Comandante Matoso ; location vélo 8-25 €/jour, scooter 29 €/jour ; 10h-20h).

ÉVORA

Dans ce chapitre

Évora

Perchée à flanc de colline au-dessus de la plaine de l'Alentejo, Évora est l'une des cités médiévales les mieux préservées du pay. À l'intérieur de ses remparts du XIVe siècle, des ruelles sinueuses conduisent à des merveilles architecturales : une cathédrale médiévale et son cloître, les vestiges du Templo Romano aux impressionnantes colonnes, et une grand-place de caractère, jadis site des atrocités de l'Inquisition. La "perle de l'Alentejo" est aussi une ville universitaire animée, où nombre de restaurants mettent à l'honneur la généreuse cuisine régionale. Dans les environs, des monuments néolithiques et des domaines viticoles feront l'objet de belles excursions à la journée.

Évora en 2 jours

Consacrez le premier jour à la découverte de joyaux architecturaux : l'**Igreja de São Francisco** (p. 184) et le **Templo Romano** (p. 185). Le lendemain, explorez la **Sé** (p. 184) et le **Museu do Évora** (p. 186). Terminez chaque journée par une délicieuse cuisine alentéjane dans l'un des **restaurants** (p. 190) appréciés de la ville.

Évora en 4 jours

Le troisième jour, une voiture sera nécessaire pour retrouver les **mégalithes** (p. 190) érigés il y a quelque 5 000 à 7 500 ans qui parsèment les paysages situés à l'ouest d'Évora. Vous pouvez consacrer le dernier jour à la découverte des vignobles ou à la visite de sites moins connus de la ville comme la **Fundação Eugénio de Almeida** (p. 186).

Page précédente : Cathédrale médiévale (p. 184)

Comment s'y rendre

La gare routière, située à 600 m à l'ouest de la vieille ville fortifiée, est reliée par des bus longue distance à des villes du sud du Portugal et au-delà.

La gare ferroviaire est hors de l'enceinte fortifiée, à 600 m au sud du **Jardim Público** (p. 196). Il y a des trains quotidiens pour Lisbonne (13,70 €, 2 heures), Lagos (25-28 €, 5 heures) et Faro (26,20 €, 4 heures 30).

Où se loger

Bon point de chute pour sillonner la région, Évora offre le meilleur choix en matière d'hébergement de tout l'Alentejo – auberges de jeunesse, charmantes pensions et boutique-hôtels luxueux. La plupart des meilleurs hébergements d'Évora se trouvent dans l'enceinte de la ville, où vit environ un cinquième de la population. En partant d'un quartier excentré, le trajet est parfois long pour arriver jusqu'aux principaux sites du centre de la ville.

Ruines romaines

Trésors architecturaux d'Évora

Le riche patrimoine architectural d'Évora, préservé par ses remparts et classé au Patrimoine mondial, résume presque à lui seul l'histoire du Portugal.

Pour ceux qui aiment...

☑ **Ne ratez pas**

Une balade dans la campagne d'Évora, le long de l'aqueduc du XVIe siècle – renseignez-vous à l'office du tourisme.

Joyaux médiévaux

L'église la plus connue d'Évora est l'**Igreja de São Francisco** (carte p. 187 ; www.igrejadesaofrancisco.pt ; Praça 1 de Maio ; 9h-18h30 juin-sept, 9h-17h oct-mai), un grand édifice manuélin-gothique, achevé vers 1510 et dédié à saint François. Le dramaturge Gil Vicente, considéré comme le père du théâtre populaire portugais, serait inhumé ici.

La monumentale **Sé** (carte p. 187 ; Largo do Marquês de Marialva ; cathédrale et cloître 2,50 €, avec tours 3,50 €, avec musée 4,50 € ; 9h-17h), est remarquable pour son superbe cloître (XIVe siècle) et son musée d'art sacré. Commencée vers 1186 sous le règne de Sanche Ier, fils d'Alphonse Henriques, elle fut achevée quelque 60 ans plus tard. On entre dans la cathédrale par un portail flanqué de statues des Apôtres du XIVe siècle. La façade est encadrée

Capela dos Ossos

par deux tours asymétriques, dont les toits datent du XVIe siècle. À l'intérieur, le style gothique domine.

En face du temple romain, l'**Igreja de São João** (Église de Saint-Jean-l'Évangéliste ; carte p. 187 ; ✆967 979 763 ; www.palaciocadaval.com ; Rua Augo Filipe Simões ; église 4 €, église et Palácio Cadaval 8 € ; 10h-12h30 et 14h-17h mar-ven et dim, 14h-17h sam), fut fondée en 1485 par Rodrigo Afonso de Melo, comte d'Olivença et premier gouverneur du Tanger portugais, pour servir de panthéon familial. Elle appartient toujours aux ducs de Cadaval. Le portail gothique ouvre sur une nef tapissée de superbes azulejos, réalisés en 1711 par le maître António de Oliveira Bernardes.

Ruines romaines

Les vestiges du **Templo Romano** (temple de Diane ; carte p. 187 ; Largo do Conde de Vila Flor), du IIe siècle (ou début IIIe), qui faisait jadis partie du forum romain, se dressent au cœur du centre historique d'Évora. Cet édifice compte parmi les monuments romains les mieux conservés du pays, et sans doute de la péninsule Ibérique. Appelé aussi temple de Diane, selon certains archéologues il était dédié à Jules César.

Dans le hall d'entrée de la *câmara municipal* (hôtel de ville), des vestiges romains ont été découverts en 1987. Ces **thermes romains** (carte p. 187 ; Praça do Sertório ; 9h-17h30 lun-ven) GRATUIT, qui comprennent un *laconicum* (étuve pour les bains de vapeur) avec un bassin de 9 m de diamètre très bien conservé, étaient sans doute le plus grand bâtiment public de l'Évora romaine. L'ensemble comprend également un bassin extérieur, découvert en 1994.

Capela dos Ossos

L'un des sites les plus visités d'Évora est aussi l'un des plus macabres et étranges. Les murs et les colonnes de cette petite chapelle, un *memento mori* rappelant à chacun qu'il mourra un jour, sont tapissés d'ossements et de crânes de 5 000 défunts, entreposés ici au XVIIe siècle par des moines franciscains afin de libérer de la place dans les cimetières de la ville.

Infos pratiques

La majorité des sites architecturaux d'Évora sont gratuits.

Une petite faim ?

Près de l'aqueduc, le minuscule **À da Maria** (carte p. 187 ; Rua do Cano 37 ; 11h30-19h lun-sam) propose des assiettes de charcuterie et de fromages, ainsi que de bons vins servis au verre.

★ Bon à savoir

L'excellent plan fourni par l'office du tourisme permet d'explorer l'héritage architectural d'Évora.

À VOIR

Praça do Giraldo — Place

(Carte ci-contre). La place principale de la ville fut le théâtre de certains moments forts de l'histoire portugaise, dont l'exécution de Ferdinand II, duc de Bragance, en 1483, les bûchers de l'Inquisition au XVIe siècle, puis les débats passionnés sur la réforme agraire dans les années 1970. Aujourd'hui, les habitants aiment s'y retrouver pour s'asseoir au soleil et siroter un café.

Les rues étroites au sud-ouest formaient jadis la *judiaria* (le quartier juif). Au nord-est, la Rua 5 de Outubro, qui monte vers la cathédrale, est bordée de belles maisons aux balcons en fer forgé. Les rues latérales passent sous des arcades de style mauresque.

Museu do Évora — Musée

(Carte ci-contre ; ☎266 730 480 ; Largo do Conde de Vila Flor ; tarif plein/réduit/-12 ans 3/1,50 €/gratuit ; ⏲9h30-17h30 mar-dim). À deux pas de la cathédrale (p. 184), l'ancien palais épiscopal (XVIe siècle) sert désormais de cadre à ce musée d'art et d'archéologie. La cour intérieure réunit des vestiges islamiques, romains et médiévaux. À l'étage, les salles renferment du mobilier ecclésiastique et une collection de peintures flamandes. L'œuvre la plus remarquable est *La Vie de la Vierge*, une série de 13 panneaux du retable qui ornait à l'origine le maître-autel de la cathédrale. L'œuvre fut réalisée vers 1500 par des artistes flamands anonymes travaillant au Portugal.

Jardim Público — Jardin

(Carte ci-contre ; ⏲8h-21h mai-août, 8h-19h mars, avr, sept et oct, 8h-17h30 nov-fév). Pour une agréable promenade, rejoignez ce jardin public, au sud de l'Igreja de São Francisco ; il comprend notamment un café en plein air. Le Palácio de Dom Manuel, du XVe siècle, héberge la **Galeria das Damas** (carte ci-contre ; ⏲10h-12h et 14h-18h lun-ven, 14h-18h sam), GRATUIT mélange hybride de styles gothique, manuélin, Renaissance et néomauresque. La galerie ouvre pour les expositions d'art.

Fundação Eugénio de Almeida — Musée

(Carte ci-contre ; ☎266 748 300 ; www.fea.pt ; Largo do Conde de Vila Flor ; adulte/enfant 2 €/gratuit, dim entrée libre ; ⏲10h-18h mar-dim). Ce centre artistique et culturel, aménagé dans l'ancien palais de l'Inquisition, accueille des expositions d'art contemporain invitant à la réflexion. La fondation gère également les **Casas Pintadas** (carte ci-contre ; 1 € ; ⏲10h-18h mar-dim), une collection de singulières fresques du XVIe siècle, qui ornaient jadis une demeure aristocratique.

Palácio Cadaval — Palais

(Carte ci-contre ; www.palaciocadaval.com ; avec l'Igreja de São João 8 € ; ⏲10h-12h30 et 14h-17h mar-ven et dim). Juste au nord-ouest de l'Igreja de São João (p. 184) ce palais, dont la façade fut refaite au XVIIe siècle, fut offert en 1390 au gouverneur d'Évora, Martim Afonso de Melo, par Jean Ier, et servit aussi de temps à autre de résidence royale. Les salles sont désormais occupées par une collection de manuscrits enluminés, de tapis d'Arraiolos et de portraits d'aristocrates portugais du XVIIIe siècle.

Une partie du palais est encore occupée par la famille de Melo.

Coleção de Carruagens — Musée

(Collection de carrosses ; carte ci-contre ; Largo Dr Mário Chicò 4 ; 1 €, dim entrée libre ; ⏲10h-13h et 15h-19h mar-dim juin-sept, 10h-12h30 et 13h30-18h mar-dim oct-mai). Ce minuscule musée de la Fundação Eugénio de Almeida présente une superbe collection de carrosses et d'attelages anciens. Situé derrière la cathédrale (p. 184), il est peu visité.

Universidade de Évora — Université

(Carte ci-contre ; ☎266 740 800 ; Rua do Cardeal Rei ; 3 € ; ⏲bâtiment principal 9h-20h lun-ven, 9h-18h sam). Au nord-est, juste à l'extérieur des remparts, le Colégio do Espírito Santo est le bâtiment principal de l'université, rouverte en 1973. Elle a repris les fonctions de l'institution jésuite d'origine, fondée

Évora

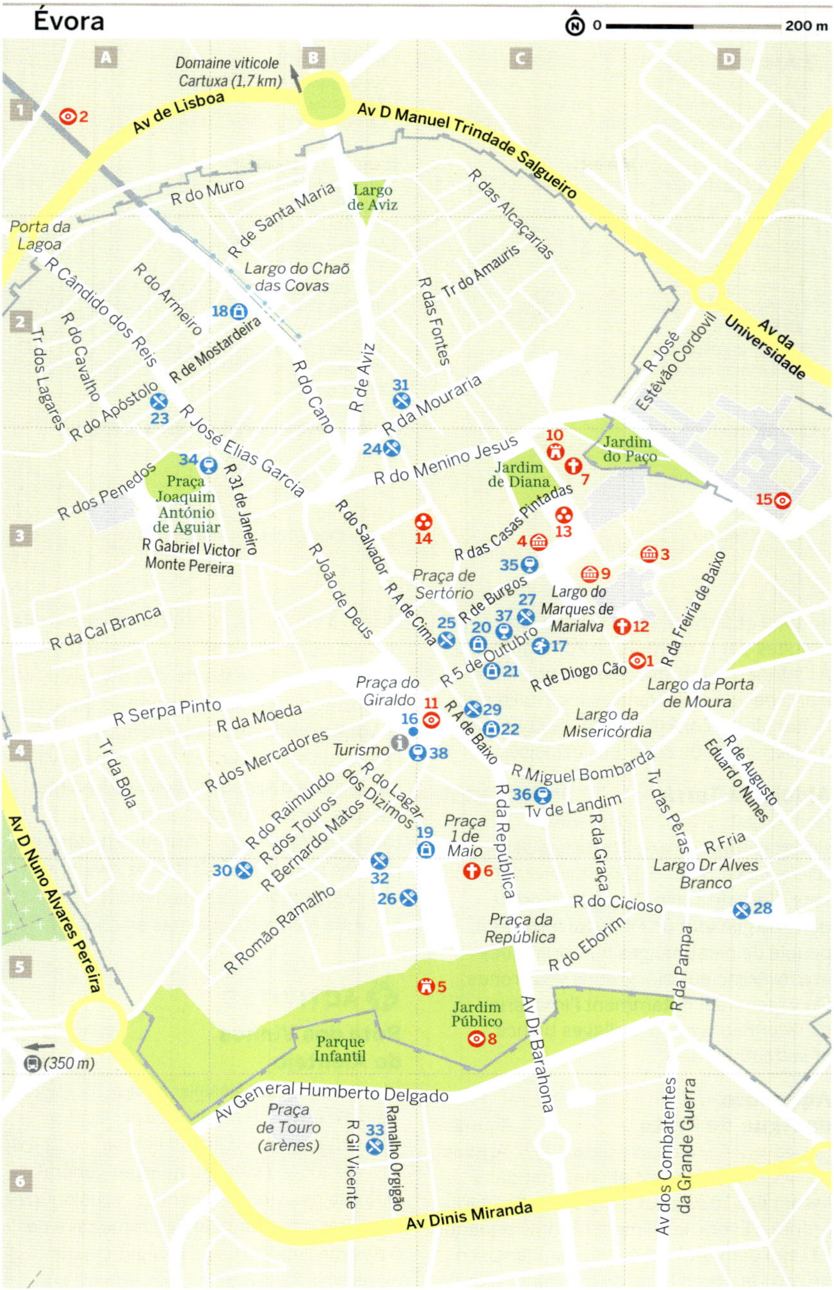
0 200 m
A
B
C
D
1
2
3
4
5
6
Domaine viticole Cartuxa (1,7 km)
Av de Lisboa
Av D Manuel Trindade Salgueiro
Av da Universidade
R do Muro
R de Santa Maria
Largo de Aviz
R das Alcaçarias
Porta da Lagoa
Largo do Chaõ das Covas
Tr do Amauris
R das Fontes
R Cândido dos Reis
R do Armeiro
R do Cavalho
Tr dos Lagares
R de Mostardeira
R do Cano
R de Aviz
R José Estêvão Cordovil
R do Apóstolo
R da Mouraria
R José Elias Garcia
R do Menino Jesus
Jardim do Paço
Jardim de Diana
R dos Penedos
Praça Joaquim António de Aguiar
R 31 de Janeiro
R Gabriel Victor Monte Pereira
R do Salvador
R das Casas Pintadas
R João de Deus
Praça de Sertório
R de Burgos
Largo do Marques de Marialva
R A de Cima
R da Freiria de Baixo
R da Cal Branca
R 5 de Outubro
R de Diogo Cão
Praça do Giraldo
Largo da Porta de Moura
R Serpa Pinto
R da Moeda
R A de Baixo
Largo da Misericórdia
Tr da Bola
R dos Mercadores
Turismo
R do Lagar dos Dizimos
R Miguel Bombarda
R de Augusto Eduardo Nunes
Tv das Pêras
R do Raimundo
R dos Touros
R Bernardo Matos
R da República
Tv de Landim
R da Graça
Praça 1 de Maio
R Fria
Largo Dr Alves Branco
Av D Nuno Alvares Pereira
R Romão Ramalho
Praça da República
R do Cicioso
R do Eborim
R da Pampa
Jardim Público
Av Dr Barahona
Parque Infantil
(350 m)
Av General Humberto Delgado
Praça de Touro (arènes)
R Gil Vicente
Ramalho Orgigão
Av dos Combatentes da Grande Guerra
Av Dinis Miranda
1
2
3
4
5
6
7
8
9
10
11
12
13
14
15
16
17
18
19
20
21
22
23
24
25
26
27
28
29
30
31
32
33
34
35
36
37
38

Évora

en 1559 et fermée après l'expulsion des Jésuites par le marquis de Pombal en 1759. À l'intérieur, vous découvrirez un cloître à arcades de style Renaissance italienne, le Templo do Espírito Santo, de style maniériste, et de superbes azulejos.

Aldeia da Terra — Atelier d'artiste

(Carte p. 187 ; ☎266 746 049 ; www.aldeiadaterra.pt ; Rua de São Manços 19 ; adulte/enfant 2/1 € ; ⌚10h-18h lun-ven, 10h-13h sam). L'artiste Tiago Cabeça a modelé dans l'argile tout un Portugal miniature, peuplé de personnages humoristiques et irrévérencieux aux grands yeux ronds. On y reconnaît notamment l'imagerie de l'Alentejo, avec ses villages blancs et ses cathédrales.

Aqueduto da Água de Prata — Aqueduc

(Aqueduc à l'Eau d'argent ; carte p. 187). Arrivant en ville du nord-ouest et construit dans les années 1530 pour acheminer de l'eau propre à Évora, le joliment nommé aqueduc "à l'eau d'argent" fut conçu par Francisco de Arruda, l'architecte de la célèbre tour de Belém à Lisbonne. Le quartier à l'extrémité de l'aqueduc, Rua do Cano, ressemble à un village avec des maisons, des boutiques et des cafés nichés sous ses arches parfaites.

Vous pouvez marcher le long de l'aqueduc sur 8,5 km en sortant de la ville par la route d'Arraiolos. Il existe 3 points d'accès : prenez un plan à l'office du tourisme. Attention : l'itinéraire ne forme pas une boucle et vous devrez revenir sur vos pas. Emportez suffisamment d'eau car vous n'en trouverez pas en chemin.

ACTIVITÉS

Rota dos Vinhos do Alentejo — Œnologie

(Route des vins de l'Alentejo ; carte p. 187 ; ☎266 746 498 ; www.vinhosdoalentejo.pt ; Rua 5 de Outubro ; dégustation 3 € ; ⌚14h-19h lun, 11h-19h mar-ven, 10h-13h sam). Au quartier général de la Route des vins de l'Alentejo, vous pourrez déguster une sélection hebdomadaire de 6 des meilleurs crus de la région, issus de plus de 70 vignobles, moyennant une somme modique. Les bouteilles coûtent entre 4,50 et 65 €.

Domaine viticole Cartuxa Vin

(266 748 383 ; www.cartuxa.pt ; Estrada da Soeira ; à partir de 5 € ; visites 10h30, 11h30, 15h et 16h30). Géré par la fondation philanthropique Eugénio de Almeida, Cartuxa est l'un des plus anciens domaines viticoles de l'Alentejo. Il produit de bons vins et d'autres denrées telles que l'huile d'olive. Vous devez réserver la visite (uniquement aux heures indiquées ; le prix varie selon le nombre de vins que l'on souhaite déguster).

Le domaine est situé 2 km environ au nord-ouest des murs de la vieille ville.

CIRCUITS ORGANISÉS

Ebora Megalithica Circuits organisés

(964 808 337 ; www.eboramegalithica.com ; 25 €/pers, 7 pers maximum ; visites 10h et 14h30 lun-sam). Un circuit de 3 heures incontournable pour qui souhaite en savoir plus sur les mégalithes d'Almendres et de Zambujeiro et sur le Menir dos Almendres. Mário Carvalho, jeune archéologue plein d'enthousiasme, vous fera découvrir ces sites de façon détaillée en répondant à toutes vos questions. Une expérience aussi agréable qu'enrichissante.

Agia À pied

(Carte p. 187 ; 963 702 392 ; alentejoguides.com ; tarif plein/enfant 15 €/gratuit, 2 pers minimum ; 10h). Des visites guidées quotidiennes d'Évora (2 heures) ; départ devant l'office du tourisme, Praça do Giraldo.

Évora Local Tours Culture

(961 792 740 ; facebook.com/evoralocaltours ; 30 €/pers). Le très compétent Andreia Sousa organise d'intéressants circuits en 4x4 de 3 heures dans une exploitation de chênes-lièges. C'est l'occasion d'appréhender cette industrie ancestrale et durable en lien avec la nature, l'agriculture et la gastronomie de la région.

La route des vins de l'Alentejo

Les vins de l'Alentejo, surtout les rouges, sont généreux, riches et fruités. Mais les déguster est bien plus plaisant que de lire un commentaire, aussi n'hésitez pas à découvrir quelques domaines. La **Rota dos Vinhos do Alentejo** sépare la région en trois secteurs : la Serra de São Mamede (rouges capiteux à l'arrière-goût fruité) ; le terroir historique autour d'Évora, d'Estremoz, de Borba et de Monsaraz (des rouges doux, des blancs fruités) ; et le Rio Guadania (blancs parfumés, rouges épicés). Certains domaines proposent l'hébergement.

Des panneaux jalonnent la route des vins dans tout l'Alentejo. Le siège de la Rota dos Vinhos do Alentejo (ci-contre) fournit des brochures qui répertorient et décrivent les domaines viticoles ouverts à la visite.

ACHATS

Gente da Minha Terra Alimentation, souvenirs

(Carte p. 187 ; 964 956 259 ; facebook.com/gentedaminhaterraevora ; Rua 5 de Outubro 39 10h-19h). Située dans la rue commerçante en retrait de la place principale, cette boutique, idéale pour trouver des cadeaux, vend des huiles d'olive de qualité, des azulejos, des textiles, des céramiques, ainsi que de jolies boîtes de sardines et autres conserves.

Mégalithes

On trouve un peu partout sur la côte atlantique européenne des mégalithes édifiés il y a 5 000 à 7 500 ans. Ces monuments préhistoriques sont nombreux dans l'Alentejo. Édifices néolithiques surmontés d'une large pierre plate, les dolmens (*antas* en portugais) étaient probablement des caveaux funéraires ; on les trouve généralement au sommet d'une colline ou près d'un cours d'eau dans une vallée. Les menhirs (pierre levée unique), sont liés à des rites de fertilité. Quant aux cromlechs (*cromeleques*), ensembles organisés de menhirs, ils semblent répondre à des considérations astronomiques en lien avec les équinoxes et les solstices.

Le **Cromeleque dos Almendres** se dresse dans un beau paysage d'oliviers et de chênes-lièges, à 15 km à l'ouest d'Évora. Ce spectaculaire ovale de pierres levées est le plus grand ensemble mégalithique de la péninsule ibérique. Quelque 95 monolithes de granit arrondis, dont certains sont marqués d'inscriptions symboliques, sont disposés sur un terrain pentu.

L'**Anta Grande do Zambujeiro** (Grand Dolmen de Zambujeiro), situé à 13 km au sud-ouest d'Évora, est le plus grand dolmen d'Europe. Sous un abri métallique, dans un champ souvent tapissé de fleurs sauvages, 7 pierres dressées de 6 m de haut forment une chambre de 5 m de diamètre. Une dalle de fermeture la relie à un corridor.

Cromeleque dos Almendres
INACIO PIRES/SHUTTERSTOCK ©

Feiras no Largo Marché
(Carte p. 187 ; Praça 1 de Maio ; 8h-14h sam-dim). Tous les week-ends, quatre marchés ont lieu en alternance dans la ville proposant antiquités, livres et objets de collection, art et artisanat.

Montsobro Accessoires mode
(Carte p. 187 ; www.montsobro.com ; Rua 5 de Outubro 66 ; 10h-18h lun-sam). Parmi les nombreuses boutiques de la rue, celle-ci a été la première à vendre des articles en liège (bijoux, chapeaux, sacs, chaussures) et reste l'une des meilleures.

Tou c'os Azeites Alimentation
(Carte p. 187 ; 969 525 817 ; facebook.com/toucosazeites ; Rua Alcárcova de Baixo 51 ; 11h-15h lun, 11h-19h mar-sam). L'huile d'olive produite dans l'Alentejo est remarquable, bien qu'elle soit peu connue en dehors du Portugal. Cette petite boutique en vend d'excellente qualité, ainsi qu'une modeste sélection de tapenades, chocolats, savons et autres produits du cru.

OÙ SE RESTAURER

Fábrica dos Pastéis Portugais €
(Carte p. 187 ; 266 098 424 ; Rua Alcárcova de Cima 10 ; pâtisseries 1-1,50 € ; 10h-20h mar-dim). Caché dans l'une des plus étroites venelles d'Évora, ce merveilleux café-pâtisserie confectionne les meilleurs *pastéis de nata* à des kilomètres à la ronde, ainsi que d'alléchants *salgados* (croquettes de viande, fromage ou poulet). Les épais murs en pierre de taille, le faible éclairage et le fado en fond sonore contribuent au cachet de la vaste salle à manger.

Pastelaria Conventual Pão de Rala Pâtisserie €
(Carte p. 187 ; Rua do Cicioso 47 ; pâtisseries 1,50-3 € ; 7h30-20h ;). Dégustez de divins gâteaux et pâtisseries fabriqués sur place, au couvent, au son du fado, dans une salle ornée d'azulejos représentant une scène de pâtisserie. Notre péché mignon : le *pão de rala* (un gâteau au jaune d'œuf, sucre, zeste de citron et amandes).

Vinarium Wine & Tapas Tapas €

(Carte p. 187 ; ✆968 217 574 ; facebook.com/vinariumevora ; Praça Primeiro de Maio 27 ; tapas 3,50-5 € ; ⌚12h-22h jeu-mar). Cet espace bien conçu, en face du **Mercado Municipal** (carte p. 187 ; Praça 1 de Maio ; ⌚7h-18h mar-sam, 7h-14h dim), s'avère incontournable pour les œnophiles, qui pourront marier les crus de l'Alentejo avec des petites assiettes à partager telles que fromage rôti à l'origan, poulpe au four ou pois chiches à la morue. Les *provas* (formules dégustation) de 3 ou 6 vins à 5/7 € offrent un excellent rapport qualité/prix.

Salsa Verde Végétarien €

(Carte p. 187 ; ✆266 743 210 ; www.salsa-verde.org ; Rua do Raimundo 93A ; petite assiette 5 €, 15 €/kg ; ⌚12h-15h et 19h-21h30 lun-ven, 12h-15h sam ;). Pedro, le propriétaire de ce paradis végétarien, revisite avec bonheur les spécialités régionales (les fameuses *migas* sont préparées avec des champignons). Une musique d'ambiance bossa-nova et une réjouissante décoration design accompagnent la dégustation des mets – préparés à base de produits de saison de la région, bio lorsque c'est possible.

Bistro Barão Portugais €€

(Carte p. 187 ; ✆266 706 180 ; Rua da Zanguela 8 ; plats 15-25 € ; ⌚18h30-22h lun, 12h30-15h et 18h30-22h mar-sam ;). Cette petite affaire familiale sert des spécialités portugaises très bien cuisinées, à base de produits de première qualité. Commencez par des crevettes sautées au basilic, ou des champignons farcis, et enchaînez avec un plat de résistance roboratif comme du filet de porc noir, du poulpe légèrement pané ou bien des travers grillés.

Mieux vaut réserver car les quelques tables affichent rapidement complet.

Momentos Portugais €€

(Carte p. 187 ; ✆925 161 423 ; Rua Cinco de Outubro 61 ; plats 18-22 € ; ⌚19h-22h30 lun et mer-ven, 12h30-15h et 19h-22h30 sam-dim ;). Fier du terroir local, Jorge, l'affable patron, se fournit chez de petits producteurs pour proposer chaque soir une offre culinaire renouvelée, mariant le porc noir ou l'agneau rôti à des légumes bio plein de

Igreja de São Francisco (p. 184)

Cuisine de l'Alentejo

Avis aux végétariens : dans l'Alentejo, vous serez confronté à la viande porc pratiquement à tous les repas. Le pain aussi est bien présent, dans le gaspacho ou l'*açorda* ("soupe" de pain, généralement agrémenté de crustacés). Pendant la saison de la chasse, *perdiz* (perdrix), *lebre* (lièvre) et *javali* (sanglier) sont au menu. L'Alentejo possède aussi des plats terre et mer comme la *carne de porco à alentejana* (porc braisé aux palourdes).

Carne de porco à alentejana

saveurs. Il peut aussi concocter des plats spéciaux pour les végétariens et les vegan.

Botequim da Mouraria Portugais **€€**
(Carte p. 187 ; ☎266 746 775 ; Rua da Mouraria 16A ; plats 15-18 € ; ⏲12h30-15h et 19h-22h lun-sam). Arpentez l'ancien quartier maure pour dénicher cet établissement, considéré comme le temple de la gastronomie à Évora par les gourmets locaux. Domingos, le maître des lieux, vous fera découvrir sa carte et les vins de l'Alentejo. Ni réservation ni tables : juste 9 tabourets le long du comptoir. L'endroit est très populaire et l'attente peut être longue. Arrivez tôt pour obtenir une place.

Piparoza Portugais **€€**
(Carte p. 187 ; ☎266 709 517 ; facebook.com/piparoza ; Alcarcova de Baixo 23 ; petiscos 5-9 €, plats 15-18 € ; ⏲12h-minuit). Ce restaurant aux allures de cave se distingue des autres établissements de la ruelle piétonne par sa longue carte et l'animation qu'il y règne. Ouvert de midi à minuit, c'est une excellente adresse pour déguster des

Casas Pintadas, Fórum Eugénio de Almeida (p. 186)

Botequim da Mouraria

petiscos et du vin au verre en dehors des heures des repas. Tables en extérieur par temps doux.

Vinho e Noz Portugais €€

(Carte p. 187 ; ☎266 747 310 ; Ramalho Orgigão 12 ; plats 12-17 € ; ⏰12h-22h lun-sam). Un restaurant familial sans prétention d'un très bon rapport qualité/prix, ouvert depuis plus de 30 ans, qui brille par sa cuisine de qualité, sa belle carte des vins et son service professionnel.

Mentions spéciales pour le *secreto de porco alentejano* (longe de porc de l'Alentejo grillée), les côtelettes d'agneau et le fameux sanglier aux marrons.

Taberna Típica Quarta Feira Portugais €€€

(Carte p. 187 ; ☎266 707 530 ; Rua do Inverno 16 ; dîner avec entrée, vin de la maison et dessert 30 €/pers ; ⏰7h30-22h lun, 12h30-15h et 19h30-22h mar-sam). Inutile de demander la carte : cette table conviviale, tenue en famille au cœur du quartier arabe, ne sert qu'un seul plat. Mais quel régal ! Le porc noir braisé est si tendre qu'il se détache tout seul de l'os. Ajoutez du pain frais, des champignons grillés (entre autres entrées), un dessert et du vin à volonté, le tout à prix fixe, et vous êtes au paradis ! Le cadre – plafonds voûtés et nappes à carreaux – et le sourire chaleureux de João, le jeune patron, contribuent aussi au succès du lieu. Réservez.

OÙ PRENDRE UN VERRE ET FAIRE LA FÊTE

Sociedade Harmonia Eborense Bar, centre culturel

(Carte p. 187 ; ☎266 746 874 ; Praça do Giraldo 72, 2e ét ; 3 € ; ⏰16h-19h et 22h-2h lun-sam). Une clientèle bohème fréquente les salons rétro de cet espace culturel qui programme à l'occasion des concerts, films et expositions. On peut y jouer au billard ou se prélasser sur la terrasse spacieuse regardant la place.

Estrela d'Ouro Bar

(Carte p. 187 ; Largo de São Vicente 59 ; ⏰10h-2h ; 📶). Cet espace se compose, au niveau inférieur, d'un café aux murs roses, tandis

Histoire d'Évora

Le village celtique d'Ebora existait bien avant l'arrivée des Romains, en 59 av. J.-C. Ces derniers en firent un avant-poste militaire, puis un centre majeur de l'Ibérie romaine, qu'ils appelèrent "Ebora Liberalitas Julia".

Après une période néfaste sous les Wisigoths, la cité devint un centre de négoce prospère sous les Maures. En 1165, ceux-ci furent chassés par un chevalier chrétien, Giraldo Sem Pavor (Gérard sans Peur). Selon la légende, il envahit seul une tour de guet en grimpant une échelle de lances plantées dans la muraille, puis il neutralisa les sentinelles, tandis que ses compagnons s'emparaient de la ville sans rencontrer de résistance.

Évora connut son âge d'or du XIVe au XVIe siècle, lorsqu'elle fut choisie par la dynastie des Aviz, ainsi que par des érudits et des artistes. Élevée au rang d'archidiocèse en 1540, elle fut dotée d'une université jésuite en 1559.

En 1580, à la mort du cardinal-roi Henrique (Henri Ier), le dernier de la lignée d'Aviz, l'Espagne s'empara du trône et la cour quitta Évora, qui commença à décliner. La fermeture de l'université par le marquis de Pombal, en 1759, fut le coup de grâce. Les troupes napoléoniennes pillèrent la ville et massacrèrent ses défenseurs en juillet 1808.

Universidade de Évora (p. 186)
SAIKO3P/SHUTTERSTOCK ©

qu'une entrée située dans une autre rue mène à un bar à l'éclairage tamisé décoré de tableaux et de tapisseries anciennes. Les soirs de week-end, les clients prennent possession de la petite place située devant le bar.

Enoteca Cartuxa Bar à vins
(Carte p. 187 ; www.cartuxa.pt ; Rua Vasco da Gama 15 ; 10h-22h lun-sam, 12h-15h dim). À l'angle du Templo Romano (p. 185), cette œnothèque moderne et lumineuse propose des vins de qualité provenant du célèbre domaine Cartuxa (p. 189). Des assiettes à partager (crevettes sautées, champignons grillés, planches de fromages) et des plats de viande ou de poisson plus consistants complètent la carte.

Culpa Tua Bar
(Carte p. 187 ; Praça Joaquim António de Aguiar 6 ; 17h-2h mar-sam, jusqu'à minuit dim). Les amateurs de gin d'ici et d'ailleurs se réunissent autour de verres de gin-tonic dans ce bar décontracté au nord de la Praça Giraldo. Petite terrasse.

Páteo Bar à vins
(Carte p. 187 ; 919 549 745 ; facebook.com/PateoEvora ; Beco da Espinhosa 53 ; 12h-23h ;). Ce bar sis dans le centre médiéval de la ville possède une jolie terrasse ombragée où déguster tranquillement un verre de vin de l'Alentejo. La cuisine est plutôt bonne. L'entrée est en retrait de la Rua 5 de Outubro.

RENSEIGNEMENTS

Turismo (carte p. 187 ; 266 777 071 ; www.cm-evora.pt ; Praça do Giraldo 73 ; 9h-19h avr-oct, 9h-18h lun-ven, 10h-14h et 15h-18h sam-dim nov-mars). Excellent office du tourisme du centre, avec de bonnes cartes de la ville.

DEPUIS/VERS ÉVORA

Si vous êtes en voiture, laissez votre véhicule dans l'un des parkings gratuits à l'extérieur des remparts, comme celui, très grand,

Praça do Giraldo (p. 186)

qui se trouve au sud du Jardim Público, entre l'Avenida Humberto Delgado et la Rua da República.

BUS

La **gare routière** (Terminal Rodoviário ; ☎266 738 120 ; Av. São Sebastião) est implantée à 600 m à l'ouest du centre fortifié. Lisbonne (12 €, 2 heures, 1/heure), Faro (17 €, 4 heures, 3 à 4/jour) et Coimbra (18 €, 4 heures 30, 2 à 5/jour) comptent parmi les principales destinations desservies.

TRAIN

Des trains circulent tous les jours depuis/vers Lisbonne, Lagos et Faro.

COMMENT CIRCULER

Les **taxis** (☎266 735 735 ; www.radiotaxisevora.pt) se rassemblent sur la Praça do Giraldo. En semaine, comptez environ 6 € de la gare ferroviaire à la Praça do Giraldo. **Tuk 2 You** propose d'amusants tours de la ville en tuk-tuk (☎962 804 959 ; facebook.com/tuk2you ; visite de 15 min/1 heure/1 heure 30 15/30/45 €).

Marvão

Trônant sur un piton rocheux, Marvão ressemble à un refuge idéal. Ce village aux rues étroites bordées de maisons chaulées, coiffées de tuiles et égayées de fleurs, offre de magnifiques panoramas. Du haut de son château, la vue est splendide.

Si vous aimez...

☑ Ne ratez pas

Les sympathiques balades à cheval au cœur des paysages typiques de l'Alentejo.

Histoire

Cette ancienne petite ville de garnison, à 10 km de la frontière espagnole, a longtemps été une possession convoitée. Les Romains s'y installèrent, puis les Wisigoths avant l'arrivée des Maures en 715.

Les chrétiens reprirent Marvão en 1160. En 1226, les remparts furent agrandis pour englober le sommet, et le château fut reconstruit par Denis Ier.

L'importance stratégique de Marvão face aux Castillans fut soulignée au XVIIe siècle lors de la guerre de restauration, avec le renforcement des défenses. Au XIXe siècle, elle devint une simple ville de garnison sans troupes ; un désintérêt qui explique la conservation des nombreux édifices des XVe et XVIe siècles. La cité connut son dernier fait d'armes en tant que centre de la lutte entre libéraux et royalistes : en 1833, les libéraux réussirent à s'emparer de la ville en entrant par une porte secrète – c'est la seule fois où Marvão fut prise.

Château et musée

L'imposant **Castelo** (Rua do Castelo ; tarif plein/réduit 1,90/1 € ; 10h-19h), bâti dans la roche, date de la fin du XIIIe siècle, mais la majeure partie de ce que l'on découvre aujourd'hui fut construite au XVIIe. Du haut des murailles, la vue est éblouissante. Une vaste citerne voûtée est située près de l'entrée et les jardins s'agrémentent de haies et de parterres fleuris. Vous trouverez des explications sur l'histoire du château dans la torre de menagem (donjon).

Le **Museu Municipal** (Largo de Santa Maria ; tarif plein/réduit 1,90/1 € ; 10h-12h30 et 13h30-17h mar-dim) est situé juste au sud-est du château. L'Igreja de Santa Maria constitue un décor de rêve pour ce musée comptant une unique salle d'exposition, rénovée, où l'accent est mis sur l'histoire de la région, du Paléolithique à des temps plus récents.

Balades à cheval

Caballos Marvão (653 348 948 ; www.caballosmarvao.com ;) est un excellent centre équestre qui propose une balade d'une heure (25 €) au cœur des paysages typiques de l'Alentejo. Il permet aussi d'explorer les terres méconnues bordant le Rio Sever ou de galoper sur les traces des contrebandiers au milieu des colonies de vautours près de la frontière espagnole (150 €, 5 heures). Les écuries sont à 5 km au nord-est de Marvão.

Ruines romaines

Le remarquable **musée romain de la Cidade de Ammaia** (245 919 089 ; www.ammaia.pt ; Estrada da Calçadinha 4 ; 2 € ; 9h-12h30 et 14h-17h30) se situe à São Salvador de Aramenha, à quelques kilomètres au sud de Marvão. À São Salvador, empruntez la route de Portalegre vers le sud sur 700 m, puis tournez à gauche et suivez les panneaux jusqu'à Ammaia. Au Ier siècle, Ammaia était une cité romaine qui prospérait grâce aux produits agricoles de la région (notamment l'huile, le vin et les céréales). Le musée présente des tablettes et linteaux gravés, bijoux, monnaies et des verreries très bien préservées. Des chemins à travers champs conduisent au forum et aux thermes ainsi qu'à d'imposantes colonnes.

Infos pratiques

L'excellent **Turismo** (245 909 131 ; www.cm-marvao.pt ; Rua de Baixo ; 10h-17h ;), a la liste complète des hébergements et des restaurants en ville.

Une petite faim ?

Restaurante Sever (245 993 318 ; Estrada Rio Sever, Portagem ; plats 13-20 € ; 12h-15h et 19h-22h ;). Magnifiquement situé au bord du Rio Sever, à Portagem, de l'autre côté du pont, il sert une délicieuse cuisine alentéjane.

★ Bon plan

Comme les habitants, piquez une tête dans le Rio Sever pour vous rafraîchir en été. De juin à septembre, une portion de fleuve est sécurisée à Portagem.

COMMENT S'Y RENDRE ET CIRCULER

Des bus circulent entre Portalegre et Marvão (45 min, 2/jour lun-ven). Le service depuis/vers Castelo de Vide (22 min) requiert parfois un changement à Portagem, important carrefour routier à 6 km au sud-ouest de Marvão.

Un taxi pour Castelo de Vide revient à 16 € environ – adressez-vous au propriétaire du restaurant **Varanda do Alentejo** (245 909 002 ; Praça do Pelourinho 1).

VALLÉE DU DOURO

Dans ce chapitre

Vallée du Douro

La vallée du Douro est l'une des plus anciennes régions viticoles au monde. Vignobles en terrasses dévalant les montagnes, promontoires de granit, quintas (domaines) blanchies à la chaux et caves à vins du XVIIIe siècle attirent des visiteurs du monde entier. Allez-y pour déguster du porto et du vin, emprunter des routes sinueuses et découvrir les villages et les excellents restaurants de la région.

La vallée possède aussi la voie ferrée la plus pittoresque du Portugal, la Linha do Douro, qui relie Porto à Pocinho sur 160 km. Le Douro s'explore aussi à bord de bateaux de croisière avec, en chemin, des dégustations de vin chez les nombreux producteurs.

La vallée du Douro en 2 jours

Consacrez les deux premiers jours à la visite de domaines viticoles, tout en profitant du paysage des environs de Pinhão et Peso da Régua. Découvrez les grands crus de la vallée du Douro à la **Quinta do Crasto** (p. 203), admirez la vue depuis le **Miradouro São Leonardo de Galafura** (p. 207), faites le plein de nature en parcourant les sentiers de la Quinta Nova et dégustez un repas mémorable au **DOC** (p. 207).

La vallée du Douro en 4 jours

Direction Lamego le troisième jour ; son **escalier** (p. 212) orné d'azulejos est éblouissant, et son célèbre *fumeiro* (viande fumée) accompagne à merveille les vins de la région. Passez la dernière journée à Amarante, où vous visiterez le séduisant **Mosteiro de São Gonçalo** (p. 213) et ses œuvres d'art, et profiterez du **Rio Tâmega** (p. 213), à longer à pied ou à parcourir en bateau.

Page précédente : Vallée du Douro, près de Peso da Régua (p. 209)
PIXEL TO THE PEOPLE/SHUTTERSTOCK ©

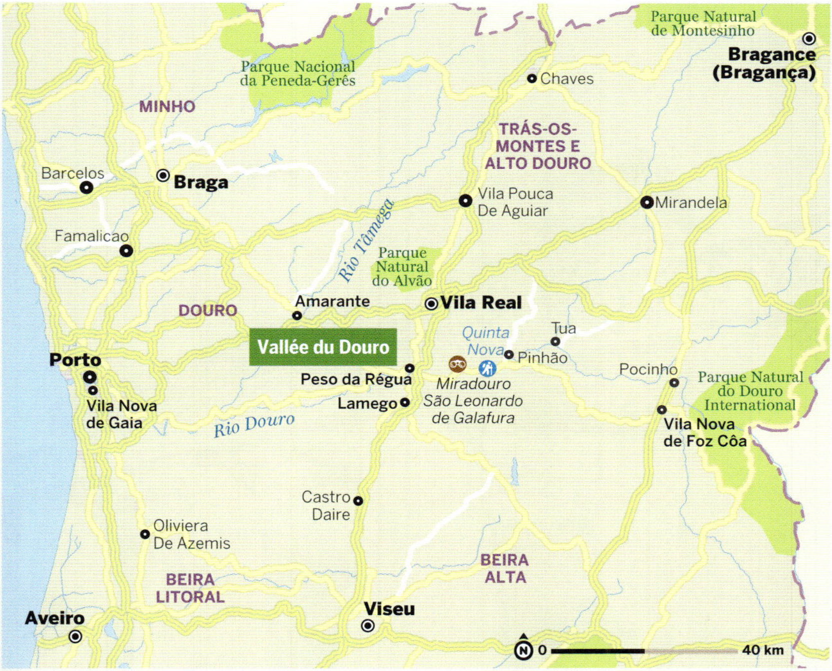

Comment s'y rendre

Gares ferroviaires de São Bento/ Campanhã à Porto Des trains partent pour Peso da Régua où s'effectue le changement pour la vallée du Douro. Au moins 5 trains font le trajet de Porto à Pocinho.

N108/222 Ces deux routes suivent la vallée et offrent des paysages exceptionnels.

Où se loger

Domaines viticoles historiques reconvertis en hôtels ruraux, complexes cinq étoiles ou confortables auberges familiales : la vallée du Douro recèle des hébergements en tout genre et pour tous les budgets.

Réservez bien à l'avance pour l'été et le début de l'automne. Le Douro peut aussi se visiter lors de journées d'excursion depuis Porto, vous pouvez donc envisager d'y loger. La réservation est indispensable.

Train à vapeur, vallée du Douro

Vins, trains et Douro

Itinéraire parmi les plus spectaculaires du pays, le voyage par la route et la voie ferrée dans la vallée du Douro est immanquable pour les amateurs de vin, de trains et de superbes paysages.

Pour ceux qui aiment...

☑ **Ne ratez pas**

La visite accompagnée d'une dégustation à la Quinta do Bomfim (p. 203), domaine viticole historique de Pinhão.

Vins du Douro

Le Douro est une région viticole définie en tant que telle depuis 1756, et les rouges et les blancs qui émergent chaque automne de cette pittoresque vallée dans laquelle ils sont produits détiennent le haut du classement des vins portugais – la Denominação de Origem Controlada (DOC). Si le Douro est surtout connu pour son porto, ses vins de table sont tout aussi réputés. La vigne y serait cultivée depuis l'époque romaine. Le porto est né au milieu du XVIIIe siècle, mais ce n'est qu'à la fin du XXe siècle que de véritables vins de table ont été conçus pour l'export. D'innombrables chais proposent des dégustations. En 2001, la vallée est entrée au patrimoine mondial de l'Unesco, ce qui lui a permis d'être reconnue en tant que grande région viticole mais aussi comme une destination touristique.

Quinta do Bomfim

Superbe trajet en train

Sans aucun doute le plus bel itinéraire en train du Portugal, la ligne de 160 km de long de Porto à Pocinho est une merveille technique du XIXe siècle. Ouverte en 1887, la ligne reliait autrefois l'Atlantique à la frontière espagnole. Des lignes secondaires remontaient des vallées latérales jusqu'à des villages reculés, mais elles ont fermé avec l'arrivée du moteur à essence, ne laissant que l'itinéraire principal et ses 20 tunnels, 34 gares et 30 ponts. Pour vivre une expérience digne du XIXe siècle, empruntez l'une des lignes à vapeur entre Régua et Tua les week-ends d'été.

Croisière et vélo

Outre le train, le bateau est une autre manière prisée de découvrir la vallée. Diverses croisières partent de Porto et s'achèvent à la frontière espagnole. Le vélo peut s'avérer une solution agréable. Certaines anciennes lignes de train de la vallée ont été converties en pistes cyclables.

Visites de domaines viticoles

Au cœur de Pinhão même, la très chic **Quinta do Bomfim** (☎254 730 370 ; www.symington.com/visit-us ; visite et dégustation à partir de 17 € ; ⏲10h30-19h tlj mars-oct, 9h30-18h30 mar-dim nov-fév) de la famille Symington se visite sur réservation, et ce en plusieurs langues dont le français. Le parcours débute par la découverte du musée créé dans une cave restaurée, pour se poursuivre par un parcours ou un autre (3 au choix), à travers les vignes en terrasses – aménagées entre leurs murets dès le XVIIIe siècle. Après être passé dans le chai de 1896 où le vin jeune est toujours mis à vieillir dans de vieilles cuves en bois, le circuit s'achève dans la salle de dégustation dont la terrasse regarde le Douro.

Comparable à un nid d'aigle sur son promontoire surplombant le Douro, la **Quinta do Crasto** (☎254 920 020 ; www.quintadocrasto.pt ; Gouvinhas, Sabrosa ; visite et dégustation 20 € ; ⏲sur rdv), règne sur une spectaculaire étendue de vignobles plantés en terrasses, au cœur des paysages grandioses du Haut-Douro. Faites-y étape pour une visite guidée suivie d'une dégustation de 4 vins ou pour le déjeuner (65 € vin compris).

ℹ Infos pratiques

Depuis Porto, les trains circulent 5 fois par jour (à partir de 13,50 € l'aller, 3 heures 30).

✕ Une petite faim ?

Très réputé, le DOC (p. 207) sert une cuisine remarquable.

★ Bon à savoir

À consulter avant d'aller dans la vallée du Douro, le site www.dourovalley.com fournit des renseignements à jour sur les caves, la voie ferrée, les croisières, etc., pour découvrir ce que la région a de meilleur à offrir.

La vallée du Douro en voiture

Les amateurs de vin seront comblés lors de leur périple dans la vallée du Douro, première région viticole du Portugal, où sont produits depuis des siècles certains des meilleurs vins portugais. Outre qu'il s'agit de la plus ancienne région viticole délimitée en tant que telle au monde, les paysages attirent des visiteurs du monde entier. Les spectaculaires vignobles en terrasses s'élèvent depuis les berges du Douro, et des *quintas* blanchies à la chaux constellent les hauteurs.

Départ Porto
Distance 325 km
Durée Une semaine

1 Tout circuit dans les vignobles digne de ce nom commencera à **Porto** (p. 103), porte d'entrée de la plus célèbre région productrice de porto.

2 De l'autre côté du fleuve se trouve **Vila Nova de Gaia** (p. 112), où les visiteurs peuvent déguster d'innombrables variétés de porto dans de nombreux chais. Graham's y possède un musée.

3 **Peso da Régua**, au bord du fleuve, est au cœur du pays du vin. Les croisières sur le fleuve proposées par Tomaz do Douro au départ de Pinhão permettent de profiter pleinement du paysage.

4 Au sud du fleuve, **Lamego** (p. 211) est réputée pour son excellent vin pétillant.

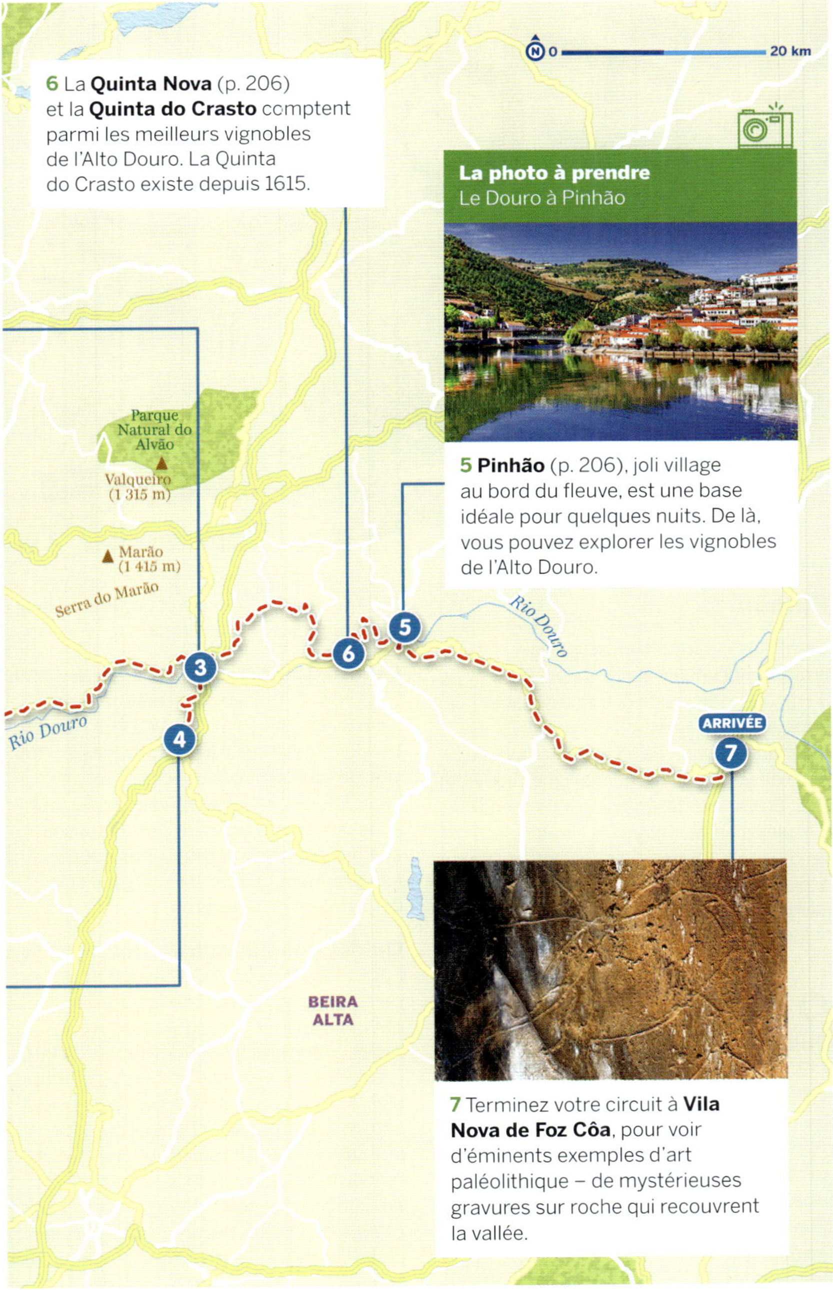

6 La **Quinta Nova** (p. 206) et la **Quinta do Crasto** comptent parmi les meilleurs vignobles de l'Alto Douro. La Quinta do Crasto existe depuis 1615.

La photo à prendre
Le Douro à Pinhão

5 Pinhão (p. 206), joli village au bord du fleuve, est une base idéale pour quelques nuits. De là, vous pouvez explorer les vignobles de l'Alto Douro.

7 Terminez votre circuit à **Vila Nova de Foz Côa**, pour voir d'éminents exemples d'art paléolithique – de mystérieuses gravures sur roche qui recouvrent la vallée.

Gare de Pinhão

Pinhão

Cerné de coteaux en terrasses qui produisent l'un des meilleurs portos au monde – ainsi que des vins de table fameux –, Pinhão est blotti dans un méandre du Douro, à 25 km en amont de Peso da Régua. Chais et enseignes couvrent tout. En dehors de sa gare aux panneaux d'azulejos représentant les vendanges, ce joli village vaut surtout comme base pour explorer les nombreux domaines viticoles alentour, marcher dans la campagne et longer le fleuve en bateau ou en train.

ACTIVITÉS

Quinta Nova Domaine viticole

(☎254 730 430 ; www.quintanova.com ; Covas do Douro ; visite 16 €, dégustations 20-110 € ; ⊙visites 10h45, 12h15 et 15h30 toute l'année, plus 17h avr-oct). Perché sur une corniche au milieu de vignobles anciens, dominant les eaux vert foncé du Douro avec pour toile de fond les montagnes, le domaine Quinta Nova mérite que l'on s'y attarde. Les trois sentiers pédestres et cyclables (il faut 3 heures pour parcourir le plus long) sont les meilleurs de la région.

Quinta do Portal Domaine viticole

(☎259 937 000 ; www.quintadoportal.com ; visite dégustation 7,50 € ; ⊙10h-13h et 14h-18h). Un vignoble primé où sont produits portos, vins de table (rouges et blancs) et un muscat méconnu. La région est pourtant l'une des seules productrices de muscat au Portugal (avec Setúbal). Les visites comprennent un tour dans la cave et la dégustation de deux crus.

Quinta das Carvalhas Domaine viticole

(☎254 738 050 ; www.realcompanhiavelha.pt/pages/quintas/4 ; balade à pied avec audioguide 10 €, circuits en bus/jeep 12,50/35 €, circuit vintage avec dégustation de vins d'exception 90 € ; ⊙10h-19h30 avr-oct, 10h-18h nov-mars). Cette *quinta* sur la rive sud du Douro, de l'autre côté du pont menant à Pinhão, possède une salle de dégustation-boutique chic et moderne. Sous la conduite de l'agronome du domaine, le circuit "vintage" personnalisé explore le vignoble et gagne le haut de la crête. On peut aussi effectuer la visite à pied seul, en bus à toit ouvert ou en jeep.

Quinta do Tedo Domaine viticole

(☎254 789 165 ; www.quintadotedo.com ; N222, Folgosa ; visite dégustation 3 vins 12 €, autres dégustations 22-60 € ; ⌚10h-19h avr-oct, 9h-17h30 nov-mars). Doté de terres sublimes sculptées par deux cours d'eau – le Douro et la rivière Tedo –, ce domaine de 14 ha, propriété d'une famille américano-franco-portugaise, propose de courtes visites de la cave (certifiée bio), suivies d'une dégustation de porto, de vin de table et d'huile d'olive bio. On peut faire sur le domaine une courte randonnée de 3 km, idéale pour observer les oiseaux.

OÙ SE RESTAURER

Sans être un paradis gastronomique, le village de Pinhão possède quelques restaurants qui tiennent la route. Les quintas, en dehors de la ville, proposent une cuisine plus sophistiquée ; l'un des meilleurs restaurants de la région se trouve à 15 minutes en voiture, le long du Douro.

DOC Portugais €€€

(☎254 858 123 ; docrestaurante.pt ; Estrada Nacional 222, Folgosa ; plats 31-34 € ; ⌚12h30-15h30

Miradouro São Leonardo de Galafura

Pour profiter d'un panorama éblouissant sur la vallée viticole du Douro, grimpez jusqu'au **Miradouro São Leonardo de Galafura** (Estrada São Leonardo, Galafura), entre Peso da Régua et Pinhão, en empruntant la N313-2 qui serpente vers le nord-est parmi les collines. En une demi-heure, vous atteindrez ce magnifique point de vue à 640 m d'altitude, au pied duquel les vignobles en terrasses se déploient à flanc de coteau sur des kilomètres, traversés au loin par les méandres du fleuve.

MAURICIO ABREU/GETTY IMAGES ©

Pinhão

HANS GEORG EIBEN/GETTY IMAGES ©

Vignobles à Peso da Régua

RYAN DONNELL/GETTY IMAGES ©

et 19h30-23h). L'architecte Miguel Saraiva a créé cet espace épuré avec baies vitrées, prolongé d'une sublime terrasse avançant sur le fleuve. Le maître des lieux est le célèbre chef portugais Rui Paula, qui revisite la cuisine régionale et de saison en y ajoutant une touche personnelle : *açordas* (ragoût) aux fruits de mer, gibier et champignons sauvages… Le restaurant se trouve à Folgosa, à mi-chemin entre Peso da Régua et Pinhão, sur la rive sud du Douro.

Veladouro Portugais **€€€**
(☎254 738 166 ; Rua da Praia 3 ; plats 15-25 € ; ⏲10h-minuit). Les grillades de viande et de poisson sont la spécialité de ce restaurant aux murs de schiste dressé sur la rive. Drapée de vigne, sa terrasse offre un poste d'observation idéal sur les pêcheurs. De la gare ferroviaire, suivez la route principale sur la gauche pendant 150 m, puis tournez encore à gauche sous le pont ferroviaire pour rejoindre le fleuve.

DEPUIS/VERS PINHÃO

Des trains régionaux desservent Peso da Régua (2,80 €, 25 min, 5/jour), d'où l'on peut prendre une correspondance pour Porto.

Peso da Régua

Établie au bord du fleuve en limite occidentale du vignoble des vins de Porto, la ville ensoleillée de Régua est la porte d'entrée de l'Alto Douro. La plupart des touristes ne quittent pas le rivage. Une rue plus haut, la vieille ville a pourtant bien du charme.

À VOIR ET À FAIRE

Museu do Douro Musée
(www.museudodouro.pt ; Rua Marquês de Pombal ; tarif plein/réduit 6/3 € ; ⏲10h-18h mars-oct, 10h-17h30 nov-fév). Cet intéressant musée illustre de manière vivante l'histoire de la production vinicole dans la vallée du Douro à travers une collection bien

Musée du Parque Arqueológico do Vale do Côa

TAKASHI IMAGES/SHUTTERSTOCK © ARCHITECTES : CAMILO REBELO ET TIAGO PIMENTEL

Trésors d'art rupestre

La vallée du Côa renferme un ensemble exceptionnel de pétroglyphes datant majoritairement du Paléolithique supérieur (40 000 à 10 000 av. J.-C.), découvert par hasard à la fin des années 1980. Aujourd'hui, la région est connue sous le nom de **Parque Arqueológico do Vale do Côa** (☎279 768 260 ; www.arte-coa.pt ; Rua do Museu ; chaque site du parc adulte/enfant 15/5 €, musée 6/3 €, parc et musée 12 € ; ⏲musée et parc 9h30-18h mar-dim mars-mai, 9h30-19h juin-sept, 9h30-17h30 oct-fév), site classé au patrimoine mondial de l'Unesco et célébré comme l'un des grands trésors archéologiques de la péninsule ibérique.

La vallée entière étant aujourd'hui un site de recherches archéologiques, il n'est possible d'y accéder que dans le cadre d'une visite guidée. Rendez-vous est donné dans l'un des centres des visiteurs, d'où ceux-ci sont emmenés en 4x4, huit à la fois, pour une visite guidée de l'un des sites.

Le nombre des visiteurs étant strictement réglementé, mieux vaut réserver la visite auprès de l'agence du parc le plus tôt possible.

Cinq trains quotidiens desservent Pocinho, terminus de la ligne de la vallée du Douro, depuis Porto (12,10 €, 4 heures 30) et Peso da Régua (6,50 €, 1 heure 30) via Pinhão (4,80 €, 1 heure). Le trajet en taxi entre Pocinho et Vila Nova de Foz Côa coûte environ 10 €.

présentée incluant une immense carte détaillée du fleuve, de vieux ouvrages reliés en cuir, des affiches d'époque et une longue barque en bois à fond plat jadis utilisée pour le transport des fûts de porto. Aménagé dans un bel entrepôt reconverti au bord de l'eau, il renferme également un bar-restaurant et une boutique (vins, céramiques, bijoux).

Tomaz do Douro Balade fluviale
(☎222 082 286 ; www.tomazdodouro.pt ; Cais da Régua ; à partir de 10 €). Croisières sur le Douro, dont plusieurs au départ de Peso da Régua.

Comboio Histórico do Douro Circuit en train
(www.cp.pt ; Estação CP, Largo da Estação ; aller-retour adulte/enfant 42,50/19 € ; ⏲sam-dim juin-oct). Les week-ends d'été et d'automne, ce train à vapeur longe le Douro une fois par jour jusqu'à Tua en marquant 20 minutes d'arrêt à Pinhão. Cinq trains modernes empruntent aussi quotidiennement cet itinéraire (aller 4,05 €, 45 minutes).

OÙ SE RESTAURER

Quelques tavernes traditionnelles proposent des menus déjeuner d'un bon rapport qualité/prix et un restaurant sert des classiques portugais au goût du jour.

Castas e Pratos Portugais **€€€**
(☎254 323 290 ; www.castasepratos.com ; Av. José Vasques Osório ; plats 20-35 € ; ⏲10h30-23h). Le restaurant le plus branché de la ville a élu domicile dans un ancien entrepôt ferroviaire. Vous pouvez commander des *alheiras* (saucisses) grillées ou une salade de poulpe au bar à tapas du rez-de-chaussée, ou bien savourer en mezzanine du risotto aux asperges vertes ou du chevreau rôti aux pommes de terre et pousses de navet.

Tasca da Quinta Portugais **€€**
(☎918 754 102 ; facebook.com/tascadaquinta ; Rua Marquês de Pombal 42 ; plats 6,50-14,50 € ; ⏲19h-23h mar-ven, 12h30-15h et 19h-23h sam, 12h30-15h dim). Cette table familiale conviviale et à prix honnêtes marie ses classiques portugais bien cuisinés à une bonne sélection de vins du cru. Réservation recommandée.

Museu de Lamego

HEMIS/ALAMY STOCK PHOTO ©

MILOSK50/SHUTTERSTOCK ©

Igreja de Nossa Senhora dos Remédios

RENSEIGNEMENTS

Loja Interativa de Turismo (☎254 318 152 ; www.cm-pesoregua.pt ; Av. do Douro ; 9h30-12h30 et 14h-18h). L'office du tourisme high-tech de Régua, situé face au Douro à 1 km de la gare, renseigne sur la ville et la région (hébergements, vignobles,...).

DEPUIS/VERS PESO DA RÉGUA

Rodonorte (rodonorte.pt) assure 2 départs quotidiens pour Lameo (5,90 €, 20 min).

Environ 13 trains partent chaque jour de Porto (10 €, 2 heures) – certains remontent la vallée vers Pinhão (2,80 €, 25 min) et Pocinho (6,50 €, 1 heure 30).

Lamego

À une dizaine de kilomètres au sud du cours du Douro, cette ancienne ville épiscopale a conservé un spectaculaire escalier baroque menant sur la hauteur à l'Igreja de Nossa Senhora dos Remédios. Le centre historique est parcouru de ruelles sinueuses et de boulevards arborés ; des monuments médiévaux illuminés apparaissent à chaque coin de rue. Les amateurs ne manquent pas d'y goûter le fameux *raposeira* de Lamego, un bon vin mousseux.

Lamego est un point de chute tout indiqué pour visiter les monastères et les chapelles en ruines des environs.

À VOIR

Museu de Lamego — Musée

(www.museudelamego.gov.pt ; Largo de Camões ; tarif plein/réduit 3/1,50 € ; 10h-18h). À l'abri de l'ancien palais épiscopal (XVIIIe siècle), ce musée présente des pièces inestimables, dont cinq œuvres du peintre portugais du XVIe siècle, Vasco Fernandes, dit Grão Vasco (1475-1543), des tapisseries de Bruxelles richement tissées de la même époque, ainsi que les chapelles aux lourdes dorures (XVIIe siècle) du Convento das Chagas, sauvées pierre par pierre de la destruction.

Igreja de Nossa Senhora dos Remédios — Église

(7h30-20h mai-sept, 7h30-18h oct-avr). Cette église du XVIIIe siècle compte parmi

Mosteiro de São Gonçalo

les lieux de pèlerinage majeurs du pays. L'édifice à tours jumelles paré à l'intérieur d'une voûte rococo tout en stucs bleu et blanc et d'un autel entièrement doré à la feuille d'or n'est que le point d'arrivée d'une longue ascension de 680 marches. Cet **escalier** monumental est jalonné d'un foisonnement d'azulejos, d'urnes, de fontaines et de statues, formant l'un des chefs-d'œuvre du baroque portugais.

Sé Cathédrale

(Largo da Sé ; 9h-13h et 15h-18h30). Cette remarquable cathédrale a été déclarée monument national. Hormis les fondations du clocher carré, rien ne subsiste ou presque de la construction originelle du XIIe siècle. Le reste de l'édifice, dont les trois portails gothique flamboyant de la façade, date pour l'essentiel des XVIe et XVIIIe siècles. À l'intérieur, les fresques bibliques tout comme les hautes stalles du chœur sont l'œuvre du prolifique artiste siennois venu enrichir Porto de son génie architectural et décoratif, Niccolò Nasoni.

OÙ SE RESTAURER

Mercado Municipal Marché €

(Av. 5 de Outubre ; 7h30-18h lun-sam). On y trouve les célèbres vins et jambons de Lamego – l'idéal pour un pique-nique. Le jeudi, il est très animé.

Trás da Sé Portugais €€

(254 403 996 ; facebook.com/restrasdase ; Rua Virgilio Correia 12 ; plats 6,50-9 € ; 12h-15h30 et 19h-22h mer-dim, 12h-15h30 lun). Le succès de cette *adega* se mesure vite aux félicitations adressées au chef qui tapissent ses murs. La carte courte et simple, la cuisine excellente et les *vinhos maduros* (vins à maturité) locaux sont très abordables.

DEPUIS/VERS LAMEGO

D'où que l'on vienne dans la vallée du Douro, le moyen le plus agréable pour arriver à Lamego est de prendre le train jusqu'à Peso da Régua et de continuer en bus ou en taxi (15-20 € la course depuis Régua).

De la gare routière de Lamego, des bus **Rede Expressos** (rede-expressos.pt) desservent quotidiennement Peso da Régua (6 €, 15 min) et Lisbonne (19,50 €, 5 heures)

Amarante

Superbement située dans un méandre du Rio Tâmega, cette ville paisible est dominée par une église et un monastère qui forment un bel ensemble avec le pont médiéval voisin – reconstruit, il supporte le trafic automobile. Les rives bordées de saules donnent à la ville un charme pastoral, de même que les maisons à balcons et les ruelles sinueuses qui s'étagent depuis le fond de la vallée.

À VOIR ET À FAIRE

Museu Amadeo de Souza-Cardoso Musée

(www.amadeosouza-cardoso.pt ; Alameda Teixeira de Pascoaes ; adulte/enfant 1 €/gratuit ; 10h-12h30 et 14h-18h mar-dim juin-sept, 9h30-12h30 et 14h-17h30 oct-mai). L'un des cloîtres du monastère héberge une remarquable collection d'art moderne et contemporain. Ce musée porte le nom d'un enfant du pays, le peintre Amadeo de Souza-Cardoso (1887-1918), qui renonça au naturalisme pour une vision originale de l'impressionnisme, puis du cubisme.

Mosteiro de São Gonçalo Monastère

(Praça da República ; 9h-19h juin-sept, 9h-17h30 oct-mai). Le monastère de São Gonçalo et l'**Igreja de São Gonçalo** ont été fondés en 1543 par Jean III, et achevés en 1620. D'inspiration Renaissance italienne, son portail est à trois rangées de colonnes superposées où alternent les statues (XVIIe siècle) de Jean III et des rois ayant régné durant la construction du monastère : Sébastien Ier, Henri Ier et Philippe Ier. Il est surmonté d'une loggia très italianisante également. Le clocher est un ajout du XVIIIe siècle.

L'intérieur est baroque et on peut y admirer un autel et une chaire sculptés et dorés à la feuille, ainsi qu'un orgue reposant sur des tritons. Le tombeau de São Gonçalo – le saint Valentin portugais – se trouve dans une minuscule chapelle à gauche de l'autel. La tradition veut que ceux qui sont en quête de l'âme sœur soient exaucés dans l'année qui suit s'ils touchent le gisant.

Ponte de São Gonçalo Pont

Devenu le symbole de la résistance héroïque des habitants d'Amarante face aux Français, en 1809 (une plaque, à l'extrémité sud-est, rappelle cet événement), ce pont en granit est la réplique de celui du XIIIe siècle emporté par la crue de 1763. La construction date de 1790.

Rio Tâmega À pied, en bateau

(Location de bateau demi-heure/heure 5/10 € ; 9h-coucher du soleil, sur les berges). Empruntez le chemin pavé sur la rive nord pour une balade au bord de l'eau. Il fait bon pique-niquer ou rêvasser sur l'avancée rocheuse au-dessus des rapides, à 400 m à l'est du pont. Vous pouvez également remonter la Tâmega en pédalo ou en bateau.

OÙ SE RESTAURER ET PRENDRE UN VERRE

Adega Regional Quelha Portugais €€

(255 425 786 ; Rua de Olivença ; plats 7,50-19,50 € ; 11h30-14h et 19h-22h lun-jeu, 11h30-22h ven-dim L'une des *adegas* (caves à vins) le long de la rive sud, où déguster les fromages et viandes fumées d'Amarante, entre autres spécialités de la région.

Bar do Hostel Bar

(255 095 951 ; Rua Candido dos Reis 53 ; 10h-minuit). Une clientèle branchée affectionne le bar de l'**Hostel des Arts** (www.hosteldesarts.com ; dort 17-24 €, s 52-59 €, d 62-69 € ;) pour sa palette de cafés, vins locaux et cocktails. On s'y tient au chaud calé dans un canapé de la grande salle ou l'on se dore au soleil sur la terrasse face à la rivière. Tapas et formules déjeuner à prix serrés (7,50 €).

DEPUIS/VERS AMARANTE

Au moins 5 bus par jour provenant de Porto (7,60 €, 1 heure) font halte à l'**Estacão Queimado** (Rua Antonio Carneiro). D'autres bus quotidiens rallient Braga (9 €, de 1 à 1 heure 30) et Lisbonne (20,40 €, de 4 heures 15 à 5 heures 45).

BRAGA

Dans ce chapitre

Braga

Troisième ville du Portugal par la taille, Braga séduit d'emblée avec son centre historique parsemé de ruelles piétonnes et de places bordées de monuments anciens. Ses splendides églises baroques, dont on entend résonner les cloches, ont valu à la ville le surnom de "Rome portugaise". La dévotion des habitants s'illustre lors des fêtes religieuses, en particulier pendant la Semana Santa, *réputée dans tout le pays. Les rues du centre historique sont aussi parsemées de cafés, et les étudiants de l'Universidade do Minho y apportent la vitalité de leur jeunesse.*

Braga en 2 jours

À tout seigneur tout honneur, commencez ce premier jour par le must de Braga, sa remarquable **cathédrale** (p. 218). Après le déjeuner, approfondissez la thématique avec la visite d'autres églises plus modestes ; pour dîner, rendez-vous à la Casa de Pasto das Carvalheiras (p. 225) ou bien à Anjo Verde (p. 224). Vous pourrez consacrer le lendemain à la visite du **Museu dos Biscainhos** (p. 220), faire du shopping et profiter des cafés dans les rues animées du centre-ville.

Braga en 4 jours

Faites en sorte d'être dans la région un jeudi pour profiter de l'immense marché qu'est la **Feira de Barcelos** (p. 226), à 22 km à l'ouest de Braga. Le quatrième jour, après une visite à l'église de **Bom Jesus do Monte** (p. 222), à 5 km à l'est, vous pourrez, le soir, aller boire un verre dans l'un des excellents bars de Braga, où les étudiants assurent l'ambiance.

Page précédente : Bom Jesus do Monte (p. 222)

Comment s'y rendre

Des trains fréquents relient Braga à Porto (3,25 €, 1 heure environ). Braga est également bien reliée à Coimbra (21 €, 1 heure 45 à 2 heures 45, 4 à 7 trains/jour) et à Lisbonne (34 €, 4 heures, 2 à 4 trains/jour). Si vous êtes en voiture, mieux vaut vous garer en dehors du centre. Essayez les plus petites rues à l'est de l'Avenida da Liberdade.

Où se loger

Braga offre une large gamme d'hébergements, de l'auberge de jeunesse à la pension grand luxe, mais la plupart des hôtels se classent dans la catégorie moyenne. L'immense majorité des adresses se concentre dans le centre de Braga, à deux pas des sites à visiter, des restaurants et des boutiques. Les pensions et hôtels proches de la Sé sont paisibles.

Orgues de la cathédrale

KPZFOTO/ALAMY STOCK PHOTO ©

Cathédrale de Braga

Braga a pour star incontestée sa cathédrale, la Sé, dont les tours asymétriques se dressent au bout d'une rue pittoresque du centre-ville. Cette église est le siège de l'archevêché de Braga.

Pour ceux qui aiment...

☑ Ne ratez pas

La chapelle de la Piété (Capela da Piedade) et sa belle sépulture Renaissance du XVIe siècle.

L'histoire

La cathédrale de Braga (Sé) est la plus ancienne du Portugal. Sa construction débuta en 1070, lors de la restauration de l'archevêché, et se termina au siècle suivant. Dans ce vaste ensemble mêlant divers styles architecturaux, les connaisseurs pourront reconnaître la structure romane, les inspirations manuélines et les ornements baroques. Prévoyez au moins trois heures pour une visite complète.

L'architecture

Le style roman originel de la cathédrale, qui se retrouve dans la forme générale du bâtiment, le portail sud et le merveilleux portail ouest, est l'élément le plus intéressant. Le portail ouest, aujourd'hui dissimulé à l'intérieur d'un porche gothique, est sculpté de scènes médiévales

Extérieur de la cathédrale

IMAGEBROKER/ALAMY STOCK PHOTO ©

du *Roman de Renart*. Les plus belles parties externes sont les tours manuélines filigranées et la toiture – œuvre de jeunesse de João de Castilho, qui construira le Mosteiro dos Jerónimos, à Lisbonne. L'entrée se fait soit par le portail ouest, soit sur le côté nord par une cour et un cloître bordés de chapelles gothiques. Dans la cathédrale, on remarque notamment un bel autel sculpté manuélin, une haute chapelle décorée d'azulejos qui retracent la vie du premier évêque de Braga, et deux orgues baroques soutenus par d'énormes satyres et tritons.

Le trésor

Attenant à la cathédrale, le **musée du Trésor** (Tesouro-Museu da Sé de Braga ; adulte/enfant 3 €/gratuit ; 9h30-12h30 et 14h30-18h30 avr-oct, jusqu'à 17h30 nov-mars),

Infos pratiques

Carte p. 221 ; www.se-braga.pt ; Rua Dom Paio Mendes ; 9h30-12h30 et 14h30-18h30 avr-oct, 14h30-17h30 nov-mars ;

Une petite faim ?

À deux pas de la cathédrale, Pecado da Sé (p. 225) sert d'excellents plats du jour au déjeuner.

★ Bon plan

Pour entendre l'orgue de la Sé, allez-y pendant la messe dominicale (11h30).

présente des pièces d'exception, comme la délicate *Nossa Senhora do Leite* (Notre-Dame-au Lait), statue de la Vierge allaitant l'Enfant Jésus, attribuée au sculpteur français Nicolas Chantereine (XVIe siècle). On y voit aussi une croix en fer utilisée lors de la toute première messe célébrée au Brésil en 1500.

Le chœur

Pour visiter le **chœur** (chapelles et chœur de la cathédrale ; adulte/enfant 2 €/gratuit), il faut un billet distinct et se joindre à une visite guidée (guides polyglottes) qui permet de voir de près les magnifiques orgues et les stalles dorées. On descend ensuite à la **Capela dos Reis** (chapelle des Rois) joyau de la cathédrale, où reposent Henri de Bourgogne et Dona Teresa, parents du premier roi du Portugal Afonso Henriques. On rejoint alors la **Capela de São Geraldo** (chapelle de Saint-Gérald) bâtie au XIIe siècle, mais remaniée au fil du temps et parée d'azulejos, puis la **Capela da Glória** (XIVe siècle), dont l'intérieur fut recouvert au XVIe siècle de motifs géométriques ouvertement mauresques.

À VOIR

GNRation — Centre culturel

(Carte ci-contre ; ☎253 142 200 ; www.gnration.pt ;Praça Conde de Agrolongo 123 ; ⏲9h30-18h30 lun-ven). GRATUIT Le centre culturel de Braga occupe un édifice du XVIIIe siècle qui fut auparavant le siège de la police. En franchissant la porte vitrée coulissante du bâtiment, vous pénétrerez dans la pépinière artistique de la ville, où sont programmés concerts, films, ateliers et pièces de théâtre. Visites guidées gratuites sur demande (téléphonez ou envoyez un e-mail à info@gnration.pt).

Museu dos Biscainhos — Musée

(Carte ci-contre ; culturanorte.pt/pt/patrimonio/museu-dos-biscainhos ; Rua dos Biscainhos ; tarif plein/réduit 2/1 €, entrée libre 1er dim du mois ; ⏲10h-12h30 et 14h-17h30 mar-dim). Ce palais aristocratique du XVIIIe siècle héberge le musée municipal. On y découvre une intéressante collection de vestiges romains, de poteries et de meubles du XVIIe au XIXe siècle. Le palais lui-même comporte de magnifiques plafonds peints et des azulejos du XVIIIe siècle représentant des scènes de chasse. Les jardins en terrasse à l'arrière méritent à eux seuls la visite. Le sol extérieur est recouvert de dalles où les roues des charrettes qui rejoignaient les écuries ont creusé de profondes traces.

Centro Interpretativo das Memórias da Misericórdia de Braga — Musée

(Carte ci-contre ; www.scmbraga.pt/cimmb-palácio-do-raio ; Rua do Raio 400 ; ⏲10h-13h et 14h30-18h30 mar-sam). GRATUIT Le dernier musée en date de Braga est installé dans le Palácio do Raio (palais du Rayon), œuvre exubérante d'André Soares (1720-1769), à la façade rococo recouverte d'azulejos. Œuvres d'art sacré, textiles, peintures, sculptures, bijoux, poteries et anciens instruments médicaux – le bâtiment a abrité certains services de l'hôpital São Marcos à partir de 1884 – sont mis en valeur dans de magnifiques salles également parées d'azulejos, et témoignent de 500 ans d'histoire.

Centro Interpretativo das Memórias da Misericórdia de Braga

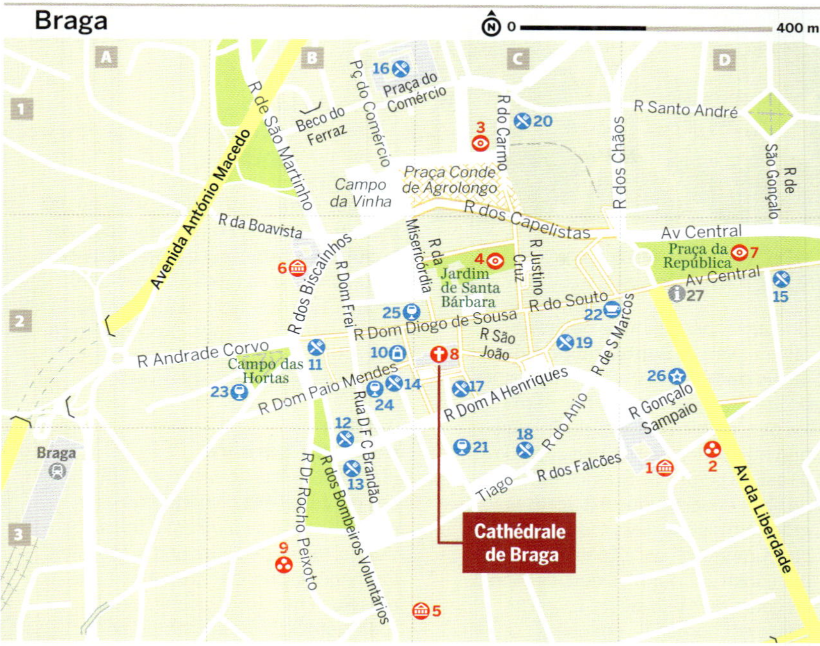

Braga

À voir

- 1 Centro Interpretativo das Memórias da Misericórdia de Braga ... D3
- 2 Fonte do Ídolo ... D3
- 3 GNRation ... C1
- 4 Jardim de Santa Bárbara ... C2
- 5 Museu de Arqueologia D. Diogo de Sousa ... C3
- 6 Museu dos Biscainhos ... B2
- 7 Praça da República ... D2
- 8 Sé ... C2
- 9 Termas Romanas do Alto da Cividade ... B3

Activités

- Tourists' Affairs ... (voir 27)

Achats

- 10 Som da Sé ... B2

Où se restaurer

- 11 Anjo Verde ... B2
- 12 Brac ... B3
- 13 Casa de Pasto das Carvalheiras ... B3
- 14 Dona Petisca ... B2
- 15 Livraria Centésima Página ... D2
- 16 Mercado Municipal ... B1
- 17 Pecado da Sé ... C2
- 18 Retrokitchen ... C3
- 19 Spirito Cupcakes & Coffee ... C2
- 20 Taberna Velhos Tempos ... C1

Où prendre un verre et faire la fête

- 21 Barhaus ... C3
- 22 Café A Brasileira ... C2
- 23 Domus Vinum ... B2
- 24 Estúdio 22 ... B2
- 25 Mavy ... B2

Où sortir

- 26 Teatro Circo de Braga ... D2

Renseignements

- 27 Turismo ... D2

Praça da República Place

(Carte ci-dessus). Cette vaste place est le lieu idéal pour lézarder à la terrasse d'un café. Une atmosphère particulièrement douce l'enveloppe en fin de journée, quand s'y rassemblent des personnes de tous âges venues goûter la fraîcheur du soir. La tour carrée et crénelée, derrière les

Ascension mystique

Chaque année, nombre de pélerins affluent vers le **Santuário do Bom Jesus do Monte** (sanctuaire du Bon Jésus du Mont ; bomjesus.pt), édifice parmi les plus emblématiques du Portugal, perché sur une colline boisée à 5 km à l'est du centre de Braga. L'église, de style néoclassique est accessible grâce à trois escaliers monumentaux, chacun rythmé par 17 paliers. Ils ont été construits sur plusieurs décennies, au cours du XVIIIe siècle. La partie basse est bordée de chapelles figurant les stations du chemin de croix. Viennent ensuite l'**Escadaria dos Cinco Sentidos** (escalier des Cinq Sens), un extraordinaire escalier baroque à jetée double avec des fontaines allégoriques et des statues de personnages bibliques, puis l'**Escadaria das Três Virtudes** (escalier des Trois Vertus), également bordé de chapelles et de fontaines représentant la Foi, l'Espérance et la Charité chrétiennes. Le site, inscrit au patrimoine mondial de l'Unesco depuis 2019.

Le bus municipal 2 part de Braga (Avenida da Liberdade) et s'arrête au pied des marches (1,65 €, 20 min), le terminus, toutes les demi-heures du matin au soir (toutes les heures le dimanche).

Escadaria do Bom Jesus
LEV LEVIN/SHUTTERSTOCK ©

cafés, est la **Torre de Menagem**, seul vestige de l'ancienne forteresse construite en 1738.

Fonte do Ídolo — Ruines

(Fontaine de l'idole ; carte p. 221 ; Rua do Raio ; tarif plein/réduit 1,85/0,95 € ; 9h30-13h et 14h-17h30 lun-ven, 11h-17h30 sam). Ces vestiges romains se situent sous un hall moderne. Celicus Fronto, originaire de la cité-État d'Arcobriga, aurait sculpté cette fontaine au niveau d'une source d'eau. L'une des sculptures représente un pèlerin vêtu d'une toge, portant une corne d'abondance. On peut voir sur le site une vidéo introduisant le contexte historique.

Jardim de Santa Bárbara — Jardin

(Carte p. 221 ; Rua Justino Cruz). GRATUIT
Les petites allées de cette jolie place du XVIIe siècle se faufilent à travers des parterres de fleurs et d'art topiaire. Par beau temps, la Rua Justino Cruz et la Rua Francisco Sanches, les rues piétonnières attenantes, sont particulièrement animées, avec des tables installées dehors et des musiciens.

Termas Romanas do Alto da Cividade — Ruines

(Carte p. 221 ; 253 278 455 ; Rua Dr Rocha Peixoto ; tarif plein/réduit 1,85/0,95 € ; 9h30-13h et 14h-17h30 lun-ven, 11h-17h30 sam). À proximité du musée archéologique subsistent les vestiges de thermes romains et d'un théâtre, remontant au IIe siècle et probablement abandonnés au Ve siècle. L'agent d'accueil vous montrera une courte vidéo (7 minutes) du site, en portugais ou en anglais.

Museu de Arqueologia D. Diogo de Sousa — Musée

(Carte p. 221 ; culturanorte.pt/pt/patrimonio/museu-de-arqueologia-d-diogo-de-sousa ; Rua dos Bombeiros Voluntários ; tarif plein/réduit 3/1,50 €, entrée libre dim ; 9h30-18h mar-dim juin à mi-sept, 9h30-17h30 mi-sept à mai). Ce musée archéologique donne à voir, dans 4 salles bien conçues, des pièces remontant au Paléolithique

KIEV.VICTOR/SHUTTERSTOCK ©

Jardim de Santa Bárbara

(pointes de flèche, objets funéraires) jusqu'à l'époque romaine et à la période suévo-wisigothique (du Ve au VIIe siècle). Les imposants *miliários* (bornes militaires) gravés d'inscriptions latines, marquaient les distances sur les voies romaines.

Mosteiro de São Martinho de Tibães Monastère
(☎253 622 670 ; Rua do Mosteiro, Mire de Tibães ; tarif plein/réduit 4/2 €, parc 1,50 €, entrée libre 1er dim du mois ; ⏲10h-19h mar-dim avr-oct, 10h-18h mar-dim nov-mars). Fondé au XIe siècle, le Mosteiro de São Martinho de Tibães, devint au XVIe siècle la maison mère de l'ordre des Bénédictins du Portugal et du Brésil. L'essentiel des bâtiments date du XVIIe et du XVIIIe siècles. Les galeries de cloître du cimetière (XVIIe siècle) sont parées de plafonds à caissons en bois et les murs d'azulejos. Dans l'église (XVIIe siècle), le style baroque s'exprime dans toute son élégante exubérance. Ne manquez pas les stalles et leurs miséricordes cocasses, ni la salle capitulaire. Le site est implanté à 5 km à l'ouest de Braga.

CIRCUITS ORGANISÉS

Tourists' Affairs Circuits organisés
(Carte p. 221 ; ☎927 504 470 ; www.thetouristsaffairs.com) Ce tour-opérateur spécialiste du Minho a été lancé par deux jeunes passionnés, un architecte et un archéologue. Leur offre est axée sur des circuits sur mesure du Minho et d'autres régions, mais ils proposent aussi des circuits pédestres gratuits à Braga – téléphonez la veille pour réserver et confirmer un lieu de rendez-vous (souvent à l'office du tourisme de Braga).

ACHATS

Som da Sé Instruments de Musique
(Carte p. 221 ; ☎917 270 735 ; www.somdase.pt ; Rua Dom Paio Mendes 77 ; ⏲10h-19h lun-sam). Un vrai paradis pour les passionnés de musique qui ont toujours rêvé de posséder une *guitarra portuguêsa*, cette guitare en forme de poire caractéristique du fado. La boutique renferme une vaste gamme d'instruments fabriqués

Praça da República (p. 221)

à Braga, que vous pourrez tester avant de vous décider, notamment des *violas braguesas*, des *cavaquinhos* (ukulélés) et autres instruments à cordes portugais traditionnels.

OÙ SE RESTAURER

On ne compte plus les restaurants, cafés et vendeurs d'en-cas du centre historique de Braga. Idéal pour faire ses courses, le **mercado municipal** (carte p. 221 ; Praça do Comércio ; 8h-15h lun-ven, 6h-13h sam) déborde d'activité en semaine et le samedi matin. Pensez aussi aux marchands de fruits et légumes de la Rua de São Marcos.

Livraria Centésima Página — Café €

(Carte p. 221 ; Av. Central 118-120 ; en-cas 3-5 € ; 9h-19h30 lun-sam). Installé dans la magnifique librairie Centésima Página, ce charmant café compte aussi quelques tables dressées dans un jardin. Choix de quiches, de salades et de desserts. Plats du jour très avantageux au déjeuner.

Anjo Verde — Végétarien €

(Carte p. 221 ; 253 264 010 ; Largo da Praça Velha 21 ; plats 8,50-9,50 € ; 12h-15h et 19h30-22h30 lun-sam ;). Un restaurant végétarien où déguster de copieux plats (lasagnes, stroganoff de soja, risottos ou tourtes aux légumes), bien présentés, dans une jolie salle lumineuse. Les plats se révèlent parfois un peu fades, contrairement à la tarte au chocolat et aux épices.

Dona Petisca — Tapas €

(Carte p. 221 ; 253 052 480 ; facebook.com/donapetisca ; Rua Dom Paio Mendes 32 ; sandwichs et en-cas 3,50-5,50 € ; 12h-minuit mar-jeu, 12h-1h ven-sam, 17h-minuit dim). Cette épicerie fine possède une petite salle à manger à l'étage, où elle sert toutes sortes de sandwichs et d'en-cas à base de produits locaux d'origine contrôlée – jambon, saucisses fumées, fromages, olives et champignons sauvages, accompagnés de vins de qualité. Parfait pour se restaurer à toute heure.

Retrokitchen Portugais €

(Carte p. 221 ; ☎253 267 023 ; facebook.com/retrokitchenbraga ; Rua do Anjo 96 ; plats 9-12 € ; ⏲10-12h lun et mer-sam). Un restaurant au décor vintage, où se régaler de savoureux plats du jour. Le menu déjeuner est une affaire (plat, pain et café pour 5 €, ou 6 € avec une soupe).

Spirito Cupcakes & Coffee Glacier €

(Carte p. 221 ; www.spiritocupcakes.com ; Largo São João do Souto 19 ; coupes et cornets à partir de 2 € ; ⏲13h30-19h et 21h-minuit ven-sam). Ne manquez pas les glaces artisanales de cette adresse bourdonnante, où l'on fait parfois la queue. Parfums originaux (porridge, cookie ou chewing-gum). Bons cupcakes et cafés.

Casa de Pasto das Carvalheiras Fusion €€

(Carte p. 221 ; ☎253 046 244 ; facebook.com/casadepastodascarvalheiras ; Rua Dom Afonso Henriques 8 ; petites assiettes 5-15 € ; ⏲12h-15h et 19h-minuit lun-ven, 12h-minuit sam-dim). Ce restaurant coloré sert de délicieux *pratinhos* (petites assiettes) – confit de morue, chou pak choï et nouilles ; champignons et polenta crémeuse ; ou encore savoureux mélanges d'*alheira* (saucisse à l'ail légère à base de volaille ou de gibier) et de fanes de navet. En semaine, le menu déjeuner est à 9 ou 12 €, suivant le nombre de plats commandés.

Pecado da Sé Portugais €€

(Carte p. 221 ; ☎919 990 990 ; Rua do Forno 22 ; plats 10-17 € ; ⏲12h-15h lun, 12h-15h et 20h-minuit mar-jeu, 12h-15h et 20h-2h ven-sam). Dans une ruelle proche de la cathédrale, ce petit restaurant tendance fusionne cuisine familiale portugaise et influences internationales. Essayez le traditionnel *bacalhau com broa* (morue au pain de maïs), le porc Bisaro grillé, le poulet frit, le curry de crevettes ou la *picanha* (steak) brésilienne aux haricots noirs. Excellentes formules déjeuner (10 €).

Pâques à Braga

Braga est le théâtre des plus belles célébrations pascales du Portugal. Pendant la **Semana Santa**, des chants grégoriens (diffusés par haut-parleurs) retentissent dans tout le centre-ville et, le soir, on dresse des autels improvisés où brûlent des cierges. Le Jeudi saint a lieu la **Procissão do Senhor Ecce Homo**, une procession de pénitents, membres de confréries catholiques, qui défilent pieds nus et encagoulés dans les rues en faisant tourner leurs sinistres crécelles.

La célébration du **Vendredi saint**, dans la cathédrale, est un spectacle soigneusement mis en scène avec des baldaquins de soie et des hymnes funèbres. Les prêtres portent une chasuble couverte de dentelles. L'assemblée manifeste ferveur et émotion. Le samedi soir, la **veillée pascale** commence dans l'obscurité totale, pour exploser ensuite de lumière et de joie. Le dimanche, les habitants de Braga recouvrent leur seuil de fleurs et invitent les prêtres à entrer chez eux pour bénir leur demeure.

ZACARIAS PEREIRA DA MATA/SHUTTERSTOCK ©

Brac Portugais €€

(Carte p. 221 ; ☎253 610 225 ; Campo das Carvalheiras ; plats 13-17 € ; ⏲ 11h-minuit lun-jeu, jusqu'à 1h ven-sam, dim 12h-15h). Le haut lieu gastronomique de Braga, apprécié notamment pour ses savoureux *petiscos* (en-cas) à déguster au comptoir et pour ses plats plus élaborés – *moqueca*

Feira de Barcelos

La **Feira de Barcelos** (Campo da República ; aube-crépuscule jeu) est le plus ancien et le plus fameux marché du Minho. Il a lieu tous les jeudis sur le Campo da República, à deux pas du Rio Cávado. Même s'il attire les touristes, il garde son esprit rural. Les habitants y achètent du poulet, des draps brodés à la main ou des vêtements. On peut s'y restaurer de saucisses et de pain en se promenant parmi les clarines, les paniers en vannerie et les jougs de bœufs gravés. Les visiteurs viennent surtout pour les poteries.

Poteries traditionnelles à la Feira de Barcelos
MAURICIO ABREU/ALAMY STOCK PHOTO ©

à la brésilienne (ragoût de fruits de mer), riz au porc noir et pleurotes – servis dans la salle chic aux colonnes de pierre. Buffet à volonté le midi (9-12,50 € lun-sam, 19,50 € dim) ; installez-vous sur la terrasse qui donne sur un parc arboré.

Taberna Velhos Tempos Portugais €
(Carte p. 221 ; 253 214 368 ; Rua do Carmo 7 ; plats 7,50-11 € ; 12h-14h30 et 20h-22h30 lun-sam). Cette taverne aux poutres apparentes ornée de tout un bric-à-brac rustique, fière de sa "cuisine rurale pour citadins", sert de bons classiques. Essayez le *bacalhau com natas* (gratin de morue aux pommes de terre et à la crème) ou l'*arroz de pato com pinhão* (riz au canard et aux pignons). Les portions sont très généreuses.

OÙ PRENDRE UN VERRE ET FAIRE LA FÊTE

Domus Vinum Bar à vins
(Carte p. 221 ; Largo da Nossa Senhora da Boa Luz 12 ; tapas 4-7 € ; 18h-2h mer-lun). Une clientèle chic fréquente ce bar à l'ambiance sonore brésilienne, situé à l'ouest de l'Arco da Porta Nova, attirée par d'excellents vins au verre, d'appétissantes tapas et un patio éclairé par des lanternes.

Mavy Bar
(Carte p. 221 ; facebook.com/espacomavy ; Rua D. Diogo de Sousa 133 ; 12h-2h dim-jeu 12h-4h ven-sam). Du début de soirée au petit matin, une foule juvénile se rassemble dans ce bar de la zone piétonne pour prendre quelques verres et profiter des bons petits plats servis tard et de la musique alternative. Excellentes bières pression. Hamburgers, quiches et sandwichs toastés à prix imbattables (2-4 €).

Café A Brasileira Café
(Carte p. 221 ; facebook.com/CafeABrasileiraBraga ; Largo Barão São Martinho 17 ; 8h-minuit dim-jeu, 8h-2h ven-sam). Un très joli café historique de Braga ouvert au tournant du XXe siècle. Ici, la nouvelle génération se mêle à l'ancienne et tout le monde apprécie le *café de saco* (tasse de café filtre).

Barhaus Bar
(Carte p. 221 ; facebook.com/barhaus.net ; Rua Dom Gonçalo Pereira 58 ; 15h-2h lun-jeu, 15h-4h ven-sam, 7h-1h dim). Une clientèle qui se veut sélecte investit les deux comptoirs et le grand patio en plein air de cette adresse courue pour ses DJ et des concerts.

Estúdio 22 Bar
(Carte p. 221 ; facebook.com/Estudio22cafebargaleria ; Rua Dom Paio Mendes 22 ; 14h-2h dim-jeu, 14h-4h ven-sam). Ce bar de style *lounge*, situé dans une rue animée proche de la cathédrale, invite à siroter un gin tonic, la spécialité, en écoutant un groupe ou un DJ.

Café A Brasileira

OÙ SORTIR

Teatro Circo de Braga Théâtre

(Carte p. 221 ; ☎253 203 800 ; www.theatrocirco.com ; Av. da Liberdade 697). Ce théâtre est l'un des plus impressionnants du Portugal. Ce majestueux édifice fin de siècle accueille des concerts, des pièces de théâtre et des spectacles de danse.

RENSEIGNEMENTS

Turismo (carte p. 221 ; ☎253 262 550 ; www.visitbraga.travel ; Av. da Liberdade 1 ; 9h-18h30 lun-ven, 9h30-13h et 14h-17h30 sam-dim). Fort utile, cet office du tourisme occupe un immeuble Art déco, en face de la Praça da República.

DEPUIS/VERS BRAGA

BUS

La gare routière de Braga, dans le centre-ville, est la plateforme régionale des transports.

Bus pour l'aéroport (☎253 262 371 ; www.getbus.eu). Environ 10 bus par jour effectuent dans chaque sens le trajet de 50 minutes entre l'aéroport de Porto et Braga. L'aller simple/aller-retour coûte 8/14 € (enfant 4/8 €).

Rede Expressos (☎707 223 344 ; rede-expressos.pt) relie Braga à Lisbonne jusqu'à 15 fois par jour (21 €, 4 heures 30).

Transdev (☎225 100 100 ; www.transdev.pt) assure au moins 8 liaisons quotidiennes vers Barcelos (2,70 €, 1 heure) et Porto (4,85 €, 1 heure). Services réduits de moitié le week-end.

TRAIN

Terminus d'une ligne venant de Nine, Braga fait partie du réseau *suburbano* de Porto. Des trains de banlieue assurent des liaisons fréquentes depuis Porto (3,25 €, 1 heure).

Guimarães

Classé au patrimoine mondial de l'Unesco en 2001, le cœur médiéval de Guimarães, très bien conservé, est un ravissant labyrinthe de ruelles entourant des places bordées de demeures du XIVe siècle. En 2012, la ville a été désignée Capitale européenne de la culture.

Si vous aimez...

Ne ratez pas

Le sommet boisé du mont Penha (617 m), point le plus élevé des environs. La fraîcheur y est agréable l'été.

Cité historique majeure, Guimarães a vu naître, en 1110, Alphonse Henriques, premier roi indépendant du Portugal, qui lança depuis la ville la principale reconquête du royaume contre les Maures. Sur une colline voisine, un donjon millénaire veille sur un imposant palais érigé par le premier duc de Bragance. Outre ses trésors historiques et ses musées, Guimarães est une ville universitaire d'une grande vitalité.

À voir

La **Plataforma das Artes e Criatividade** (www.ciajg.pt ; Av. Conde de Margaride 175 ; tarif plein/réduit 4/3 €, entrée libre dim matin ; 10h-19h mar-dim) est un centre culturel polyvalent dans un étonnant bâtiment ultramoderne. Une exposition est consacrée au peintre José de Guimarães (né en 1939), notamment des pièces de sa collection privée d'art précolombien, africain et chinois. Bel ensemble de masques africains.

Le **Centro Cultural Vila Flor** (www.ccvf.pt ; Av. Dom Afonso Henriques 701). Dans un palais du XVIIIe siècle assorti d'une aile à l'architecture contemporaine, le CCVF a inauguré le renouveau culturel de la ville. Au programme : projections de films, cafés-concerts, pièces de théâtre et expositions.

Le **Paço dos Duques de Bragança** (pdmas.guimaraes.pt/paco ; Rua Conde Dom Henrique ; adulte/enfant 5 €/gratuit ; 9h-18h) trône sur les hauteurs de la cité médiévale. Le palais des ducs de Bragance, hérissé de tours crénelées, fut édifié au début du XVe siècle par Dom Afonso I (Alphonse Ier de Bragance, 1377-1461), fils illégitime du roi João I et d'Inês Pires. On peut y découvrir des tapisseries et une collection d'armes du Moyen Âge ; la chapelle est ornée de superbes vitraux.

Le **Museu Arqueológico Martins Sarmento** (www.csarmento.uminho.pt ; Rua Paio Galvão ; tarif plein/réduit 3/1,50 € ; 10h-12h30 et 14h30-17h30 mar-dim), aménagé dans un ancien couvent, réunit une belle collection d'objets principalement celtibères. D'imposants vestiges, taillés dans la pierre (dont un sarcophage celtique), sont dispersés dans le cloître.

Le **Castelo** (pdmas.guimaraes.pt/paco ; adulte/enfant 2 €/gratuit ; 9h-18h), construit vers 1100, comporte sept tours et serait le lieu de naissance d'Alphonse Henriques. Promenez-vous sur les remparts balayés par le vent, puis grimpez l'escalier menant au donjon de la comtesse Mumadona.

Au début de la construction de l'**Igreja de Nossa Senhora da Oliveira** (église collégiale Notre-Dame-de-l'Olivier ; Largo da Oliveira ; 8h30-12h et 15h30-19h30 lun-sam, 9h-13h et 17h-20h dim), au Xe siècle, le roi wisigoth Wamba enfonça sa lance dans le sol près d'un olivier et refusa de régner à moins que le bois de sa lance ne donne naissance à un arbre. Ce qui se produisit, selon la légende. La façade de l'**Igreja de São Gualter** (Largo da República do Brasil ; 7h30-12h et 15h-17h lun-sam, 7h30-12h dim), édifiée au XVIIIe siècle et dotée un siècle plus tard de hautes flèches jumelles, est certainement la plus harmonieuse de la ville.

Infos pratiques

253 421 221 ; www.guimaraesturismo.com ; Praça de São Tiago. Personnel parlant français.

Une petite faim ?

Résvés (Rua de Santa Maria 39 ; tapas 7-9 €, plats 11-19 € ; mar-sam). Un menu varié de tapas et de plats savoureux à déguster en terrasse.

★ Bon plan

Le **Teleférico de Penha** (www.turipenha.pt ; aller/aller-retour 3/5 € ; 10h-19h ou 20h) permet de rejoindre le sommet du mont Penha. Il part du Parque das Hortas, à 600 m du centre historique.

Fêtes et festivals

Guimarães Jazz L'un des meilleurs festivals du pays, durant 10 jours en novembre.
Les **Festas de Cidade e Gualterianas** (www.aoficina.pt, 1er week-end août), fêtes en l'honneur du saint patron de la ville, São Gualter, sont l'occasion d'assister à des danses folkloriques, des concerts rock, des feux d'artifice et des défilés.

DEPUIS/VERS GUIMARÃES

Les **bus Transdev** (www.transdev.pt) desservent fréquemment Guimarães depuis Braga (3,30 €, 50 min) et Porto (5,20 €, 50 min). **Get Bus** (www.getbus.eu) couvre 6 fois par jour l'aéroport de Porto et Guimarães (aller simple/aller-retour 8/14 €, enfant 4/8 €, 50 min).

Des trains du vaste réseau **suburbano de Porto** (3,25 €, 1 heure 15) relient régulièrement Porto et Guimarães.

COIMBRA

Dans ce chapitre

Coimbra

Majestueusement perchée au-dessus du Rio Mondego, Coimbra est une ville animée et imprégnée d'histoire. Capitale médiévale du Portugal pendant plus d'un siècle, elle abrite la plus vieille et la plus prestigieuse université du pays. Son centre historique escarpé et pittoresque avec ses ruelles pavées et sa cathédrale monumentale date de l'époque des Maures.

Durant l'année scolaire, l'ambiance est à la liesse estudiantine. Les soirs d'été, vous pourrez entendre les vieilles pierres vibrer au son des guitares et de la voix profonde des chanteurs de fado.

Coimbra en 2 jours

Commencez par le joyau de Coimbra et remontez la vieille ville jusqu'à la **Universidade de Coimbra** (p. 234), sa célèbre université, avant de consacrer le reste de la journée au centre historique. Le lendemain, vous pourrez flâner de vénérable église en noble monastère, et conclure sur un spectacle de fado à la mode *coimbrense*.

Coimbra en 4 jours

Le 3e jour, éloignez-vous un peu pour aller explorer les merveilleux vestiges romains de **Conímbriga** (p. 239), faciles et rapides d'accès en bus. Pour votre dernière journée, rien de tel qu'un peu de shopping, notamment pour rapporter de la belle poterie locale, ou, pour les plus sportifs, une sortie en kayak sur le **Rio Mondego** (p. 240) avant d'aller frayer avec la jeunesse dans les bars et clubs fréquentés par les étudiants de Coimbra.

Page précédente : Universidade de Coimbra (p. 234)

Comment s'y rendre

Train Coimbra possède deux gares ferroviaires : **Coimbra-B** et **Coimbra A, plus centrale** (dénommée simplement "Coimbra" sur les horaires). Des trains réguliers desservent Lisbonne (à partir de 20 €, 2 heures) et Porto (13,50 €, 1 heure 15).

Bus Il existe des liaisons directes avec Lisbonne (14,50 €, 2 heures 30), Porto (12,50 €, 1 heure 30), Braga (14 €, 2 heures 45, 6 bus/jour) et Faro (28 €, 6 heures à 8 heures 30, 2 bus/jour).

Où se loger

Coimbra est l'une des villes les plus touristiques du Portugal et ne manque donc pas d'adresses où se loger qui offrent en général un bon rapport qualité/prix. Ces dernières années, quelques auberges de jeunesse modernes ont ouvert leurs portes, proposant d'élégantes chambres dignes d'un hôtel en plus de lits en dortoir plus abordables. Si vous résidez dans la ville haute, sachez qu'il est difficile de s'y garer et que vous devrez sans doute trimballer vos bagages depuis votre voiture.

Capela de São Miguel

ALVARO GERMAN VILELA/SHUTTERSTOCK ©

Universidade de Coimbra

Coimbra a pour incontestable joyau le cœur ancien de son université, un remarquable ensemble architectural datant des XVIe et XVIIIe siècles organisé autour du Pátio das Escolas ("cour des écoles"). Le site est classé au Patrimoine mondial.

Pour ceux qui aiment...

☑ Ne ratez pas

La vue sur Coimbra depuis le Pátio das Escolas est particulièrement photogénique.

Comptez au moins 2 heures de visite, car il y a beaucoup à voir dans l'Universidade Velha : le Paço das Escolas (palais royal), la tour de l'horloge, la Prisão Académica (prison), la Capela de São Miguel (chapelle) et, surtout, la Biblioteca Joanina, un incontournable de Coimbra.

Biblioteca Joanina

Cette extraordinaire bibliothèque, un présent de Jean V au début du XVIIIe siècle, s'orne de tables en bois de rose, ébène et palissandre, d'ornementations rehaussées d'or et de délicates fresques au plafond. Les 60 000 ouvrages anciens reliés de cuir traitent de droit, de philosophie ou de théologie. D'autres volumes sont conservés à un étage inférieur, où se trouve aussi la Prisão Académica, où l'on enfermait jadis les étudiants coupables de mauvaise conduite.

Biblioteca Joanina

ALEX RAGEN/SHUTTERSTOCK ©

Infos pratiques

Carte p. 237 ; 239 242 744 ; uc.pt/turismo ; Pátio das Escolas ; adulte/enfant avec Paço das Escolas, Biblioteca Joanina, Capela de São Miquel et Museu da Ciência 12,50 €/gratuit, sans la bibliothèque 7 €/gratuit ; 9h-19h30 mars-oct, 9h-13h et 14h-17h nov-fév

Une petite faim ?

À la Loggia (p. 242), on apprécie autant la vue que la cuisine.

★ Bon à savoir

On entre uniquement par petits groupes dans la bibliothèque, pour des créneaux de 20 minutes.

Capela de São Miguel

Cette belle chapelle du XVIe siècle qui fait partie de l'université se distingue par son plafond aux couleurs vives, ses faïences, divers détails de style manuélin et un orgue chargé de dorures et doté de quelque 2 000 tuyaux (XVIIIe siècle). Elle accueille parfois des concerts.

À voir aussi

Le **Paço das Escolas**, le "palais des écoles", ancienne résidence royale, abrite de prestigieuses salles. C'est ici que se déroulent encore les plus importantes cérémonies universitaires. La salle principale est la **Sala dos Capelos** (qui tient son nom de la cape des étudiants diplômés), ancienne salle d'examen décorée de portraits de souverains portugais et capitonnée d'écarlate. C'est dans la **Sala do Exame Privado** (salle de l'examen privé), que les futurs diplômés passaient leur oral... la nuit.

Autre silhouette emblématique, la **Torre da Universidade** (tour de l'horloge) rythme la vie sur le campus. Elle fut érigée entre 1728 et 1733, au motif qu'il ne saurait y avoir d'ordre sans horloge. Les étudiants la surnommèrent "a cabra" ("la chèvre" ou dans le langage actuel "la chienne"), car elle sonnait la fin de la journée et le début du couvre-feu (à une époque où les étudiants devaient être rentrés chez eux à 19h pour ne pas risquer la prison). On peut monter jusqu'au sommet, d'où la vue est magnifique.

Billetterie et visites guidées

Vous avez le choix entre deux types de billet : l'un donne accès à tous les bâtiments de l'université (sauf la tour) et au Museu da Ciência (p. 236), l'autre ne comprend pas la bibliothèque. Ils s'achètent à l'accueil près de la Porta Férrea. Des visites guidées sont proposées à heures fixes.

À VOIR

La plupart des curiosités de Coimbra se trouvent sur la colline, dans le quartier universitaire et dans la ville haute. Cette partie de la ville est entourée d'un écheveau de ruelles pavées et escarpées, de tours médiévales et de logements d'étudiants. La ville nouvelle, surnommée"Baixa" (ville basse), borde le Mondego en contrebas.

Museu Nacional de Machado de Castro — Musée

(Carte ci-contre ; ☎239 853 070 ; www.museumachadocastro.pt ; Largo Dr José Rodrigues ; adulte/enfant 6 €/gratuit, cryptoportique seul 3 € ; 14h-18h mar, 10h-18h mer-dim). Ce magnifique musée est un site incontournable du centre du pays. Aménagé dans un palais épiscopal du XIIe siècle, il a été construit à l'emplacement d'un ancien forum romain dont on aperçoit des vestiges dans le *cryptoporticus*, sinistre labyrinthe de galeries situé sous le bâtiment. De retour à la surface, on peut admirer les collections d'œuvres d'art, qui vont de la statuaire religieuse gothique à la peinture flamande du XVIe siècle en passant par des meubles richement ornés.

La reconstitution d'une chapelle du Convento de São Domingos est particulièrement impressionnante, mais les merveilles sont légion. Une partie du gracieux cloître de São João de Almedina et d'exquises pièces anglaises en albâtre retiennent l'attention. Des sculptures retracent l'essor de la statuaire portugaise depuis le XIe siècle, montrant comment l'arrivée des maîtres de la Renaissance venus de toute l'Europe contribua à la naissance d'une tradition propre à Coimbra.

On peut admirer les personnages en terre cuite de la *Cène* (XVIe siècle), œuvre du Français Hodart et le magnifique *Tryptique de la Passion du Christ* (1514-1517), du Flamand Quentin Metsys. Une collection d'ostensoirs en or, de meubles et d'objets mauresques conclut de façon magistrale cette visite.

Museu da Ciência — Musée

(Carte ci-contre ; ☎239 242 744 ; museudaciencia.org ; Largo Marquês de Pombal ; tarif plein/réduit/enfant avec Paço das Escolas, Biblioteca Joanina

Museu da Ciência

ROSAIRENEBETANCOURT 13/ALAMY STOCK PHOTO ©

Coimbra

Coimbra

À voir

1 Igreja de Santa Cruz B1
2 Jardim Botânico C2
3 Museu da Ciência C1
4 Museu Nacional de Machado de Castro ... B1
5 Parque Dr Manuel Braga B3
6 Parque Verde do Mondego C3
7 Sé Nova C1
8 Sé Velha B2
9 Universidade de Coimbra B2

Activités

10 Go Walks A2
11 Tuk a Day A2

Achats

12 Anthrop B2
13 Carlos Tomás B1
14 Comur B2
15 Concept Store C1

Où se restaurer

16 A Cozinha da Maria A2
17 Justiça e Paz C2
18 Loggia B1
19 Restaurante Zé Neto A1
20 Sete Restaurante B1
21 Tapas Nas Costas B1
22 Zé Manel dos Ossos A2

Où prendre un verre et faire la fête

23 AAC Bar D1
24 Aqui Base Tango D2
25 Bar Quebra Costas B1
Café Santa Cruz .... (voir 1)

Où sortir

26 Á Capella B1
Fado ao Centro .... (voir 21)
27 Teatro Académico de Gil Vicente D1

et Capela de São Miguel 12,50/10 €/gratuit, sans la bibliothèque 7/5,50 €/gratuit ; ⏲10h-19h mar-dim mars-oct, 10h-18h mar-dim nov-fév). Le merveilleux musée de la Science occupe un ancien monastère, converti par le marquis de Pombal en université de chimie. Vous découvrirez notamment un globe lumineux géant installé dans une pièce dont le sol est recouvert de pavés médiévaux, ou encore la vision reconstituée

Sé Velha

qu'un insecte a des fleurs. Cette collection éclectique est présentée dans 3 sections réparties dans 2 bâtiments : les laboratoires de chimie, où se trouve la billetterie et, de l'autre côté de la rue, les galeries de physique et d'histoire naturelle. Ne manquez pas la section consacrée à la lumière et à la matière ni la captivante exposition d'instruments de physique, dont beaucoup datent des XVIIe, XVIIIe et XIXe siècles.

Sé Velha — Cathédrale

(Vieille cathédrale ; carte p. 237 ; ✆239 825 273 ; www.sevelha-coimbra.org ; Largo da Sé Velha, Rua do Norte 4 ; 2,50 € ; ⏲10h-18h lun-sam, 13h-18h dim). Bâtie au XIIe siècle, la cathédrale de Coimbra est considérée comme le plus bel exemple d'architecture romane du pays. Le portail et la façade sont particulièrement impressionnants, surtout par les chaudes soirées d'été, quand la pierre dorée semble briller dans la lumière douce. Sa construction, financée par Alphonse Henriques, premier roi du Portugal sous le nom d'Alphonse Ier, fut achevée en 1184, alors que le pays vivait encore sous la menace des Maures, ce qui explique la présence des murs crénelés et des fenêtres inférieures aux allures de meurtrières. La haute nef aux voûtes en berceau a dans l'ensemble conservé ses caractéristiques romanes ; les autels latéraux et les tombeaux d'évêques se détachent sur fond de lumineux carreaux de faïence andalous. Le flamboyant retable doré datant de la fin du gothique qui surplombe le maître-autel illustre l'Assomption de la Vierge. Il contraste avec la pierre grise de la Capela do Santíssimo Sacramento, d'époque Renaissance, située à côté. Le cloître du XIIIe siècle est charmant.

Convento de Santa Clara-a-Nova — Couvent

(✆239 441 674 ; www.rainhasantaisabel.org ; Calçada de Santa Isabel ; 2 € ; ⏲9h-18h45 lun-sam, 9h-18h dim nov-fév, 9h-19h lun-sam, 9h-18h30 dim mars-oct). Cet imposant couvent de la rive ouest du fleuve aurait été construit au XVIIe siècle en remplacement du premier Convento de Santa Clara-a-Velha, souvent inondé. Il est presque entièrement dédié à la mémoire de la reine sainte Élisabeth (Isabel, patronne de Coimbra), dont les restes reposent dans un cercueil d'argent au-dessus de l'autel. Des tableaux illustrant des épisodes de sa vie ornent les bas-côtés de la chapelle. Remarquez aussi le joli cloître du XVIIIe siècle.

Convento de Santa Clara-a-Velha Couvent

(Rua das Parreiras ; tarif plein/réduit 4/2 € ; 10h-19h mar-dim apr-sept, 10h-18h oct-mars). Ce couvent d'architecture gothique fut fondé en 1330 par sainte Élisabeth du Portugal, épouse du roi Denis Ier. Elle y reposa jusqu'à ce que l'inondation de l'édifice, au XVIIe siècle, oblige à transporter sa dépouille plus en amont. Le **musée** attenant expose des trouvailles archéologiques et diffuse deux films, l'un sur les nonnes qui vécurent ici, l'autre sur l'assèchement du site.

Jardim Botânico Jardin

(Carte p. 237 ; uc.pt/jardimbotanico ; 9h-20h avr-sept, 9h-17h30 oct-mars). GRATUIT Propice au délassement, le ravissant jardin botanique, géré par l'université, s'étend à l'ombre de l'**aqueduc de São Sebastião**, construit au XVIe siècle. Créé par le marquis de Pombal, il associe des massifs floraux, des sentiers sinueux et de gracieuses fontaines.

Sé Nova Cathédrale

(Carte p. 237 ; 239 823 138 ; Largo da Sé Nova ; 1 € ; 8h30-18h30). D'allure sévère, la "nouvelle" cathédrale, commandée par les Jésuites en 1598 et achevée un siècle plus tard, domine la place du même nom, sur les hauteurs de la vieille ville. Son intérieur est décoré de panneaux latéraux dorés et orné d'un retable baroque richement décoré. Une galerie de reliquaires rassemble des ossements et autres restes de saints et d'évêques, dont saint François-Xavier et, prétendument, saint Luc.

Jardim da Quinta das Lágrimas Jardin

(Rua Vilarinho Raposo ; adulte/-15 ans/famille 2,50/1/5 € ; 10h-17h mar-dim mi-oct à mi-mars, 10h-19h mi-mars à mi-oct). Selon la légende, c'est dans ce parc ravissant que Dona Inês de Castro, fille naturelle d'un noble de Castille et dame de compagnie

Ruines romaines de Conímbriga

Situées dans la campagne au sud-ouest de Coimbra, les **ruines romaines de Conímbriga** (239 949 110 ; www.conimbriga.pt ; Condeixa-a-Velha ; ruines et musée adulte/enfant 4,50 €/gratuit ; 10h-19h mars-oct, 10h-18h nov-fév) sont le site romain le plus important et le plus spectaculaire du Portugal. De Conímbriga, importante cité romaine de la province de Lusitania, nous sont parvenus des vestiges étendus et particulièrement bien conservés. La ville fut fondée par les Celtes mais c'est sous la domination des Romains, arrivés au IIe siècle av. J.-C., qu'elle devint florissante, avant de subir les attaques des Barbares et de tomber aux mains des Suèves en 468. Admirez les villas pavées de mosaïques raffinées – notamment la **Casa dos Repuxos** (maison des Fontaines) – et le rempart du IIIe siècle. Le petit **musée** près de l'entrée expose des objets exhumés sur le site – mosaïques, fragments de sculptures, monnaies, bijoux, objets du quotidien. Une maquette permet de voir le forum tel qu'il était.

Pour rejoindre le site par les transports publics, des bus **Transdev** partant à proximité de la gare Coimbra A desservent les ruines (2,55 €, 45 minutes, 3/jour). Vérifiez les horaires, qui changent avec les saisons ; l'office du tourisme de Coimbra peut vous les fournir.

de Constance de Castille, fut assassinée sur l'ordre d'Alphonse IV, dont le fils, futur Pierre Ier, était tombé fou amoureux de la belle. On y trouve aujourd'hui un hôtel 5-étoiles, mais tout le monde peut faire un tour dans le "domaine des larmes" et chercher la **Fonte dos Amores**, qui marque l'endroit précis où Inês aurait trouvé la mort. Remarquez également le séquoia planté par le duc de Wellington.

Parque Verde do Mondego Parc
(Carte p. 237 ; 👪). GRATUIT Ce parc s'étend au pied de la vieille ville, le long du fleuve, au sud du **Parque Dr Manuel Braga** (carte p. 237). Sillonné de passerelles en bois, il abrite un ours géant vert et des aires de jeux pour enfants. Le pont de Pierre-et-Inês, pont piéton de 275 m, franchit le Mondego.

CIRCUITS ORGANISÉS

Go Walks À pied
(Carte p. 237 ; ☎910 163 118 ; gowalksportugal.com ; Rua Visconde da Luz 75 ; circuits 25-40 €/pers). Circuits à pied sur divers thèmes – du fado au Coimbra judaïque. Autres visites plus lointaines dans le centre du pays.

O Pioneiro do Mondego En kayak
(☎239 478 385 ; www.opioneirodomondego.com ; 22,50-24,50 €/pers). Lancez-vous sur les eaux du Mondego pour un circuit en kayak. On peut notamment descendre les 18 km séparant Penacova de Torres de Mondego (3-4 heures) et les 25 km entre Penacova et Coimbra (4-5 heures). On peut venir vous prendre à Coimbra sur demande.

Tuk a Day Circuits
(Carte p. 237 ; ☎964 486 445, 962 826 855 ; 15 €/pers ; ⏲9h-19h). Des visites de 1 heure 15 en *tuk-tuk* dans Coimbra. Polyglottes, les conducteurs vous font découvrir la ville de manière amusante. Trois personnes minimum. Départ du Largo da Portagem.

ACHATS

Carlos Tomás Poterie
(Carte p. 237 ; ☎239 812 945 ; carlostomas_ceramicaartesanal@hotmail.com ; Largo da Sé Velha 4 ; ⏲9h-20h). Très belles poteries

Sé Nova (p. 239)

SAIKO3P/SHUTTERSTOCK ©

Jardim Botânico (p. 239)

peintes à la main par le Senhor Tomás. Si vous ne trouvez pas votre bonheur parmi les pièces exposées, il peut vous fabriquer un objet sur mesure.

Anthrop Design

(Carte p. 237 ; facebook.com/Anthrop.portugal ; Rua Fernandes Tomás 2-6 ; 11h-19h30 lun-ven, 14h-19h30 sam). La céramiste Célia Guerreiro a créé cette boutique pour promouvoir les créateurs portugais. On y découvre un choix de vêtements, objets de décoration, bijoux et sacs et de savons originaux.

Concept Store Concept store

(Carte p. 237 ; 239 092 989 ; facebook.com/coimbraconceptstore ; Av. Sá da Bandeira 116 ; 10h-20h lun-sam). Cette grande boutique vend les réalisations de divers créateurs portugais. Les articles vont de la vaisselle chic aux lunettes de soleil et chaussures, en passant par la mode rétro.

Comur Alimentation

(Carte p. 237 ; www.comur.com ; Largo da Portagem 25 ; 10h-22h). Cette boutique élève les conserves de poisson au rang d'art baroque. Si l'emballage est joyeusement outrancier, le poisson, provenant de la conserverie historique de Comur, près d'Aveiro, est de grande qualité.

OÙ SE RESTAURER

Vous trouverez à Coimbra nombre de restaurants, de bars et de cafés pour tous les budgets, surtout dans le secteur de la Praça do Comércio. Les restaurants à l'ancienne sont nombreux près de la gare ferroviaire Coimbra A, tandis que la ville haute concentre les restaurants modernes servant des tapas.

Justiça e Paz Caféteria €

(Carte p. 237 ; 239 822 483 ; justicaepaz.com/restaurante-e-bar.php ; Rua de Couraça de Lisboa 30 ; menu 5,50-7 € ; 8h30-23h30 lun-ven, 9h-19h sam). Installée dans l'enceinte de la faculté de droit, cette très bonne caféteria est un secret bien gardé ! Idéale pour les petits budgets, elle est ouverte à tous et sert des plats du jour, des en-cas et des boissons. Elle a une jolie terrasse donnant sur le jardin botanique.

Café Santa Cruz

Loggia Portugais €€

(Carte p. 237 ; ☎239 853 076 ; loggia.pt ; Largo Dr José Rodrigues, Museu Nacional de Machado de Castro ; plats 13-18 € ; ⏲10h-18h mar et dim, 10h-22h30 mer-sam). Ce restaurant, qui sert une cuisine moderne, séduit par son cadre, une terrasse panoramique donnant sur la vieille ville. Le buffet de midi (9,50 €) est d'un excellent rapport qualité/prix.

Sete Restaurante Portugais €€

(Carte p. 237 ; ☎239 060 065 ; facebook.com/seterestaurante ; Rua Dr. Martins de Carvalho 10 ; plats 11-19 € ; ⏲13h-16h et 19h-minuit mer-lun). Niché derrière l'**Igreja de Santa Cruz** (carte p. 237 ; Praça 8 de Maio ; adulte/enfant 3 €/gratuit ; ⏲9h30-16h30 lun-sam, 13h-17h dim), ce restaurant intime est l'un des plus prisés de Coimbra. L'ambiance bar à vins décontracté et les classiques portugais revisités assurent son succès. Réservez.

Tapas Nas Costas Tapas €€

(Carte p. 237 ; ☎239 157 425 ; Rua Quebra Costas 19 ; tapas 4-7,50 € ; ⏲11h-minuit mar-sam, 11h-16h dim). Cette adresse raffinée est très bien placée, le long de l'escalier raide conduisant au centre historique. Le cadre élégant et le service sympathique sont à l'unisson des vins fins portugais et des tapas gastronomiques tels les *costeletinhas de borrego* (côtelettes d'agneau au miel et aux amandes). Réservation indispensable.

Zé Manel dos Ossos Portugais €€

(Carte p. 237 ; ☎239 823 790 ; Beco do Forno 12 ; plats 8-16 € ; ⏲12h30-15h et 19h30-22h lun-sam). Installé dans une ruelle banale, ce petit bijou tapissé de dessins d'étudiants et poèmes est prisé pour ses solides plats carnés, comme la *feijoada de javali*, un ragoût de sanglier, de haricots et de boudin noir.

Restaurante Zé Neto Portugais €€

(Carte p. 237 ; ☎239 826 786 ; Rua das Azeiteiras 8 ; plats 7-14 € ; ⏲12h-15h et 19h-23h lun-sam). Cette excellente adresse, tenue en famille, est spécialisée dans les plats portugais maison comme la *chanfana* (chèvre) cuisinée au vin rouge ou la *dobrada* (tripes) accompagnée de haricots et de riz. Bien connu des habitants, le restaurant se remplit vite, surtout le week-end : réservez.

A Cozinha da Maria Tasca €€

(Carte p. 237 ; ☎968 650 253 ; facebook.com/cozinhadamaria/ ; Rua das Azeiteiras 65 ; plats 10-15 € ; ⏲12h-15h et 19h-23h). Sa décoration rustique offre l'image parfaite d'une *tasca* (taverne) traditionnelle. La cuisine est au diapason : on y mange des classiques comme la roborative *chanfana à serrana* (ragoût de chèvre des montagnes) et le *bacalhau à brás* (morue à la portugaise).

OÙ PRENDRE UN VERRE ET FAIRE LA FÊTE

Coimbra compte son lot de bars animés. Dans la vieille ville, autour de la Praça da Sé Velha, les étudiants occupent le pavé devant des pubs classiques, tandis que les abords de la Praça da República sont également jalonnés de bars et de clubs.

Café Santa Cruz Café

(Carte p. 237 ; ☎239 833 617 ; cafesantacruz.com ; Praça 8 de Maio ; ⏲7h-2h). Le café historique de Coimbra est installé dans une ancienne chapelle. Ne repartez pas sans avoir goûté la spécialité, les *crúzios,* gâteaux fabriqués dans les couvents à base d'œufs et d'amande. Ce café accueille régulièrement des concerts gratuits de fado.

Galeria Santa Clara Bar

(☎239 441 657 ; www.galeriasantaclara.com ; Rua António Augusto Gonçalves 67 ; ⏲14h-2h dim-jeu, 14h-3h ven-sam). Salon de thé bohème la journée et bar décontracté le soir, voilà une excellente adresse pour passer le temps. Quand l'ambiance bat son plein, on se croirait presque dans une fête privée.

Aqui Base Tango Bar

(Carte p. 237 ; facebook.com/aquibasetango ; Rua Venâncio Rodrigues 8 ; ⏲16h-6h lun-sam). Cette étonnante maison rose abrite l'un des bars *gay friendly* les plus élégants de Coimbra. La musique va du jazz au rock alternatif (programme sur Facebook).

AAC Bar Bar

(Bar Associação Académica de Coimbra ; carte p. 237 ; facebook.com/baraac ; Rua Padre António Vieira 1 ; ⏲10h-4h lun-ven, à partir de 15h sam-dim). Mêlez-vous aux étudiants en cape noire dont cet endroit est le QG. Les bières sont bon marché.

Le fado de Coimbra

Si Lisbonne est le cœur de l'emblématique fado, Coimbra en est l'âme. Au XIXe siècle, son université était réservée aux hommes, qui éprouvaient donc un intérêt tout particulier pour la gent féminine de Coimbra – les fameuses *tricanas* des chansons. Le fado de Coimbra s'est ainsi développé, notamment, comme un moyen de communiquer avec ces damoiselles étroitement surveillées, à qui l'on allait donner la sérénade sous leurs fenêtres. C'est d'ailleurs pourquoi seuls les hommes, et surtout les étudiants ou anciens étudiants, chantent le fado. Sa gamme est large, des chansons d'amour aux hymnes estudiantins paillards. Il s'accompagne généralement de la *guitarra* portugaise (à 12 cordes), voire d'une guitare classique. En souvenir des sérénades clandestines d'antan, le public n'applaudit pas, mais marque son approbation en toussant doucement.

Concert de fado à Coimbra
SERGIO AZENHA/ALAMY STOCK PHOTO ©

Bar Quebra Costas Bar

(Carte p. 237 ; ☎239 841 174 ; Rua Quebra Costas 45 ; ⏲12h-3h lun-sam, 12h-21h dim). Ce grand classique de Coimbra tire avantage de l'ensoleillement de sa terrasse, de son intérieur bohème, de son service chaleureux et de la musique jazzy que l'on y diffuse.

Étudiants en goguette

La première semaine de mai, les étudiants de Coimbra (et de tout le pays) célèbrent la **Queima das Fitas** (facebook.com/queimadasfitascoimbra ; mai). Le nom de cette bacchanale d'une semaine – littéralement "brûlage des rubans" – provient du rituel estudiantin consistant à enflammer les rubans de couleur que les étudiants portent durant l'année pour indiquer la faculté qu'ils fréquentent. Les festivités commencent le premier vendredi à minuit par la Serenata Monumental, un spectacle de fado se déroulant sur les marches de la Sé Velha (p. 238). S'ensuivent des manifestations sportives, des bals avec cravate noire de rigueur, des concerts au Queimodromo, de l'autre côté du Ponte de Santa Clara, et un défilé arrosé appelé Cortejo dos Grelados. Ce dernier est organisé entre l'université et le Largo da Portagem.

Étudiants lors de la Queima das Fitas
SERGIO AZENHA/ALAMY STOCK PHOTO ©

OÙ SORTIR

Á Capella — Fado

(Carte p. 237 ; 239 833 985 ; www.acapella.com.pt ; Rua do Corpo de Deus ; entrée avec/sans conso 10/5 € ; 19h-2h, concert 21h30). Les meilleurs chanteurs de fado de la ville se produisent dans ce bar à cocktails, aménagé dans une petite chapelle du XIVe siècle. Ici aussi, ces concerts visent une clientèle touristique, mais la musique est de qualité et le cadre intime assure une délicieuse ambiance renforcée par une excellente acoustique.

Fado ao Centro — Fado

(Carte p. 237 ; 239 837 060 ; fadoaocentro.com ; Rua Quebra Costas 7 ; spectacle avec conso 10 € ; spectacles 18h). Au pied de la vieille ville, ce haut lieu culturel est idéal pour une initiation au fado. Le concert à 18h s'accompagne de commentaires sur l'histoire de cette musique et la signification des chansons. Après le concert, on peut bavarder avec les musiciens autour d'un verre de porto (offert).

Teatro Académico de Gil Vicente — Spectacles

(TAGV ; carte p. 237 ; 239 855 630 ; www.tagv.pt ; Praça da República ; billetterie 17h-22h lun-sam). Programmation variée – théâtre, cinéma, danse et musique.

RENSEIGNEMENTS

Turismo Largo da Portagem (carte p. 237 ; 239 488 120 ; turismodecoimbra.pt ; Largo da Portagem ; 9h-18h lun-ven, 9h30-13h et 14h-17h30 sam-dim), principal office du tourisme. **Turismo Praça República** (carte p. 237 ; 939 010 084 ; turismodecoimbra.pt ; Praça da República ; 9h30-18h lun-ven). Du côté est de la ville.

DEPUIS/VERS COIMBRA

La **gare routière** (Av. Fernão de Magalhães ; guichet 8h-22h), à 15 minutes à pied au nord-ouest du centre-ville. Des bus **Rede Expressos** (239 855 270 ; rede-expressos.pt) se rendent quotidiennement à Lisbonne, Porto, Braga et d'autres destinations.

Les trains grandes lignes s'arrêtent exclusivement à **Coimbra B**, dans le nord de la ville. De là, il suffit de traverser le quai pour attraper une correspondance, rapide et gratuite, pour la gare plus centrale de **Coimbra A**.

COMMENT CIRCULER

L'**Elevador do Mercado** (Largo do Mercado ; billet 1,60 € ; 7h30-21h lun-sam, 10h-21h dim) – un ascenseur suivi d'un funiculaire, les deux étant reliés par une passerelle – vous évitera de monter à pied entre le marché et l'université.

Le Mondego à Coimbra

Les lignes de **bus** les plus intéressantes sont les lignes **27**, **28** et **29,** de la gare ferroviaire Coimbra-B à la Praça da República via la gare routière principale, et la **103**, de la gare ferroviaire Coimbra A jusqu'à l'université. Les tickets sont en vente à bord (1,60 €), au **bureau des SMTUC** (Largo do Mercado ; 7h-19h lun-ven, 8h-13h sam) près de l'Elevador (ci-contre), dans les kiosques officiels et dans certaines *tabacarias* (bureaux de tabac-marchands de journaux).

Des vélos avec ou sans batterie sont en location chez **By Bike** (919 080 216 ; facebook.com/bybikecoimbra ; 5/10/15 €/heure/demi-journée/journée, vélo électrique 10/20/30 €).

Environs de Coimbra

Forêt de Buçaco

Protégée depuis des siècles, la **forêt de Buçaco** (Mata Nacional do Buçaco ; www.fmb.pt ; voiture/cycliste/piéton 5 €/gratuit/gratuit ; 8h-20h avr-sept, 8h-18h oct-mars) s'étend sur les versants de la Serra do Buçaco à 30 km au nord de Coimbra. On y accède par la petite ville thermale de **Luso**. La forêt de Buçaco peut faire l'objet d'une excursion à la journée depuis Coimbra. Cette forêt odorante où poussent de nombreuses essences exotiques est parsemée de chapelles en ruine, de fontaines et d'étangs. Elle s'étend autour du **Palacio do Buçaco** (1907). Des sentiers bien balisés permettent de rejoindre entre autres le **Vale dos Fetos** (vallée des Fougères) et la **Fonte Fria**, un étang charmant assorti d'un escalier de pierre monumental. Autre itinéraire, la **Via Sacra** dessert plusieurs chapelles et monte jusqu'à la Cruz Alta (545 m), une croix érigée au sommet d'une colline d'où s'offre une vue superbe.

Depuis Luso, on peut rejoindre la forêt à pied, moyennant une bonne grimpette depuis l'extrémité sud de l'Avenida Emídio Navarro, ou en voiture en franchissant les Portas das Ameias à environ 800 m du centre-ville.

Plus pratiques que le train, des bus circulent régulièrement de la principale gare routière de Coimbra jusqu'à Luso. En voiture depuis Coimbra, empruntez la jolie N235 forestière qui part de l'IP3.

Vallée du Zêzere

Relativement facile, la balade du Vale do Zêzere, une magnifique vallée glaciaire et l'un des plus beaux sites du parc naturel da Serra da Estrela, est incontournable si vous visitez le village de montagne de Manteigas, situé à 120 km environ au nord-est de Coimbra.

Si vous aimez...

☑ Ne ratez pas

L'excellent réseau de sentiers balisés **Trilhos Verdes** (www.manteigastrilhosverdes.com), dans les environs de Manteigas.

Randonnée

Depuis Manteigas, prenez la N338 sur 2,8 km en direction de Caldas de Manteigas. Quittez ensuite la route en arrivant au panneau marron et blanc "Roteiro Rural Palhotas", juste après l'hôtel des thermes. Une route qui alterne pavés et terre battue monte jusqu'à des champs irrigués parsemés de *casais* (huttes). Après 4 km, la route de terre traverse le Rio Zêzere, après une vasque très prisée des nageurs.

Le sentier suit en amont la rive est du Rio Zêzere sur 4 km. Il gagne un paysage ouvert, parsemé d'abris de bergers en pierre et dominé par les montagnes. Puis le sentier devient plus étroit et pentu et se termine sur la N338 (à 11 km de Manteigas).

Parvenus à la N338, les marcheurs désireux de passer la nuit dans ce paysage époustouflant continueront à monter par

Infos pratiques

275 981 129 ; www.cm-manteigas.pt ; Rua Dr Esteves de Carvalho 2

Une petite faim ?

Restaurant Vale do Zêzere (www.hotelvaledozezere.com ; Estrada da Lapa, Quinta de Santo António ; plats 8,50-11,50 € ; 12h-14h30 et 19h-21h, fermé le soir mar et mer). Séparé du centre-ville de Manteigas par la rivière, dans l'hôtel éponyme, ce restaurant décontracté réalise un sans-faute : la cuisine y est excellente.

Bon à savoir

Le sentier n'est pas ombragé et le soleil peut être écrasant en plein été.

la route pavée sur 1 km pour rejoindre le camping Covão d'Ametade. Si vous avez soif, descendez la route jusqu'à la Fonte Paulo Luís Martins, source cristalline (température constante : 6°C). Si vous avez laissé votre voiture près de la vasque, vous pourrez la rejoindre en descendant par la N338 sur 3,2 km.

Où se loger

Il y a plusieurs hôtels et pensions dans le village de Manteigas, notamment la **Casa das Obras** (275 981 155 ; www.casadasobras.pt ; Rua Teles de Vasconcelos ; ch 58-80 € ;). Après une journée de randonnée, goûtez à l'existence aristocratique dans ce bel hôtel particulier du XVIIIe siècle, meilleur hébergement du centre-ville. Appartenant à la même famille depuis des siècles, les sols dallés de pierre, la cheminée monumentale et le mobilier d'origine en font un modèle de charme à l'ancienne. L'endroit n'a cependant rien d'un sanctuaire et l'on s'y sent comme chez soi. Les chambres, remplies d'objets anciens, sont élégantes, mais tout le plaisir du lieu tient aux espaces communs comme la magnifique salle où l'on prend le petit-déjeuner autour d'une longue table seigneuriale et la salle de jeu munie d'un billard. Il y a également une piscine dans un jardin de l'autre côté de la rue.

DEPUIS/VERS MANTEIGAS

On peut rejoindre Manteigas en voiture par 3 routes principales : par l'ouest (Seia ou Gouveia) en suivant la sinueuse N232 ; par le sud-ouest (Torre) en empruntant les méandres de la N338 et la vallée du Rio Zêzere ; par l'est (Belmonte), via un tronçon relativement plat de la N232.

En semaine, 2 bus relient quotidiennement Manteigas à Guarda (la capitale régionale, au nord-est de Manteigas).

AVEIRO

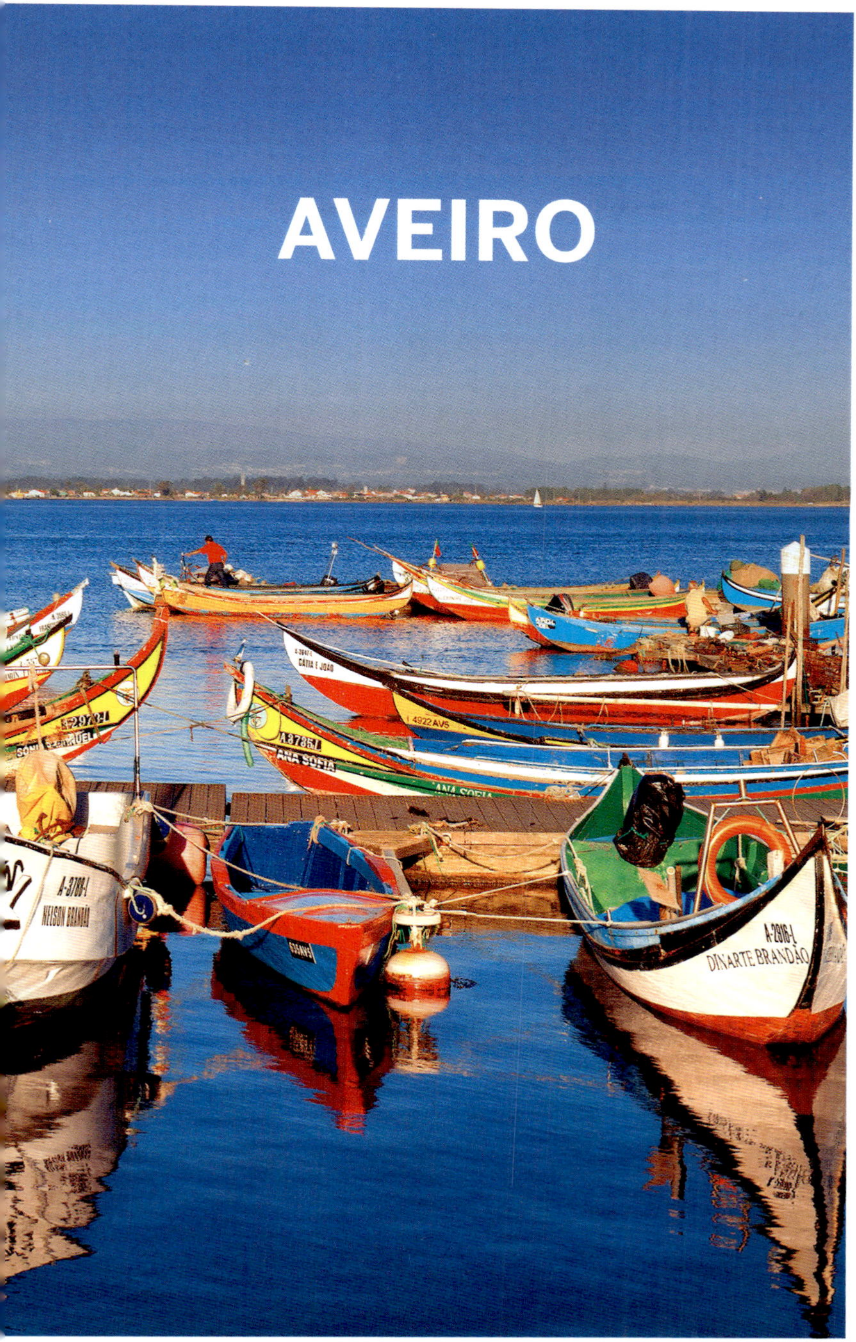

Dans ce chapitre

Aveiro

Située en lisière d'une vaste lagune, cette ville prospère s'organise autour d'un charmant centre-ville. Il y règne une ambiance jeune et dynamique. Son pittoresque petit réseau de canaux lui vaut parfois le surnom de "Venise du Portugal". On y voit voguer des moliceiros (embarcation jadis destinée au ramassage des algues) qui sont à Aveiro ce que les gondoles sont à Venise.

Plusieurs plages sont situées à proximité immédiate. On peut aussi faire de la randonnée et observer les oiseaux dans la réserve naturelle de São Jacinto – le nom d'Aveiro viendrait d'ailleurs du latin aviarium (volière).

Aveiro en 2 jours

Votre première envie sera certainement d'embarquer sur un de ces fameux moliceiros pour une paisible balade (p. 252). Vous pourrez consacrer le reste de la journée à explorer la vieille ville, sans oublier de goûter aux *ovos moles*, la douceur traditionnelle d'Aveiro. Entre les **musées**, un peu de shopping et un festin de **poissons et de fruits de mer** qui font la réputation du coin, votre deuxième jour sera bien rempli.

Aveiro en 4 jours

Pour votre troisième journée, poussez jusqu'au **Museu Marítimo de Ílhavo** (p. 255), à 8 km au sud d'Aveiro, consacré à la riche histoire maritime du Portugal. Consacrez le quatrième jour à une promenade entre dunes et forêts, avant de faire une pause sur l'une des jolies plages de la **Reserva Natural das Dunas de São Jacinto** (p. 256).

Page précédente : Moliceiros à Aveiro I

Comment s'y rendre

Train Aveiro fait partie du réseau *suburbano* de Porto. Les deux villes sont reliées toutes les demi-heures par des trains régionaux (3,50 €, 1 heure). Il y a au moins un train toutes les heures pour Coimbra (à partir de 5,20 €, 30 min-1 heure) et Lisbonne (26,70 €, 2 heures).

Bus Rede Expresso (☎234 383 479 ; rede-expressos.pt) assure des liaisons pour Lisbonne et Coimbra (voir p. 259).

Où se loger

Les hôtels se concentrent en lisière du centre-ville, mais vous trouverez aussi quelques chambres au cœur du centre historique. Plusieurs établissements chics ont vue sur les canaux. Beaucoup de visiteurs viennent pour la journée depuis Porto ou Coimbra sans dormir sur place. Il est généralement facile de trouver un hébergement ; toutefois, il est conseillé de réserver pendant les vacances d'été.

Moliceiros sur le canal

À bord d'un moliceiro

C'est un passage obligé à Aveiro : ces bateaux traditionnels parés de belles couleurs, utilisés jadis pour la récolte d'algues, vous embarquent aujourd'hui pour de paisibles balades sur les canaux en compagnie d'un guide.

Pour ceux qui aiment...

☑ Ne ratez pas

Observez les peintures colorées sur les proues des *moliceiros*, et vous en découvrirez d'assez grivoises.

Un peu d'histoire

Les *moliceiros* d'Aveiro datent du XIXe siècle et servaient à l'origine à draguer les algues (*moliços*) des canaux qui, mises à sécher, étaient ensuite utilisées comme engrais pour enrichir les terres peu fertiles des alentours. L'essor des engrais chimiques au XXe siècle fit cependant chuter la demande de ce produit naturel, et les patrons des *moliceiros* durent se reconvertir dans le tourisme. Ces barques sont encore fabriquées et entretenues selon les méthodes traditionnelles. Comme jadis, proue et poupe sont ornées de peintures chatoyantes, souvent à connotation égrillarde – certaines images sont assez osées. Désormais à moteur, les *moliceiros* peuvent accueillir jusqu'à 20-30 personnes installées face à face

sur des bancs – une balade sur l'eau très tranquille.

Balades en bateau

Rassemblés autour du pont au-dessus du Canal Central, entre l'arrêt de bus principal et le grand centre commercial Fórum Aveiro, une dizaine de prestataires proposent des balades en *moliceiro*. Des rabatteurs sont là pour vous faire la réclame, mais le tarif étant le même partout (10 € par adulte, 5 € par enfant), c'est l'état du bateau, la bonne humeur de votre interlocuteur ou de petits plus comme un verre de bienvenue qui feront la différence. Des bateaux partent toutes les 30 minutes environ, pour 45 minutes d'exploration des canaux. Les bateliers font souvent office de guide et se révèlent particulièrement érudits sur l'histoire

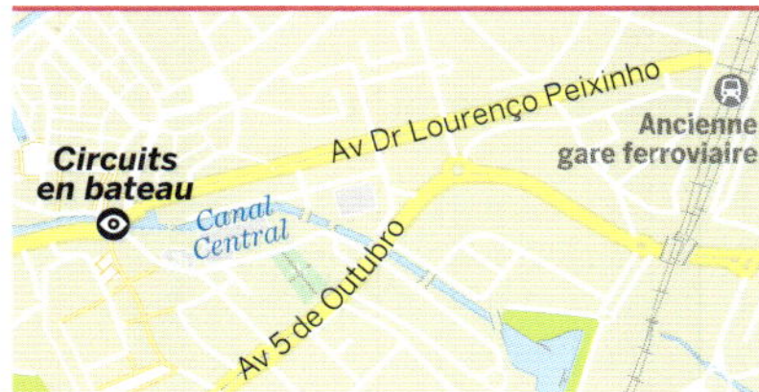

Infos pratiques

Le billet est à 10 €. Des bateaux partent toutes les 30 minutes, et la balade dure 45 minutes.

Une petite faim ?

Ce ne sont pas les cafés qui manquent au bord de l'eau. Pour poursuivre sur le thème nautique, attablez-vous devant les produits de la mer du Maré Cheia (p. 258).

★ Bon à savoir

Le prix de la balade en *moliceiro* est identique, quel que soit le prestataire.

d'Aveiro – certains vont même jusqu'à pousser la chansonnette.

Pour obtenir la liste des compagnies proposant des sorties en *moliceiro*, contactez l'office du tourisme régional (p. 259). **Viva a Ria** (carte p. 255 ; ☎969 008 687 ; www.vivaaria.com ; adulte/enfant 10/5 €) et **Aveitour** (carte p. 255 ; ☎916 658 100 ; www.aveitour.com ; ⏲sortie en bateau adulte/enfant 10/5 €) comptent parmi les agences fiables.

Les canaux

Le surnom de "Venise portugaise" donné à Aveiro est un tantinet exagéré, mais les canaux enjambés de petits ponts sous lesquels glissent des *moliceiros* aux airs de gondoles composent un tableau qui rappelle de loin la cité des Doges. Le Canal Central fait office de Grand Canal d'Aveiro, d'où partent le Canal do Coio, le Canal de São Roque et le Canal do Paraiso. Ces voies artificielles furent construites lorsque la ville se retrouva coupée de sa ria par les déplacements de bancs de sable.

À VOIR

Aliança Underground Museum — Musée d'art, vignoble

(☎234 732 045, 916 482 226 ; www.bacalhoa.pt ; Rua do Comércio 444, Sangalhos ; visite guidée 3 € ; ⊙visites 10h, 11h30, 14h30, 16h). Entre Aveiro et Coimbra, dans le village de Sangalhos au cœur des vignobles de la Bairrada, l'entreprise Aliança – Vinhos de Portugal a réuni dans un même lieu une *adega* (cave vinicole) et un musée d'art. Des visites guidées vous emmènent dans un réseau souterrain de 1,5 km abritant une extraordinaire collection d'art africain et portugais. Il y a aussi des caves remplies de fûts de chêne où vieillissent les vins et les eaux-de-vie.

Les points forts du musée sont notamment la fascinante collection d'objets funéraires nigérians, les sculptures contemporaines d'art shona du Zimbabwe, ainsi que des fossiles, des minéraux et des céramiques portugaises. Parmi ces dernières, des *azulejos* et des animaux excentriques confectionnés par la faïencerie Bordallo Pinheiro (toujours une référence au Portugal).

La production de vin est tout aussi impressionnante : les plus gros foudres de chêne, tous fabriqués sur place, peuvent contenir 17 000 litres d'eau-de-vie.

Il faut s'inscrire à l'avance aux visites, qui se font en anglais, en espagnol, en français et en allemand et s'accompagnent d'un verre de vin pétillant.

Museu de Aveiro/ Santa Joana — Musée

(Carte ci-contre ; ☎234 423 297 ; facebook.com/museuaveiro ; Av. Santa Joana ; adulte/enfant 5 €/gratuit ; ⊙10h-12h30 et 13h30-18h mar-dim). Aménagé dans l'ancien Mosteiro de Jesus (XV-XVIIe siècles), ce beau musée doit ses plus grands trésors à la princesse Joana, fille canonisée d'Alphonse V. En 1472, 11 ans après la fondation du couvent, la sainte s'y retira et y resta jusqu'à sa mort en 1490, bien que sa famille lui eût interdit de prononcer les vœux solennels. Le tombeau de l'infante, chef-d'œuvre du XVIIe siècle marqueté de marbre, trône dans une salle tout aussi somptueuse (dans le chœur

Art africain à l'Aliança Underground Museum

SERGIO AZENHA/ALAMY STOCK PHOTO ©

Aveiro

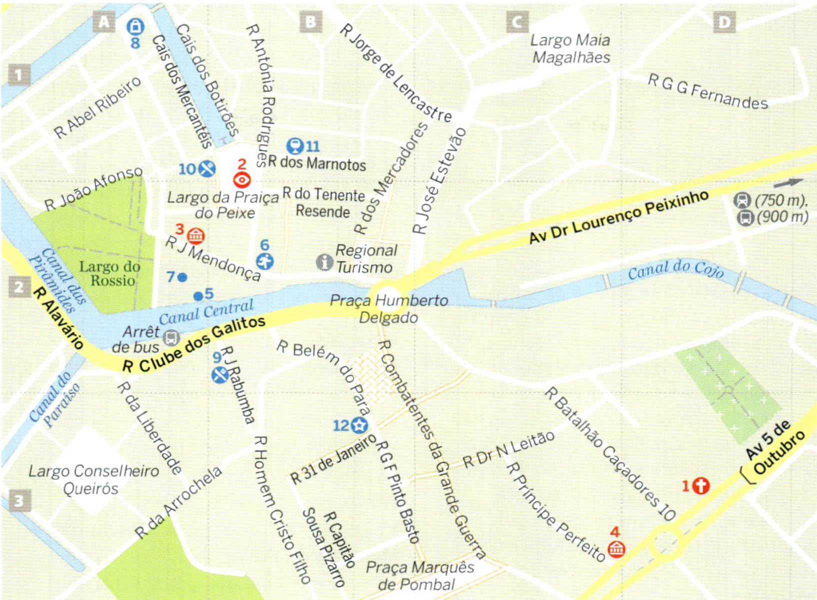

Aveiro

À voir

1 Catedral de São Domingos D3
2 Mercado do Peixe B1
3 Museu Arte Nova A2
4 Museu de Aveiro/Santa Joana C3

Activités

5 Aveitour A2
6 Oficina do Doce B2
7 Viva a Ria A2

Achats

8 Cais à Porta A1

Où se restaurer

9 Maré Cheia B2
10 O Bairro A1
Restaurante Mercado do Peixe .... (voir 2)

Où prendre un verre et faire la fête

Casa de Chá .... (voir 3)
11 Má Ideia B1

Où sortir

12 Teatro Aveirense B3

remanié), tandis que les azulejos de la chapelle adjacente, dorée à feuille, illustrent sa vie.

Museu Marítimo de Ílhavo Musée

(☎ 234 329 990 ; museumaritimo.cm-ilhavo.pt ; Av. Dr Rocha Madahil, Ílhavo ; adulte/enfant 6/3 € ; ⏲10h-18h mar-sam, 14h-18h dim). À Ílhavo, à 8 km au sud d'Aveiro, cet excellent musée installé dans un édifice moderne, retrace l'histoire maritime si intimement liée à l'identité du Portugal, depuis la pêche à la morue (avec des navires de pêche des XIXe et XXe siècles) jusqu'aux peintures qui ornent la proue des *moliceiros*. Ne manquez pas l'aquarium aux morues, dédié à ce poisson de l'Atlantique, grande vedette de la cuisine portugaise.

Praia da Costa Nova Plage

Praia da Barra et Costa Nova, rendez-vous des surfeurs, sont les plages les plus

Reserva Natural das Dunas de São Jacinto

Cette réserve naturelle (www2.icnf.pt/portal/ap/r-nat/rndsj ; 9h-13h et 14h-17h) merveilleusement paisible s'étend au nord de São Jacinto, entre la mer et la lagune située à l'ouest d'Aveiro. Un réseau de sentiers, dont une boucle de 8 km (3 heures), sillonne les pinèdes et les dunes. Plusieurs affûts permettent d'observer les oiseaux, la meilleure période allant de novembre à février. L'entrée à la réserve est gratuite mais il faut s'enregistrer au **centre des visiteurs** (960 335 438, 234 331 282 ; www.icnf.pt ; Estrada Nacional 327 ; 9h-13h et 14h-17h lun-sam) à 1,5 km au nord du ferry sur la N327. Une magnifique plage s'étend sur la côte ouest de la réserve.

Pour rejoindre la réserve depuis Aveiro, prenez un bus pour Forte da Barra (aller-retour 5,05 €), puis le ferry pour São Jacinto (aller-retour passager/voiture 3,30/9,30 €). Les horaires sont disponibles sur aveirobus.pt. En voiture, on peut éviter le ferry en contournant la lagune et en arrivant par le nord, mais cela prend beaucoup plus de temps.

WESTEND61/GETTY IMAGES ©

proches d'Aveiro, à 13 km à l'ouest de la ville. Toutes deux sont urbanisées et très fréquentées l'été. Costa Nova, la plus jolie, est bordée de cafés, de boutiques de cadeaux kitsch et de pittoresques bungalows rayés couleur bonbon. Des bus s'y rendent depuis la Rua Clube dos Galitos, à Aveiro (2,55 €, toutes les heures).

Catedral de São Domingos — Cathédrale

(Carte p. 255 ; paroquiagloria.org ; Rua Batalhão Caçadores 10 ; 9h-19h). La cathédrale d'Aveiro faisait jadis partie d'un couvent dominicain. La sobriété de son intérieur contraste avec son imposante façade et son portail typiquement baroque. Elle renferme une croix dominicaine en pierre de style manuélin ; jetez un coup d'œil à la représentation des 3 vertus théologales (la foi, l'espérance et la charité), ainsi qu'aux armoiries de l'infant Pierre.

Mercado do Peixe — Marché au poisson

(Carte p. 255 ; Largo da Praça do Peixe ; 7h-13h mar-sam). Les pêcheurs viennent vendre leur pêche quotidienne dans ce marché au poisson couvert situé au cœur de la ville. Pour goûter le produit de leur travail, montez à l'étage au **Restaurante Mercado do Peixe** (234 351 303 ; restaurantemercadodopeixeaveiro.pt ; Largo da Praça do Peixe ; plats 12-22 € ; 12h-15h et 19h30-23h, fermé lun-dim soir).

Museu Arte Nova — Musée

(Carte p. 255 ; 234 406 485 ; mca.cm-aveiro.pt ; Rua Dr Barbosa de Magalhães 9 ; adulte/enfant 2 €/gratuit ; 10h-12h30 et 13h30-18h mar-dim). Installé dans l'un des plus remarquables édifices Art nouveau d'Aveiro, à l'étage d'un café, ce modeste musée possède une salle d'exposition unique consacrée au design et à l'architecture Art nouveau. Plus substantielles, les expositions temporaires sont renouvelées tous les trois mois. Demandez la brochure en plusieurs langues qui répertorie les ouvrages de style Art nouveau de la ville ou, mieux encore, un audioguide (portugais, anglais ou espagnol ; caution de 10 €).

ACTIVITÉS

Plusieurs agences proposent des promenades en *moliceiros* sur les canaux. Vous les trouverez près du canal central.

SAIKO3P/SHUTTERSTOCK ©

Museu de Aveiro/Santa Joana (p. 254)

Oficina do Doce Alimentation
(Carte p. 255 ; ☎234 098 840 ; www.oficinadodoce.com ; Rua João Mendonça 23 ; visite adulte/enfant 2,75/1,75 € ; ⏲10h-19h). Musée vivant et atelier, l'Oficina do Doce promeut un délice typique d'Aveiro, les *ovos moles* : des friandises à base d'œuf et de sucre créées par des religieuses de la région. On peut non seulement regarder les confiseurs à l'ouvrage, mais également s'y essayer soi-même. Réservez sur place ou sur le site Web (visite de 45 minutes).

O Cicerone À pied
(☎234 094 074 ; www.o-cicerone-tour.com ; à partir de 22,50 € par pers). Toute l'année, O Cicerone organise différents circuits d'une demi-journée, voire d'une journée, dans Aveiro et ses environs.

ACHATS

Cais à Porta Concept Store
(Carte p. 255 ; ☎234 063 085 ; facebook.com/caisaporta ; Cais das Falcoeiras 6 ; ⏲10h-20h). Ce *concept store* installé dans un entrepôt près du canal est un régal pour le shopping. On y vend les articles les plus variés, qu'ils soient artisanaux ou de marques portugaises : chemises pour homme, lunettes de soleil, robes, sacs, bijoux fantaisie, chaussures, gravures originales et liqueurs. Vaut le déplacement.

OÙ SE RESTAURER

Les bons restaurants, souvent spécialisés dans les produits de la mer, sont nombreux et répartis un peu partout en ville. N'oubliez pas de goûter la spécialité locale, les *ovos moles*, sucrerie en forme de coquillage fourrée d'un mélange de jaune d'œuf et de sucre.

A Peixaria Poisson €€
(☎234 331 165 ; facebook.com/apeixaria ; Rua Mestre Jorge Pestana, São Jacinto ; plats 14-18 € ; ⏲12h-15h et 19h-22h mar-dim). Bien qu'il ne soit pas évident de s'y rendre, la clientèle est toujours nombreuse dans ce restaurant de poisson sans chichis, le meilleur des environs selon beaucoup d'habitants. Situé à São Jacinto, à un pâté de maisons du front de mer, il est spécialisé

dans le poisson pêché localement, frais et cuisiné simplement.

Maré Cheia Poisson €€

(Carte p. 255 ; Rua José Rabumba 8-12 ; plats 14-35 € ; 12h-15h et 19h-22h30 jeu-mar). *Maré cheia* signifie "marée haute" en portugais, mais l'adjectif *cheio* (plein) caractérise aussi ce restaurant très fréquenté. Il faut souvent jouer des coudes entre les viviers, au milieu de la clientèle d'habitués, pour aller s'inscrire sur la liste d'attente. Outre de magnifiques plateaux de fruits de mer, on peut déguster des *enguias* (anguilles) frites, grillées ou en *caldeirada* (en ragoût).

O Bairro Portugais €€

(Carte p. 255 ; 234 338 567 ; www.obairro.pt ; Largo da Praça do Peixe 24 ; plats 15-22 € ; 12h30-15h et 19h30-23h jeu-dim). Cet élégant restaurant carrelé proche du marché au poisson revisite la cuisine portugaise façon fusion. Attablé dans la grande salle lumineuse, choisissez un plat original comme les crevettes tigrées (*camarão*) au citron vert et au risotto, ou de l'agneau (*cordeiro*) en croûte de pistache.

OÙ PRENDRE UN VERRE ET FAIRE LA FÊTE

L'importante communauté étudiante et les touristes, nombreux en été, animent les soirées d'Aveiro, en particulier autour du Largo da Praça do Peixe et dans quelques bars de la Rua do Tenente Resende.

Casa de Chá Bar

(Carte p. 255 ; Rua Dr Barbosa de Magalhães 9 ; 10h-2h mar-ven, 12h30-3h sam, 12h30-21h dim ;). Doté d'un élégant jardin clos et sis dans un bâtiment Art nouveau, ce café a fière allure. On peut y prendre du thé et un en-cas en journée ainsi que des *caïpirinhas* (cocktail national brésilien à base de cachaça, de citron vert et de sucre de canne) ou d'autres cocktails en soirée. Particulièrement animé par les chaudes soirées d'été.

Má Ideia Bière artisanale

(Carte p. 255 ; facebook.com/maideia.aveiro ; Rua dos Marnotos 56 ; 15h-2h). Des livres à feuilleter, des tableaux aux murs, une ambiance de café décontracté : voici

Museu Arte Nova (p. 256)

ALBERTO MANUEL UROSA TOLEDANO/GETTY IMAGES ©

ALEXILENA/SHUTTERSTOCK ©

Praia da Costa Nova (p. 255)

l'endroit idéal pour prendre une bière artisanale à Aveiro. Installez-vous pour déguster une des bières étrangères soigneusement choisies par le propriétaire, expert en la matière. On y sert aussi des plats de type tapas.

OÙ SORTIR

Teatro Aveirense Théâtre
(Carte p. 255 ; 234 400 920 ; teatroaveirense.pt ; Rua Belém do Para ; guichet 9h30-12h30 et 14h-18h lun-ven, 14h-18h sam). Au cœur de la scène culturelle d'Aveiro, ce théâtre historique a plus de 125 ans d'existence. Spectacles de danse et concerts sont régulièrement à l'affiche, ainsi des pièces de théâtre.

RENSEIGNEMENTS

Office du tourisme régional (carte p. 255 ; 234 420 760 ; www.turismodocentro.pt ; Rua João Mendonça 8 ; 9h-19h lun-ven, 9h-18h sam et dim juin-sept, 9h-18h lun-ven, 9h30-13h et 14h-17h30 sam-dim oct-mai). Il est installé dans un édifice Art nouveau le long du canal principal. Plans de la ville et renseignements sur tout le centre du Portugal.

DEPUIS/VERS AVEIRO

On trouve les bus à l'**arrêt** (carte p. 255) de la Rua Clube dos Galitos ou à la **gare routière**, à l'est du centre-ville. **Rede Expresso** (234 383 479 ; rede-expressos.pt) assure des liaisons pour Lisbonne (16 €, 3-4 heures, 6-12/jour) et Coimbra (6 €, 45 min, 4/jour).

Des trains rallient Porto très fréquemment (3,50 €, 1 heure), et Coimbra toutes les heures.

ÓBIDOS

Dans ce chapitre

Óbidos

Entouré de remparts crénelés, le centre historique d'Óbidos est un lacis de rues pavées bordées de maisons blanches que viennent rehausser des touches de jaune et de bleu. On peut y passer un délicieux après-midi, mais les raisons ne manquent pas de s'attarder pour la nuit : la ville compte des adresses de choix, dont un château perché reconverti en une pousada *parmi les plus luxueuses du pays.*

Si la rue principale vous semble trop touristique le week-end et lors des fêtes, empruntez les ruelles qui s'en éloignent pour apprécier l'atmosphère de la cité. Des endroits intéressants vous attendent aussi en dehors des remparts.

Óbidos en 1 jour

Si vous n'avez qu'une journée à passer à Óbidos, la vieille ville doit être votre priorité. Ses sites phares sont le Castelo, les remparts et l'aqueduc, mais l'**Igreja de Santa Maria** (p. 265), le **Museu Municipal** (p. 265) et le **Santuário do Senhor da Pedra** (p. 265) valent aussi le coup d'œil.

Óbidos en 2 jours

Le deuxième jour, vous choisirez peut-être de gagner la côte pour profiter des belles plages de Peniche (p. 268) et Baleal (p. 268), et peut-être y faire du surf. À moins que vous ne préfériez goûter un peu plus aux charmes de cette jolie ville et flâner de boutiques en librairies.

Page précédente : Vue aérienne d'Óbidos

Comment s'y rendre

Arrêt de bus Sur l'artère principale juste devant la Porta da Vila. Départs fréquents pour Lisbonne et des villes côtières comme Peniche.

Gare ferroviaire Au moins 6 trains quotidiens desservent Lisbonne. La gare se trouve au pied des murs nord-est du château. La balade jusqu'à la ville est très agréable, mais la pente est rude.

Où se loger

Très touristique, Óbidos possède une excellente offre hôtelière, dont une *pousada* d'exception, de chaleureuses pensions et quelques boutiques-hôtels très cotés. Il est aussi possible de visiter la ville en une journée en logeant ailleurs (Lisbonne est à environ une heure de voiture au sud).

Castelo d'Óbidos

Centre historique d'Óbidos

Flâner sans but est un régal à Óbidos, mais il y a aussi de jolies visites à faire. En revanche, il vaut mieux être en bonne forme physique car ça monte beaucoup !

Pour ceux qui aiment...

☑ Ne ratez pas

La promenade sur les remparts et la vue sur la campagne bucolique qui s'étend au-delà des toits de la ville.

Histoire

Les Romains construisirent une forteresse à cet endroit avant d'être chassés par les Wisigoths, eux-mêmes évincés par les Maures. La ville doit son charme à ces derniers, qui tracèrent les rues.

Lorsque Dona Isabelle, l'épouse de Denis Ier, découvrit Óbidos en 1228, elle tomba immédiatement sous le charme de la cité. Le roi la lui offrit en présent de mariage, instaurant une coutume royale qui perdura jusqu'au XIXe siècle.

Óbidos surplombait la mer jusqu'au XVe siècle, puis la baie s'envasa progressivement et la bourgade se retrouva dans les terres.

Castelo, Muro e Aqueduto

Une promenade sur le chemin de ronde des fortifications offre une vue saisissante

Igreja de Santa Maria

BPPERRY/GETTY IMAGES ©

sur la ville et la campagne alentour. Si les remparts datent de l'époque maure et furent plus tard restaurés, le château fut construit par Denis Ier au XIIIe siècle. Édifice austère, il est hérissé de tours, de créneaux et fermé par de lourdes portes. Transformé en palais au XIVe siècle – quelques touches manuélines ajoutent un peu de légèreté –, il a été réaménagé en hébergement luxueux, la **Pousada do Castelo** (☎210 407 630 ; www.pousadas.pt ; Paço Real ; d/ste à partir de 200/320 € ; ❄📶).

Long de 3 km, l'impressionnant aqueduc qui se dresse au sud-est de la porte principale date du XVIe siècle. Contrairement à d'autres au Portugal, il a été impeccablement conservé et est même en état de marche. Cet aqueduc assurait jadis l'alimentation des fontaines de la ville et acheminait l'eau potable à la population.

ℹ Infos pratiques

Tous les sites d'Óbidos se visitent gratuitement.

✕ Une petite faim ?

Ja!mon Ja!mon (p. 267) est une adresse agréable pour déjeuner ou dîner.

★ Bon à savoir

Surveillez étroitement les enfants sur les remparts, dont de nombreux tronçons ne sont pas sécurisés.

Igreja de Santa Maria

Principale église de la ville, la gracieuse **Igreja de Santa Maria** (Praça de Santa Maria ; ⌚9h30-12h30 et 14h30-19h l'été, jusqu'à 17h l'hiver) est située près de l'extrémité nord de la Rua Direita. Elle se distingue par son splendide plafond peint et par ses murs couverts de beaux azulejos du XVIIe siècle. À droite de l'autel, remarquez les peintures de Josefa de Óbidos (1630-1684), artiste renommée du XVIIe siècle. À gauche, un tombeau Renaissance du XVIe siècle est probablement l'œuvre du sculpteur français Nicolas Chantereine. L'église est fermée le lundi.

Museu Municipal

Installé dans un manoir du XVIIIe siècle à côté de l'Igreja de Santa Maria, le musée municipal (Rua Direita 97 ; ⌚10h-13h et 1h-18h mar-dim) GRATUIT possède une petite collection de peintures qui couvre plusieurs siècles. La pièce maîtresse est un portrait de Josefa de Óbidos, *Beneficiado Faustino das Neves* (1670), remarquable par l'utilisation de l'ombre et de la lumière.

Santuário do Senhor da Pedra

En dessous de la ville, cette imposante **église** (Largo do Santuário ; ⌚9h-12h30 et 14h30-19h mar-dim mai-sept, jusqu'à 17h oct-avr), un peu délabrée, est un joyau baroque du XVIIIe siècle qui aurait bien besoin d'une restauration. Elle mérite le détour pour son intérieur inhabituel ; l'autel comporte une sculpture en pierre du Christ qui donne son nom à l'édifice.

À VOIR

Bacalhôa Buddha Eden Sculptures, jardins

(www.buddhaeden.com ; Quinta dos Loridos, Carvalhal ; 5 € ; 9h-18h Quel est le rapport entre les talibans et ce vignoble à 12 km au sud d'Óbidos ? Quand les premiers ont détruit les bouddhas de Bamiyan, en Afghanistan, en 2001, le collectionneur d'art millionnaire José Berardo a voulu compenser cette perte culturelle en créant sur son domaine viticole un grand parc de sculptures. Le résultat, Bacalhôa Buddha Eden, est un endroit surprenant avec de monumentales statues bouddhiques s'élevant fièrement au-dessus des chênes-lièges, une phalange de guerriers en terre cuite bleu électrique toisant un lac peuplé de canards, des sculptures contemporaines au cœur des vignes et un **petit train touristique** (adulte/enfant 4 €/gratuit) qui en fait le tour. Ce parc, idéal pour se détendre, comprend un café et une boutique de vins. Pour compléter la journée, le village voisin recèle un joli restaurant : **Mãe d'Água** (www.restaurantemaedagua.com ; Rua 13 Maio 26, Sobral do Parelhão ; plats 10,50-16,50 € ; 12h-16h et 19h-tard mar-dim), qui sert une bonne cuisine portugaise moderne dans un cadre contemporain, à l'intérieur d'une ancienne demeure aristocratique.

Prenez l'autoroute A8 au sud d'Óbidos jusqu'à la sortie n°12, puis suivez les panneaux direction Carvalhal.

ACHATS

Olaria São Pedro Céramique

(Travessia São Pedro 2 ; 9h-20h juil-août, 9h-18h30 sept-juin). La première des deux boutiques proposant les créations de la céramiste Sónia Borga, qui travaille à Caldas da Rainha. Ses céramiques, poteries, porcelaines et bijoux se distinguent dans le flot de productions uniformes destinées aux touristes. Le second magasin est à **Sintra** (carte p. 95 ; Rua Consiglieri Pedroso 9 ; 9h30-19h). De beaux articles de qualité.

Livraria de Santiago Librairie

(Largo de São Tiago do Castelo ; 10h-13h et 14h-19h). Cette librairie de la chaîne

Bacalhôa Buddha Eden

Ler Devagar occupe un lieu insolite : l'église São Tiago, reconstruite en 1772 sur le site de l'édifice original de 1186 détruit lors du séisme de Lisbonne. À l'étage, Natália Santos, poète et dentellière au fuseau originaire de Peniche, fait partager ses talents aux visiteurs.

OÙ SE RESTAURER

Si les bonnes adresses sont de plus en plus nombreuses à Óbidos, éviter les pièges à touristes n'est pas toujours facile.

Senhor da Pedra Portugais €

(914 604 362 ; Largo do Santuário ; plats 6-9,50 € ; 11h30-22h lun-sam, 11h-16h dim). Derrière l'église du Senhor da Pedra en contrebas de la ville, cette gargote carrelée de blanc est recommandée pour son authentique cuisine portugaise à prix doux. Selon le schéma classique, la mère est aux fourneaux, le père assure le service. Mieux vaut ne pas être pressé.

Ja!mon Ja!mon Portugais €€

(916 208 162 ; facebook.com/petiscosjamonjamon ; Rua da Biquinha S/N ; plats 10-14 € ; 12h-15h et 19h-22h mar-sam, 12h-15h dim). Dans cette excellente et accueillante *tasca* (taverne), les tables sont serrées dans une salle pittoresque, une ancienne *padeiria* (boulangerie), dont le four au feu de bois sert à cuire du pain frais et certains plats. Petite sélection quotidienne de plats du jour (une viande, un poisson et un plat végétarien) et des classiques bien préparés tels que la *bacalhau a lagareiro* (morue salée à l'huile d'olive avec oignons et pommes de terre), la queue de bœuf ou les joues de porc.

Poço dos Sabores Portugais €€

(262 950 086 ; facebook.com/pocodossabores ; Rua Principal 83B, Usseira ; plats 13-22 € ; 12h30-14h30 et 19h30-22h15 mar-dim sept-juin, 12h30-14h30 juil-août ;). Fuyez la foule touristique pour vous réfugier à 5 km d'Óbidos, dans le village d'Usseira, où Joaquim et sa sœur Angela conjuguent leurs talents de chefs forgés en France et en Suisse pour créer une cuisine portugaise moderne qui vaut largement le détour. Une cuisine à la fois classique et inventive, servie dans un décor rural plein de cachet, fait d'un bric-à-brac d'objets anciens et d'œuvres d'art.

Festivals à Óbidos

Amoureux du Moyen Âge, de la littérature ou du chocolat, ne manquez pas ces événements organisés chaque année dans la petite ville d'Óbidos. Les festivités du **Mercado Medieval** (262 955 561 ; www.mercadomedievalobidos.pt ; adulte/enfant 7 €/gratuit) durent deux semaines fin juillet-début août. Au programme : spectacles, joutes (oui, à cheval !), grogs, porcs rôtis à la broche et escalade des remparts avec harnais et corde. Pour une immersion totale, revêtez un costume d'époque !

Créé en 2015, le festival littéraire **Folio** (Festival Literário Internacional de Óbidos ; www.obidosvilaliteraria.com/folio-festival-literario-internacional-de-obidos ; sept-oct) célèbre pendant un mois l'œuvre d'écrivains, de poètes, mais aussi d'artistes et de musiciens, à travers des lectures et des manifestations se déroulant dans toute la ville.

Gourmandise et abondance sont les maîtres mots du **Festival International du Chocolat** (262 955 561 ; www.festivalchocolate.cm-obidos.pt ; adulte/enfant 6,50 €/gratuit ; mars-avr ;), qui attire plus de 200 000 personnes autour d'événements pour tous les âges et tous les goûts...

Mercado Medieval

Peniche et Baleal

Une longue plage splendide, des spots de surf et la réserve naturelle des Ilhas Berlengas à proximité font de **Peniche** une destination prisée. Construite sur une presqu'île, la ville reste un port en activité, avec une atmosphère plus authentique que les stations balnéaires voisines. La **Fortaleza de Peniche** (262 780 116 ; Campo de República ; 9h-12h30 et 14h-17h30 mar-ven, à partir de 10h sam-dim) GRATUIT, en bord de mer, lieu de détention des prisonniers politiques sous le régime de Salazar, intéressera les passionnés d'histoire.

Les fans d'activités en plein air profiteront des plages et des spectaculaires falaises calcaires s'avançant dans l'océan à la pointe du Cabo Carvoeiro.

À 5 km au nord-est de Peniche, **Baleal** est un village insulaire est relié par une chaussée étroite (accessible en traversant un parking) au village de Casais do Baleal, sur le continent. Une superbe plage de sable incurvée offre de bonnes possibilités de surf. Des écoles de surf et plusieurs bars-restaurants la jalonnent.

Situé à 25 km à l'ouest d'Óbidos, Peniche est facilement accessible en voiture ; comptez 40 minutes en bus (3,30 €, 6-8/jour).

Plage de Baleal

Tasca Torta Portugais **€€**
(262 958 000 ; Rua Direita 81 ; plats 9-19 € ; 12h30-14h25 et 19h-22h25). Cette adresse contemporaine un peu chic, agréablement animée, offre une cuisine odorante et pleine de couleurs. Les tables sont alignées d'un côté de la salle face à la cuisine et des photos en noir et blanc de pêcheurs portugais ornent les murs. La cuisine est variée, des succulentes lasagnes au saumon et épinards à un trio de la mer (morue salée, poulpe et poisson). Délicieux hors-d'œuvre présentés sur une assiette en ardoise.

Pousada do Castelo International **€€€**
(210 407 630 ; www.pousadas.pt ; Paço Real ; plats 19-31 € ; 13h-15h et 19h30-22h30 ;). Le restaurant de la Pousada do Castelo (p. 265), l'hôtel du château, occupe une salle à manger austère avec vue sur la campagne environnante au-delà des remparts. L'une des quelques valeurs sûres de la scène gastronomique d'Óbidos.

OÙ PRENDRE UN VERRE ET FAIRE LA FÊTE

Côté alcool, impossible d'échapper à la spécialité locale, la *ginjinha de Óbidos* (liqueur de griottes), vendue sur les étals de la rue principale. Elle se déguste parfois dans une coupelle en chocolat ! Óbidos est plutôt un endroit posé où l'on déguste du vin et du fromage.

Belgituda Pub
(facebook.com/belgituda ; Estrada Nacional 8 ; 18h-tard jeu-dim, fermé fin déc à mi-fév ;). Avec plus de 70 bières belges en bouteille, cet antre sympathique, installé à l'extérieur des remparts, ravira tous ceux qui veulent goûter une bière bien fraîche de qualité.

Esplanada Santa Maria Café
(Praça de Santa Maria ; 10h-20h). Avec sa terrasse à l'ombre de l'église de Santa Maria et d'érables japonais vieux de 500 ans, ce café en plein air est l'un des plus charmants d'Óbidos. Estrella

Santuário do Senhor da Pedra (p. 265)

Damm à la pression et quelques cocktails classiques (*porto tonicos*, caïpirinhas, gin-tonics ; 7,50 €) préparés dans un container aménagé. Paiement en espèces uniquement.

RENSEIGNEMENTS

Posto de Turismo (262 959 231 ; www.obidos.pt ; Rua da Porta da Vila S/N ; 9h30-19h30 mai-sept, 9h30-18h oct-apr). Juste à la sortie de la Porta da Vila, près de l'arrêt des bus. L'aimable personnel polyglotte propose des brochures et des cartes de la ville en cinq langues, ainsi que des informations sur les concerts et davantage encore.

DEPUIS/VERS ÓBIDOS

BUS

Départs fréquents pour Peniche (3,30 €, 40 min) et Lisbonne (7,85 €, 1 heure 05) depuis l'**arrêt de bus** (262 767 676) sur la partie ouest de la Rua da Praça.

TRAIN

Au moins 6 trains quotidiens desservent Lisbonne (8,90-9,05 €, 2 heures 30), pour la plupart avec changement à la gare de Mira Sintra-Meleças, sur la ligne de banlieue de Lisbonne. La **gare ferroviaire** (www.cp.pt ; Estrada da Estação S/N) se trouve au nord-est des remparts, à 1,1 km au nord de Porta da Vila ; une jolie balade (en montée) permet de gagner le centre-ville.

VOITURE

Vous trouverez à Óbidos 5 parkings à l'extérieur des remparts, dont deux payants (à partir de 5 €/jour). Le meilleur (et le plus grand) **parking gratuit** (N114) se trouve derrière la Caixa Geral de Depósitos, à 220 m au sud-est de la Porta da Vila.

BATALHA

Dans ce chapitre

Batalha

Comptant parmi les chefs-d'œuvre de l'architecture manuéline, le monastère de Batalha transporte les visiteurs dans un autre monde, où la roche a été sculptée aussi finement que de la dentelle. Il fut construit pour commémorer la bataille d'Aljubarrota, livrée en 1385 à 4 km au sud. La majeure partie de l'édifice, achevé en 1434, est de style gothique flamboyant, mais l'exubérance manuéline prédomine grâce à des ajouts des XVe et XVIe siècles (les Capelas Imperfeitas, les chapelles inachevées).

Lors de la bataille d'Aljubarrota, environ 6 500 Portugais repoussèrent une armée de 30 000 hommes conduite par Jean Ier de Castille, qui réclamait le trône du Portugal. Le roi portugais sollicita l'aide de la Vierge Marie et fit vœu d'ériger une grande église en cas de victoire.

Batalha en 1 jour

Consacrez au moins une demi-journée au magnifique **monastère de Batalha** (p. 274), et, surtout, ne manquez pas les Capelas Imperfeitas. Il existe un billet combiné comprenant aussi Alcobaça et le Convento de Cristo, à Tomar – le programme idéal si vous êtes motorisé.

Batalha en 2 jours

Si vous avez un deuxième jour devant vous, vous pourrez explorer à loisir la ville de Batalha, en particulier le **Centro de Interpretação da Batalha de Aljubarrota** (p. 276) et le **MCCB** (p. 276). Concluez la journée au **Burro Velho** (p. 276), devant de roboratives recettes typiques de l'Estrémadure.

Page précédente : Cláustro Real du Mosteiro de Santa Maria da Vitória (p. 274)

Comment s'y rendre

Des bus Rodoviária do Lis (www.rodoviariadolis.pt) et **Rede Expressos** (rede-expressos.pt) arrivent à l'arrêt situé Rua do Moinho da Via, près de l'Intermarché, derrière le commissariat de police et tout près du monastère et de l'office du tourisme. Des express desservent les grandes villes, notamment Lisbonne (11,40 €, 2 heures, 4-5/jour) ; achetez vos billets en ligne ou au café Frazão (Rua António Cândido da Encarnação 22), derrière l'église voisine.

Où se loger

Vous trouverez plusieurs adresses à Batalha – toutes d'un bon rapport qualité/prix – et un bon choix aussi dans des villages alentour. Si vous arrivez sans réservation (ce qui n'est pas conseillé en plein été), commencez par vous rendre à l'office du tourisme.

Les "chapelles inachevées"

Mosteiro de Santa Maria da Vitória

Ce trésor de l'architecture inscrit au patrimoine mondial de l'Unesco est l'un des joyaux de l'Estrémadure. Comptez au moins une bonne demi-journée pour lui rendre justice.

Pour ceux qui aiment...

☑ Ne ratez pas

La sépulture d'Henri le Navigateur, le plus grand des monarques portugais.

L'architecture extérieure

Le splendide **extérieur** de calcaire s'agrémente de pinacles et clochetons, d'arcs-boutants et de balustrades, de fenêtres sculptées de style gothique tardif, de chapelles octogonales et de colonnes massives. Le portail principal, très finement sculpté, est orné de statues (copies modernes des œuvres originales) figurant, sur le tympan, le Christ en majesté et les quatre évangélistes, et sur les côtés les 12 apôtres. Sur les voussures on découvre des anges, des prophètes, des saints et des rois.

L'intérieur

La vaste nef gothique, sobre et tout en hauteur (c'est la plus haute du Portugal), est réchauffée par la lumière qui filtre les vitraux. Une partie de l'intérieur était

Détails architecturaux des "chapelles inachevées".

MKOS83/GETTY IMAGES ©

peinte à l'origine. À droite de l'entrée, la délicate Capela do Fundador (chapelle du Fondateur), une superbe salle carrée à la voûte en forme d'étoile, est éclairée par une lanterne octogonale. Elle abrite le tombeau (premier panthéon édifié au Portugal) de Jean Ier et de son épouse anglaise, Philippa de Lancaster, dont l'union en 1387 forgea l'alliance qui perdure entre le Portugal et l'Angleterre. Les tombes de leurs quatre plus jeunes fils, dont celle d'Henri le Navigateur (la deuxième en partant de la droite), bordent le mur sud de la chapelle.

Les "chapelles inachevées"

Les Capelas Imperfeitas, sans toit, forment sans doute l'ensemble le plus surprenant de Batalha. Uniquement accessibles de l'extérieur de l'abbaye, le mausolée octogonal et ses sept chapelles furent réalisés en 1437. Ici encore, les ajouts manuélins de l'architecte Mateus Fernandes éclipsent le reste. Si le projet de Mateus Fernandes ne fut jamais achevé, l'ornementation est encore plus spectaculaire du fait de l'absence de toit.

Infos pratiques

244 765 497 ; www.mosteirobatalha.pt ; Largo Infante Dom Henrique ; 6 €, avec Alcobaça et Tomar 15 €, accès libre à l'église ; 9h-18h30 avr-sept, 9h-18h oct-mars

Une petite faim ?

Le Burro Velho (p. 276) est la meilleure adresse pour déjeuner dans la ville.

★ Bon plan

Le billet combiné "multi-monastères", comprenant Batalha, Alcobaça et le Convento de Cristo à Tomar, revient à 15 €.

Le cloître

Afonso Domingues, maître d'œuvre à la fin des années 1380, construisit l'extraordinaire Claustro Real (cloître royal) de style gothique, mais ce sont les embellissements manuélins plus tardifs du grand Mateus Fernandes qui sont d'une beauté à couper le souffle. La moindre arche est sculptée de symboles manuélins détaillés : sphères armillaires, croix de l'ordre du Christ, entrelacs de végétation, fleurs exotiques, motifs marins. Trois gracieux cyprès font écho aux flèches gothiques qui surmontent la salle capitulaire adjacente (on vous met au défi de trouver le graffiti ancien sur le mur).

Tout peut sembler austère après le cloître royal, mais le Claustro de Dom Afonso V (cloître d'Alphonse V) est particulièrement sobre. Entre les deux cloîtres se trouve un centre d'interprétation.

Mosteiro de Santa Maria de Alcobaça

Ce **monastère** (☎262 505 120 ; www.mosteiroalcobaca.pt ; Praça 25 de Abril ; 6 €, avec Tomar et Batalha 15 €, église entrée libre ; ⏲9h-17h avr-sept, 9h-18h oct-mars), l'un des plus beaux de la péninsule Ibérique, domine la ville d'**Alcobaça**. Il fut fondé en 1153 par Alphonse Henriques, honorant un vœu qu'il avait fait après la reconquête de Santarém en 1147. Le domaine devint l'un des plus riches et des plus puissants du pays. L'imposante façade baroque cache une haute église austère avec une forêt d'arches du XIIe siècle. Ne manquez pas de visiter le reste : le réfectoire, le vaste dortoir et d'autres espaces évoquent la vie cistercienne qui, selon des sources, n'était pas aussi ascétique qu'elle aurait dû l'être.

Après la visite, offrez-vous un repas mémorable au **Restaurante António Padeiro** (☎262 582 295 ; facebook.com/restauranteantoniopadeiro.alcobaca ; Rua Dom Maur Cocheril 27 ; plats 10-17 € ; ⏲12h-15h et 19h-22h), une institution de la cuisine portugaise depuis plus de 70 ans.

Alcobaça est à quelque 25 km au sud-ouest de Batalha. Les bus **Rodoviária do Oeste** (www.rodoviariadooeste.pt) font la navette 11 fois par jour (en semaine) entre les deux villes ; les liaisons sont moins fréquentes le week-end (3,30 €, 40 minutes).

KEN WELSH/GETTY IMAGES ©

À VOIR

Batalha de Aljubarrota Centro de Interpretação — Site historique

(www.fundacao-aljubarrota.pt ; Av. Nuno Álvares Pereira 120 ; centre d'interprétation tarif plein/réduit/6-12 ans/famille 7/5/3,50/20 € ; ⏲10h-17h30 mar-dim). Motif de fierté nationale pour les Portugais, Aljubarrota est le site d'une bataille qu'ils remportèrent contre les Castillans en 1385 et où ils établirent les fondations de l'âge d'or portugais. Le prix de l'entrée au centre d'interprétation peut sembler exagéré, jusqu'à ce que vous découvriez le spectacle multimédia, une splendide épopée médiévale à sensations fortes d'une demi-heure (présentée à 11h30, 15h et 16h30, audioguide 3 €), qui fait véritablement revivre cet épisode.

La collection d'ossements est également fascinante – un crâne conserve une pointe de flèche fichée dans l'os. Le champ de bataille, accessible gratuitement, comporte quelques indications en anglais ; pour réellement comprendre ce qui s'est déroulé ici, louez un audioguide (disponible en 8 langues) au centre d'interprétation.

MCCB — Musée

(Museu da Comunidade Concelhia da Batalha ; museubatalha.com ; Largo Goa, Damão e Diu 4 ; adulte/enfant 2,50/1,80 € ⏲10h-13h et 14h-18h mer-dim). Ce musée municipal moderne primé, dans le centre-ville, mérite la visite pour découvrir la préhistoire et l'histoire de la région. Il renferme notamment des vestiges romains bien présentés et des sections consacrées à la bataille d'Aljubarrota et à la construction du Mosteiro de Santa Maria da Vitória.

OÙ SE RESTAURER

Burro Velho — Portugais €€

(☎244 764 174 ; www.burrovelho.com ; Rua Nossa Sra do Caminho 6A ; plats 8,50-16,50 € ; ⏲12h-15h et 19h-22h lun-sam, 12h-15h dim ; 📶). Le meilleur restaurant de Batalha animé sert une excellente cuisine portugaise moderne : riz aux fruits de mer pour deux (28-65 €), pêche du jour et en entrée des "joues" de morue salée à la mode *bulhão pato* (huile d'olive, coriandre et ail) qui vous feront redécouvrir le plaisir de la *bacalhau*. Après le dîner, cap sur le bar à vins voisin (ouvert jusqu'à 2h ; même menu), plus récent et plus branché.

Churrasqueira Vitória Grill €

(Largo da Misericórdia 4 ; plats 7-10 € ; 12h-15h et 19h-22h mar-dim). Cette adresse conviviale sans prétention sert de savoureuses viandes grillées et autres plats portugais traditionnels. Optez pour le demi-poulet à 7 €, un bon choix. Bons menus au déjeuner pour seulement 7,50 €.

Tromba Rija Buffet €€€

(244 852 277 ; www.trombarija.com ; Estrada Nacional 1, Quinta da Fidalgo ; buffet à volonté 25 € ; 13h-15h30 et 20h-22h30 mar-sam, 13h-15h30 dim ;). Auparavant installé à Leiria, ce restaurant a récemment pris possession de l'ancienne écurie d'une ferme située près du centre. Le buffet "Saveurs du Portugal" (une formule courante dans le pays) est généreux, bien qu'un peu cher. Commencez par choisir parmi les huit ou dix fromages et le grand buffet de salades et d'entrées, avant de passer aux quelques plats chauds du jour (travers de porc, confit de canard, morue). Desserts, digestifs, fruits secs, fruits à coques et porto sont inclus, contrairement au vin et autres boissons. Ne suivez pas Google Maps, au risque de vous perdre. Il est déconseillé de se rendre au restaurant à pied en raison de la présence d'une voie rapide.

OÙ PRENDRE UN VERRE ET FAIRE LA FÊTE

Tasca da Tinouca Bar

(Rua Doña Filipa de Lencastre 2440 ; 16h-2h mar-dim ;). Discrètement installée au-dessus d'une boutique de téléphonie, à deux pas du monastère, cette *tasca* moderne (et enfumée) est l'un des rares bars de Batalha, qui s'anime en fin d'après-midi pendant *l'happy hour*. On y sert du bon vin, quelques bières ordinaires et une bonne sélection de *petiscos*.

RENSEIGNEMENTS

Posto de Turismo (244 765 180 ; www.descobrirbatalha.pt ; Praça Mouzinho de Albuquerque ; 10h-13h et 14h-18h). Enthousiaste et toujours prête à aider, Nelia travaille ici depuis des années et est une mine d'informations. À l'arrière du monastère.

DEPUIS/VERS BATALHA

Les liaisons avec Alcobaça, Fátima, Leiria, Nazaré et Tomar sont limitées et les horaires changent fréquemment, mais il suffit de bien planifier ses déplacements. Achetez les billets à bord. Nelia, au Posto de Turismo, se fera un plaisir de vous aider.

COMMENT CIRCULER

Les bus **Gira Batalha** (www.girabatalha.pt ; 1 €) effectuent toutes les heures une boucle de 30 minutes passant par l'arrêt de bus municipal, le monastère et le Centro de Interpretação, six fois par jour entre 10h30 et 16h30. Le billet, qui permet de monter et descendre à loisir pendant 24 heures, coûte 2,95 €.

Monsanto

Semblable à une île se détachant sur le plein ciel, l'étonnant village de Monsanto domine les plaines environnantes. Ses rues pavées sont bordées de maisons de pierre, qui semblent se confondre avec leur cadre rocheux.

Si vous aimez...

☑ Ne ratez pas

Pour apprécier pleinement l'austérité et l'isolement du site, il faut monter jusqu'au Castelo, au-dessus du village.

Monsanto (830 habitants) se trouve à environ 50 km de Castelo Branco, la capitale provinciale. Des sentiers de bergers rejoignent une forteresse abandonnée, sur les hauteurs du village. Les marcheurs apprécieront les divers chemins qui serpentent, plus bas, parmi les chênes-lièges.

À voir

Castelo (24h/24h). Cette impressionnante forteresse de pierre semble avoir surgi de la colline hérissée de rochers. Il reste peu de choses à l'intérieur, mais c'est un beau site battu par les vents, peuplé de lézards et de fleurs sauvages. Une vue dégagée s'étend jusqu'à l'Espagne, à l'est, et au Barragem da Idanha, au sud-ouest. Une forteresse se dressait probablement sur le site avant l'installation des Romains. Elle fut

reconstruite au XIIe siècle lorsque Sanche Ier chassa les Maures, puis consolidée sous le règne de Denis Ier. Ayant subi pendant des siècles les attaques des Espagnols, l'ouvrage a fini par tomber en ruine.

Randonnée

Plusieurs sentiers de randonnée passent par Monsanto, notamment le GR-12 qui relie Lisbonne à Constanta, en Roumanie, et le GR-22, un grand circuit faisant le tour des villages historiques du Portugal.
Le GR-12 descend le long du chemin pavé menant à la Capela de São Pedro de Vir-a-Corça, une chapelle médiévale cernée de gros rochers (1 heure aller-retour). Vous pourrez pousser jusqu'à Idanha-a-Velha, mais mieux vaut choisir une journée fraîche pour le faire, car ce superbe itinéraire de 10 km n'est guère ombragé.

Infos pratiques

277 314 642 ; www.cm-idanhanova.pt ; Rua Marquês da Graciosa ; 9h30-13h et 14h-17h30 mar-dim

Une petite faim ?

L'**Adega Típica O Cruzeiro** (936 407 676 ; Rua Fernando Namora 4 ; plats 10,50-13 €) sert des plats savoureux. Vue spectaculaire sur la plaine en aval.

★ Bon plan

En contrebas de la forteresse s'élèvent les vestiges de la Capela de São Miguel, une chapelle romane dont le portail est entouré d'un ensemble de tombes sculptées dans le roc.

Fêtes et festivals

Le 3 mai (ou le week-end le plus proche), Monsanto célèbre la **Festa das Cruzes**, donnée en l'honneur de Nossa Senhora dos Cruzes et en souvenir d'un siège médiéval. D'après la légende, les villageois, assiégés par les Maures, jetèrent leur dernier veau par-dessus les remparts pour tromper l'ennemi sur l'état de leurs réserves.
Le subterfuge fit son effet car les assaillants levèrent le siège à la hâte. À l'occasion de cette fête, des jeunes filles du village jettent des corbeilles de fleurs, puis entament chants et danses près de l'enceinte de la forteresse.

DEPUIS/VERS MONSANTO

Il est préférable de disposer d'un véhicule pour se rendre à Monsanto. **Transdev** (transdev.pt) assure une liaison directe quotidienne par bus depuis Castelo Branco (5,95 €, 1 heure).

À vélo devant la Capela das Almas (p. 119), Porto

En savoir plus

Museu de Arte, Arquitetura e Tecnologia (p. 64)

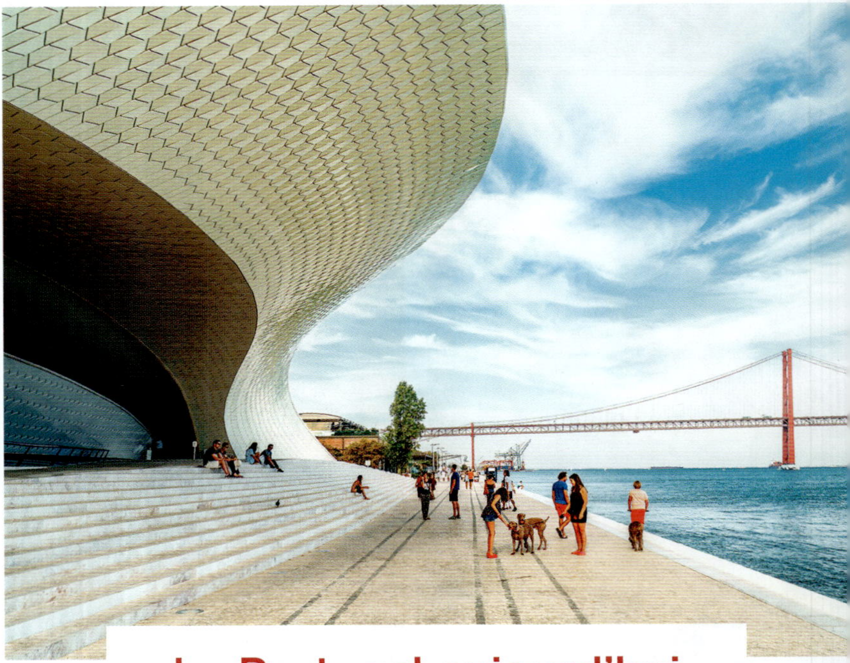

Le Portugal aujourd'hui

Sorti ragaillardi d'une terrible récession, le Portugal a désormais le vent en poupe et des villes comme Lisbonne et Porto sont plus passionnantes que jamais. Boom touristique, amélioration de la qualité de vie grâce aux changements mis en place par le gouvernement et investissements dans les énergies vertes sont les facteurs qui lui ont permis de reprendre confiance.

La barre à gauche

Fin 2015, l'arrivée d'António Costa au poste de Premier ministre, porté par une coalition de gauche, a marqué le début d'une nouvelle ère politique pour le pays. L'objectif de Costa était clair : atteindre une croissance économique durable et réduire le déficit, tout en faisant marche arrière sur les mesures d'austérité les plus douloureuses. L'exercice relevait alors d'un périlleux numéro d'équilibriste, compte tenu de la fragile alliance sur laquelle reposait son gouvernement. Pourtant, le succès a été en partie au rendez-vous : le salaire minimum (actuellement de 700 €) et les retraites ont été augmentés, les impôts réduits et les prestations sociales améliorées. Après un record historique de 17,5% début 2013, le chômage est en net recul, à 6,8% au premier trimestre 2019.

Les perspectives fiscales du pays se révélant engageantes et l'économie plus robuste, il semble plausible que le Portugal parvienne à mettre fin à 25 années de déficit budgétaire, ce qui serait un tournant économique.

Secteurs d'activités
(% de la population active)

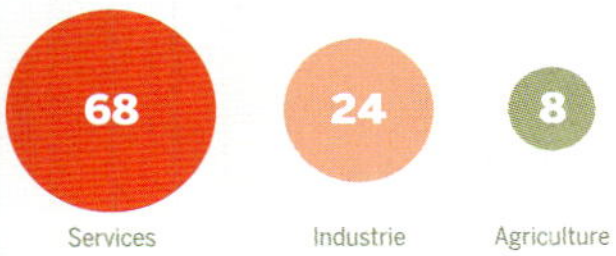

Sur 100 personnes au Portugal

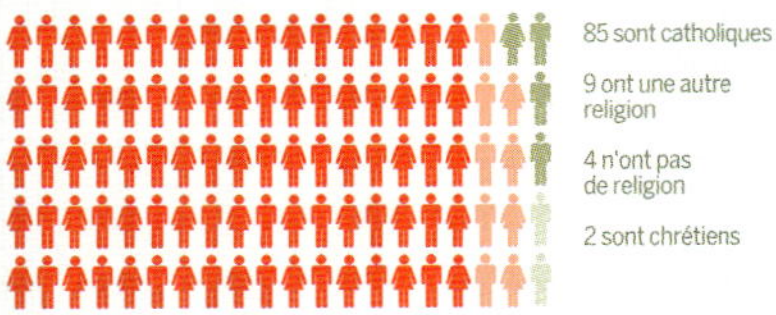

Population au km²

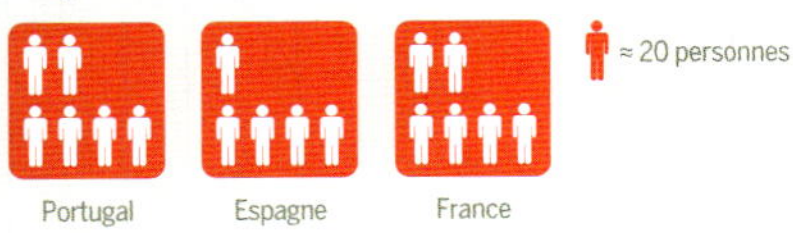

En avant pour l'écologie

Ces dernières années, le Portugal a massivement investi dans les énergies propres, qui assurent désormais plus de 50% de ses besoins et en ont fait l'un des leaders européens en la matière (derrière l'Autriche, la Suède, l'Islande et la Norvège). L'Alentejo accueille l'une des plus grandes centrales solaires au monde, forte de 376 000 panneaux photovoltaïques répartis sur 130 ha, avec une puissance maximale de 46 mégawatts.

En mars 2018, ces investissements verts ont permis un grand bond en avant : pour la première fois depuis au moins quarante ans, les énergies renouvelables ont produit 104% de la consommation énergétique du Portugal continental. La majorité de cette énergie provenait d'éoliennes et de centrales hydrauliques.

D'après des études récentes, la production d'énergie renouvelable devrait couvrir la totalité de la consommation d'électricité portugaise d'ici à 2040. Bien sûr, cela a un coût ; on estime à environ 20 milliards d'Euros les investissements nécessaires.

Le tourisme : une arme à double tranchant

L'essor du tourisme a des répercussions visibles : boutiques-hôtels, restaurants et bars poussent comme des champignons. Tandis que le pays récolte des trophées touristiques en masse, le tourisme stimule la croissance économique et atteint des chiffres records : en 2017, il générait 13,2 milliards d'euros, soit 6,8% du PIB portugais. Tout va pour le mieux, donc, mais le Premier ministre vise plus haut : arguant "qu'on n'a jamais trop de touristes", il souhaite que la part du tourisme dans l'économie portugaise rejoigne la moyenne européenne, soit 10% du PIB.

Mais toute médaille a son revers. Certains Portugais déplorent l'augmentation exponentielle des loyers dans des villes comme Lisbonne et Porto, obligeant les habitants et les petites entreprises à s'éloigner de plus en plus des centres-villes. Les autorités réfléchissent à une nouvelle législation visant à mieux contrôler et à protéger les hébergements résidentiels. On ignore encore si les résultats seront au rendez-vous.

Praça do Comércio, Lisbonne (p. 52)

Histoire

Celtes, Romains, Wisigoths, Maures et croisés ont tous apporté leur contribution à l'identité portugaise originelle. Au XVe siècle, ses capitaines de navires et autres explorateurs ont transformé le pays en empire mondial. Après avoir traversé des épisodes de dévastations (le tremblement de terre de Lisbonne en 1755) et de grands changements (industrialisation, dictature, décolonisation) le Portugal est devenu une démocratie stable dans les années 1980.

5 000 av. J.-C.
Les peuples du Néolithique (encore mal connus) édifient des camps protégés sur des collines de la basse vallée du Tage.

700 av. J.-C.
Des peuplades celtes, venues de l'autre côté des Pyrénées, essaiment dans toute la péninsule Ibérique.

197 av. J.-C.
Après avoir vaincu Carthage lors de la deuxième guerre punique, les Romains envahissent la péninsule Ibérique.

Padrão dos Descobrimentos, Lisbonne

Premiers peuplements

Durant le Paléolithique, les premiers ancêtres des Portugais ont laissé des pierres sculptées que l'on peut contempler près de Vila Nova de Foz Côa, dans le Haut-Douro. Ces vestiges, qui datent de 30 000 ans, n'ont été découverts qu'en 1992, lors d'une fouille en vue de la construction d'un barrage. Dans l'Alentejo, on a découvert dans la Gruta do Escoural des représentations pariétales d'hommes et d'animaux, que les spécialistes font remonter à 18 000 ans. On suppose qu'*Homo sapiens* aurait coexisté avec l'homme de Néandertal dans quelques régions ibériques, dont le Portugal, pendant près de 10 000 ans. Des traces de l'existence d'*Homo neanderthalensis* furent découvertes à l'extrême sud de la péninsule.

Au premier millénaire av. J.-C., des groupes de Celtes essaiment en Ibérie pour se fixer dans la partie nord et occidentale de l'actuel Portugal, en 700 av. J.-C. Des dizaines de *citânias* (villages fortifiés) sont édifiées, à l'exemple de celui de Briteiros. Au sud, des marchands phéniciens, entraînant Grecs et Carthaginois dans leur sillage, établissent des comptoirs côtiers et des sites d'extraction de métaux dans l'arrière-pays.

100

Les Romains lèvent l'impôt pour construire routes et ponts. Ils cultivent la vigne et conservent le poisson en le salant et en le séchant.

400

Les Wisigoths conquièrent le territoire en 469. Rome s'effondre en 476.

800

La dynastie des Omeyyades règne sur la péninsule Ibérique, qui prospère sous ce califat.

La disparition des hommes de Néandertal

Les scientifiques n'ont jamais réussi à se mettre d'accord sur la disparition des hommes de Néandertal (*Homo neanderthalensis*), ces êtres robustes endémiques à l'Europe qui confectionnaient des outils en pierre, connaissaient le feu et enterraient leurs morts. La théorie la plus courante veut qu'*Homo sapiens* ait provoqué leur extinction. Selon une autre théorie, cette espèce se serait fondue, par hybridation, dans la nôtre. Cette hypothèse a gagné en crédibilité en 1999 avec la découverte, au nord de Lisbonne, des restes d'un garçon datant de 25 000 ans. Il s'agit du premier squelette complet datant du Paléolithique jamais exhumé sur la péninsule Ibérique. Il présente des particularités morphologiques propres aux premiers hommes (menton et dents saillants) et d'autres qui sont propres aux Néandertaliens (membres courts). On suppose que ce croisement entre les espèces a pu se produire de façon répétée au fil des millénaires, et que notre génome actuel recèlerait des traces de celui de Néandertal.

Peuplement romain

Au sortir de la seconde guerre punique, les Romains envahissent le sud de la péninsule Ibérique et la soumettent en 197 av. J.-C. Ils tentent de faire de même avec la Lusitanie, mais, les Lusitaniens, peuple celte établi entre les rives du Tage et du Douro, leur opposent, un demi-siècle durant, une résistance farouche. Incapables de l'emporter, les Romains soumettent une offre de paix à leur chef, Viriathe. Après diverses tractations, les Romains soudoient des traîtres qui assassinent Viriathe en 139 av. J.-C. et la résistance s'effondre. Olisipo (Lisbonne) devient, en 60 av. J.-C, la capitale d'une province prospère et fortement romanisée. Au IIIe siècle, le christianisme s'enracine dans la péninsule. Le site de Conímbriga recèle les ruines d'une ancienne cité romaine : c'est un témoignage exceptionnel sur la période romaine au Portugal. Le temple de Diane, à Évora, mérite également une visite.

À la chute de l'Empire romain d'Occident, au Ve siècle, les habitants de l'actuel Portugal ont connu 600 ans de domination romaine. Ils héritent de routes et de ponts, mais aussi du blé, de l'orge, des oliviers et de la vigne ainsi que d'immenses propriétés agricoles ou *latifúndios* (qu'on trouve encore dans l'Alentejo). Ils conservent également un système judiciaire et, surtout, une langue dérivée du latin.

La domination maure et la Reconquête

Franchissant la barrière des Pyrénées, les Vandales, les Alains, les Suèves et les Wisigoths comblent bientôt le vide laissé dans la péninsule. À partir de 469, les Wisigoths, des chrétiens convertis à l'arianisme, s'imposent. Des querelles intestines chez les Wisigoths ouvrent la voie à une nouvelle grande invasion, celle de musulmans venus d'Afrique du Nord, les Maures, auxquels une fraction wisigothe a demandé de l'aide en 711. Ces encombrants alliés occupent rapidement des zones de la côte septentrionale du Portugal et choisissent Silves pour capitale. Les Maures se comportent en maîtres tolérants avec

1147
La Reconquête chrétienne est en marche, ponctuée de victoires décisives sur les Maures.

1297
Un accord avec la Castille voisine entérine les frontières du royaume portugais – proches de leur tracé actuel.

1348
La peste noire atteint le Portugal. Comme ailleurs en Europe, l'épidémie est dévastatrice et tue une personne sur trois.

les juifs et les chrétiens. Les petits fermiers chrétiens (les mozarabes) peuvent garder leurs terres et les Maures leur font planter de nouvelles cultures – agrumes et riz par exemple – et leur apprennent d'autres méthodes agricoles. Des mots arabes sont adoptés (*alface* pour la laitue, *arroz* pour le riz...), ainsi que des dizaines de noms de lieux comme Fátima, Silves et Algarve. Les douceurs sarrasines entrent dans la gastronomie locale.

Pendant ce temps, au nord, les forces chrétiennes se reconstituent et lancent des attaques jusqu'à Porto, reprise en 868. Il faut attendre le XIe siècle pour que la Reconquête chrétienne (*Reconquista*) connaisse son plein essor. En 1064, Coimbra retourne dans le giron chrétien ; en 1085, Alphonse VI, roi de León et de Castille, bat les Maures à Tolède, puis s'empare de Séville. Il en est chassé l'année suivante par les guerriers almoravides, venus à la rescousse de l'émir. Alphonse VI lance un appel à l'aide et des croisés accourent de toute l'Europe. Secondé, entre autres, par Henri de Bourgogne, le neveu de son épouse, Constance de Bourgogne, le souverain fait des progrès décisifs, mais la lutte est encore longue. En 1139, son petit-fils, Alphonse Ier (Alfonso Henriques), remporte la bataille d'Ourique (Alentejo) contre les Maures et se proclame roi du Portugal – un titre confirmé par le pape en 1179. Voulant annexer ensuite la partie sud de la Galice, il s'attire l'inimitié d'Alphonse VII de Léon, fils de Raymond de Bourgogne et d'Urraque de Castille. Les deux Alphonse finissent par signer en 1143 le traité de Zamora, lequel reconnaît l'indépendance du nouvel État. Alphonse Ier reprendra également Santarém et Lisbonne aux Maures. À sa mort, en 1185, la frontière portugaise est défendue jusqu'au Tage, mais il faudra encore un siècle pour que le Portugal arrache le Sud aux Maures.

La maison de Bourgogne

Avec la Reconquête, de puissants ordres militaires et religieux, comme les Templiers, s'installent au Portugal. Le clergé local devient bientôt un propriétaire terrien plus insatiable encore que l'aristocratie. Bien que théoriquement libre, le peuple reste inféodé aux propriétaires terriens et dispose de peu de droits. En 1211, les Cortes (assemblées locales) qui constituent le Parlement, rassemblant la noblesse et le clergé, se réunissent pour la première fois à Coimbra, alors capitale. En 1254, des membres du tiers état (de riches marchands pour la plupart) y sont admis, première étape vers un partage élargi du pouvoir. En 1256, Lisbonne succède à Coimbra comme capitale.

S'il faut reconnaître à Alphonse III (règne 1248-1279) le mérite d'avoir tenu tête à l'Église, c'est son fils, Denis Ier (1279-1325), qui entreprend de réformer le pays. Cet homme cultivé, d'une grande clairvoyance, reprend en main le système judiciaire, lance des campagnes de défrichage progressif et favorise le commerce. Il dissout l'ordre des Templiers pour le reconstituer plus tard sous le nom d'ordre du Christ. Il encourage la musique, les arts et l'éducation, et fonde en 1290 une université à Lisbonne, laquelle sera transférée plus tard à Coimbra. Il fait construire ou reconstruire 50 forteresses sur la frontière avec la Castille, et signe un traité avec l'Angleterre en 1308. Après lui, Ferdinand Ier, roi du Portugal, fragilise la position du pays par le double jeu d'alliances qu'il a nouées avec la Castille et l'Angleterre. Il fait miroiter aux deux parties un mariage avec sa fille, qu'il donne finalement à Jean Ier de Castille, laissant l'avenir du Portugal entre les mains de ce royaume.

1411
Jean Ier fait construire un somptueux monastère pour commémorer sa victoire à Aljubarrota.

1415
Henri le Navigateur, troisième fils du roi Jean, accompagne son père dans la conquête de Ceuta, en Afrique du Nord.

1418
Les progrès de la construction navale donnent naissance à la caravelle, vaisseau rapide qui révolutionne la navigation.

★ Sites romains

Conímbriga (p. 239, Beiras)

Milreu (p. 143, Algarve)

Templo Romano (p. 185, Évora)

Núcleo Arqueológico (p. 52, Lisbonne)

Termas Romanas do Alto da Cividade (p. 222, Braga)

Mosaïque des ruines romaines de Conímbriga (p. 239)

À la mort de Ferdinand Ier, en 1383, la régence échoit à sa femme, Éléonore Teles. Mais la transition est loin d'être pacifique. Jean d'Aviz, le frère naturel de Ferdinand Ier, soutenu par les classes commerçantes, fait assassiner l'amant galicien d'Éléonore Teles. Cette dernière s'enfuit en Castille, donnant le signal de l'invasion. Une bataille décisive a lieu en 1385, au cours de laquelle Jean d'Aviz (Jean Ier) doit affronter une puissante armée de Castillans à Aljubarrota. La bataille semble perdue d'avance, en dépit de la présence à ses côtés de Nuno Álvares Pereira, son allié, et des archers anglais. Jean Ier fait vœu de construire un monastère en cas de victoire. Grâce au génie militaire de leur chef, le brillant Nuno Álvares, les Portugais mettent les Espagnols en déroute. La victoire apporte l'indépendance et Jean Ier honore son serment en faisant bâtir le grandiose Mosteiro de Santa Maria da Vitória ou monastère da Batalha (monastère de la Bataille), à Batalha. Elle scelle également l'alliance du Portugal et de l'Angleterre. Jean Ier épouse l'une des filles de Jean de Gand, duc de Lancaster. La paix est enfin conclue avec la Castille en 1411.

Les grandes découvertes

Les succès de Jean Ier ont aiguisé son appétit. Encouragé par ses fils, il oriente bientôt son effort militaire vers l'extérieur. Le Maroc est une cible évidente et, en 1415, Ceuta succombe aisément à l'assaut. Cette victoire marque un tournant dans l'histoire du Portugal et le début de son âge d'or.

C'est le troisième fils de Jean Ier, Henri le Navigateur, qui incarne l'esprit de son époque – la ferveur religieuse, l'amour de la gloire martiale et le goût immodéré de l'or – en faveur de fabuleuses explorations des mers. Ces expéditions vont transformer le petit royaume du Portugal en une puissance impériale de premier plan.

La plus grande découverte intervient en 1498, sous le règne de Manuel Ier, quand Vasco de Gama atteint le sud de l'Inde. Esclaves, or, épices, le Portugal engrange très vite d'immenses richesses. L'enthousiasme du roi pour les expéditions maritimes – et pour ce qu'elles lui rapportent – est tel qu'il ordonne la construction de nombreux édifices à leur gloire. En tête de liste se trouve l'extravagant Mosteiro dos Jerónimos (monastère des Hiéronymites), dans le quartier de Belém, à Lisbonne, qui lui servira plus tard de panthéon. L'arrivée au Portugal, en 1492, de 150 000 juifs expulsés d'Espagne, stimule un temps l'économie du pays.

1443
Des explorateurs ramènent les premiers esclaves africains au Portugal. Ce terrible négoce marquera le Nouveau Monde.

1494
La course à l'expansion coloniale bat son plein. L'Espagne et le Portugal se partagent le monde à l'issue du traité de Tordesillas.

1497
Suivant les traces de Bartolomeu Dias dans son voyage au-delà du cap de Bonne-Espérance en 1488, Vasco de Gama atteint l'Inde.

L'Espagne, cependant, s'est également lancée dans les explorations et ne tarde pas à disputer les prétentions portugaises. La "découverte" de l'Amérique par Christophe Colomb en 1492 se solde par un nouvel éclat entre deux ambitions rivales. Le conflit est résolu sous l'égide du pape, en 1494, par l'étrange traité de Tordesillas, lequel divise le monde entre les deux puissances, selon une ligne située à 370 lieues à l'ouest des îles du Cap-Vert. Les terres découvertes à l'est de cette ligne, dont le Brésil, officiellement revendiqué en 1500, reviennent au Portugal.

Cette rivalité est à l'origine du premier voyage autour du monde. En raison d'un conflit avec Manuel Ier, le navigateur portugais Fernand de Magellan passe au service de l'Espagne. En 1519, il part en vue d'apporter la preuve que les "îles aux épices" (les îles Moluques, en Indonésie) se trouvent en "territoire" espagnol. Il atteint les Philippines en 1521, et c'est sur ces îles qu'il périt. L'un de ses cinq navires, sous le commandement du navigateur basque Juan Sebastián Elcano, débarque sur les "îles aux épices" puis s'en retourne par le cap de Bonne-Espérance. Tandis que ses explorateurs gagnent le Timor, la Chine puis le Japon, le Portugal consolide son pouvoir en établissant des ports militaires et des comptoirs commerciaux. La monarchie, qui prélève le "quintile royal" (un cinquième des profits), s'enrichit encore ; le style architectural manuélin témoigne de l'opulence de l'époque.

Néanmoins, le coût engendré par l'entretien d'un empire excède les bénéfices que le Portugal en retire. Le prince Sébastien monte sur le trône. En 1578, il embarque à Lagos avec 18 000 hommes pour introduire le christianisme au Maroc. Son entreprise se solde par l'épouvantable débâcle de la bataille de Ksar el-Kébir, (également nommée bataille des Trois Rois). Il est tué en même temps que 8 000 autres combattants, dont une bonne partie de la noblesse portugaise. Son successeur vieillissant, le cardinal Henrique, vide les coffres du Trésor pour payer les rançons des prisonniers. À la mort du cardinal Henrique, en 1580, l'oncle de Sébastien, Philippe II d'Espagne (Philippe Ier du Portugal) prend les armes pour conquérir le trône. Son avènement marque la fin de plusieurs siècles d'indépendance, d'un âge d'or pour le Portugal et de sa primauté sur la scène mondiale.

La domination espagnole et la restauration

La domination espagnole est d'abord prometteuse : Philippe II s'engage à préserver l'autonomie du Portugal et à assister aux séances du Parlement, longtemps délaissé. Mais le tiers état s'accroche au vain espoir que Sébastien du Portugal est toujours vivant. Si Philippe II était un souverain juste, ses successeurs le sont beaucoup moins. Ils utilisent le Portugal comme une réserve d'argent et de soldats pour les guerres extérieures, et placent des Espagnols à la tête du pays.

Un soulèvement en Catalogne attise les velléités d'indépendance du Portugal, notamment lorsque le roi espagnol Philippe IV (sous le nom de Philippe III du Portugal) envoie des troupes portugaises réprimer la révolte. En 1640, un groupe de conspirateurs s'empare du pouvoir. Les nationalistes portugais chassent de Lisbonne le gouverneur du Portugal, alors une femme, et sa garnison espagnole. Le duc de Bragance s'installe sur ce trône inconfortable ; il est couronné sous le nom de Jean IV.

1519
Fernão Magalhães (Fernand de Magellan) s'embarque pour faire le tour du globe. Il est tué aux Philippines.

1572
Luís Vaz de Camões écrit *Les Lusiades*, poème épique qui chante la grande découverte de Vasco de Gama.

1580
Philippe II d'Espagne conquiert le Portugal – et son trône.

★ Sites islamiques

Núcleo Islâmico (p. 147, Tavira)

Castelo de São Jorge (p. 57, Lisbonne)

Museu Municipal de Arqueologia (p. 143, Silves)

Castelo de São Jorge (p. 57), Lisbonne

Menacé par l'Espagne, le Portugal se met en quête d'alliés. Jean IV marie sa fille, Catherine de Bragance, avec Charles II d'Angleterre, et cède Tanger et Bombay à Albion. En retour, les Anglais promettent armes et soldats. L'Espagne, en proie à d'autres turpitudes, ne tente que mollement de reconquérir le Portugal, dont elle reconnaît l'indépendance en 1668. Les successeurs de Jean IV mènent une politique d'essence absolutiste (en particulier Jean V, admirateur de Louis XIV). La Couronne ignore le Parlement, et une nouvelle ère de folles dépenses débute, illustrée par l'immense palais de Mafra.

Premier ministre de Joseph Ier, le marquis de Pombal, un des hommes d'État portugais les plus révérés, fait beaucoup pour consolider le pouvoir royal. Partisan d'un despotisme éclairé, il modernise le pays, mais réprime toute opposition. Il institue des monopoles d'État, réduit l'influence des marchands britanniques, relance l'agriculture et l'industrie. Il abolit l'esclavage et les distinctions entre chrétiens traditionnels et convertis (juifs de la péninsule convertis). Il organise une refonte du système éducatif. Après le tremblement de terre dévastateur de Lisbonne en 1755, le marquis de Pombal fait rapidement reconstruire la ville. Il neutralise ses ennemis en les compromettant dans un complot contre le roi. Il aurait sans doute poursuivi son ascension si la dévote Marie Ire, fille de Joseph Ier, n'avait accédé au trône en 1777. Anticlérical, Pombal est évincé, accusé de divers délits et jugé, sans être emprisonné. Sa législation religieuse est abrogée, mais ses politiques économique, agricole et éducative sont largement poursuivies et contribuent à remettre le pays sur les rails de la prospérité.

Le basculement de la France dans la révolution augure alors de temps moins sereins.

Un tremblement de terre dévastateur

Au XVIIIe siècle, Lisbonne est une ville florissante où l'or brésilien coule à flots, peuplée de marchands prospères et ponctuée de grandioses édifices manuélins. Mais, au matin du 1er novembre 1755, un terrible tremblement de terre en anéantit une grande partie. Palais, bibliothèques, églises et hôpitaux sont entièrement rasés. Des dizaines de milliers de personnes trouvent la mort, que ce soit dans le séisme, du fait des raz de marée consécutifs ou dans l'incendie qui gagne la ville. Intervient alors le marquis de Pombal, Premier ministre de Joseph Ier : il entame sans tarder la reconstruction de la ville avec pour mot d'ordre d'"enterrer les morts et de pourvoir aux besoins des vivants". Au lendemain

1640
La Catalogne se soulève contre Philippe III. Jean IV est couronné roi du Portugal.

1703
La France et l'Angleterre en guerre, les Anglais craignent de manquer de vin et signent un traité avec le Portugal.

1717
L'extraction d'or au Brésil atteint son apogée. Jean V devient le plus riche monarque d'Europe.

du désastre, cet homme d'État autocrate maintient à flot son pays plongé dans le chaos économique et réussit à propulser Lisbonne dans l'ère moderne.

Avec Eugenio dos Santos et Manuel da Maia, ingénieurs militaires et architectes, le marquis de Pombal joue un rôle clé dans la reconstruction de Lisbonne selon un plan simple, économique et antisismique à l'origine du plan quadrillé actuel : le style pombalien est né. Antithèse du rococo, l'architecture pombalienne est fonctionnelle et sobre : azulejos (faïences peintes à la main) et éléments décoratifs sont utilisés avec parcimonie, les matériaux sont préfabriqués, les larges avenues et les vastes places sont privilégiées.

Joseph Ier, quant à lui, sort indemne du tremblement de terre : au lieu de séjourner au palais royal, il s'était rendu à Belém avec sa nombreuse suite. Devant les décombres de la ville, ce roi excentrique se refusa définitivement à loger dans un bâtiment maçonné et fit installer une résidence royale en bois en dehors de la ville, sur les collines d'Ajuda, au nord de Belém. C'est sur ce site, connu sous le nom de Real Barraca (campement royal), que fut édifié le Palácio Nacional da Ajuda, après sa mort.

L'épopée indienne

Las du monopole vénitien sur le commerce terrestre avec l'Asie, l'explorateur portugais Vasco de Gama partit de Lisbonne en 1497 pour des rivages lointains à bord de sa caravelle. Après avoir contourné les côtes du Mozambique et de Mombasa, il put enfin mouiller devant Calicut, en Inde, en mai 1498. L'équipage dépenaillé reçut un accueil glacial du Zamorin (le seigneur local) puis dut rebrousser chemin lorsque des tensions éclatèrent. Lors du voyage de retour, plus de la moitié des marins périrent du fait des dangereuses marées de mousson et du scorbut. Pour le récompenser d'avoir découvert la route maritime des Indes, Manuel Ier anoblit Vasco de Gama à son retour en 1499 et le nomma amiral des Indes.

La naissance de la république

L'invasion française met en difficulté le pouvoir royal

En 1793, le Portugal joint ses forces navales à celles de l'Espagne et de l'Angleterre, en guerre contre la France révolutionnaire. En 1801, Bonaparte, alors Premier consul, réplique par un ultimatum : le Portugal doit rejoindre le blocus continental et fermer ses ports à la marine britannique, sinon, la France l'envahira. Or le pays ne saurait tourner le dos à l'Angleterre, dont il dépend pour la moitié de son commerce et la protection de ses routes maritimes. Napoléon incite alors l'Espagne à envahir le Portugal : c'est la guerre des Oranges, qui se soldera par la défaite du Portugal. Jean VI roi du Portugal tente de repousser les prétentions françaises, mais, en 1807, l'armée française envahit le pays. La famille royale portugaise s'enfuit alors au Brésil (où elle demeurera 14 ans) et les troupes de Napoléon investissent Lisbonne.

Les Portugais font alors appel aux Anglais : sir Arthur Wellesley (futur duc de Wellington) et le vicomte de Beresford parviennent à repousser les troupes françaises jusqu'à la frontière espagnole en 1811 et à les expulser définitivement en 1814.

1755
Lisbonne subit une catastrophe naturelle sans précédent : un tremblement de terre, suivi d'un raz de marée et d'un incendie.

1770
Premier ministre du royaume, le puissant marquis de Pombal fait reconstruire Lisbonne selon un plan en damier.

1807
Napoléon envahit le Portugal. La famille royale portugaise et sa suite font leurs bagages et s'embarquent pour le Brésil.

Le Portugal est libre mais affaibli. En 1810, le pays a déjà perdu la position rentable d'intermédiaire dans le commerce entre Anglais et Brésiliens. Désormais, l'Angleterre négocie directement avec le Brésil. Puis, en 1815, le roi en exil, Jean VI, proclame l'union du Brésil et du Portugal pour remplir les coffres du Brésil et rehausser le prestige d'un pays qu'il a fini par aimer. Il souhaite aussi redorer celui de la famille royale en exil. Criblé de dettes, avec un commerce en déclin, le Portugal est, de fait, réduit au rang de satellite du Brésil et de protectorat de l'Angleterre. Pendant ce temps, le mécontentement couve au sein de l'armée. Des officiers rebelles réunissent secrètement un Parlement, édictant une nouvelle Constitution libérale. Inspirée des idéaux des Lumières, cette dernière abolit de nombreux droits de la noblesse et du clergé, et institue un Parlement à chambre unique. Placé devant le fait accompli, Jean VI revient au Portugal et accepte cette nouvelle Constitution. Mais Pierre, son fils aîné et futur Pierre IV, reste aux commandes du Brésil. En 1822, il coupe l'herbe sous le pied des constitutionnalistes en proclamant le Brésil indépendant et en se déclarant son empereur. À la mort de Jean VI, en 1826, le Portugal est au bord de la guerre civile.

Invité à monter sur le trône, Pierre IV établit à la hâte en 1826 une charte constitutionnelle, moins libérale. Puis il abdique en faveur de sa fille de 7 ans, Marie II, à condition qu'elle épouse son oncle Michel et que ce dernier accepte la nouvelle Constitution. Sans surprise, Michel promet, mais il abolit la charte de Pierre IV, avant de se proclamer roi. Fou de rage, Pierre IV se rallie aux libéraux et soumet Michel à Évoramonte, en 1834. Après la mort de Pierre IV, la même année, sa fille, Marie II, devenue reine de Portugal à 15 ans, entretient sa mémoire par une défense farouche de la charte de 1826. Cependant, les partisans de la Constitution libérale de 1822 ne désarment pas. Durant vingt ans, le Portugal est au bord de la guerre civile. Le duc de Saldanha négocie alors un compromis de paix : la charte de Pierre IV est assouplie, tandis que le Portugal se dote d'infrastructures modernes.

Une nouvelle ère

La seconde moitié du XIXe siècle est une période faste pour le Portugal, qui apparaît alors comme l'une des sociétés les plus avancées d'Europe méridionale. Les visiteurs étrangers de passage à Lisbonne, comme Hans Christian Andersen, s'étonnent d'y trouver des boulevards plantés d'arbres et éclairés de becs de gaz, un réseau de tramways bien développé et des passants élégants. Le système éducatif est réformé en profondeur : le nombre d'écoles de garçons est multiplié par deux et celui des écoles de filles par quatre. Les femmes obtiennent le droit d'être propriétaires, et l'esclavage est aboli dans les colonies, de même que la peine de mort. Le système pénitentiaire est révisé de fond en comble : les détenus reçoivent une formation professionnelle qui leur permet de se réintégrer plus facilement à leur sortie. Des organisations professionnelles se constituent, comme la Guilde littéraire. Elles alimentent le débat public en idées novatrices dans les domaines politique, religieux et artistique.

Le Portugal est entré dans l'ère industrielle et augmente fortement sa production textile, destinée en grande partie à l'exportation. L'aménagement du territoire voit la construction de ponts et d'un réseau routier national, tandis que fleurissent les réalisations architecturales majeures, comme le Palácio Nacional da Pena, au-dessus de Sintra.

1815
Charmé par le Brésil, Jean VI fait de Rio de Janeiro la capitale du nouveau Royaume-Uni de Portugal, du Brésil et des Algarves.

1822
Jean VI retourne au Portugal récupérer son trône. Au Brésil, son fils prend la tête d'un coup d'État et se fait nommer empereur (Pierre Ier).

1865
Le Portugal connaît une période de paix et de progrès importants (agriculture, industrie, santé publique et éducation).

Les années noires et la fin de la monarchie

Cependant, vers 1900, le mécontentement enfle dans la classe ouvrière. Avec les progrès de la mécanisation, la situation des ouvriers se fait plus précaire (les patrons embauchent souvent des enfants pour faire fonctionner les machines). Leurs revendications restent insatisfaites, et les grévistes sont licenciés et remplacés. Dans le même temps, l'exode rural s'amplifie, et l'émigration, principalement vers le Brésil, explose.

Dans ce contexte, beaucoup cherchent dans le socialisme un remède aux inégalités sociales. Les républicains sont de plus en plus populaires dans les classes moyennes. Une tentative de coup d'État échoue en 1908. Le mois suivant, le roi Charles Ier et le prince héritier Louis-Philippe sont sauvagement assassinés à Lisbonne. Le fils cadet de Charles Ier, Manuel II, tente vaguement d'apaiser les républicains, mais ses efforts ne sont pas à la hauteur de la situation. Le 5 octobre 1910, après un soulèvement d'officiers, la république est proclamée. Manuel II, surnommé "l'Infortuné", s'exile en Grande-Bretagne, où il meurt en 1932.

Salazar au pouvoir

Si les républicains nourrissent de grands espoirs de changement suite à leur éclatante victoire aux élections de 1911, la chance n'est pas avec eux. La participation du Portugal à la Première Guerre mondiale aux côtés des Alliés se révèle désastreuse pour son économie. Le chaos s'amplifie encore dans les années d'après-guerre : les républicains se déchirent, les syndicats mènent des grèves et sont sévèrement combattus, et l'armée acquiert un pouvoir grandissant.

La jeune république est l'un des régimes les plus instables d'Europe. De 1910 à 1926, quelque 45 gouvernements se succèdent, le plus souvent à la suite de l'intervention de l'armée. En 1926, un énième coup d'État impose de nouvelles personnalités, parmi lesquelles un certain António de Oliveira Salazar. Ministre des Finances, il sort du rang pour devenir Premier ministre en 1932 – fonction qu'il occupera pendant 36 ans.

Salazar met sur pied son projet d'*Estado novo* ("État nouveau"). Cette "république de partenariat" entre l'État, le patronat et les syndicats est tout à la fois nationaliste, catholique, autoritaire et surtout répressive. Il fonde l'Union nationale, dès lors parti unique au Portugal. Il interdit les grèves et maintient l'ordre social à grand renfort de propagande, de censure et de répression politique. La police secrète (PIDE) emprisonne et torture les opposants. Plusieurs tentatives de coup d'État se soldent par des échecs. La forteresse de Peniche, qui servait de prison sous Salazar, évoque cette période sombre.

Paradoxalement, le pays va mieux sur le plan économique. De 1950 à la fin des années 1960, le taux de croissance industrielle annuel oscille entre 7 et 9%.

Sur le plan international, Salazar joue sur tous les tableaux. En dépit d'une neutralité affichée, il soutient les nationalistes de Franco durant la guerre civile espagnole, ouvre aux Britanniques les bases aériennes des Açores au cours de la Seconde Guerre mondiale, et vend du tungstène à l'Allemagne. On découvrira plus tard qu'il avait autorisé le transfert au Portugal d'une partie de l'or pillé par les nazis – 44 tonnes, selon les sources alliées.

1890

L'Angleterre veut contrôler l'Afrique subsaharienne. Le Portugal se retire d'Afrique centrale, déclenchant alors une crise interne.

1908

Le roi Charles Ier et son fils aîné, Louis-Philippe, sont assassinés. Deux ans plus tard, la république est proclamée.

1916

Malgré sa neutralité initiale, le Portugal est emporté dans la Première Guerre mondiale avec les Alliés et y envoie 55 000 hommes.

★ **Collections historiques**

Museu do Évora (p. 186, Évora)

Museu do Oriente (p. 63, Lisbonne)

Museu Nacional de Machado de Castro (p. 236, Coimbra)

Museu de Portimão (p. 157, Portimão)

Museu de Portimão (p. 157)

SABINE LUBENOW/GETTY IMAGES ©

Mais c'est la décolonisation qui sonne le glas du régime. Salazar refuse de renoncer aux colonies, ce qui l'oblige à mener des expéditions militaires de plus en plus coûteuses. En 1961, Goa est occupée par l'Inde et les nationalistes se soulèvent en Angola. Des mouvements de guérilla apparaissent aussi en Guinée-Bissau et au Mozambique. Salazar n'aura pas à en assumer les conséquences : victime d'une attaque cardiaque en 1968, il meurt deux ans plus tard. Le successeur de Salazar, Marcelo Caetano, n'arrive pas à apaiser la grogne. Proches des indépendantistes africains et lassés des guerres coloniales, des centaines d'officiers forment le Mouvement des forces armées (MFA, Movimento das forças armadas). Ils réalisent un coup d'État le 25 avril 1974 à Lisbonne, presque sans verser de sang. C'est la révolution des Œillets, ainsi nommée car les soldats victorieux placent un œillet au bout de leur fusil. Le symbole reste associé au Portugal et à l'idée de liberté.

De la révolution à la démocratie

La police politique est supprimée, les libertés civiques sont restaurées et les opposants politiques libérés. L'indépendance est immédiatement accordée à la Guinée-Bissau (1974) puis, un an plus tard, au Mozambique, à l'Angola, aux îles du Cap-Vert et de São Tomé-et-Príncipe.

Le processus de décolonisation entraîne de nouveaux conflits : guerre civile en Angola, invasion par l'Indonésie du Timor-Oriental, qui vient d'acquérir son indépendance (1975). La métropole, submergée par une vague de près d'un million de rapatriés des colonies africaines, traverse des temps incertains.

Le pays connaît une grande agitation sociale. Des manifestations et des grèves sont organisées. Les communistes et une aile radicale du MFA lancent un mouvement révolutionnaire de nationalisation des entreprises et des services. Des petits paysans s'emparent de terres et créent des fermes collectives. Le Sud penche alors pour les révolutionnaires, tandis que le Nord, conservateur, choisit le Parti socialiste (PS, Partido Socialista) de Mário Soares.

Au début de l'après-Salazar, les gouvernements provisoires radicaux formés par les militaires échouent les uns après les autres, tout comme la tentative de coup d'État du général António de Spínola en 1975. Une ère de calme relatif débute en 1976, quand le Portugal adopte une nouvelle Constitution et organise ses premières élections

1932
António de Oliveira Salazar prend le pouvoir. L'économie connaît une embellie, mais le régime exerce une impitoyable censure.

1943
Durant la guerre, le Portugal, neutre, devient le carrefour de l'espionnage allié et nazi.

1974
Des officiers renversent le successeur de Salazar au cours de la révolution des Œillets. Le Portugal amorce un virage à gauche.

parlementaires. Le général António Ramalho Eanes est élu président la même année et contribue à démocratiser le pays. Il choisit Soares comme Premier ministre, qui prend la tête du gouvernement à une époque où le Portugal affronte d'énormes difficultés, notamment une inflation galopante, un fort taux de chômage et des salaires en chute libre.

Le dur chemin vers la stabilité

Les années qui suivent sont marquées par l'alternance au pouvoir des grands partis politiques. De fait, le gouvernement est remanié à plusieurs reprises. Le Parti socialiste s'allie soit avec la droite soit avec le centre, et même avec des "sans-parti", telle Maria de Lourdes Pintasilgo, première femme nommée Premier ministre au Portugal. Lors des élections législatives de 1980, une coalition de centre droit est élue, l'Alliance démocratique (AD, Aliança Démocrática), menée par Francisco de Sá Carneiro, qui devient chef du gouvernement. Celui-ci périt quelques mois plus tard dans un accident d'avion – vraisemblablement d'origine criminelle – et Francisco Pinto Balsemão lui succède, avec le projet d'intégrer le Portugal dans la Communauté européenne. En 1982, la Constitution est révisée. Le Conseil de la révolution, dernier vestige des événements de 1974, est supprimé.

De 1983 à 1985, le socialiste Mário Soares est de nouveau à la tête d'un gouvernement de coalition. Sous la pression de la Communauté européenne et du Fonds monétaire international (FMI), il engage un programme de réformes économiques. Ces mesures d'austérité ne sont guère populaires. Les critiques les plus virulentes viennent de la droite du Parti social-démocrate (PSD, Partido social democrata), mené par l'énergique Aníbal Cavaco Silva. Les syndicats communistes organisent des grèves, et l'apparition d'un groupe terroriste, les Forças populares de 25 Abril (FP-25), aggrave encore la tension.

En 1986, le Portugal entre dans la Communauté économique européenne (CEE), neuf ans après le début des négociations. Grâce aux aides financières accordées par la CEE, son économie connaît une croissance rapide. Le Premier ministre Aníbal Cavaco Silva a toute latitude pour impulser des réformes économiques radicales, mais son projet de réforme du droit du travail suscite le mécontentement des salariés : la fin des années 1980 est marquée par une succession de grèves. La loi contestée finit néanmoins par être adoptée.

La croissance économique ne dure toutefois pas. En 1992, les barrières commerciales de la Communauté économique européenne sont levées et le Portugal se trouve confronté à une nouvelle concurrence. Les illusions tombent à mesure que le marché unique européen révèle les retards de l'agriculture portugaise. Les grèves, les procès pour corruption, les manifestations étudiantes affaiblissent encore le PSD. Aníbal Cavaco Silva démissionne en 1995. Les élections générales de 1995 amènent de nouvelles têtes au pouvoir, notamment le socialiste António Guterres. Pourtant, en dépit des espoirs de changement, rien ne bouge et Guterres maintient la rigueur budgétaire, ce qui permet au Portugal d'entrer dans l'Union économique et monétaire (UEM) européenne en 1998. Une croissance économique soutenue rend le sourire aux Portugais et aide le Premier ministre à remporter un second mandat (1999). Avec le troisième millénaire, l'embellie économique s'essouffle, l'inflation enfle et des affaires de corruption éclatent. Le Portugal entre dans

1986
Le président Mário Soares est le premier civil à diriger le pays depuis 60 ans. Le Portugal rejoint la CEE en même temps que l'Espagne.

1998
José Saramago remporte le Prix Nobel de littérature.

1999
La *fadista* Amália Rodrigues décède à l'âge de 79 ans. Un deuil national de 3 jours est décrété.

une période de stagnation économique. Pendant les dix années qui suivent, l'économie portugaise est à la peine, avec une croissance dérisoire, voire une récession du PIB, et un chômage qui ne cesse de progresser entre 2001 et 2010. Comme ailleurs en Europe, la crise financière mondiale porte un coup sévère au Portugal. Pressé par l'UE de maîtriser sa dette (pour éviter un scénario-catastrophe à la grecque), le gouvernement adopte des mesures d'austérité impopulaires – réforme des retraites, hausse des impôts, gel des embauches dans la fonction publique – qui entraînent grèves et manifestations.

Une période difficile

La crise économique se révèle d'autant plus destructive pour le Portugal que sa situation n'était, sur ce plan, pas particulièrement solide. Mis dans le même sac que les autres nations vacillantes de la zone euro, un groupe de pays désigné par l'acronyme PIIGS (Portugal, Italie, Irlande, Grèce et Espagne), le Portugal – dans une situation financière catastrophique – accepte un plan de sauvetage de l'UE d'une valeur de 78 milliards d'euros en 2011. C'est la jeune génération qui est la plus affectée par la crise, avec un taux de chômage supérieur à 40% chez les moins de 25 ans. Et c'est sans compter un sous-emploi endémique et des petits salaires devenus la norme.

Le plan de sauvetage de l'UE est assorti de conditions : le Portugal doit réduire son déficit budgétaire en diminuant les dépenses et en accroissant les recettes fiscales. Des mesures d'austérité s'ensuivent, et la population descend dans la rue pour protester contre l'augmentation des impôts et contre les coupes drastiques affectant les retraites et les dépenses sociales, avec en toile de fond un chômage record. Les manifestations et les grèves générales sont en hausse, les plus importantes mobilisant 1,5 million de personnes en 2013 dans tout le pays. Les employés des industries les plus affectées par la politique gouvernementale, notamment en matière d'éducation, de santé et de transport, rejoignent dans la rue les chômeurs et les retraités, constituant les plus importants rassemblements depuis la révolution des Œillets en 1974.

Malgré le plan de sauvetage, le Portugal reste enferré dans ce qui reste son épisode de récession le plus sévère depuis les années 1970. Chaque jour, une nouvelle déprimante fait la une des journaux : gel des dépenses publiques, réductions dans le secteur de la santé, suppression des repas gratuits pour les écoliers, diminution des patrouilles de police, suicides en hausse... Les retraités, pour beaucoup réduits à vivre avec à peine 200 € mensuels, se retrouvent à la charge de leur famille. La pauvreté et la faim affectent des millions de personnes ; selon TNS Global, environ trois personnes sur quatre dans le pays ont du mal à boucler les fins de mois.

La crise financière des débuts se mue en crise politique, alors que les ministres des gouvernements successifs échouent à juguler les problèmes croissants. La colère monte dans les rues, le public exige la démission du Premier ministre, Pedro Passos Coelho. Son mandat se termine brutalement en 2015 avec l'arrivée au pouvoir d'un gouvernement de gauche dirigé par António Costa, qui prend les rênes et ouvre une nouvelle ère dans la politique portugaise.

2013
Las de la hausse du chômage et des impôts, et des coupes budgétaires, 1,5 million de Portugais vont protester dans la rue.

2015
Le gouvernement vote une loi accordant la citoyenneté portugaise aux descendants des juifs expulsés du pays cinq siècles auparavant.

2017
Des incendies – les plus meurtriers de l'histoire du pays – ravagent 45 000 ha et causent la mort de 66 personnes.

A Sagrada Família com São João Batista, Santa Isabel e Anjos, Josefa de Óbidos (p. 303)

Arts et architecture

Depuis la préhistoire, nombre de peuples – Celtes, Romains, Wisigoths, Maures notamment – ont laissé leur empreinte sur le territoire. Avec les grandes découvertes (XVe-XVIe siècles) et l'ère de prospérité qui en a découlé, des cathédrales grandioses et des palais somptueux ont été édifiés. Puis le Portugal s'est enrichi d'influences artistiques et de styles architecturaux très divers – manuélin, maniériste, baroque, Art nouveau, Art déco, moderne et postmoderne. Dans le même temps, peintres, sculpteurs, poètes et romanciers ont aussi apporté leur contribution au patrimoine artistique portugais.

Mégalithisme et oppidums celtiques

Non loin d'Évora, parmi les oliviers et les chênes-lièges de l'Alentejo, un groupe de 95 monolithes arrondis, dont certains gravés de signes symboliques, forme un cercle mystérieux dans une clairière silencieuse. Le cromlech des Almendres, sorte de Stonehenge version portugaise, est l'un des sites préhistoriques les plus impressionnants d'Europe.

Musée paléolithique à ciel ouvert

En 1989, dans la vallée du Rio Côa, des chercheurs étudiaient les répercussions écologiques d'un projet de barrage qui devait inonder le site. Une passionnante découverte les attendait : d'imposants ensembles de pétroglyphes majoritairement du Paléolithique supérieur (40 000 à 10 000 av. J.-C.). En 1998, l'inscription de cette galerie d'art pariétal au patrimoine mondial de l'Unesco acheva de garantir sa pérennité. Aujourd'hui, la **vallée du Côa** (p. 209) abrite l'une des plus vastes collections d'art rupestre jamais découvertes au monde. La majorité des pétroglyphes montrent des animaux – chevaux, aurochs ou chèvres stylisés. Certains sont représentés avec plusieurs têtes, comme pour figurer le mouvement, d'autres gravés si délicatement qu'on ne peut les distinguer qu'avec une lumière artificielle. Les gravures les plus frappantes témoignent de reprises successives dans le temps, des chasseurs artistes ayant apposé leur touche l'un après l'autre, sur plusieurs milliers d'années, sur les mêmes dessins – une sorte de palimpseste paléolithique.

Dans tout le Portugal, et particulièrement l'Alentejo, on peut ainsi découvrir des structures religieuses et funéraires datant du Néolithique, notamment de remarquables dolmens (*antas*). Accessibles par un long couloir, ces chambres funéraires recouvertes d'un tertre de terre adoptent une forme rectangulaire, polygonale ou circulaire. L'Anta Grande do Zambujeiro, près d'Évora, est le plus grand dolmen d'Europe (6 m de haut). Des menhirs isolés, ou disposés en cercle, parsèment la campagne, telles des sentinelles de pierre.

Avec l'installation des Celtes (800-200 av. J.-C.) apparaissent sur les hauteurs les premiers groupes d'habitations, appelés *castros* ou *citânias*. Le mieux préservé est la *citânia* de Briteiros, dans le Minho. Les huttes de pierre de ces villages fortifiés sont construites selon un plan circulaire ou elliptique, et ceintes d'un mur de pierre sèche. Dans les *citânias* du sud, les huttes de pierre sont le plus souvent rectangulaires.

Les Romains

Les Romains, qui ont occupé le Portugal six siècles durant, ont importé leur architecture et leur science technique pour créer des routes, des ponts, des cités dotées de forum, des thermes et des aqueducs. Les vestiges sont rares – on peut en voir aux environs de Braga, dans le Minho –, mais la majorité des villes portugaises sont construites sur des fondations romaines que l'on a mises au jour et conservées sous certaines constructions nouvelles à Lisbonne ou à Évora. Des fouilles continuent de révéler la richesse de Conímbriga, plus vaste site romain du Portugal, dans la région des Beiras. Les remparts de la ville, de spectaculaires mosaïques, des colonnes porteuses ou décoratives, les canalisations en pierre des thermes, les tunnels de l'amphithéâtre, des entablements sculptés et des ornementations classiques ont déjà été exhumés, et donnent un aperçu du savoir-faire unique et de la façon de vivre des Romains.

Le monument romain le plus fameux et le mieux préservé du Portugal est le temple de Diane, à Évora, dont les colonnes corinthiennes semblent désormais répondre aux flèches de la cathédrale. C'est peut-être le plus beau temple romain de toute la péninsule Ibérique. Incorporé dans les fortifications de la ville au Moyen Âge, il ne fut mis au jour qu'à la fin du XIXe siècle, ce qui explique son excellent état de conservation.

Grands styles architecturaux

Le gothique

C'est à l'ordre de Cîteaux et aux moines cisterciens que l'on doit l'introduction de l'architecture gothique au Portugal, avec la construction, à partir de 1178, de l'une des abbayes les plus impressionnantes d'Europe, à Alcobaça (Estrémadure). Ce chef-d'œuvre de l'art cistercien a été classé au Patrimoine mondial en 1989. L'architecture dépouillée et pure de l'abbaye et du "cloître du silence" d'Alcobaça est très clairement influencée par la simplicité lumineuse de l'abbaye de Clairvaux, aux confins de la Champagne et de la Bourgogne. Ce cloître servira de modèle pour ceux des monastères de Coimbra, de Lisbonne, d'Évora et de bien d'autres. Le gothique portugais prendra dès lors son essor, favorisé par la découverte de l'étranger et l'émancipation après des siècles de domination culturelle espagnole et maure.

Édifié à partir du XIVe siècle, le Mosteiro de Santa Maria da Vitória, plus connu sous le nom de monastère de Batalha (Estrémadure), tranche avec l'architecture cistercienne austère. Des architectes portugais, irlandais et français ont participé à sa longue construction, marquée à la fois par le gothique flamboyant, le style Renaissance et le style manuélin. Sa conception très innovante – la voûte de la salle du chapitre tient sans appuis intermédiaires – s'allie à la richesse de la décoration, caractéristique du style gothique : vitraux, arcades ajourées et autres ornements.

L'architecture civile et militaire a aussi bénéficié des recherches du gothique, pour deux raisons essentielles : la nécessité de se défendre contre les Maures et le goût affirmé du roi Denis Ier (1261-1325) pour les châteaux et les forteresses. C'est en effet au XIIIe siècle que furent élevés les plus solides fortifications et les plus imposants donjons, comme en témoignent Estremoz, Óbidos et Bragance.

Le style manuélin

Spécifique au Portugal, l'architecture manuéline se développe approximativement sous le règne de Manuel Ier (1495-1521), une période très créative et de grande richesse pour le pays – grâce à la découverte de nouvelles terres et à la construction de l'Empire colonial portugais. Le style manuélin s'inspire essentiellement du gothique flamboyant et s'accompagne d'une profusion de motifs décoratifs aux influences mauresques, ou plus exotiques.

Cet esprit des grandes découvertes se retrouve dans la plupart des éléments décoratifs manuélins, tirés du monde des navigateurs : cordages, ancres et algues, coquillages, coraux et poissons, ainsi que l'inévitable sphère armillaire – un instrument de navigation et emblème de Manuel Ier. La croix carrée de l'ordre du Christ (organisation à la fois militaire et religieuse créée après la dissolution de l'ordre des Templiers), qui financera largement les expéditions portugaises, en Afrique notamment, revient souvent.

L'Igreja de Jesus à Setúbal, premier édifice de style nettement manuélin, est construite dans les années 1490 sur les plans de l'architecte d'origine française Diogo Boitac (Boytac), qui dessine des colonnes torsadées et orne la voûte de cordages. Ces éléments seront abondamment repris par la suite.

À Belém, le Mosteiro dos Jerónimos (monastère des Hiéronymites), conçu essentiellement par Diogo Boitac et João de Castilho, fait partie des chefs-d'œuvre de l'architecture manuéline. Tout comme les chapelles inachevées (Capelas Imperfeitas) du monastère de Batalha (Estrémadure).

Citons également l'emblématique tour de Belém, chef-d'œuvre manuélin-mauresque conçu, telle une tour d'échiquier, par Francisco de Arruda pour commémorer l'expédition de Vasco de Gama, ainsi que l'église du monastère de Tomar (Convento

★ Architecture d'exception

Mosteiro dos Jerónimos (p. 46)

Sé Velha (p. 238 ; Coimbra)

Palácio Nacional da Pena (p. 93 ; Sintra)

Mosteiro de Santa Maria da Vitória (p. 274)

Casa da Música (p. 122 ; Porto)

Palácio Nacional da Pena (p. 93), Sintra

do Christo,Estrémadure). Sa célèbre fenêtre (façade ouest), réalisée par Diogo de Arruda, frère de Francisco, est un fascinant résumé du style manuélin avec sa profusion de décorations maritimes. On retrouve tous ces motifs dans de nombreuses églises à travers le pays.

Le baroque

Rien ne peut rivaliser avec la flamboyance du manuélin, sinon la théâtralité du baroque (mot qui provient du portugais *barroco*, désignant une perle à la forme irrégulière ou un rocher granitique). Son développement au Portugal, à la fin du XVIIe siècle et au XVIIIe siècle, coïncide avec le retour à l'indépendance du pays vis-à-vis de l'Espagne, au déclin de l'Inquisition et la découverte de mines d'or et de diamants au Brésil. Les édifices sont imposants, les formes courbes, la décoration est surabondante avec des ors à foison.

L'art de la sculpture sur bois et de la dorure à la feuille, ou *talha dourada*, atteint alors son apogée et l'intérieur des églises – les maîtres-autels notamment – se pare de véritables cascades d'or ! Les plus éblouissants sont ceux de l'église du Mosteiro de Jesus à Aveiro, de l'Igreja de São Roque à Lisbonne et de l'Igreja de São Francisco à Porto.

Dans le centre du pays et au sud, la théâtralité est moindre (dans une certaine mesure) comme en attestent notamment le chœur de la cathédrale d'Évora, ou encore l'immense Palácio Nacional de Mafra. Conçu par l'Allemand Friedrich Ludwig, ce palais-monastère destiné à rivaliser avec l'Escurial de Madrid est plus sobre, bien que de taille gigantesque – 1 200 pièces pour lesquelles on fit appel à 45 000 artisans et ouvriers.

Sous le règne de Jean V (1706-1750), ami des arts et des lettres, des artistes portugais et étrangers – italiens surtout – créent des œuvres d'une rare opulence, surtout dans le nord du pays. Originaire de Toscane, le peintre et architecte Niccoló Nasoni s'installe à Porto vers 1725, où il introduit un baroque exubérant. La ville lui doit la Torre dos Clérigos et l'Igreja da Misericórdia, mais il est aussi l'auteur du Palácio de Mateus, près de Vila Real.

À la même époque, André Soares (1720-1769) travaille à Braga – on parle de l'école de Braga. Sous sa patte, églises et palais adoptent un style décoratif inspiré des graveurs d'Augsbourg. Le très ornementé Palácio do Raio (palais du Rayon), à Braga, et le monumental escalier du Bom Jesus do Monte, à proximité de Braga, caractérisent cette période flamboyante.

Lorsque l'or vient à manquer, la mode du baroque s'éteint peu à peu. À la fin du XVIIIe siècle, les architectes s'intéresseront brièvement au rococo. En témoignent le palais de Queluz, conçu par Mateus Vicente dans les environs de Lisbonne, et le palais d'Estói, non loin de Faro.

L'architecture contemporaine

Sous la dictature de Salazar, et avec l'instauration l'*Estado novo* ("État nouveau"), un style très "soviétique" s'impose. À l'université de Coimbra, l'élégant bâtiment néoclassique fait place à une architecture massive des années 1950. De mornes édifices et immeubles d'habitation typiques fleurissent à la périphérie des villes. On compte quelques exceptions dans la décennie suivante, avec la construction des bâtiments du palais de justice de Lisbonne dans le quartier de Campolide, du musée Calouste Gulbenkian et du café-restaurant Galeto, orné de magnifiques lambris.

Après la révolution des Œillets (1974), la création architecturale reste plutôt médiocre, malgré les productions d'artistes majeurs comme Fernando Távora ou Eduardo Souto de Moura. À Lisbonne, Tomás Aveira apporte une belle contribution avec son centre commercial Amoreiras (1985), un bâtiment postmoderne.

Actuellement, Álvaro Siza Vieira est sans aucun doute l'architecte portugais le plus prolifique. Adepte de la clarté et de la simplicité, il a construit dans le monde entier. Sur sa terre natale, il a dessiné le pavillon du Portugal pour l'Exposition universelle de Lisbonne en 1998, le Museu de Arte Contemporânea à Porto et l'Igreja de Santa Maria à Marco de Canavezes, au sud d'Amarante. Il a également dirigé la restauration du quartier historique commerçant du Chiado, à Lisbonne, après l'incendie de 1988.

Par ailleurs, de grands architectes étrangers construisent au Portugal. Pour l'Exposition universelle de 1998, on a fait appel à l'Espagnol Santiago Calatrava pour édifier la nouvelle gare de l'Oriente. Ce bâtiment d'acier et de verre évoque plus un vaisseau spatial qu'une gare. Autre fleuron de l'architecture contemporaine, le parc des Nations abrite un jardin paysager en bord de fleuve et le plus grand aquarium d'Europe. À proximité, le pont Vasco de Gama, également bâti en 1998, enjambe le Tage.

Depuis le début du nouveau millénaire, d'ambitieux projets ont vu le jour au Portugal. La Casa da Música à Porto, conçue par le Néerlandais Rem Koolhaas en 2005, est grandiose. De loin, cet édifice aux formes asymétriques ressemble à un pur bloc de cristal, soigneusement taillé. Il allie des éléments traditionnels – des azulejos agrémentent l'une des salles – à une grande modernité, comme en témoignent les immenses rideaux de verre cannelé qui encadrent la scène de concert.

Deux architectes talentueux

Porto est le berceau de deux célèbres architectes contemporains : Álvaro Siza Vieira (né en 1933) et Eduardo Souto de Moura (né en 1952). Tous deux sont relativement peu connus hors de leur pays, ce qui surprend au regard des nombreux architectes qui se réclament d'eux et de leur carrière longue et remarquable. Tous deux ont reçu le célèbre prix Pritzker, équivalent du prix Nobel en architecture (Siza Vieira en 1992, Souto de Moura en 2011). Les deux hommes sont proches et possèdent même des bureaux dans le même immeuble. Ils ont œuvré ensemble sur plusieurs projets (Souto de Moura a travaillé pour Siza Vieira avant de se mettre à son compte).

Géants de la littérature contemporaine

Le Portugal a perdu en 2010 l'un de ses plus grands écrivains, José Saramago, disparu à l'âge de 87 ans. Réputé pour ses romans minutieux marqués par le sous-entendu et l'humour noir, Saramago a remporté le Nobel de littérature en 1998 et il est lu dans le monde entier. Ses plus belles réussites explorent les profondeurs de l'expérience humaine et interrogent sur l'existence de Dieu, souvent dans des paysages éminemment portugais. Si ses récits quasi magiques se fondent parfois sur des événements historiques

★ Azulejos en majesté

Mosteiro de São Vicente de Fora (p. 61 ; Lisbonne)

Capela das Almas (p. 119 ; Porto)

Universidade de Évora (p. 186 ; Évora)

Gare ferroviaire de São Bento (p. 115 ; Porto)

Igreja da Misericórdia (p. 146 ; Tavira)

Mosteiro de São Vicente de Fora, Lisbonne (p. 61)

(comme le siège de Lisbonne par les croisés ou la construction du Palácio Nacional de Mafra), Saramago a également su s'emparer de sujets imposants et créer de véritables fables modernes (dans *L'Aveuglement*, une épidémie de cécité frappe toute l'humanité). Les idées politiques de Saramago, qui était membre actif du parti communiste, lui ont fait prendre certaines positions sujettes à controverses. Après le scandale provoqué au Portugal par son roman iconoclaste *L'Évangile selon Jésus-Christ* (1991) et après que son nom fut rayé de la liste des nommés à un prix littéraire européen, il s'exila aux îles Canaries et y passa les dernières années de sa vie.

Bien que dans l'ombre de Saramago, António Lobo Antunes (né en 1942 à Lisbonne) est lui aussi une grande figure de la littérature portugaise (et nombre de ses admirateurs estiment que le comité Nobel s'est trompé d'écrivain portugais !). Sa prose rapide et envoûtante, aux accents souvent désespérés, embrasse l'histoire et lui vaut d'être parfois comparé à William Faulkner. Son œuvre évoque son expérience terrible de médecin militaire en Angola, pendant la sanglante guerre de décolonisation, et l'écrivain porte souvent un regard critique sur l'histoire du Portugal, en particulier les guerres coloniales, les jours sombres de la dictature de Salazar et la révolution des Œillets. Traduit et lu dans le monde entier, il continue de publier aujourd'hui.

Fernando Pessoa

"Il n'existe aucun homme appelé Fernando Pessoa", jurait Alberto Caeiro, qui, pour tout dire, n'existait pas vraiment lui-même. C'était l'une des nombreuses identités adoptées par Fernando Pessoa (1888-1935), le plus grand poète portugais du XXe siècle.

Salué par la critique littéraire comme l'un des chantres du modernisme, Pessoa fut aussi l'un des personnages les plus étranges qui ait jamais déambulé dans les rues de Lisbonne. Traducteur la journée (il avait grandi en Afrique du Sud et parlait l'anglais), Pessoa était la nuit venue un poète – qui n'écrivait pas seulement la poésie de Pessoa. Ses nombreuses identités (hétéronymes) écrivent dans des styles radicalement distincts et incarnent des philosophies, des origines et des talents variés. Des quatre principaux hétéronymes de Pessoa, Alberto Caeiro était considéré comme le grand maître aux yeux des deux autres, Álvaro de Campos et Ricardo Reis (Fernando Pessoa étant lui-même le quatrième hétéronyme, dont l'existence était donc niée par les trois autres). L'œuvre de chacun aurait suffi à faire de Pessoa un des grands poètes de son temps. À eux tous, ils le placent parmi les génies de la littérature moderne.

Pessoa est par ailleurs intimement lié à Lisbonne. Il passait ses soirées dans les cafés à écrire, à boire et à converser jusqu'aux petites heures, et nombre de ses œuvres ont pour cadre des quartiers traditionnels de la capitale. Cet être pluriel avait plusieurs phobies, notamment celles d'être atteint par la foudre et d'être photographié. On peut cependant voir quelques clichés de lui au Café Martinho da Arcada, qui fut l'un de ses repaires.

Malgré son excentricité et son immense talent, Fernando Pessoa publia très peu de son vivant, et son chef-d'œuvre *O Livro do Desassossego* (*Le Livre de l'intranquillité*) ne parut qu'en 1982, cinquante ans après sa rédaction. L'essentiel de son œuvre, des milliers de pages manuscrites cachées dans une malle en bois, ne fut d'ailleurs découvert qu'après sa disparition. L'homme et son œuvre protéiforme continuent aujourd'hui de fasciner.

Beaux-arts

Les primitifs portugais

Alors que le gothique cède la place à l'humanisme de la Renaissance, les peintres portugais du XVe siècle développent un style bien à eux. Emmenée par le maître Nuno Gonçalves (actif vers 1450-1490), l'*escola nacional* (école nationale) représente des scènes religieuses dans des cadres éminemment contemporains. Dans le *Polyptyque de saint Vincent* (au Museu Nacional de Arte Antiga, à Lisbonne), son œuvre phare, Gonçalves fournit ainsi une image très riche de la société portugaise (nobles, juifs, pêcheurs, marins, chevaliers, moines et mendiants). Ce qui le fera qualifier par l'historien d'art français Émile Bertaux (1869-1917) de "peintre de l'épopée portugaise".

Le Portugal doit quelques-unes de ses plus belles peintures à l'art manuélin, né au XVIe siècle. Ses représentants, influencés par les Flamands, développent un style pictural remarquable par sa finesse, son réalisme et la luminosité des couleurs. L'un des grands noms de l'époque est Vasco Fernandes, dit Grão Vasco (1480-1543) : ses tableaux aux nuances subtiles (d'une beauté intacte malgré le temps) sont exposés dans un musée dédié à son œuvre, à Viseu, ainsi qu'à celle de son émule manuélin Gaspar Vaz (vers 1490-1568). C'est l'époque où des architectes sculpteurs, tel Diogo Boitac, transcrivent par d'exubérants motifs marins sur les monuments nationaux l'enthousiasme des découvertes.

L'univers de Paula Rego

Le milieu du XXe siècle portugais et la dictature de Salazar n'étaient pas le terreau le plus fertile à la créativité, et de nombreux artistes quittèrent alors le pays. C'est le cas de l'une des plus célèbre des peintres du Portugal du XXe siècle : Paula Rego, née à Lisbonne en 1935, vit au Royaume-Uni depuis 1951 et a développé un style inimitable dans ses représentations évoquant des contes de fées qui tournent au cauchemar. Son œuvre est empreinte d'ambiguïté, de tension psychologique et sexuelle, telle *The Family* (La Famille, 1988), qui dépeint un homme d'affaires assis, à la fois torturé et étouffé par l'affection que lui portent sa femme et sa fille. La domination, la peur, le sexe et le chagrin sont des thèmes récurrents chez Paula Rego. Paula Rego a produit une œuvre considérable. Sa renommée ne cesse de grandir, notamment depuis l'ouverture de la Casa das Histórias Paula Rego à Cascais, qui lui est consacrée.

Une femme peintre

Le XVIIe siècle voit naître lui aussi son lot de talents. On retient notamment Josefa de Óbidos (1630-1684), qui connut le succès en tant que femme peintre, fait extrêmement rare à l'époque. Élevée dans un couvent d'augustines, la jeune Josefa partit sans avoir prononcé ses vœux et s'installa à Óbidos (d'où son surnom). Elle resta cependant très proche de l'Église, qui lui passa de nombreuses commandes. Josefa – née à Séville mais ayant réalisé toute son œuvre au Portugal – laissa une contribution exceptionnelle à la peinture portugaise, ignorant l'iconographie établie pour peindre de chatoyantes natures mortes et des scènes religieuses.

Le naturalisme

Le XIXe siècle est dominé par le naturalisme, et une poignée d'esprits novateurs ouvrent de nouveaux horizons à l'art portugais. Columbano Bordalo Pinheiro (1857-1929), issu d'une famille d'artistes, est une figure centrale de la peinture de cette époque, jouant un rôle de premier plan dans le Grupo do Leão, groupe d'artistes, écrivains et intellectuels profondément engagés dans la vie artistique lisboète. Peintre prolifique, Pinheiro représenta les plus grands esprits de son époque, dont le romancier Eça de Queirós et l'écrivain Teófilo Braga (qui devint plus tard président de la jeune république). Une de ses œuvres les plus fameuses est un portrait saisissant du poète Antero de Quental.

Le XXe siècle

Puisant dans le naturalisme, Amadeo de Souza-Cardoso (1887-1918) eut une vie courte mais productive et expérimenta les nouvelles techniques qui apparaissaient alors en Europe. Venu d'un paisible village des environs d'Amarante, il étudia l'architecture à l'Academia de Belas Artes de Lisbonne, mais l'abandonna rapidement pour gagner Paris. C'est là qu'il trouva sa vocation de peintre, rencontrant les plus grands artistes de son temps, tels Amedeo Modigliani, Gertrude Stein, Max Jacob et bien d'autres. Tour à tour impressionniste, cubiste et futuriste, il est à l'origine d'une œuvre attachante, malheureusement méconnue hors du Portugal.

José Sobral de Almada Negreiros (1893-1970) alla plus loin encore dans le futurisme, inspiré par l'Italien Filippo Tommaso Marinetti. Il peignit des portraits richement colorés agrémentés de motifs géométriques abstraits (dont un célèbre portrait de Fernando Pessoa, en 1954), mais il fut aussi sculpteur, écrivain et critique. Sous la dictature de Salazar, il se livra à un délicat numéro de funambule, exécutant aussi bien des commandes publiques – dont d'immenses fresques – que des œuvres engagées et critiques sur la société portugaise.

Célébrations de l'anniversaire des apparitions de Fátima (p. 307)

FRANCISCO LEONG/AFP/GETTY IMAGES ©

Religion

Le christianisme a joué un rôle essentiel dans l'histoire du Portugal, et la religion conserve une place importante dans la vie des habitants. Il n'est pas une commune sans son église, et toutes les festivités majeures célèbrent un événement religieux. Le Portugal compte aussi nombre de sites de pèlerinage. Fátima, le plus important, attire chaque année plusieurs millions de fidèles.

L'Église et l'État

Les liens entre le Portugal et l'Église sont anciens et profonds. Même durant la longue domination des Maures, le christianisme prospéra dans le nord, qui devint une base stratégique des croisés pour la Reconquête. Le clergé et les rois marchèrent main dans la main, depuis les premières alliances avec la papauté au XIe siècle jusqu'au XVIIe siècle, l'Église jouant alors un rôle important en métropole comme dans l'Empire portugais en pleine expansion.

Cette relation perdura sans heurts, ou presque, jusqu'au XVIIIe siècle, quand le marquis de Pombal, un homme des Lumières, décida de limiter le pouvoir de l'Église – essentiellement des Jésuites, qu'il expulsa en 1759. Il entreprit également de moderniser l'État portugais (supervisant l'un des premiers plans urbains en damier) et fit passer

Le Portugal sous domination musulmane

Les Maures envahirent la péninsule ibérique à partir de 711 – une invasion qui comportait son lot de pillages, de viols, de morts et de prisonniers souvent réduits en esclavage. Les Maures, une fois le territoire conquis, importèrent leur savoir-faire en agriculture, leurs précieuses connaissances scientifiques et techniques, leur philosophie, leur poésie, leur langue, et développèrent une architecture raffinée dont peu de vestiges subsistent au Portugal, contrairement à l'Espagne. Par ailleurs, une tolérance religieuse permettait aux musulmans, chrétiens et juifs de coexister pacifiquement.

l'enseignement sous le contrôle de l'État. Les relations Église-État furent en dents de scie au cours des 150 ans suivants, avec des luttes de pouvoir débouchant sur l'interdiction des ordres religieux en 1821, et la nationalisation de nombreux biens du clergé.

La séparation officielle entre l'Église et l'État intervint sous la Première République (1910-1926). En pratique, l'Église conservait une forte influence sur de nombreux aspects de la vie, notamment la santé et l'éducation, les écoles et les hôpitaux étant le plus souvent catholiques. Dans les campagnes, les relations sociales s'organisaient surtout autour de l'église. L'achèvement de tous les travaux publics comprenait une bénédiction de l'évêque.

En 1932, António de Oliveira Salazar prit le pouvoir et fonda un *Estado novo* ("État nouveau") à la Mussolini, qui dura jusqu'à la révolution des Œillets en 1974. Salazar était très lié à l'Église catholique : il étudia huit ans au séminaire avant de se tourner vers le droit, et partagea sa chambre universitaire avec celui qui devait devenir le patriarche de Lisbonne. Farouchement anticommuniste, Salazar utilisa des références catholiques pour insuffler au peuple le sens de l'autorité, de l'ordre et de la discipline ; la famille, la paroisse et l'institution chrétienne étaient les fondements de l'État. Les prêtres qui le contestaient étaient réduits au silence ou contraints à l'exil.

Au lendemain de la révolution de 1974, l'Église avait perdu les faveurs de nombreux Portugais ; son soutien au régime de Salazar dans les jours mouvementés qui suivirent le coup d'État augmenta cette désaffection. La nouvelle Constitution, ratifiée en 1976, mit à nouveau l'accent sur la séparation entre l'Église et l'État, renforçant la législation et permettant l'essor rapide d'une société plus laïque. Aujourd'hui, seule la moitié des couples se marie à l'église, le divorce est autorisé, de même que l'avortement (jusqu'à 10 semaines de grossesse – une loi votée après un référendum en 2007). En 2010, le Portugal a été le sixième pays d'Europe à légaliser le mariage homosexuel.

L'Inquisition

"Après le tremblement de terre qui avait détruit les trois quarts de Lisbonne, les sages du pays n'avaient pas trouvé un moyen plus efficace pour prévenir une ruine totale que de donner au peuple un bel autodafé..."

Candide, Voltaire (1759)

L'Inquisition est l'une des pages les plus sombres de l'histoire du Portugal. Instaurée en 1536, elle dura 200 ans mais ne fut officiellement bannie qu'en 1821. Cette campagne de terreur et d'exécutions approuvée par l'Église visait initialement les juifs, expulsés du pays ou forcés de renoncer à leur religion. Ceux qui n'embrassaient pas la foi catholique risquaient l'autodafé (littéralement "acte de foi"), une cérémonie religieuse qui commençait par une messe, suivie d'une procession des coupables, de la lecture des sentences, puis de leur exécution sur le bûcher.

Les "procès" avaient lieu en place publique à Lisbonne, Porto, Évora et Coimbra, devant des foules comptant parfois des milliers de personnes. Au centre, sur une plateforme protégée d'un dais, siégeait le Grand Inquisiteur, entouré d'aristocrates, de prêtres, de baillis, de bourreaux et de scribes, qui consignaient scrupuleusement le "procès".

Les accusés avaient habituellement passé des années en prison et subi les pires tortures. Les chefs d'accusation étaient variés : sauter les repas les jours de jeûne juif (caractéristique d'un juif "non réformé"), refus de manger du porc, absence à la messe ou observation du shabbat, ainsi que blasphème, sorcellerie ou homosexualité. Quelle que soit la minceur des "preuves" – souvent des témoignages de voisin rancunier –, rares étaient ceux reconnus innocents et libérés. Après une dizaine d'années d'emprisonnement, le condamné était conduit au bûcher. Avant d'être présenté au tribunal, il était revêtu d'un *sambenito* (une sorte de scapulaire parfois peint de flammes) et d'une *coroza* (haut chapeau conique).

Une fois la sentence prononcée, elle était exécutée dans un lieu différent. Par exemple, le lendemain à l'aube, les bourreaux conduisaient le condamné dans un champ hors de la ville. Ceux qui se repentaient étaient étranglés avant d'être brûlés sur le bûcher. Les autres étaient brûlés vifs.

Durant les longues années qu'a duré l'Inquisition, l'Église exécuta plus de 2 000 victimes et tortura ou exila des milliers d'autres. Les Portugais exportèrent cette sinistre pratique dans leurs colonies, faisant ainsi périr des hindous sur le bûcher à Goa.

Comme le suggère Voltaire, la superstition joua un rôle non négligeable dans les autodafés. Certains catholiques pensaient que le tremblement de terre de 1755 était une manifestation de la colère divine, qui les punissait parce que le Saint-Office n'avait pas suffisamment châtié les hérétiques !

Les marranes

Quand Manuel Ier interdit la pratique du judaïsme en 1496, la plupart des juifs s'enfuirent, ou se convertirent. Certains cependant (les "marranes") restèrent fidèles à leur foi même s'ils s'affichaient comme "nouveaux chrétiens" (le nom donné aux juifs convertis). Ils pratiquaient leur culte derrière des portes closes, plaçant la bougie du shabbat dans un pot d'argile pour qu'on ne puisse la voir de l'extérieur. Ils écrivaient des prières juives dans les missels et les intégraient à des rituels catholiques (comme le signe de croix). D'astucieuses préparations culinaires leur permettaient de dissimuler leur religion, telles les *alheiras*, des saucisses sans porc composées de mie de pain, d'ail et de poulet, de lapin, de perdrix ou de veau. À Belmonte, une communauté marrane réussit à conserver secrètement sa foi pendant plus de 400 ans et ne la révéla qu'en 1917. Du fait de siècles d'endogamie, nombre des 200 juifs de cette communauté souffraient de maladies héréditaires. Si la clandestinité n'est plus de mise (Belmonte possède aujourd'hui une synagogue et un cimetière juif), les juifs de la ville restent discrets sur les pratiques des marranes.

Les apparitions à Fátima

Pour nombre de catholiques portugais, les apparitions de Fátima constituent l'un des principaux événements religieux du XXe siècle. Elles ont transformé ce petit village en un important site de pèlerinage pour les catholiques du monde entier. Le 13 mai 1917, Lúcia Santos, 10 ans, et ses deux cousins Jacinta et Francisco Marto gardaient les troupeaux de leurs parents dans les champs à la sortie du village. Soudain, un éclair frappa la terre

★Fêtes religieuses

Semana Santa (p. 225 ; Braga)

Festa de São João (p. 127 ; Porto et Braga)

Festa de Santo António (p. 24 ; Lisbonne)

Fátima Romaris (Fátima ; mai)

Festa de Nossa Senhora dos Remédios (Lamego ; fin de l'été)

Semana Santa (p. 225), Braga

et une femme "plus lumineuse que le soleil" apparut aux enfants. Selon Lúcia, elle apportait un message exhortant les fidèles à prier et à faire pénitence pour sauver les pécheurs. Elle demanda aux enfants de réciter le chapelet tous les jours afin, dit-elle, d'apporter la paix dans le monde. La paix faisait alors certainement partie des préoccupations des Portugais, fortement engagés dans la Première Guerre mondiale. Elle dit ensuite aux enfants de revenir le 13 de chaque mois, à la même heure et au même endroit, et qu'elle se révélerait à eux en octobre.

L'histoire de l'apparition se propagea, mais fut le plus souvent accueillie avec scepticisme. Seule une poignée d'observateurs vint dans le champ le 13 juin, puis, le mois suivant, ils étaient des milliers lorsque l'apparition confia trois secrets aux enfants. Dans les semaines qui suivirent, les médias s'emparèrent de l'histoire et le gouvernement accusa l'Église d'avoir monté l'affaire de toutes pièces pour relancer sa popularité déclinante. L'Église ne savait comment réagir. Les enfants furent même arrêtés et interrogés, mais aucun des trois ne changea son récit.

Le 13 octobre 1917, quelque 70 000 personnes accoururent pour ce qui devait être la dernière apparition. Beaucoup affirmèrent avoir assisté au "Miracle du soleil", qui sembla grossir et danser dans le ciel, tourbillonner et lancer des faisceaux multicolores. Certains parlèrent de guérison miraculeuse, d'autres furent effrayés et d'autres encore ne virent rien. Les trois enfants racontèrent avoir vu Marie, Jésus et Joseph dans le ciel. Dans tout le pays, les journaux rendirent compte de l'événement, mettant le Portugal en émoi.

Seule Lúcia atteindra l'âge adulte. Jacinta et Francisco, béatifiés en 2000, comptent parmi les quelque 20 millions de victimes de l'épidémie de grippe espagnole de 1918. Lúcia, devenue carmélite, est morte le 13 février 2005, à l'âge de 97 ans.

Une foi déclinante

Le pourcentage de personnes qui se déclarent catholiques (environ 81%) au Portugal est l'un des plus élevés d'Europe de l'Ouest. Toutefois, le nombre de croyants diminue régulièrement depuis les années 1970, quand plus de 95% des habitants se réclamaient du catholicisme. Aujourd'hui, près d'un demi-million de résidents s'affirment agnostiques, et les catholiques pratiquants représentent moins de 20% de la population.

Les disparités régionales nuancent ces statistiques : près de la moitié des habitants du nord du pays assistent toujours à la messe dominicale, de même qu'un quart des Lisboètes, mais ils sont bien moins nombreux sur la côte sud.

O Fado, de José Malhoa

CRO MAGNON/ALAMY STOCK PHOTO ©

La saudade

Décrit, au XIXe siècle, comme étant "la présence de l'absence" par le romancier portugais Almeida Garrett, le concept de "saudade" est difficile à traduire. Dans sa forme la plus pure, la saudade est un sentiment de nostalgie, l'expression mélancolique d'un manque : une personne, un lieu, toute chose qui nous échappe. Intimement liée à l'histoire maritime du Portugal, la saudade est une composante fondamentale de l'identité portugaise.

Les racines de la saudade

Les linguistes sont incapables de dater précisément l'apparition du terme "*saudade*". Certains le font remonter à l'époque des grandes découvertes, lorsque marins, capitaines et explorateurs, partis des mois sur les mers, exprimaient leur mal du pays. Mais avant ces grandes expéditions maritimes, le Portugal était déjà une nation de marins, et la *saudade* saisissait sans doute aussi ceux restés sur la terre ferme, telles ces femmes attendant leurs époux qui passaient des jours en mer (et qui, pour certains, ne devaient jamais revenir).

Naturellement, la *saudade* doit aussi beaucoup à l'émigration. Les Portugais comptèrent longtemps parmi les peuples les plus pauvres d'Europe et furent nombreux à partir en

La saudade des juifs convertis de force

Jusqu'à la fin du XVe siècle, les juifs occupaient une place centrale dans la société portugaise. Le ministre des Finances du roi Alphonse V (1432-1481) était juif, de même que nombre de diplomates, de marchands, de médecins ou de cartographes. L'immigration juive était bien accueillie au Portugal, notamment après l'expulsion des juifs d'Espagne en 1492. Mais les pressions de l'Église et de l'Espagne finirent par faire céder le roi, et, en 1497, Manuel Ier décréta que tous les juifs devaient se convertir au christianisme ou quitter le pays. Les horreurs se multiplièrent par la suite, en particulier avec le pogrom de Lisbonne, qui fit des milliers de victimes en 1506, et deux siècles sanglants d'Inquisition, à partir de 1536. À de rares exceptions près, comme celle de ce groupe de marranes (juifs pratiquant clandestinement leur religion) de Belmonte, la communauté juive périclita presque totalement. Ceux qui s'étaient convertis ressentirent une déchirante *saudade*, un manque terrible, suscité par ce renoncement forcé à leur identité. Des quartiers juifs jadis animés dépérirent avec le départ de leurs habitants qui s'exilèrent, quand ils ne furent pas arrêtés, torturés, voire exécutés. Ces tragédies individuelles marquèrent la fin d'une période de prospérité et de tolérance dans l'histoire du Portugal, et l'effacement de la communauté judéo-portugaise.

quête d'une vie meilleure. Jusqu'à récemment, les hommes quittaient leur famille pour aller chercher un travail dans le nord de l'Europe, voire en Amérique. Cette séparation familiale pouvait durer des années, au fil desquelles l'émigré ressentait profondément la nostalgie de sa terre, des êtres chers, des saveurs et de la vie au village. À la fin de cet exil volontaire, beaucoup retrouvaient un monde profondément changé ; et la *saudade* s'emparait à nouveau d'eux, cette fois sous la forme d'une nostalgie d'un passé révolu.

Une nation d'émigrants

Les grandes découvertes des navigateurs portugais eurent de profondes répercussions sur la démographie du pays. Avec la naissance de l'empire puis son expansion, les Portugais fondèrent des comptoirs commerciaux en Afrique et en Asie, mais c'est la colonie brésilienne qui accueillit la vague la plus importante de la première émigration portugaise. Ils défrichèrent (exploitant le bois de brésil, un bois rouge-orangé utilisé comme teinture et qui devait donner son nom au territoire), créèrent des exploitations agricoles et lancèrent du même coup ce long et lent processus qu'est l'édification d'une nation – avec l'aide de millions de Noirs acheminés d'Afrique et sinistrement réduits en esclavage. Les chiffres varient considérablement, mais on estime qu'un demi-million de Portugais s'établirent au Brésil durant la période coloniale, jusqu'à l'indépendance de 1822, et que plus de 400 000 en firent autant dans la seconde moitié du XIXe siècle.

À l'aube du XXe siècle, nombre de Portugais commencèrent à émigrer vers d'autres contrées. Les États-Unis et le Canada ont accueilli plus de 500 000 immigrants, et ils furent également nombreux à rejoindre la France, l'Allemagne, le Venezuela et l'Argentine. Dans les années 1960, une nouvelle vague d'émigration s'amorça, les jeunes Portugais fuyant la conscription et les sanglantes guerres de décolonisation en Afrique. Enfin, avec la révolution des Œillets, en 1974, des Portugais liés au régime de Salazar s'exilèrent, par peur des représailles.

Quelle que fût l'époque, tous ces émigrants partagèrent la même tristesse, celle de quitter leur pays pour se faire une place ailleurs. Le chagrin n'épargnait évidemment pas ceux qui restaient au pays : épouses chargées d'élever seules les enfants, villageois privés de leurs jeunes, familles déchirées. Les chiffres sont révélateurs : sur un siècle, entre 1890 et 1990, plus de trois millions de Portugais ont émigré. Une saignée démographique sans égale en Europe, à l'exception de l'Irlande.

La saudade dans la littérature

Une des premières grandes œuvres portugaises à explorer le thème de la *saudade* est *Os Lusíadas* (*Les Lusiades*, autre nom pour désigner les Portugais). Dans ce grand poème épique, Luís Vaz de Camões (1524-1580), le "prince des poètes", mélange mythologie et chroniques historiques pour chanter les grandes découvertes des XVe et XVIe siècles : l'héroïque Vasco de Gama et les autres explorateurs courent après la gloire, mais beaucoup rencontreront de terribles obstacles tels que des monstres marins et des souverains déloyaux et ne rentreront jamais. Témoin direct, Camões s'est inspiré de son vécu pour brosser cette grande épopée nationale : soldat parti se battre outre-mer, il perdit un œil lors d'une bataille contre les Arabes dans le détroit de Gibraltar ; il connut aussi un emprisonnement au Portugal, et survécut à un naufrage sur le Mékong (nageant jusqu'à la rive en tenant son manuscrit à bout de bras, dit la légende).

Ce mal du pays que ressentit Camões, cette *saudade* qui étreignit tant de Portugais quand l'empire s'effondra un siècle après les grandes découvertes, c'est ce qu'a rendu à merveille l'écrivain, dramaturge et poète portugais Almeida Garrett (1799-1854) au XIXe siècle dans *Camões* (1825), sa longue épopée poétique inspirée par la vie du "prince des poètes" et qui marqua le début du romantisme portugais.

Les auteurs contemporains continuent d'explorer la *saudade*, mais sur des modes bien différents. Ainsi, António Lobo Antunes (né en 1942) opère une véritable déconstruction de la *saudade* dans des récits cyniques dépeignant cette nostalgie mélancolique comme une forme d'aveuglement névrotique. Dans *As Naus* (1988 ; traduit en français sous le titre *Le Retour des caravelles*, en 1990), il prend le contre-pied du mythe des grandes découvertes en organisant, par une étrange faille temporelle, la rencontre entre les grands explorateurs du temps de Vasco de Gama et les *retornados* des années 1970 – ces colons portugais d'Afrique revenus au pays après que les colonies portugaises ont accédé à la souveraineté – dans les quartiers ouvriers de Lisbonne, misérables et sordides.

La saudade au cinéma

Cinéaste le plus prolifique du pays, Manoel de Oliveira (1908-2015) a continué à faire des films bien après son 100e anniversaire. Au cours de sa très longue carrière (il a été le premier réalisateur centenaire en activité de toute l'histoire du cinéma), il n'a cessé de réaliser des œuvres minutieusement construites, qui prennent leur temps pour plonger dans les profondeurs de la *saudade* – celle de l'âge qui avance, des amours non partagées et de tout ce qui n'est plus. *Viagem ao princípio do mundo* (*Voyage au début du monde*, 1997), un périple nostalgique à travers les paysages et les villages traditionnels du Nord, réunit plusieurs personnages, dont un en quête d'un passé aperçu en rêve (car il ne connaît les terres de ses aïeuls que par les récits de son père, né au Portugal), un autre hanté par un monde révolu (les lieux de son enfance déracinée). Passé et présent, nostalgie et réalité se mêlent dans ce film méditatif ; Marcello Mastroianni, alors âgé de 72 ans, y incarne un double d'Oliveira dans ce qui sera son dernier tournage.

Lisbonne Story (1994), du réalisateur allemand Wim Wenders, est une lettre d'amour à la capitale et une douce déambulation. On y suit un ingénieur du son à la recherche de son ami cinéaste, découvrant la ville à travers les rushes que ce dernier a laissés. De belles scènes y saisissent tout le mystère et la beauté fatiguée de Lisbonne (et d'autres régions du Portugal, avec une séquence mélancolique sur les spectaculaires falaises du Cabo

Espichel). La *saudade*, ici protéiforme, se trouve délicatement rehaussée par la bande-son aérienne du groupe Madredeus (dont les membres jouent des seconds rôles dans le film).

Le fado

"Je ne chante pas le fado, c'est lui qui chante à travers moi." – Amália Rodrigues

Musique emblématique du Portugal, le fado (littéralement, "destin") n'existerait pas sans la *saudade*. Ces chansons mélancoliques et poignantes ont pour thème les sentiments qui découlent de cette émotion. La *saudade* qui perce dans le chant est aussi importante que les talents techniques du chanteur, grâce auxquels le fado peut abattre les frontières linguistiques. Écouter cette musique est sans doute le meilleur moyen d'appréhender la *saudade* dans toute sa complexité.

Né à Lisbonne au XIXe siècle, le fado est le plus grand apport du Portugal à la musique mondiale, si bien que l'Unesco l'a inscrit en 2011 au patrimoine culturel immatériel de l'humanité. Si ses origines restent mal connues, il porte la trace de rythmes et de chants venus de tout l'Empire portugais. On sait cependant qu'il est né dans les quartiers ouvriers de la Mouraria et de l'Alfama à la fin du XIXe siècle, avant que les classes supérieures ne s'en emparent. Coimbra possède elle aussi son fado, dans une déclinaison bien à elle issue du monde universitaire et chantée exclusivement par des hommes.

Le fado est traditionnellement interprété par un chanteur accompagné d'une *guitarra*, une guitare portugaise à 12 cordes, en forme de poire. Quand deux *fadistas* se produisent ensemble, ils chantent parfois à *desgarrada*, se livrant à une sorte de confrontation chantée et improvisée. Dans les maisons de fado, plusieurs chanteurs se succèdent, interprétant généralement trois chansons chacun.

Amália Rodrigues (1920-1999), au firmament de la gloire dans les années 1940 et 1950, demeure la reine incontestée du genre.

Carnet pratique

Infos utiles

Ambassades et consulats

Ambassades à Lisbonne :
France (☎213 939 294 ; www.ambafrance-pt.org ; Rua Santos-o-Velho 5)
Belgique (☎213 170 510 ; portugal.diplomatie.belgium.be ; 6e ét, Praça Marques de Pombal 14) ; consulat Porto (☎226 076 800 ; Largo do Adro 9)
Canada (☎213 164 600 ; canadainternational.gc.ca ; Av. da Liberdade 198-200, Edifício Victoria)
Suisse (☎213 944 090 ; eda.admin.ch ; Travessa do Jardim 17)

Argent

Change

Banques et bureaux de change fixent eux-mêmes leurs taux et commissions de change pour les autres devises. De ce fait, une faible commission correspond souvent à un taux peu intéressant.

Réservation en ligne

Trouvez un vol, un séjour ou un hôtel en quelques clics dans la rubrique "Réservation" de www.lonelyplanet.fr.

Distributeurs automatiques de billets (DAB) et cartes bancaires

On trouve des DAB dans la plupart des villes et des bourgs, mais pas dans les petits villages de campagne ; dans ce cas, mieux vaut retirer de l'argent à l'avance.

La plupart des banques ont des distributeurs "Multibanco" (avec menu en français) qui acceptent les cartes Visa, Access, Mastercard, Cirrus, etc. Pour les cartes hors Union européenne (UE), la commission prélevée sur les retraits d'argent et les paiements par carte est en général de 2 ou 3% par transaction. Les DAB appliquent une limite de 200 € par retrait.

Les cartes bancaires sont acceptées dans la plupart des hôtels et dans les restaurants haut de gamme, mais pas toujours dans les pensions, certains hôtels et les petits restaurants ; il est conseillé d'avoir des espèces sur vous.

Pourboires

Bars Pas habituel.

Cafés et snacks Peu courant.

Hôtels Le portier reçoit généralement 1 € par bagage.

Restaurants On prévoit 10 % de l'addition en zone touristique. Sinon, on arrondit généralement le total à l'euro supérieur.

Taxis La plupart des clients arrondissent à l'euro supérieur.

Récupération de la TVA

Au Portugal, les prix incluent presque toujours 23% de TVA (certains aliments et services de base ont un taux réduit de 6% et 13% respectivement). Les voyageurs titulaires d'un passeport hors UE peuvent récupérer la TVA sur les produits achetés dans certains magasins ; n'oubliez pas de demander les formulaires et de les faire viser par les douanes. Les remboursements sont traités à l'aéroport ou par courrier.

Assurance

Avant tout voyage, il est important de souscrire à une bonne assurance. La plupart couvrent le vol, la perte des bagages et les frais médicaux. Les non-ressortissants de l'UE penseront à se protéger contre les risques les plus graves, accidents ou maladies, nécessitant une hospitalisation. Pour tous, il est conseillé de souscrire à une assurance couvrant le rapatriement.

Vérifiez les exclusions de votre assurance, car certaines polices contiennent des clauses excluant spécifiquement des activités "dangereuses" comme la plongée sous-marine, la moto ou même la randonnée.

Conservez bien tous les contrats et documents en cas de nécessité. Certaines compagnies exigent que vous téléphoniez en PCV à un centre d'appels dans votre pays d'origine : on y procédera à une évaluation du problème avant toute intervention.

Avant de souscrire une assurance, vérifiez que vous ne bénéficiez pas déjà d'une assistance par votre carte bancaire, votre mutuelle ou votre assurance automobile. C'est bien souvent le cas.

Quelques conseils

Assurez-vous que vous êtes en bonne santé avant de partir. Si vous suivez un traitement de façon régulière, n'oubliez pas votre ordonnance (avec le nom du principe actif).

Cartes de réduction

- Le réseau portugais d'auberges de jeunesse fait partie du réseau HI. La carte HI délivrée par votre réseau national vous donne droit au tarif de base. Contactez, en **France**, la **Fédération unie des auberges de jeunesse** (FUAJ ; www.fuaj.org) ; en **Belgique**, **LAJ** (www.laj.be) ; en **Suisse**, le **Schweizer Jugendherbergen** (SJH ; www.youthhostel.ch).
- Dans la plupart des musées et des monuments, les étudiants munis de leur carte ainsi que les plus de 65 ans auront le droit à une réduction.
- Vendues dans les offices du tourisme, la **Lisboa Card** (www.lisboacard.org) et la **Porto Card** (portocard.city/fr/) permettent de bénéficier, respectivement à Lisbonne et à Porto, d'un tarif réduit et/ou d'une gratuité dans les transports, à l'entrée des musées et des monuments. Elles sont intéressantes si vous prévoyez de multiples visites.

Climat

Lisbonne

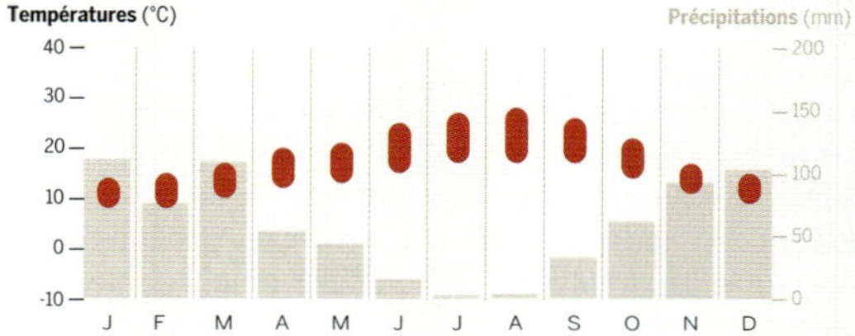

Porto

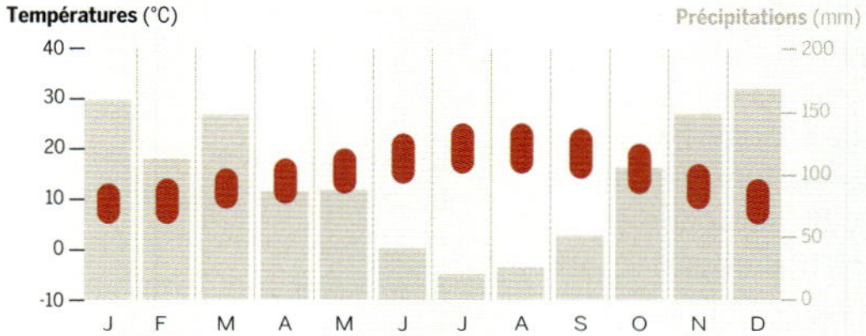

Lagos

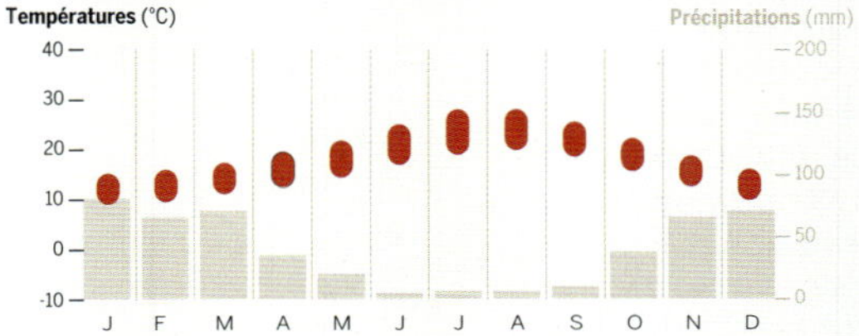

Cartes et plans

En général, les bureaux des parcs nationaux et naturels disposent de cartes sommaires, qui se révèlent peu utiles pour les randonnées à pied ou à vélo.

La carte Michelin n°734 (au 1/1 000 000) couvre l'Espagne et le Portugal, ce qui peut s'avérer pratique si vous venez au Portugal en voiture. La carte Michelin n°733 (au 1/400 000) ne couvre que le Portugal : si vous louez une voiture sur place, elle suffira.

Électricité

Le Portugal utilise des prises mâles à deux fiches rondes, en 220V, comme en France. Les Canadiens devront penser à se munir d'un adaptateur.

Formalités et visas

Les ressortissants de l'Union européenne et les Suisses n'ont pas besoin de visa. Toutefois, pensez à vous munir d'une carte d'identité en cours de validité. Les Canadiens peuvent séjourner au Portugal jusqu'à 90 jours par semestre sans visa. Les ressortissants de la plupart des autres pays doivent demander un visa.

Avant le départ, il est impératif de contacter les ambassades et les consulats pour s'assurer que les modalités d'entrée sur le territoire n'ont pas changé. Nous vous conseillons de scanner ou de photocopier tous vos documents importants (pages d'introduction de votre passeport, cartes bancaires, police d'assurance, billets de train/d'avion/de bus, permis de conduire, etc.). Conservez ces copies à part des originaux. Vous remplacerez ainsi plus aisément ces documents en cas de perte ou de vol.

Handicapés

- Le Portugal a peu conscience des besoins des handicapés en général, et des personnes à mobilité réduite en particulier. Certes, les bureaux et agences destinés au public ont l'obligation de comporter un accès et des équipements spéciaux pour les handicapés, mais pas les entreprises privées.
- L'aéroport de Lisbonne possède des accès spécifiques, et les aéroports de Porto et de Faro ont des toilettes équipées.
- Des places de parking sont réservées aux handicapés, mais elles sont souvent occupées par des personnes valides. La carte européenne de stationnement donne les mêmes droits aux visiteurs étrangers qu'aux résidents sur les places réservées.
- Les hôtels récents et les plus grands établissements ont généralement quelques chambres adaptées, mais les équipements ne sont pas toujours fonctionnels. Renseignez-vous dans les offices du tourisme. Dans la plupart des campings, vous trouverez des toilettes pour handicapés et certaines auberges de jeunesse ont des installations spéciales.
- Pour plus d'informations consultez les organismes suivants :

Accessible Portugal (☎211 338 693 ; www.accessibleportugal.com ; Rua António Champalimaud, Lote 1). Cette association basée à Lisbonne promeut le tourisme accessible et est à l'origine de l'application TUR4all Portugal (Android et iOS), qui fonctionne comme une base de données sur les ressources et services touristiques pour handicapés au Portugal et en Espagne.

Cooperativa Nacional de Apoio Deficientes (☎218 595 332 ; facebook.com/cooperativa.deficientes ; Praça Dr Fernando Amado, Lote 566-E, Lisbonne). Cet organisme privé peut vous aider à résoudre des problèmes de déplacement.

Instituto Nacional para a Reabilitação (☎217 929 500 ; www.inr.pt ; Av. Conde Valbom 63, Lisbonne). Cet organisme gouvernemental, qui représente les handicapés, fournit des informations et des liens Internet très utiles. Il publie des guides (en portugais) répertoriant les hébergements, transports, magasins, restaurants et monuments dépourvus d'obstacles.

L'**APF France handicap** (☎01 40 78 69 00 ; www.apf-francehandicap.org) peut fournir des informations utiles sur les voyages accessibles. **Yanous** (www.yanous.com), **Hizy** (hizy.org), **Handicap.fr** (www.handicap.fr) et **Tourisme et handicaps** (www.tourisme-handicaps.org) constituent également de bonnes sources d'information.

Désormais, les principales plateformes d'hébergement

que sont **Abritel** (www.abritel.fr), **Airbnb** (www.airbnb.fr), **Booking** (www.booking.com) et **Hotels.com** (fr.hotels.com) ont intégré des critères d'accessibilité à leur moteur de recherche. **Mobee Travel** (mobeetravel.com) est une start-up qui regroupe des hébergements accessibles et qui propose aussi des séjours sur mesure. Plus modeste, **Wilengo** (wilengo.com) fonctionne sur le modèle d'Airbnb. Les agences de voyages **Yoola** (www.yoola.fr) et **Comptoir des voyages** (comptoir.fr) organisent des voyages adaptés aux personnes à mobilité réduite.

Turihab

Ces propriétés de charme font partie d'un dispositif gouvernemental permettant de séjourner chez l'habitant à la ferme, dans un manoir, dans une *quinta* (domaine rural) ou dans une maison rustique.

En haute saison, comptez de 70 à 150 € pour 2 personnes en chambre double ou dans un logement entier. Certaines propriétés ont d'une piscine et le petit-déjeuner est généralement inclus.

Il existe trois catégories de Turihab :

Aldeias de Portugal (www.aldeiasdeportugal.pt). Hébergement dans des villages ruraux du Nord, souvent dans des maisons anciennes superbement rénovées.

Casas no Campo (www.casasnocampo.net). Demeures rurales et villas de luxe.

Solares de Portugal (www.solaresdeportugal.pt). Somptueuses propriétés, datant pour certaines du XVIIe ou du XVIIIe siècle.

Hébergement

Il est toujours plus prudent de réserver, en particulier en juillet et août.

Types d'hébergements

Appartements et chambres chez l'habitant Offre pléthorique sur Internet.

Auberges de jeunesse Elles fleurissent un peu partout au Portugal, et le choix est déjà vaste à Lisbonne et Porto.

Pensions Petits établissements, souvent tenus en famille et parfois installés dans des édifices historiques, dont la gamme de confort va du sommaire au grand luxe.

Pousadas Il existe dans le pays une trentaine de ces adresses d'exception installées dans d'anciens châteaux, monastères et domaines aristocratiques.

Turihab (tourisme rural) Pour poser ses valises dans un manoir de caractère, une ferme ou une maison de village.

Saisons

Les sites les plus touristiques pratiquent des prix qui varient selon la saison. La haute saison va de mi-juin à mi-septembre. La mi-saison englobe mai, début juin et de mi-septembre à octobre. En basse saison, c'est-à-dire le reste de l'année, il y a parfois des réductions substantielles.

Attention, dans certaines régions, les prix changent quatre ou cinq fois dans l'année. Ainsi, dans l'Algarve, vous paierez le prix fort de mi-juillet à fin août ; les tarifs baissent légèrement de juin à mi-juillet et tout le mois de septembre. Ils sont nettement plus raisonnables (jusqu'à 50% moins cher) entre novembre et avril. Certains établissements sont fermés en hiver dans l'Algarve.

Tarifs

Les catégories de prix suivantes correspondent à une chambre double avec salle de bains en haute saison. Le petit-déjeuner n'est pas inclus sauf si indiqué.

Catégorie	Coût
€	moins de 60 €
€€	60-120 €
€€€	plus de 120 €

Heure locale

Le Portugal est à l'heure GMT en hiver et à GMT + 1 l'été. Il y a donc 1 heure de décalage avec la France (et l'Espagne) : quand il est midi à Paris (ou 6h à Montréal), il est 11h à Lisbonne. Les Portugais avancent leur montre d'une heure le dernier dimanche de mars et la retardent d'une heure le dernier dimanche d'octobre. En 2019, le Parlement européen a voté l'abolition du changement d'heure saisonnier. À partir de 2021, le Portugal devrait conserver l'heure GMT+1 toute l'année.

Homosexualité

En 2010, le Portugal a été le sixième pays européen à légaliser le mariage gay. La plupart des Portugais sont assez tolérants à l'égard des couples homosexuels, même si la possibilité d'afficher ses préférences sexuelles est très variable selon l'endroit du Portugal où l'on se trouve. À Lisbonne, à Porto et dans l'Algarve, la tolérance s'est accrue. Ailleurs, les couples homosexuels peuvent se trouver confrontés à l'incompréhension. Dans ce pays catholique et conservateur, l'homosexualité n'est pas encore entrée dans les mœurs, et si les actes de violence homophobes sont extrêmement rares, des cas de discrimination ont été rapportés, notamment à l'école et au travail.

C'est à Lisbonne que la communauté homosexuelle est la plus organisée, avec une vie nocturne intense. Des Gay Pride ont lieu à Lisbonne et à Porto.

Internet (accès)

Le Wi-Fi est très répandu au Portugal. La plupart des hôtels, des auberges de jeunesse et des pensions de catégorie moyenne proposent un accès Wi-Fi gratuit, de même que de nombreux cafés et certains restaurants.

Dans ce guide, l'icône @ indique que l'établissement met à la disposition des clients un ordinateur pour accéder à Internet. L'icône 📶 indique un accès Wi-Fi.

Vous pouvez aussi vous rendre dans une *biblioteca municipal*.

Jours fériés

Jour de l'An 1er janvier

Mardi gras Février/mars (la veille du mercredi des Cendres)

Vendredi et dimanche de Pâques Mars/avril

Fête de la Liberté 25 avril

Fête du Travail 1er mai

Corpus Christi Mai/juin (neuvième jeudi après Pâques)

Fête nationale 10 juin (également appelée Journée de Camões et des communautés)

Assomption 15 août

Fête de la République 5 octobre

Toussaint 1er novembre

Restauration de l'indépendance 1er décembre

Immaculée Conception 8 décembre

Noël 25 décembre

Médias

Journaux *Diário de Noticias, Público, Jornal de Notícias* comptent parmi les grands journaux portugais. Le *Correio da Manhã* est un tabloïd populaire.

Radio Les chaînes de radio nationales Antena 1, 2 et 3 sont la propriété de la Rádiodifusão Portuguesa (RDP). Elles diffusent des journaux d'information et de la musique. Fréquence à Lisbonne : 95.7, 94.4 et 100.3.

Télévision Principales chaînes de TV : Rádio Televisão Portuguesa (RTP-1 et RTP-2), Sociedade Independente de Comunicação (SIC) et TV Independente (TVI). RTP-2 propose de bons films étrangers ainsi que des informations internationales.

Offices du tourisme

- Turismo de Portugal, l'office du tourisme national, possède un site utile avec les infos en français : www.visitportugal.com.

- On trouve partout des offices du tourisme locaux (*postos de turismo*), généralement signalés par l'enseigne "*turismo*". Ils fournissent des prospectus et une assistance plus ou moins efficace pour les sites et les hébergements.

Conseils aux voyageurs

La plupart des gouvernements possèdent des sites Internet qui recensent les dangers possibles et les régions à éviter. Consultez notamment les sites suivants :

Ministère des Affaires étrangères français (www.diplomatie.gouv.fr)

Ministère des Affaires étrangères de Belgique (diplomatie.belgium.be)

Département fédéral des Affaires étrangères suisse (www.eda.admin.ch/eda/fr/dfae.html)

Ministère des Affaires étrangères du Canada (www.voyage.gc.ca)

Pas d'impairs !

Salutations Pour saluer des femmes ou un groupe mixte : il est courant de se faire la bise sur les deux joues. Entre hommes, on se serre la main.

Visite des églises Explorer une église pendant la messe est considéré comme irrespectueux. Prendre des photos durant un office est totalement déplacé.

Langue Les Portugais apprécient toujours les efforts pour parler leur langue ; quelques mots comme "bom dia", "boa tarde", "obrigado/ obrigada" et "por favor" vous vaudront de chaleureux sourires.

Amuse-gueules "gratuits" Au restaurant, vous devez payer tout ce que vous mangez, même si vous ne l'avez pas commandé. Les établissements disposent souvent du pain, du beurre, du fromage et d'autres délices sur la table, mais ils ne sont jamais gratuits et seront ajoutés sur l'addition. Si vous n'en voulez pas, refusez-les poliment.

Eau Les Portugais ne consomment pas l'eau du robinet. C'est pourquoi on vous apportera automatiquement une bouteille d'eau minérale si vous commandez de l'eau. Ne pensez pas que le serveur essaie de faire grimper la note.

Poste

La poste est appelée **CTT** (www.ctt.pt). Le courrier ordinaire (*correio normal*) se dépose dans les boîtes aux lettres rouges, le courrier prioritaire (*correio azul*) dans les boîtes bleues. L'acheminement du courrier pour l'Europe peut prendre cinq jours ouvrables, et jusqu'à une semaine pour le reste du monde. En tarif économique, comptez une semaine de plus.

Problèmes juridiques

- Les amendes pour stationnement interdit sont aussi courantes ici qu'ailleurs, comme les mises en fourrière (vous devrez payer environ 100 € pour récupérer votre véhicule). Toute infraction au Code de la route peut vous valoir un PV payable sur place.
- Au Portugal, il est interdit de téléphoner au volant.
- Le pays a dépénalisé l'usage personnel de stupéfiants en 2001, mais pas le trafic. Ainsi le consommateur n'est pas considéré comme un criminel mais comme un malade, et doit, s'il est arrêté en possession de stupéfiants, suivre une thérapie ou une cure de désintoxication. Lonely Planet déconseille à ses lecteurs l'usage de drogues, même les plus "douces", qui modifient le comportement.
- La vente de substances illicites est toujours un délit grave, et les suspects peuvent être retenus préventivement jusqu'à 18 mois.

Santé

Les services médicaux portugais sont efficaces et de bonne qualité. Si vous faites attention au soleil et à la chaleur, vous ne devriez pas rencontrer de problèmes de santé particuliers lors de votre voyage au Portugal.

Les ressortissants de pays hors Union européenne devront s'informer de l'existence d'accords de réciprocité en matière de soins médicaux gratuits entre leur pays et le Portugal. Si vous devez souscrire une assurance santé, choisissez-en une qui couvre les rapatriements d'urgence par avion et qui paie directement les frais, ce qui vous évite d'avoir à avancer l'argent en cas de problème. Les citoyens de l'Union européenne se procureront auprès de leur centre de Sécurité sociale la **Carte européenne d'assurance-maladie** (CEAM). Nominative et individuelle et valable un an, elle assure l'aide médicale d'urgence (mais non le rapatriement sanitaire) aux citoyens de l'Union Européenne. Vous devez en faire la demande auprès de votre caisse d'assurance maladie ou en ligne sur www.ameli.fr. Comptez un délai de 2 semaines pour la réception.

Pour les petits bobos, vous trouverez dans les pharmacies des médicaments en vente libre et pourrez demander l'avis de pharmaciens compétents. S'il est nécessaire que vous consultiez un médecin généraliste ou un spécialiste, ils vous indiqueront une adresse. Notez que les ressortissants européens en possession de leur carte européenne d'assurance maladie peuvent se rendre dans un centro de saúde (centre de santé public) pour être soigné au même tarif que les Portugais (4,50 €).

Si vous voyagez avec des enfants, surtout s'ils sont très jeunes, assurez-vous que chacun est à jour de ses vaccinations classiques et déterminez avec votre médecin s'il faut y ajouter des vaccins spécifiques pour le voyage.

Santé sur Internet

Il existe de très bons sites Internet consacrés à la santé en voyage. Avant de partir, vous pouvez consulter les conseils en ligne du **ministère des Affaires étrangères** (www.diplomatie.gouv.fr), de l'**Organisation mondiale de la santé** (OMS ; www.who.int/fr) ou le site très complet du **ministère de la Santé** (www.sante.gouv.fr). Vous trouverez, par ailleurs, plusieurs liens sur le site de **Lonely Planet** (www.lonelyplanet.fr).

Risques pour la santé

Chaleur et insolation

Attention à l'épuisement dû à la chaleur pendant les mois les plus chauds, particulièrement en Algarve, ou lors d'activités vigoureuses en plein air dans tout le pays. L'épuisement par la chaleur résulte d'une déshydratation excessive et d'un remplacement inadéquat des fluides et du sel. Les symptômes sont, entre autres, les maux de tête, les vertiges et la fatigue. Pour y remédier, réhydratez-vous en buvant de l'eau et/ou du jus de fruit ou une solution orale de réhydratation, et rafraîchissez le corps avec de l'eau froide et un ventilateur.

Eau du robinet

L'eau du robinet est généralement potable au Portugal.

Méduses et oursins

En général, les méduses ne posent pas trop problème dans les eaux portugaises, bien qu'on en trouve de temps en temps le long des plages du Sud. Les piqûres de méduse sont douloureuses mais sans danger. Versez du vinaigre sur la plaie pour neutraliser les tentacules qui n'ont pas encore injecté leur venin. Appliquer une lotion à la calamine ou prendre un antihistaminique ou un analgésique peut réduire la réaction et soulager la douleur.

Attention aux oursins près des plages rocheuses. Si une épine est enfoncée dans votre pied, plongez-le dans de l'eau chaude pour soulager la douleur. Faites retirer l'épine par un médecin pour éviter l'infection.

Sécurité en voyage

- Les Portugais ont tendance à ne pas être des plus cordiaux dès qu'ils sont derrière un volant : ils roulent vite, collent la voiture qui précède et doublent sans visibilité. Le Portugal est l'un des pays européens où le taux d'accidents de la route est le plus élevé. La police applique depuis quelque temps une politique de tolérance zéro, ce qui améliore la sécurité sur certaines voies.
- Comparé à celui des autres pays européens, le taux de criminalité au Portugal est faible mais certains délits augmentent, comme le vol de véhicules. Les délits à l'encontre des étrangers sont les mêmes qu'ailleurs : vol à la tire dans les lieux très fréquentés et vol dans les voitures. Prenez les précautions habituelles. N'exhibez pas votre argent liquide, gardez les objets de valeur en lieu sûr.
- Dans l'eau, soyez prudent : les vagues et les courants sont parfois violents.

Téléphone

Pour appeler le Portugal de l'étranger, composez le code d'accès international (☎00), puis l'indicatif du Portugal (☎351) et enfin le numéro de votre correspondant. Tous les numéros nationaux ont 9 chiffres et il n'y a pas de codes régionaux.

Pour appeler l'étranger depuis le Portugal, faites le ☎00, puis composez le code du pays (☎33 pour la France, ☎32 pour la Belgique, ☎41 pour la Suisse et ☎1 pour le Canada), le code régional et le numéro désiré.

Téléphones portables

Il n'y a plus de frais d'itinérance pour les pays membres de l'UE. Au Portugal, le réseau GSM fonctionne sur la fréquence 900/1800, comme dans le reste de l'UE. Il y a bonne couverture partout, sauf dans les zones rurales les plus isolées. Les principaux opérateurs nationaux sont Vodafone, Optimus et TMN. Tous vendent des cartes SIM prépayées que l'on utilise avec un portable GSM jusqu'à ce que le téléphone soit bloqué par la société. Si vous avez besoin d'un téléphone, procurez-vous un appareil avec un forfait incluant un certain nombre de minutes, pour moins de 20 €. Cela revient généralement moins cher que de louer un téléphone.

Urgences et numéros utiles

Indicatif téléphonique du Portugal	☎351
Indicatif international	☎00
Police, pompiers ou ambulance	☎112

Voyager en solo

Femmes seules

- Voyager seule au Portugal ne pose en général aucun problème. Comme partout, il faut prendre un minimum de précautions, éviter l'autostop et les lieux mal fréquentés à la nuit tombée. Dans quelques lieux plus conservateurs du pays, les couples non mariés s'épargneront d'éventuels désagréments en disant qu'ils le sont.
- Si vous êtes victime d'un viol ou de violences lors de votre séjour au Portugal, contactez l'**Associação Portuguêsa de Apoio á Vítima** (Association portugaise d'aide aux victimes ; ☎213 587 900 ; apav.pt ; Rua José Estêvão 135), qui aide les victimes de viol. Le site Internet indique les adresses dans tout le pays.

Transports

Destination de plus en plus prisée, le Portugal est relié et à l'Europe à l'Amérique du Nord par des lignes aériennes. Il existe aussi des liaisons terrestres par bus et par train depuis l'Espagne, d'où l'on peut rejoindre d'autres pays du continent.

Depuis/vers le Portugal

Entrer au Portugal

Les citoyens de l'Union européenne ne rencontrent aucune difficulté pour entrer au Portugal. Une carte d'identité en cours de validité ou un passeport sont nécessaires. Pour les citoyens des autres pays, se reporter à la rubrique *Formalités et visas* p. 316.

Voie aérienne

La plupart des vols internationaux atterrissent à Lisbonne, et certains à Porto et à Faro. Pour en savoir plus, et notamment connaître les horaires des départs et des arrivées en temps réel, consulter www.ana.pt.

TAP Air Portugal (www.flytap.com) est la compagnie aérienne portugaise. Elle assure des vols internationaux et intérieurs. Les trois principaux aéroports sont l'**aéroport de Faro** (FAO ; ☎289 800 800 ; 📶), l'**aéroport de Lisbonne** (LIS ; ☎218 413 500 ; www.ana.pt/pt/lis/home ; Alameda das Comunidades Portuguesas) et l'**aéroport de Porto** (☎229 432 400 ; www.aeroportoporto.pt ; 4470-558 Maia).

Depuis l'Europe continentale

France

Air France (www.airfrance.fr), **TAP Air Portugal** (www.flytap.com), **Transavia** (www.transavia.com), **easyJet** (www.easyjet.com/fr), **Vueling** (www.vueling.com/fr) et **Ryanair** (www.ryanair.com) assurent des vols quotidiens directs Paris-Lisbonne et Paris-Porto. Des vols directs pour Lisbonne sont également assurés depuis Bordeaux, Clermont-Ferrand, Lyon, Marseille, Nantes, Nice, Strasbourg et Toulouse. Les vols directs pour Faro sont en grande partie opérés par TAP Air Portugal et Ryanair. Sinon, vous devrez certainement prendre une correspondance à Porto ou à Lisbonne. Le coût d'un aller-retour Paris-Lisbonne (durée 2 heures 30) oscille entre 150 et 300 € selon les périodes.

Belgique

Brussels Airlines (www.brusselsairlines.com/fr), **TAP Air Portugal** (www.flytap.com) et **Air France** (www.airfrance.fr) proposent des vols réguliers depuis Bruxelles pour Lisbonne et Porto (ainsi que Ryanair pour Porto). Brussels Airlines et Ryanair desservent Faro. Comptez 150 à 300 € selon la période pour un vol Bruxelles-Lisbonne (durée 2 heurs 45).

Suisse

Lisbonne et Porto sont desservies par des vols directs depuis Genève par easyJet et TAP Air Portugal. Les tarifs sont sensiblement les mêmes que depuis Paris ou Bruxelles. **Swiss International Airlines** (www.swiss.com/fr) dessert également ces deux villes, mais avec escale et à un tarif beaucoup plus élevé.

Depuis le Canada

Air Transat (www.airtransat.com) opère plusieurs vols par semaine entre Montréal

Avertissement

Les informations contenues dans ce chapitre sont particulièrement susceptibles de changements. Vérifiez directement auprès de la compagnie aérienne ou de l'agence de voyages les modalités d'utilisation de votre billet d'avion. N'hésitez pas à comparer les prestations. Les détails fournis ici doivent être considérés à titre indicatif et ne remplacent en rien une recherche personnelle attentive.

et Lisbonne. Comptez à partir de 730 $C.

Voie fluviale

Transporte Fluvial del Guadiana (www.rioguadiana.net) propose des car-ferries sur le Guadiana entre Ayamonte, en Espagne, et Vila Real de Santo António, dans l'Algarve, toutes les heures (toutes les 30 minutes en été) de 8h30 à 19h du lundi au samedi et de 10h à 17h le dimanche. Les tickets sont en vente au bureau du port (1,90/5,50/1,20 € par pers/voiture/moto).

Voie terrestre

Le Portugal n'a de frontière terrestre qu'avec l'Espagne, mais vous trouverez à la fois des bus et trains reliant les deux pays, qui vous permettront ensuite de prendre des correspondances pour continuer vers le reste de l'Europe.

Bus

Depuis l'Europe

La compagnie **Eurolines** (www.eurolines.com/fr) offre le plus important réseau européen de transport routier de passagers. Elle dessert le Portugal depuis toute l'Europe, généralement deux fois par semaine.

Depuis Paris, Eurolines propose des lignes régulières vers le Portugal, notamment pour Porto (25 heures), Lisbonne (26 heures) et moins souvent Faro (29 heures). Comptez entre 80 et 110 € l'aller. Attention, des suppléments importants sont appliqués sur les billets aller ou aller-retour de juillet à mi-août et les samedis toute l'année.

Depuis Bruxelles, un aller simple pour Lisbonne ou Faro coûte environ 145 €.

Les principaux bureaux d'Eurolines au Portugal sont à **Lisbonne** (☎218 957 398 ; Loja G 203, Gare do Oriente) et à **Porto** (☎225 189 303 ; Rua Formosa, n°76/80). Sur certains trajets, Eurolines est associée aux trois grands opérateurs portugais **Intercentro** (☎707 200 512 ; www.intercentro.pt), **Internorte** (☎707 200 512 ; www.internorte.pt) et **Eva Transportes** (☎289 589 055 ; www.eva-bus.com). Voyez auprès de **Flixbus** (www.flixbus.fr) également.

Depuis la péninsule Ibérique

Avanza (☎333 444 711 ; www.avanzabus.com), une compagnie espagnole, assure une liaison régulière entre Madrid et Lisbonne (à partir de 50 €, 7 heures 30). Depuis Séville, **Alsa** (☎902 422 242 ; www.alsa.es) propose plusieurs liaisons hebdomadaires pour Lisbonne via Faro (aller à partir de 16 €, 8 heures). La compagnie **Flixbus** (www.flixbus.pt) propose quotidiennement des bus depuis Séville vers Faro (20 €, 4 heures), Albufeira (à partir de 10 €, 4 heures) et Lisbonne (à partir de 30 €, 7 heures 45) notamment.

Agences en ligne

Vous pouvez réserver votre vol via une agence en ligne ou vous renseigner auprès d'un comparateur de vols :

- bourse-des-vols.com
- www.ebookers.fr
- www.expedia.fr
- www.govoyages.com
- www.illicotravel.com
- www.kayak.fr
- www.opodo.fr
- www.oui.sncf
- www.partirou.com
- www.skyscanner.fr
- www.trainline.fr
- voyages.kelkoo.fr

Train

Les trains, confortables, nombreux et généralement à l'heure, sont un moyen agréable de voyager. Mais, à moins d'avoir une carte, ils coûtent souvent plus cher que l'avion.

Il est facile d'acheter un billet de train longue distance, même un ou deux jours à l'avance, même en été. Les personnes prévoyant de beaucoup voyager en Europe par le train peuvent consulter le site Internet **European Rail Timetable** (www.europeanrailtimetable.eu), qui propose un indicateur européen comprenant tous les horaires des trains ; mis à jour chaque mois, il est vendu en téléchargement sur le site.

Il y a plusieurs façons d'aller au Portugal en train. Au départ de Paris, le moyen le plus rapide est de prendre le TGV de la gare Montparnasse à Hendaye (Espagne). Une correspondance nocturne est ensuite disponible pour Lisbonne via la ville frontière de Vilar Formoso au Portugal (Fuentes de Oñoro en Espagne) et Coimbra ; changez à Coimbra pour Porto. Les trains pour le Sud partent de Lisbonne. Vous pouvez aussi voyager via Madrid, mais tous les trains empruntent ensuite le même itinéraire pour aller au Portugal.

Le seul autre itinéraire ferroviaire pour s'y rendre est via Vigo, en Galice (Espagne). Le train continue vers Valença do Minho et Porto, où vous pourrez changer pour aller n'importe où ailleurs au Portugal. Cet itinéraire est pratique si vous souhaitez faire étape à Saint-Jacques-de-Compostelle.

Le trajet Paris Montparnasse-Lisbonne dure 21 heures et s'arrête dans plusieurs villes espagnoles. Vous pouvez acheter directement vos billets sur le site de la **SNCF** (oui.sncf).

Si vous vous rendez au Portugal depuis l'Espagne, vous pouvez acheter vos billets sur le site de la **Renfe** (www.renfe.com).

Cartes et forfaits ferroviaires

Tous les forfaits s'achètent dans les grandes gares, les agences de voyages ou directement auprès de **Rail Europe** (www.raileurope.com). Même avec une carte, il faut payer la place assise, la couchette et les suppléments éventuels (train à grande vitesse). Parmi les forfaits, citons le **Pass InterRail** (www.interrail.eu) et **Eurail** (www.eurail.com).

Voiture et moto

Le réseau routier entre l'Espagne et le Portugal est bien développé et l'on peut traverser la frontière en de nombreux points : Valença do Minho (E01/A3), Chaves (N532), Bragança (E82/IP4), Guarda/Vilar Formoso (E80/IP5), Elvas (E90/A6/IP7), Serpa (N260) et Vila Real de Santo António (E1/IP1). Il n'y a plus de contrôles à la frontière entre l'Espagne et le Portugal.

Si vous conduisez votre propre véhicule au Portugal prévoyez les pièces suivantes :

- certificat d'immatriculation
- attestation d'assurance
- assurance au tiers.

Voyages organisés

De nombreux prestataires programment des circuits ou des séjours au Portugal.

Allibert (alliberttrekking.com)
Arts et Vie (artsetvie.com)
Atalante (www.atalante.fr)
Clio (www.clio.fr)
Comptoir des voyages (www.comptoir.fr)
Evaneos (www.evaneos.fr)
Intermèdes (intermedes.com)
Nomade Aventure (www. nomade-aventure.com)
Randocheval (www. randocheval.com)
Terres d'Aventure (www.terdav.com).
Vélo Québec Voyages (www.velo.qc.ca)
Voyageurs du Monde (www.voyageursdumonde.fr)

Comment circuler

Les transports publics au Portugal sont rapides et efficaces, et à prix raisonnables. La plupart des voyages se font en bus, car le réseau ferroviaire ne couvre pas tout le pays.

Avion

Les vols domestiques sont très rapides vu les courtes distances. **TAP** (www.flytap.com) et **Ryanair** (www.ryanair.com) proposent de nombreux vols quotidiens Lisbonne-Porto et Lisbonne-Faro (moins d'une heure de vol) toute l'année. Ryanair assure des vols directs Porto-Faro.

Bateau

En dehors des croisières touristiques sur le Douro depuis Porto et sur le Tejo (Tage) depuis Lisbonne, seuls des ferries traversent l'estuaire du Sado jusqu'à Tróia et un bac relie les deux rives du Tage à Lisbonne entre Setúbal et Tróia.

Bus

Nombreuses sont les petites entreprises de transport privées, regroupées pour la plupart en compagnies régionales. Elles forment un très bon réseau dans tout le pays. Les plus importantes sont : **Rede Expressos** (☎707 223 344 ; rede-expressos.pt), **Rodonorte** (☎259 340 710 ; rodonorte.pt) et **Eva Transportes** (www.eva-bus.com) dans l'Algarve.

Il existe quatre catégories de bus :

Alta Qualidade Une catégorie rapide "deluxe" proposée par certaines compagnies.

Carreiras Portant le signe "CR", ces bus lents s'arrêtent à chaque carrefour.

Expressos Bus rapides et confortables entre les villes principales.

Rápidas Bus régionaux rapides.

Même en été, vous pourrez acheter sans problème un billet pour un *expresso* partant le jour même ou le lendemain. Un voyage en *expresso* de Lisbonne à Faro prend 4 heures et coûte 20 € environ ; de Lisbonne à Porto, comptez 3 heures 15 et environ 19 €. Attention, le week-end, les jours fériés et durant les vacances scolaires, il y a beaucoup moins de bus.

Ne vous fiez pas aux offices du tourisme pour obtenir des horaires fiables. Adressez-vous directement aux guichets des gares routières.

Train

Le vaste réseau ferré du Portugal fait du train un excellent moyen de jouir du paysage entre deux destinations. Plus d'informations sur le site de **Comboios de Portugal** (☎707 210 220 ; www.cp.pt).

Classification des trains

Il existe 4 types de lignes longue distance – les trains internationaux sont indiqués par un IN sur les horaires.

Regional (R) Lent, omnibus.

Interregional (IR) Raisonnablement rapide.

Intercidade (IC) Trains *rápidos* ou express.

Alfa Pendular Deluxe Un peu plus rapide et beaucoup plus cher que l'express.

Seul le *Comboio Azul* Faro-Porto et les trains internationaux comme le *Sud-Expresso* et le *Talgo Lusitânia* comportent un restaurant. Tous les IC et *Alfa* ont un service ambulant de petite restauration et la plupart disposent d'un bar.

Lisbonne et Porto ont leur propre réseau *Urbano* de trains de banlieue. Celui de Lisbonne va jusqu'à Sintra, Cascais, Setúbal et remonte la basse vallée du Tage. Celui de Porto redéfinit la notion de banlieue puisqu'il va jusqu'à Braga, Guimarães et Aveiro. Il existe aussi un réseau *Urbano* entre Coimbra et Figueira da Foz. La distinction prend toute son importance puisque l'on trouve, parallèlement aux lignes de train, bon nombre d'*Urbano* plus pratiques, plus nombreux et beaucoup moins chers !

Forfaits ferroviaires

Tous les forfaits s'achètent dans les grandes gares, les agences de voyages ou directement auprès de **Rail Europe** (www.raileurope.com). Même avec une carte, il faut payer la place assise, la couchette et les suppléments éventuels (train à grande vitesse).

Le Pass InterRail (www.interrail.eu) permet aux résidents européens d'effectuer un certain nombre de voyages dans une période donnée, et ce dans 31 pays d'Europe. Un Pass pour 5 jours de voyage valable 1 mois coûte jeune/adulte/senior 217/282/254 € en classe économique, jeune/adulte/senior 289/376/338 € en 1re classe. Un pass permettant de voyager un mois en illimité coûte jeune/adulte/senior 515/670/603 € en 2e classe et jeune/adulte/senior 686/893/804 € en 1re classe. Seuls les citoyens européens et les personnes résidant officiellement en Europe depuis au moins six mois avant le début du voyage peuvent bénéficier du Pass InterRail. Il ne peut pas être utilisé dans son propre pays, sauf un voyage de départ et un voyage de retour.

Eurail (www.eurail.com) vend des forfaits pour les résidents des pays tiers. Le forfait Global donne droit à des trajets illimités dans 31 pays d'Europe dont le Portugal pendant une période allant de 5 jours (jeune/adulte/senior 216/281/253 € en 2e classe) à 3 mois (689/897/808 € en 2e classe).

Renseignements et réservations

- Horaires et les tarifs dans les gares, ou sur www.cp.pt.
- Les billets *Intercidade* et *Alfa* s'achètent jusqu'à 30 jours à l'avance, mais vous pouvez réserver sans problème pour le lendemain ou le jour même. Pour les autres trains, on ne peut acheter les billets que 24 heures à l'avance.
- La réservation d'une place est généralement obligatoire pour la plupart des trains *Intercidade* et *Alfa*.

Tarifs réduits

- Les enfants de moins de 5 ans ne paient pas ; ceux de 5 à 12 ans paient moitié prix.
- Réductions pour les détenteurs de cartes d'étudiant.
- Les plus de 65 ans ont souvent droit à 50% de réduction, sur présentation d'une pièce d'identité.

Transports urbains

Bus

En dehors de Lisbonne ou de Porto, il n'y a pas de raison de prendre les bus municipaux, tous les lieux touristiques étant facilement accessibles à pied.

Métro

Lisbonne et Porto disposent toutes les deux d'un métro, dont les réseaux ne cessent de s'étendre.

Taxi et VTC

- Les taxis, rentables sur de petites distances, sont très nombreux dans les grandes villes. Les taxis ordinaires portent le sigle A (pour *aluguer,* "à louer"), notamment sur les portières et la plaque d'immatriculation. Ils sont équipés d'un compteur. Vous pouvez les arrêter dans la rue, les prendre aux stations de taxis ou les appeler par téléphone (surcoût 0,80 €).
- En journée, le tarif est de 3,25 € pour la *bandeirada* ("prise en charge"), auxquels s'ajoute 0,80 € au km, et un peu plus pour les périodes d'immobilisation dans le trafic. Il faut compter environ 6 € pour traverser les plus grandes villes. Mieux vaut exiger l'utilisation du compteur, même si l'on peut parfois négocier un prix forfaitaire. Si vous avez beaucoup de bagages, vous vous acquitterez d'un supplément de 1,60 €.
- Les tarifs sont majorés d'environ 20% la nuit (21h à 6h), les week-ends et jours fériés. Hors des villes, vous paierez un supplément ou un tarif kilométrique plus élevé.
- Dans les grandes villes comme Lisbonne et Porto, on peut louer à des entreprises privées des taxis sans compteur portant le sigle T (*Turismo*) pour des excursions. Les tarifs sont plus élevés mais forfaitaires. Les chauffeurs, honnêtes et polis, parlent en général plusieurs langues.
- Uber est implanté à Lisbonne et à Porto.

Tramway

Les nostalgiques du vieux tramway emprunteront ceux de Lisbonne pour sillonner les rues étroites de la ville, et ceux de Porto.

Vélo

Le pays possède peu de pistes cyclables, mais le vélo est très utilisé au Portugal. De nombreuses possibilités s'ouvrent aux vététistes dans les parcs naturels et nationaux du Nord, notamment le Parque Nacional de Peneda-Gerês, ainsi que dans la région côtière et les plaines de l'Alentejo. Les parcours côtiers sont plus faciles du nord vers le sud, en raison des vents. La Serra da Estrela (où se déroulent les étapes de montagne du Tour du Portugal) requiert un bon niveau. Dans la Serra do Marão, entre Amarante et Vila Real, il y a aussi de belles côtes.

Les clubs cyclistes locaux organisent régulièrement des *passeios* (balades). Repérez leurs prospectus dans les magasins spécialisés, les offices du tourisme et chez les loueurs de vélos. Des excursions guidées sont proposées dans les sites touristiques. Si vous comprenez le portugais, informez-vous dans le bimensuel *Bike Magazine*, vendu dans les grands kiosques.

Les cahots des rues pavées de certains centres-villes anciens peuvent être assez désagréables – pour plus de confort, veillez à avoir des pneus assez larges.

Vous trouverez de nombreux loueurs de vélos, en particulier dans l'Algarve et les régions touristiques en général. Comptez 10 à 25 € par jour.

Voiture et moto

Encore modeste, le réseau de routes (*estradas*) s'est considérablement développé ces dernières années. Si vous empruntez les petites artères, vous découvrirez un Portugal authentique et ne croiserez probablement pas beaucoup d'autres véhicules.

Le mauvais côté du voyage en voiture, ce sont les autres conducteurs ! Le pays a longtemps détenu le triste record européen du nombre de personnes tuées sur la route, par rapport au nombre d'habitants. Les délits routiers et la conduite en état d'ivresse posent encore bien des problèmes au gouvernement. La prudence est donc de mise.

Cependant, au cours des dernières années, le nombre de morts sur la route a diminué grâce à une sévérité accrue de la police envers les chauffards et les conducteurs en état d'ivresse.

Dans les villages fortifiés, circuler en voiture peut être périlleux. Les rues sont parfois étroites et les culs-de-sac nombreux. Mieux vaut garer votre véhicule.

On croise dans les grandes villes quantité de personnes qui traînent sur les places et près des parkings, vous indiquant à grands gestes la place que vous venez de trouver, et réclamant une rétribution. Un conseil : suivez l'exemple des Portugais et laissez quelques sous (0,50 €) pour prévenir tout "incident" (éraflure, fenêtre brisée, etc.).

Assurance

Pour circuler dans les pays de l'UE, une assurance est obligatoire pour les véhicules. Vérifiez que votre contrat d'assurance vous couvre bien au Portugal et prévenez votre assureur avant de partir.

Si vous louez un véhicule, l'agence vous fournira les justificatifs de propriété et d'assurance avec le contrat de location.

Si vous êtes impliqué dans un accrochage sans gravité, remplissez un constat à l'amiable. Réfléchissez bien avant de mettre les petites croix qui contribuent à déterminer la responsabilité de chacun. Faites un croquis clair et lisible, prenez du temps et décrivez clairement les faits. Vous devez communiquer ce document à votre assureur. Si vous voyagez avec un véhicule de location, le loueur fournit toujours un formulaire de constat. Si l'accident est plus grave, appelez la police 112.

Automobile clubs

L'**Automóvel Club de Portugal** (ACP ; ☎219 429 113, assistance 24h/24 808 222 222 ; www.acp.pt), l'association nationale des automobilistes portugais, assure à ses membres des services de dépannage et d'assistance médicale et juridique. Ses bureaux, ouverts à tous, vous fourniront renseignements routiers et cartes : outre le siège à Lisbonne, vous en trouverez notamment à Aveiro, Braga, Bragança, Coimbra, Évora, Faro et Porto.

Si vous faites partie dans votre pays d'un automobile club membre de la Fédération internationale de l'automobile ou de l'Alliance internationale de tourisme, vous aurez accès vous aussi aux services d'assistance de l'ACP ainsi qu'à des réductions sur divers produits, dont leurs cartes.

Autoroutes et péages

Les *autoestradas* (AE, "autoroutes") sont toutes *com portagens* ("à péage"). Les deux plus longues relient Lisbonne à Porto et Lisbonne à l'Algarve. Le péage coûte environ 0,09 €/km en auto ou moto (environ 22 € de Lisbonne à Porto et 25 € de Lisbonne jusqu'à Lagos). Des péages automatiques ont été installés ces dernières années. On peut calculer leur coût sur www.portugaltolls.com.

La nomenclature des routes est la suivante :

A Autoroutes portugaises à péage.

E Routes européennes.

N Principales *estradas nacionais* (nationales) à deux voies ; préfixe utilisé sur certaines routes uniquement.

IC (itinerário complementar) Autoroutes secondaires.

IP (itinerário principal) Autoroutes principales.

Les principales routes portugaises à péage sont équipées de péages automatiques. La plupart des loueurs de voitures louent également des badges de télépéage (comptez environ 6 €/semaine, moins à partir de la 2e semaine) ; n'hésitez pas à en faire la demande avant de louer un véhicule.

Via Verde (☎707 500 900 ; www.viaverde.pt) donne des renseignements sur les routes à péage et sur les adresses où l'on peut louer un badge électronique (utile si votre loueur n'en a pas ou si vous conduisez votre véhicule personnel).

Carburants

Si vous êtes près de la frontière, vous pouvez faire des économies en faisant le plein en Espagne où le carburant est environ 20% moins cher.

Code de la route

- Les règles de conduite sont les mêmes qu'en France et dans le reste de l'Europe continentale. La plupart des signaux utilisent les symboles internationaux. La priorité est à droite, mais soyez prudent ! En effet, bien des intersections ne sont pas signalées dans les campagnes.
- Sauf indication contraire, la vitesse est limitée pour les voitures et les motos à 50 km/h dans les localités, 90 km/h sur route et 120 km/h sur autoroute. Le port de la ceinture est obligatoire, à l'avant comme à l'arrière. Il est interdit aux enfants de moins de 12 ans de monter à l'avant. À moto, le port du casque est obligatoire pour le conducteur et le passager, et l'on allume les feux de croisement même en journée.
- En cas d'excès de vitesse ou de non-respect des règles de stationnement, la police peut vous obliger à payer sur-le-champ une amende.
- Le taux d'alcoolémie maximum est de 0,5 g/l et les amendes vont jusqu'à 2 500 €. Il est strictement interdit de téléphoner en conduisant.

Location

- Pour louer une voiture au Portugal, il faut avoir plus de 25 ans et plus d'un an de permis. Toutes les agences internationales ont des bureaux dans les aéroports et les grandes gares de Lisbonne, de Porto et de Faro. En Algarve, la concurrence est telle que les prix sont moins élevés qu'ailleurs.
- L'agence en ligne **Holiday Autos** (www.holidayautos.com) propose parmi les meilleurs tarifs. Les formules vol + auto sont souvent intéressantes : renseignez-vous avant d'acheter votre billet. Louer sur place, à votre arrivée à l'aéroport ou à la gare, auprès d'une grande compagnie internationale, vous reviendra plus cher. L'été, réservez tôt.
- Une petite voiture se loue environ 300 € la semaine en haute saison.
- Dans les grandes villes. ne laissez aucun objet de valeur en évidence dans votre auto.
- On peut louer des scooters dans les grandes villes et sur toute la côte de l'Algarve, pour 30 à 60 €/jour.

Parking

Le parking est souvent payant dans les centres-villes, sauf le samedi soir et le dimanche. Les parkings de Lisbonne sont parfois très onéreux (plus de 20 € la journée).

Permis de conduire

Les ressortissants des pays de l'UE, des États-Unis et du Brésil n'ont besoin que de leur permis de conduire pour circuler en voiture ou à moto au Portugal. Les autres doivent se procurer un permis de conduire international auprès du service concerné dans leur pays d'origine.

Langue

Le portugais n'est pas difficile à prononcer : la plupart des sons existent aussi en français, à l'exception des diphtongues et des diphtongues nasalisées (représentées dans ces pages par ng après la voyelle), que vous prononcez en faisant passer le son par le nez comme dans "Boeing". Sachez aussi que le symbole zh se prononce "j" comme dans "joie". En portugais, l'accent tombe normalement sur l'avant-dernière syllabe des mots. Dans ces pages, les syllabes accentuées sont indiquées en italique. Gardez à l'esprit ces quelques éléments et lisez les mots comme en français – vous vous ferez comprendre sans trop de difficultés. En portugais comme en français, les noms et les adjectifs peuvent être féminins ou masculins. Pour aller plus loin, pensez au *Guide de conversation portugais et portugais brésilien* de Lonely Planet.

Conversation de base

Bonjour (informel)
Olá — o·*la*

Au revoir
Adeus — a·de·*ouch*

Comment allez-vous ?
Como está? — *kou*·mou chta

Bien, et vous ?
Bem, e você? — beng i vo·*sé*

Oui
Sim — sing

Non
Não — nowng

S'il vous plaît
Por favor — pour fa·*vor*

Merci
Obrigado — o·bri·*ga*·dou (m)
Obrigada — o·bri·*ga*·da (f)

De rien
De nada — de *na*·da

S'il vous plaît (avant une question ou une demande)
Faz favor — faach fa·*vor*

Pardon
Desculpe — dech·*koul*·pe

Parlez-vous français ?
Fala francês? — *fa*·la frann·*sèch*

Je ne comprends pas
Não entendo — nowng ing·*teng*·dou

Hébergement

Avez-vous une chambre simple/double ?
Tem um quarto de solteiro/casal? — teng oung *kwar*·tou de sol·*teï*·rou/ka·*zal*

Combien est-ce par nuit/personne ?
Quanto custa por noite/pessoa? — *kwang*·tou *kouch*·ta por *noï*·te/pe·*sso*·a

Au restaurant

Que recommandez-vous ?
O que é que recomenda? — *ou ké è ke re·kou·meng·da*

Je ne mange pas de...
Eu não como ... — *e*·ou nowng *ko*·mou ...

viande	*carne*	*kar*·ne
poulet	*frango*	*frang*·gou
poisson	*peixe*	*peï*·che

L'addition s'il vous plaît
Pode-me trazer a conta — pô·de·me tra·*zer* a *kong*·ta

Urgences

Au secours !
Socorro! — sou·*ko*·rou

Allez-vous-en !
Vá-se embora! — *va*·se eng·*bô*·ra

Appelez... !
Chame ...! — *cha*·me ...

un médecin	*um médico*	*oung mé·di·kou*
la police	*a polícia*	*a pou·li·sia*

Je suis perdu(e)
Estou perdido/-a — chto per·*di*·dou/-da (m/f)

Je suis malade
Estou doente — chto dou·*eng*·te

Directions

Où se trouve (la gare) ?
Onde é (a estação)? — *ong*·de è (a chta·*sowng*)

Quelle est l'adresse ?
Qual é o endereço? — kwal è ou eng·de·*rè*·ssou

Pouvez-vous me montrer (sur la carte) ?
Pode-me mostrar (no mapa)? — *pô*·de·me mouch·*trar* (nou *ma*·pa)

En coulisses

Remerciements et crédits photographiques

Données climatiques adaptées de la carte "Updated World Map of the Köppen-Geiger Climate Classification", *Hydrology and Earth System Sciences*, 11, 1633-1644, de Peel MC, Finlayson BL & McMahon TA (2007).

Photo de couverture : Torre de Belém, Lisbonne, Carlos Sanchez Pereyra/ Getty Images ©

À propos de cet ouvrage

Cette 2e édition du guide *Essentiel Portugal* est une traduction-adaptation de la 2e édition du guide *Best of Portugal* (en anglais), coordonnée par Regis St Louis, et mise à jour par Gregor Clark, Marc Di Duca, Duncan Garwood, Catherine Le Nevez, Kevin Raub, Kerry Walker et Regis St Louis. La précédente édition a été coordonnée par Marc Di Duca et rédigée par Marc, Kate Armstrong, Anja Mutić, Kevin Raub, Regis St Louis et Kerry Walker.

Traduction Pauline Tardieu-Collinet

Direction éditoriale Didier Férat

Coordination éditoriale et adaptation française Muriel Chalandre-Yanes Blanch

Responsable prépresse Jean-Noël Doan

Maquette Caroline Donadieu

Cartographie Cartes originales d'Anthony Phelan, adaptées en français par Nicolas Chauveau

Couverture Laure Wilmot

Remerciements à Anne-Rozenn Jouble pour sa relecture attentive ainsi qu'à Vahagn Terzian pour sa préparation du manuscrit. Merci à toute l'équipe du bureau de Paris, en particulier à Dominique Spaety. Enfin, merci à Clare Mercer et Imogen Harrison du bureau de Londres, ainsi qu'à Glenn van der Knijff, Jacqui Saunders et Brad Smith du bureau australien.

Vos réactions ?

Vos commentaires nous sont très précieux pour améliorer nos guides. Notre équipe lit toutes vos lettres avec la plus grande attention. Nous ne pouvons pas répondre individuellement à tous ceux qui nous écrivent, mais vos commentaires sont transmis aux auteurs concernés. Tous les lecteurs qui prennent la peine de nous communiquer des informations sont remerciés dans l'édition suivante, et ceux qui nous fournissent les renseignements les plus utiles se voient offrir une sélection de chapitres de guide numérique au format PDF.

Pour nous faire part de vos réactions et suggestions ou demander un renseignement, consultez notre excellent site Internet, www.lonelyplanet.fr, où vous trouverez aussi des récits de voyage, des infos et un forum.

Nous reprenons parfois des extraits de notre courrier pour les publier dans nos produits, guides ou sites web. Si vous ne souhaitez pas que vos commentaires soient repris ou que votre nom apparaisse, merci de nous le préciser. Notre politique en matière de confidentialité est disponible sur notre site Internet.

Index

A

Référence des cartes

B

C

R

S

T

U

V

Comment utiliser ce guide

Ces symboles vous aideront à identifier les différentes rubriques :

- À voir
- Activités
- Cours
- Circuits organisés
- Fêtes et festivals
- Où se restaurer
- Où prendre un verre
- Où sortir
- Achats
- Renseignements et transports

Ces symboles vous donneront des informations essentielles au sein de chaque rubrique :

- Adresse écoresponsable
- GRATUIT Accès libre
- Numéro de téléphone
- Heures d'ouverture
- P Parking
- Non-fumeur
- Climatisation
- @ Accès Internet
- Wi-Fi
- Piscine
- Bus
- Ferry
- Tramway
- Train
- Menu en anglais
- Végétarien
- Familles bienvenues

Choisissez des lieux sur mesure grâce aux symboles suivants :

- Petits prix
- Gastronomie
- Prendre un verre
- Vélo
- Sports
- Art et culture
- Fêtes et festivals
- Sites photogéniques
- Paysages
- En famille
- Excursion
- Détour
- Randonnée
- 100% local
- Histoire
- Sortir
- Plages
- Café
- Faune et flore
- Scène LGBT
- Hébergement
- Transports
- Activités aquatiques
- Infos pratiques

À voir

- Cave/vignoble
- Château
- Église
- Monument
- Mosquée
- Musée/galerie/édifice historique
- Plage
- Réserve ornithologique
- Ruines
- Synagogue
- Temple bouddhiste
- Temple confucéen
- Temple hindou
- Temple jaïn
- Temple shintoïste
- Temple sikh
- Temple taoïste
- Zoo/réserve animalière
- Autre site

Achats

- Magasin

Activités

- Bodysurfing
- Canoë/kayak
- Cours/circuits organisés
- Plongée/snorkeling
- Randonnée
- Sentô (bain public)
- Ski
- Snorkeling
- Surf
- Piscine/baignade
- Planche à voile
- Autres activités

Où se loger

- Camping
- Hébergement

Où se restaurer

- Restauration

Où prendre un verre

- Bar
- Café

Où sortir

- Salle de spectacle

Renseignements

- Accès Internet
- Ambassade/consulat
- Banque
- Bureau de poste
- Centre téléphonique
- Hôpital/centre médical
- Office du tourisme
- Police
- Toilettes
- Autre adresse pratique

Géographie

- Aire de pique-nique
- Cascade
- Col
- Montagne/volcan
- Oasis
- Parc
- Phare
- Plage
- Point de vue
- Portail
- Refuge/gîte

Transports

- Aéroport
- Bart
- Bus
- Ferry
- Gare/chemin de fer
- Métro/MRT/Tube Station
- Monorail
- Parking
- Piste cyclable
- Poste frontière
- Station-service
- Subway
- T/T-Bane
- Taxi
- Téléphérique/funiculaire
- Tramway
- U-Bahn
- Autre moyen de transport

Duncan Garwood

Qu'il s'agisse d'affronter des lanceurs redoutables à la Barbade ou d'esquiver des cochons affamés à Goa, Duncan a vécu bien des moments uniques au cours de ses voyages. Actuellement, il se concentre surtout sur la Méditerranée et l'Italie, pays d'adoption où il vit depuis 1997. Il a collaboré à plus de 30 titres Lonely Planet, dont *Rome*, *Sardaigne*, *Sicile*, *Espagne* et *Portugal*. Duncan a également écrit sur l'Italie pour différents journaux, magazines et sites Web.

Catherine Le Nevez

Depuis que l'envie de voyager s'est emparée de cette Parisienne lors d'un road trip en Europe à l'âge de quatre ans, elle ne manque pas une occasion de partir. Elle a visité 60 pays tout en poursuivant de brillantes études. Elle a rédigé pour Lonely Planet une multitude de guides sur Paris, la France et l'Europe notamment. Son travail est aussi publié dans de nombreuses revues imprimées ou en ligne. Son premier conseil de voyage : ne s'attendre à rien.

Kevin Raub

Natif d'Atlanta, Kevin Raub a débuté à New York comme journaliste musical pour les magazines *Men's Journal* et *Rolling Stone*. Il a rédigé plus de 70 guides Lonely Planet principalement axés sur le Brésil, le Chili, la Colombie, les États-Unis, l'Inde, les Caraïbes et le Portugal. Kevin écrit également dans de nombreux magazines de voyages aux États-Unis et au Royaume-Uni. Retrouvez-le sur Twitter et Instagram (@RaubOnTheRoad).

Kerry Walker

Écrivain de voyages et photographe primée pour son travail, Kerry vit au pays de Galles, mais son domaine de spécialité est l'Europe centrale et méridionale. Cette aventurière dans l'âme, qui a écrit ou coécrit plus d'une dizaine de titres Lonely Planet, a une passion pour la montagne, la neige et les immensités sauvages. Suivez ses dernières pérégrinations sur its-a-small-world.com et, sur Twitter, @kerrychristiani.

Les guides Lonely Planet

Une vieille voiture déglinguée, quelques dollars en poche et le goût de l'aventure, c'est tout ce dont Tony et Maureen Wheeler eurent besoin pour réaliser, en 1972, le voyage d'une vie : rallier l'Australie par voie terrestre via l'Europe et l'Asie. De retour après un périple harassant de plusieurs mois, et forts de cette expérience formatrice, ils rédigèrent sur un coin de table leur premier guide, *Across Asia on the Cheap*, qui se vendit à 1 500 exemplaires en l'espace d'une semaine. Ainsi naquit Lonely Planet, dont les guides sont aujourd'hui traduits en 13 langues.

Nos auteurs

Regis St Louis

Regis a grandi dans une de ces petites villes du Midwest américain avant d'apprendre le russe et quelques langues romanes, ce qui lui a bien servi pour explorer une bonne partie du globe. Il a collaboré à plus de 50 titres Lonely Planet sur des pays de six continents. Quand il n'est pas sur la route, il vit à La Nouvelle-Orléans.

Gregor Clark

Basé aux États-Unis, Gregor a exploré des dizaines de pays sur cinq continents, dont les 50 États américains et la plupart des provinces canadiennes au cours d'innombrables road trips. Depuis 2000, il participe régulièrement à la rédaction de guides Lonely Planet, avec une préférence pour l'Europe et les Amériques. Il a notamment collaboré aux guides *Italie*, *Brésil*, *Costa Rica*, *Argentine*, *Portugal* et *Mexique*.

Marc Di Duca

Journaliste voyageur depuis 13 ans, Marc s'est rendu dans des contrées aussi diverses que la Sibérie et les Caraïbes pour Lonely Planet et d'autres éditeurs. Il a vécu et travaillé plus de six mois à Madère, qui est devenue sa destination favorite. Lorsqu'il n'est pas en train d'engloutir des *pastéis de nata* à Funchal ou de randonner le long des *levadas*, Marc hante les environs de Marienbad, en République tchèque, où il vit avec son épouse, originaire de Kiev, et leurs deux fils.

Nos auteurs (suite)

L'essentiel du Portugal
2e édition
Traduit et adapté de l'ouvrage *Best of Portugal, 2nd edition, November 2019*

92 avenue de France - 75013 Paris

Dépôt légal Mai 2020
ISBN 978-2-81618-603-1

Imprimé par ESTIMPRIM, Baume-les-Dames, France
Réimpression 03, juin 2023

En Voyage Éditions | un département édi8